JN331022

ありがとう人生燃えつき店じまい

「ダイヤモンド的人生」論
笑って働き
食べ飲み出し寝た

小島康誉

東方出版

推薦の言葉

塩川正十郎

小島さんは珍しい人です。

大阪道修町に江戸時代からつづく上村工業の上村晃史社長の紹介です。中国西端の新疆のキジル千仏洞修復保存協力会を設立したいので、会長になって欲しいとの依頼でした。中国と国交を回復して十年少ししか経っていない時期に、誰も知らないような石窟の保存に着目する、その先見性には驚いた。それ以来二十余年の交流です。

文部大臣であったので引き受けることは出来なかったが、文化財保護は良いことであり、何より清和会の主要後援会員である上村社長同道では断るわけにいかず、同僚の中山太郎議員と林寛子（扇千景）議員を紹介した。彼は二年間かかつて目標額を達成しました。

小島さんは面白い人です。

募金の報告などに大臣室や議員会館へ度々やってきた。新疆の沙漠にのこる古代都市ニヤ遺跡の調査を日中共同でやっているので、研究機構の顧問になって欲しいと言う。これまた聞いたこともない遺跡です。いっぱい資料を持ってくる。熱意に負けて引き受けた。文部省科研費などの手伝いもした。彼はこれも十年かけて国宝中の国宝といわれる文化財を発掘した。ダンダンウイリクと舌をかみそうな遺跡でも国宝級文化財を発掘した。

小島さんは真面目な人です。

それらの保護研究では大学などの専門家を組織しチームをつくり、中国側とともに報告書やシンポジウムで度々公開した。大阪歴史博物館での展覧会は財務大臣の公務をぬって参観した。政界引退時には、大勢の人に呼び掛けて「ご苦労さま会」を開催してくれた。今も資料などを送ると、すぐに感想文が届く。友人たちや中国から信頼されているのはこの几帳面さからであろう。

小島さんは幅広い人です。

育て上げた上場会社の社長を五十代半ばであっさり他人に譲る人は少ない。僧侶にもなり、三十年も国際貢献を続けるなど、なかなか理解できない人で、一般の枠に入りきらない奇特な人です。

小泉純一郎総理を紹介した時も小島さんは作務衣と素足で官邸へ現れた。

混迷続く昨今の日本を再建するには、彼のような「外向き」人間が増える必要がある。

この本には小島さんの日本への熱い思いが凝縮されています。味読されたい。

（元財務大臣）

目次

※撮影者名の記載ないものは筆者撮影

ありがとう　人生燃えつき店じまい

プロローグ　ありがとう

合掌　ご清祥お慶び申し上げます。永年のご厚情ありがとうございました。お世話になりました。心より感謝申し上げます。

仏道の師匠・水谷幸正先生※に「自分はドラ息子を二人残した。二人とも僧侶で高校教師だ。孫五人が男、これも坊主になるだろう。だから人生史的なものは残さない。君は子供がいない。だから自分史を残しなさい。自分はあと数年だ」といわれたのは二〇一二年正月。よく分からない話だが、師の下命は絶対的な僧侶の世界。師は八十四歳、子供の代わりに「心を本で残せ」と受け止め、急いでまとめたのがこの拙著です。

『ありがとう人生燃えつき店じまい』とはぶっそうなタイトルです。やることやった今、正確には自分でやれることをやって、あとは死ぬだけの今となり、建前的なことや人の目を意識したこと、自分のことだけを書いても意味がないし、書きたくもない。本音を書いてみたい。と考えたうえでのタイトルです。「人生燃えつき店じまい」は当然ながら拙僧自身に対してであり、皆様に対してではありません。気になる方は閉じてください。廃棄ください。すみません。

企業経営、仏道、世界的文化遺産保護研究、国際貢献と「一身二生※」的な生き方をしてきました。多くの方々にお導きいただき、お助けいただいた深謝七十年。

昭和十七年（一九四二）、ごく普通の家に生まれました。前年十二月に太平洋戦争が始まり、戦艦大和が就役。生まれた三月は、まだ連戦連勝で意気盛んなころ。コレクションしている年賀状には「南進の春」とか、「皇軍万歳・大東亜聖戦春」、「英軍の頑強な抵抗」、「一億進軍」など、勇ましい言葉がおどっています。

前々年には皇居前広場で、「皇紀二千六百年式典」が開催されました。ちなみに「零戦」は、この皇紀二千六百年に採用されたことによるとか。そして昭和十八年には明治神宮外苑はじめ各地で出陣学徒壮行会が挙行され、十九年になると本土への空襲が本格化。近くの三菱重工も爆撃をうけ、真っ赤な空が幼い脳裏に漠然と焼き付いています。

やがて終戦。食糧難の時代。ザリガニや雷魚・イナゴを取りに行き飢えをしのぎました。そして戦後復興から高度成長。バブル崩壊から長期低迷の現在。そんな時代を生き

1

2

3

1 2 3　「大東亜戦争下の初春絵葉書交歓会集」（京都・のむらや書店・趣葉会）より。テーマは歌会始めの御題「連峯雲」と「馬」。手元分には三十九点の木版葉書が収められている。昭和天皇の御製（1）は「峯つづきおほふむら雲ふく風の　はやくはらへとただいのるなり」。

てきました。人は時代に大きく影響されるので時代の確認です。

康誉とは親が「健康に生き名誉ある死を」願って名づけたそうです。

父は映画会社・松竹の会社員。会社員なんていまや死語ですが我々の世代はそう言いました。もっとも松竹に入ったのは戦後かも。詳しく聞いたことはありません。陸軍から病気で帰ったようです。記憶にあるのが松竹。母は私を産んでまもなく亡くなったと聞きました。先年、姉を見舞ったら、ここ（名古屋大学付属病院）で自分も筆者も産まれたと言っていました（その姉も熱中症で旅立った）。

戦時中の「産めよ増やせよ」で、たくさんの兄弟姉妹がいたようです。ようだとは無責任といわれそうですが正確な記憶はありません。そのためもあってか父は再婚。その継母も小学生のころに亡くなり再々婚。だから三人の母。今残る弟二人は異母弟。

子供のころの思い出といえば、いじめられて泣いていたことばかり。片親・継母という理由で。二、三歳年上の在日韓国人がいつも助けてくれました。彼も差別されていたからでしょう。昨今はいじめも過激陰湿化していますが、その頃は泣いておしまいでした。

中学で大学進学の上位高校へはいるための補習がありました。進学希望者は全員が受けていました。進学希望でしたが補習など不要とおもい受けませんでした。或るとき、進学に関する連絡が正規の授業でなく補習時間におこなわれた。聞かされていなくて困ったことがありました。先生に抗議しました。

国際貢献オタクと表面にまどわされない自分はこうして生まれたようです。

ビジネスを始め上場企業に育て上げ、途中で大学へ行き、僧侶となり、公共外交などに微力をつくしました。それだけの「パラレルキャリア」、あるいは「多面体ダイヤモンド」、「二足の草鞋」、「虻蜂取らず」、「二兎を追う者は一兎をも得ず」的人生。

笑って働き食べ飲み出し寝た人生。今終わろうとしています。

アホなおっさんの拙い記録ご笑覧あれ。ありがとうございました。　三拝

小島　康誉

※水谷幸正先生（一九二八～）三重県生まれ。陸軍幼年学校・陸軍航空士官学校から佛教専門学校（現佛教大学）卒・龍谷大学大学院修了。佛教大学教授・学長をへて佛教教育学園理事長・浄土宗宗務総長・東海学園理事長などを歴任。佛教大学中興の祖。日中韓台の仏教交流などにも尽力。軍国少年で戦争体験はなかったが「特攻隊くずれ」を自称しておられる。故鶴田浩二（小野栄一海軍少尉）が整備科予備士官であったが、そのように自称したように。

※「一身二生」＝福澤諭吉（一八三五～一九〇一）が『文明論之概略』で、幕末から明治への激変期の体験を「あたかも一身にして二生を経るが如く、一人にして両身あるが如し」と記したことから、一生で二通りの生き方をするような表現に用いられている。

第一章　あとは死ぬだけ　これだけは言いたい

一庶民にすぎない者が声を張り上げたところで、なんの影響もないことは十分に承知している。が、国民一人ひとりが国を憂えることこそ、次世代へバトンタッチする現世代の責務ではなかろうか。との思いから記したい。

一、覚醒せよ！日本　国益意識を

人生は一回だ。

あなたが幸せをもとめるなら、国益を意識してほしい。

国益などというと、右翼か国粋主義者かといわれそうだ。おかしな国だ。

そこに現代日本の問題のひとつがひそんでいる。敗戦史観から今なお立ち直れない一部のメディアや有識者と称される人たちの影響であろうか。

左であろうと右であろうと、国益意識は必須といえる。国民の幸せは国家の体制・安泰・繁栄とふかく関わっているからだ。また愛国心・アイデンティティーを持たないような人は外国人からも信頼されない。

殆ど全ての人が強烈な国益意識をもっている中国で、永年にわたって国際協力活動を実践してきたので、国益意識の重要性はことさらに感じる。

平和ボケ日本で生活していると、国家の体制・安泰・繁栄と国民の幸せとの関わりは意識しないだろうが、貧しい国の国民のことを考えてみれば、だれでも納得できる明白なことだ。

隣国・北朝鮮の国民はどうであろうか。骨と皮のやせ衰えた子供たち、密出国し体を売って家族を養う女性、外国の大使館などへ駆け込む人たち。その一方で白馬に跨って世襲三代目が登場し、軍拡に国家予算を大量につぎ込む。テレビに映し出されるそれら

1

の姿を見れば、国民の幸せと国家の体制・繁栄が密接に関係していることが理解できよう。確かめるべく訪れたこともある。

ほかの貧しい国々においても同様だ。あるいは選挙権もない国、発言も制限されている国、内乱つづく国、戦争中の国、インターネットも自由に見られない国、独裁国家……。

日本はなんと良い国だろう　というと、なにが良い国だ、失業者いっぱい、自殺者いっぱい、問題いっぱい、と反論が聞こえてきそう。そのとおりでもある。がしかし、世界に約二百ある国と比較してほしい（約二百とは曖昧だが、数え方で差がある、二〇一二年一月時点で日本が承認している国百九十四と日本を合わせて百九十五）。

日本よりもっと幸せな国もあるだろうし、もっと不幸な国もあろう。世界を十段階に分けたら、日本が第一段階に入ることに誰も異論はないだろう。日本は良い国だと書くのはそのような意味だ。二〇一一年九月一日号の『ニューズウィーク』（日本版）は「成長力&幸福度世界国別ランキング」特集を組んだ。教育・医療・生活の質・経済活力・政治的環境といった面からのランキング。それによると日本は総合で第九位にランクされている。一位はスイス、二位スウェーデン、三位オーストラリアで、アメリカ十一位、ドイツ十二位、イギリス十四位、韓国十五位、ロシア五十一位、中国五十九位。人口の多い国だけでのランキングでは日本は第一位である。

滅びた国の国民は哀れだ。繁栄してない国の国民はたいへんだ。自由の無い国の国民は政権転覆を考える。そんな例は世界中いたるところで見受けられる。過去においても今日この時にも。

2

1　板門店の停戦ライン、北朝鮮側にて。手前三人が北朝鮮の兵士、奥から覗いているのが大韓民国の兵士。撮影：塩崎武男氏

2　万寿台広場で勤労奉仕する人たち。この右手に巨大な故金日成主席の銅像。二〇〇二年六月

現時点（二〇一二年一月）での政権与党・民主党のキャッチコピーに「国民の生活が第一」とある。当然のことだ。貴方も選挙ポスターや記者会見での背景ボードで見られたにちがいない（本件に関して、国民を愚弄するような出来事が後日発生。本章末に記した）。

しかし、では国民の生活はどこから生じるのか。そこを考える必要がある。国民の生活は国家の存続と繁栄によって生まれる。ならばこの「国民の生活が第二」は、「国家の存続と繁栄によって支えられている国民の生活が第一」というべきだ。ところが、人々の関心をひくためのキャッチコピーは短く迫力あることが求められ、「国民の生活が第一」と分かったようで分からない具体的でない耳触りのよい「広告」となる。

【脱線】 広告には各種の表示規制法があるが、政党の広告である「公約」・「マニフェスト」にはそのような規制法はあるのだろうか。出来もしない絵空事を書き連ねて選挙民に期待を持たせ議員報酬と権限を入手したいだけの「詐欺的広告」ではないのか。おせち料理が広告と違っていたと問題になったが、各政党の「絵空事マニフェスト」はおせち料理や賞味期限切れ食品どころでなく国を滅ぼし国民を不幸にする大罪だ。にもかかわらず「嘘八百マニフェスト」が相変わらず堂々とまかり通っている。奇怪なことだ。罰則条項はあるのだろうか。無ければ是非追加を。「空手形公約で当選した議員は当選無効とする」と。

私たち国民のために国家の存続と繁栄を考えるのが国益意識・愛国心　国民全てが国

益意識を持たねばならない。政治家がその先頭にたつのは当然のことだ。終戦後の日本精神解体戦略と自虐史観により、日本人の価値観から国益意識・愛国心が薄れたことと国力低下・景気低迷は密接に関係している。悲しい現実といえよう。

世界を見てほしい。どの国も自国の国益・繁栄のために「勝手」なことをやっている。言っている。勝手といって問題があるなら「自国流」と言い換えよう。

それが世界、世界の現実はきれいごとではない　一例をあげるなら、二〇一〇年九月、沖縄県尖閣諸島沖で起きた中国漁船が海上保安庁巡視船に衝突し、逮捕された問題で中国側の一連の言動にいらだった人は多いだろう。

またアメリカ。「世界の警察官」を自負して、世界各地で戦争を続けることを国力維持の基本戦略のひとつとしている。子供をふくむ民間人も次々と死んでいる。

例えばオーストラリア。調査捕鯨船を襲う人たちを擁護している。鯨を食べるなとの主張の是非はさておき、調査船攻撃が良いことであるはずがない。

またアメリカ・イギリス・フランス・中国・ロシアなど核兵器保有国の一部。自国有利のために他国が核を持つことに反対し制裁さえ科している。核拡散防止は当然のことだが、持つなと言うなら、自国の核兵器を全廃すべきだ。一方的要求では金持ちが貧乏人に金を稼ぐなと言っているのと同じことだ。

更には国連安全保障理事会の常任理事国の一部。自国の国益のために度々拒否権を行使している。

このような例は列挙にいとまがない。ことほどそれぞれの国は「自国中心」なのだ。

3

4

善悪でなく損得　それこそ世界各国がそれぞれの国民のために行っている国策・外交の常識。正義はそれぞれの立ち位置により異なる。

外交とは　部分同意しながら部分主張すること。机の上では握手して、下では蹴飛ばしあうこと。

平和ボケ日本の一例　そのような世界外交のなかでの例をあげよう。

3　機上よりみたアメリカ国防総省。

4　長崎平和祈念像。日本は唯一の原爆被爆国として、もっと大きな発言力を持つ権利が、責務がある。

二〇〇八年五月、中国四川大地震。新疆で世界的文化遺産の保護研究を長年にわたって実践してきた者として、いや一人の人間として、亡くなられた方と行方不明の計約九万の方々に哀悼をあらわし、二日後に義援金提供を新疆ウイグル自治区政府へ申し出、送金した。別途、友人知人に呼びかけた募金も贈呈した。発生以来、中国中央テレビをはじめとする中国各テレビは一大キャンペーンを展開。日本のテレビでも転用放映されたからご覧になった方も多いだろう。

その右下隅にキャンペーンマーク。「衆志成城・抗震救災」（皆の心をひとつにして町を再建しよう、地震と闘い被災地を救おう、といった意味であろう）、とありその背景に中国の地図。よく見てほしい。各国間で領有権が争われている南シナ海の各諸島をとりまいて、ここ

5

6

7

5 6　中国中央テレビより　撮影：孫躍新氏
7　NHKテレビより

も中国領だとの点線。大きな地図でなく、テレビ画面片隅の見えるか見えないかの小さな地図でもである。

一方の日本。貴方もきっと見られたことがあるだろう。NHKのニュース、アナウンサーの背景の地図。どこが日本か朝鮮半島か分からないような地図。彼らは言い訳するだろう、これはイメージですと。登場してかなりの年月。誰も苦情をいわなかったのだろうか。会長の首を切った国会議員諸氏も。言っても取り合わなかったのか。ずいぶん長い期間使用されて、やっと変更された。イメージこそ大切。公共放送として受信料を税金のごとく徴収しているNHKなら自覚して欲しいものだ。

人間はイメージでとらえ行動する。普段が大切、普段は黙っていて、何かの時に北方領土だ、竹島だ、と言っても、実効支配されてしまってからでは中々困難。広報戦を放棄してしまっていては話にならない。普段のイメージや情報、実績の積み重ねが重要だ。しかし、これはNHKと中国中央テレビの差ではなく、そのまま両国民の国益意識の差。

国力は、地政力（どこに位置しているか）・面積力（海洋ふくむ）・人口力・人材力・歴史力・資源力・経済力・軍事力・文化力・広報力・政治力・外交力などの組み合わせによる総合力であり、いずれも重要であることは言をまたないが、広報力つまり情報発信力は世界の人々に日本を理解いただくために非常に重要なもの。

また一例　世界で大きな力をもっている国連、その事実上の最高意思決定機関は安全保障理事会。その常任理事国は第二次世界大戦の戦勝国、アメリカ・イギリス・フランス・中国（一九七一年までは中華民国）・ロシア（一九九一年まではソ連）の五カ国であり、拒否権を有している。

日本は世界の主要国としてドイツ・ブラジル・インドと常任理事国入りを度々提案しているが、実現していない。常任理事国は自国有利のために七十年近くも他国を締め出したままだ。

一方、日本は永年にわたり国連通常経費の上位負担国だ。二〇一〇～一二年の基本予算分担比率（外務省発表・小数点二ケタ以下四捨五入）は、アメリカ（二二・〇％）、日本（一二・五％）、ドイツ（八・〇％）、イギリス（六・六％）、フランス（六・一％）、イタリア（五・〇％）、カナダ（三・二％）、中国（三・二％）、スペイン（三・二％）、メキシコ（二・四％）が上位十カ国。アメリカはこの分担金さえ滞納していたとか。

日本は高率負担国としても常任理事国入り戦略をもっと強力に展開すべき　関係ないように思えるが実は私たちの生活に直結する重要課題だ。二〇一二年一月、日本・ドイツ・ブラジル・インド四カ国の安保理改革案が国連総会の政府間交渉で初めて公式に討議され、約六十カ国が意見表明し、英仏など約半数が賛意を示し、中露などが反対の立場だった。アメリカは四カ国案を明確には支持しなかった。

【脱線】アメリカ人はかってビジネスパートナーであったこともあり、好きな国のひとつだが、アメリカという国も少々変わっている。例えば、東京赤坂の一等地にあるアメリカ大使館の敷地は日本の国有地、アメリカはその賃貸料（一万三〇〇〇㎡・

年間約二五〇万円）を一九九八年以降十年間も延滞していた。他国の大使館敷地賃貸料に比べて格安（英国大使館・三万五〇〇〇㎡・年間三五〇〇万円）なため日本側が値上げを要求したところ、アメリカ側は「一八九六年（明治二十九）の契約文書に値上げ項目はなく、大幅な値上げには応じられない」と、百年以上前の文書を持ち出して支払いを拒否していた。二〇〇七年末にようやく段階的値上げに応じ、十年分の借地料七〇〇〇万円（この合意で、一九九八～二〇〇七年分は年七〇〇万。以降二〇一二年までは年一〇〇〇万円、二〇一三～二七年は年一五〇〇万円となった）を支払った（各種ウェブ情報）。購入目的で未納を続けたのだろうか。

さらに一例　国防問題。東日本大震災では二万人余の方々が生命を奪われた。何百万という方々の人生が大きく破壊された。原発事故で何十年と故郷に帰れない人も多い。読売新聞が大震災半年にあたり調査したところ、震災に関する仕事ぶりや活動を評価しているのは（複数回答　二〇一一・九・一一）、「自衛隊」八二％が最多で、「ボランティア」七三％、「消防」五二％、「被災地の自治体」四二％、「警察」四〇％などの順。一方で「政府」は六％、「国会」は三％に過ぎず、政府・国会の体たらくぶりへ厳しい評価だ。**自衛隊はボランティア・消防・自治体・警察などとともに高く評価された。しかし、自衛隊の本来任務は災害出動でなく、外国からの軍事的攻撃への国防である。**なのに、その法律的根拠が曖昧だ。

第二次世界大戦の戦勝国（連合国軍最高司令官総司令部・GHQ・実質はアメリカ）が「マッ

カーサー草案」などでリードした現日本国憲法前文に「平和を愛する諸国民の公正と信義に信頼して、われらの安全と生存を保持しようと決意した。われらは、いずれの国家も、自国のことのみに専念して他国を無視してはならないのであって、政治道徳の法則は、普遍的なものであり、この法則に従うことは、自国の主権を維持し、他国と対等関係に立とうとする各国の責務であると信ずる」（抜粋）とあり、第九条には「日本国民は、正義と秩序を基調とする国際平和を誠実に希求し、国権の発動たる戦争と、武力による威嚇又は武力の行使は、国際紛争を解決する手段としては、永久にこれを放棄する。第二項前項の目的を達するため、陸海空軍その他の戦力は、これを保持しない。国の交戦権は、これを認めない」と規定している。

武力行使放棄と戦力不保持　と、第九条で定めているが、一方でその戦勝国の意向（朝鮮戦争時にGHQ指令ポツダム政令による警察予備隊が発足）で再建された軍事力である自衛隊が存在している。これは矛盾である。

憲法改正　この状況を解決するため、武力行使放棄を定めた第九条第一項の平和主義の理念は守りながら、第二項を改正して戦力の保持（自衛隊から軍隊へ）を明確にすべきとの意見が各方面から出されている。

なお、政府見解（参議院予算委員会　一九七八・三・一一　真田秀夫法制局長官答弁）は、「政府は従来から、自衛のための必要最小限を超えない実力を保持することは憲法第九条第二項によっても禁止されておらず、したがって右の限界の範囲内にとどまるものである限り、核兵器であると通常兵器であるとを問わず、これを保有することは同項の禁ずるところではないとの解釈をとってきている」といった苦しい説明をしている。

自衛隊が憲法上に明記されておらず、合憲なのか違憲なのか曖昧な状況が続いているのは国益上の大問題であろう。というより「陸海空軍その他の戦力は、これを保持しない」をそのまま読めば、現在の自衛隊の水準から戦力といわざるをえず、違憲裁判も度々起こされ、長沼ナイキ基地訴訟では札幌地裁が違憲としたが、札幌高裁は違憲性を判断回避し、最高裁もこれを支持した。百里基地訴訟でも最高裁は同様に違憲判決を下していない。「高度な政治的問題であり、司法判断になじまない」は苦しい判断回避と思う。このような状態で良いはずはないというのが改憲派の主張である。

現憲法は被占領期の昭和二十一年に公布され、翌年施行された。当時はGHQ指導の憲法を受け入れるしか方法はなかっただろうが、既に戦後七十年近く経過し、日本は平和国家として各方面で世界に貢献し続けている。取り巻く世界情勢も大きく変化している。そのような状況を鑑みたとき、現在の憲法で良いのだろうか。検討が必要であろう。護憲派は激しく反対するだろうが、検討の価値はあろう。

自衛隊は軍隊以外の何者でもないのが現実だ。ご都合主義の憲法解釈での存在では隊員諸氏も国民も悩む。世界約二百の国で、軍隊のない国はモナコやバチカン・ドミニカ・サモアなどの小国だけだが、それら軍隊を保有していない国は、集団防衛体制に加盟するか、旧宗主国に防衛を依存している。永世中立を国是としているスイスでさえ強力な軍隊を有しているのが世界の現実だ。

「平和憲法」と耳ざわりの良い言葉を好まれる方々、よくよく考えて欲しい。平和は尊い、戦争は悲惨だ。誰も異論はないだろう。ではどのようにして戦争を抑止し、平和を維持するのか。世界中の国々が軍隊を有する中で、戦力なしで平和が守れるのだろうか。人類の歴史は戦争の歴史ともいえる。今この時も世界では戦争が行われている。

憲法前文　では「平和を愛する諸国民の公正と信義に信頼して」としているが、世界の現実はそのとおりであろうか。日本が位置する東アジアも風雲急を告げている。「プラハの春」は「アラブの春」となり、「アラブの春」は近隣諸国へジリジリと近づいてきている。それらの国で内乱が発生するかもしれない。日本は海洋国であるので隣国は非常に多い。同盟国アメリカだけに頼りきることはできない。「平和憲法」とは「自分で平和を守るための憲法」であるべきで、「他国を信じていれば実現できるかもしれない平和憲法」ではないはずだ。

自民党が二〇一二年四月末に発表した第二次憲法改正草案に自衛隊を「国防軍」と位置付けるとの内容も含まれている。歓迎する人も反対する人もいるだろう。賛成する国も反対する国もあるだろう。

日本人の中には、外国とは全面的に仲良くし、全面的に同意し、全面的に握手することが良いことと錯覚しておられる平和ボケの方も多い。全面的友好は国際関係ではありえない。

平和ボケ日本。しっかりして欲しい。

【脱線】尖閣諸島沖での漁船衝突事件の直後、日中関係の会合での一コマ。中国人経営者が「中国には『好戦者必亡、忘戦者必衰』（戦いを好むものは必ず亡びる、戦いを忘れた者は必ず衰える）という格言がある。自分は今回この諺を思い出した」と発言した。出席者一同なるほどとうなずいた。

【また脱線】野田首相（当時）の父親が自衛隊員だったことはよく知られている。各メディアはこれまでの発言をもとに「父親は陸自第一空挺団の元自衛官」と報じてきた。第一空挺団は自衛隊で唯一の落下傘部隊を持つ最精鋭レンジャー集団。

しかし、各種ウェブによれば、「第一空挺団の隊員ではなく、同じ習志野駐屯地でも『業務隊』の所属。業務隊は戦闘部隊ではなく、駐屯地の管理業務を行う支援部隊で、企業の総務部のような仕事」とのこと。業務隊も立派な隊員であるが、政治家は言葉を操る達人らしい。という筆者も知らず知らずのうちに、自分を良く見せようとしているだろう。

父親が自衛隊員であったことは確かなのだから、野田総理には自衛隊員がより誇りを持てるような対応を期待したい。といってもこの年末も首相かどうか？

二、財政再建を

我が国の財政危機は言われて久しい。昨今では欧州に端を発した国家財政危機問題は各国に波及し、次は日本ではとの報道も盛んだ。我が国の財政危機状態を読売新聞（二〇一一・一二・二五）が家庭にたとえて報道している。一兆円を一〇万円に置き換え図式化して分かりやすいので、掲載させていただく。年収四二三万の収入に対して、四四二万もの新規借入れが必要であり、それ以上に問題なのは十二年度末には見込みで年収の約十七倍ものローン残高（国債発行残高七〇九兆円）になることだ。

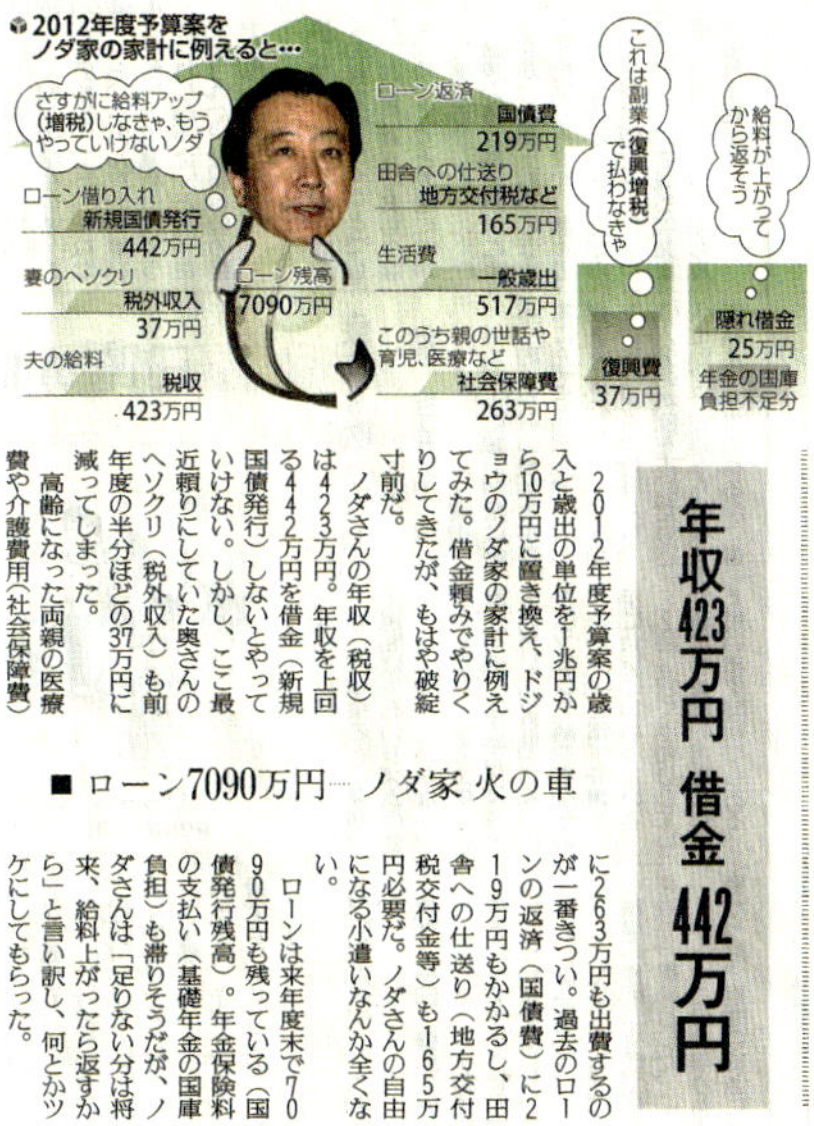

年収423万円　借金442万円

■ローン7090万円……ノダ家 火の車

2012年度予算案の歳入と歳出の単位を1兆円から10万円に置き換え、ドジョウのノダ家の家計に例えてみた。借金頼みでやりくりしてきたが、もはや破綻寸前だ。

ノダさんの年収（税収）は423万円。年収を上回る442万円を借金（新規国債発行）しないとやっていけない。しかし、ここ最近頼りにしていた奥さんのヘソクリ（税外収入）も前年度の半分ほどの37万円に減ってしまった。

高齢になった両親の医療費や介護費用（社会保障費）に263万円も出費するのが一番きつい。過去のローンの返済（国債費）に219万円もかかるし、田舎への仕送り（地方交付税交付金等）も165万円必要だ。ノダさんの自由になる小遣いなんか全くない。

ローンは来年度末で7090万円も残っている（国債発行残高）。年金保険料の支払い（基礎年金の国庫負担）も滞りそうだが、ノダさんは「足りない分は将来、給料上がったら返すから」と言い訳し、何とかツケにしてもらった。

8

8　読売新聞より

右の数字は国債だけだが、国債に借入金・政府短期証券を合計した実質借金は二〇一一年三月末で九六〇兆円に達している。

家庭でローンの担保はおおむね土地と住宅、そして株券などである。国の場合はどうなのか。筆者は国債を持っていないし見たこともないが、国有地が担保になってはいない。国の信用力が担保だ。

国債格下げ　国債は国家の信用力の象徴的存在である。その格付けが二〇一一年十二月、日本の格付け会社「格付投資情報センター」によって最上位の「AAA」から「AA+」に一段階格下げされた。欧米の格付け会社はすでに以前から断続的に格下げしていたが、国内の格付け会社が日本国債を格下げするのは初めてのこと。非常に重要な出来事なのに大きな話題にならなかった。国債格付けとともにクレジット・デフォルト・スワップ（CDS）市場でも日本国債の保証料率は上昇している。

私たち国民も政治家たちも格付け会社の影響力を低くみている。

金融システムは発達しすぎて暴走しがちである。それらを操り鵜の目鷹の目で利益を狙っている人たちがいる。「マダムワタナベ」と称される個人投資家や機関投資家から正体不明のファンドまで。

日本国債の格付けがさらに下がり、暴落する事態となったら大変だ。その先の債務不履行（デフォルト）ともなったら一大事である。国の破産だ。とにかく一日も早く財政再建の方針を明確に具体的に示すことが重要だ。そしてそれを着々と実行することである。格付け会社など魔物のような連中に「日本は危機的状態にあるが財政再建に乗り出したので、しばらく様子を見よう」と思わせることだ。

政治家のなかには「日本国債は約九〇％日本人が持っているからまだ心配しなくても良い、まだ消費税増税の時期ではない」などとノー天気な発言をする人がいるが、国家の大事を政局に利用しないで！　集中していることは危険でもあるのだ。さらに日本国債の六六％（アメリカは五％・ドイツは二割台・イタリアは三割台と「日経ヴェリタス」二〇一二・四・八～一四号）は日本の金融機関が保有していることをお忘れでは？

日本国債が暴落すれば国民のみならず、日本の金融機関も巨額の含み損を抱え、それは国全体に巨大な影響を与える。

終戦直後のような苦難　一家の借金が払えなくなれば破産ということになり、中には夜逃げする人もいる。国債が暴落し、国家が破産したらどうなるのか。日本人すべてが夜逃げできるのか。できるはずがない。国民みんながあの終戦直後のような苦難をなめることになるだろう。

財政危機は日本に限らない。先進国の殆どが同様だ。人類の欲望が環境を改善し医療技術をふくむ各種分野を発達させ、その結果人々が長寿となり、一方で稼ぐ人の割合が減少したことが大きな要因だ。長寿は幸せの象徴とも言え、個人でもどの国でも目標のひとつになっていようが、高齢化社会は高負担を生み出す。それを誰が負担するかである。

【脱線】毒のある発言を許していただければ、植物人間になったまま治療しつづけて、その方の尊厳は保てるのだろうか。人の臓器をもらってまで生きることにはいろんな論議があるようだ。貧しい国の人の臓器を買って長生きするなんて。その臓器移植の費用を募金で集めるなんて。どこかおかしいと思うのは筆者だけであろうか。

私たち国民があれも欲しい、これもして、と国家に「おねだり」をつづけ、そこにつけこみ当選目当てで「ばらまき政策」をつづけてきた政治家たち。「火の車つくる大工はなけれども己がつくりて己がのりゆく」という。「火の車・日本」をつくったのは私たちである。このまま行ったら破綻は確実だ。このように破綻寸前にあるのに無責任な政治家や国民は、今も各種の「ばらまき政策」を繰り返している。**とるべく戦略は明確だ。無駄の徹底削減と税収や雇用を増やすための産業振興。さらに資産圧縮。それらと並行しての増税。そしてインフレとデノミ。具体例をあげてみる。**

国会議員を三分の一に　極端だとおっしゃるだろうが、彼らはいったい何をしているのか。たいしたことはしてない。働いているのは選挙中だけ。ちょうど大学の受験勉強は必死にしても入学すると遊んでいる学生のように。アメリカ人口約三億一〇〇〇人に対して上下両院で五三五人。この比率で考えると日本は二二五人。現在は七二二人で、なんと五〇〇人も多いことになる。度々論議されているが一向に実現していない。

政党助成金（なんと三二〇億円）や報酬（年間約二二〇〇万円）・手当（月給以外に「文書通信交通滞在費」が月一〇〇万円も）も半減。ＪＲや私鉄無料パスも廃止。秘書（三人に約二〇〇〇万円）も減らす。各党用の専用車両も半減。……とにかくお手盛りがいっぱい。汗水ながして税金を払っている俺たち国民の身になれ！

地方議員を半分に　これまた多すぎる。個人的陳情対応屋など不要だ。こちらも報酬手当など半減。

国家公務員を三分の二に　これも多い。自分たちのための仕事を作っている。幹部以上の給料・手当なども開示すべきだ。地方公務員も四分の一は減らせる。

すべての歳出の全面見直し　切り込みにくい福祉・医療・高齢者関係も例外なく。

例えば国民年金制度が施行された一九六一年の平均寿命は男女平均で六十八・四歳、それが二〇一〇年には八十三・〇歳。この三十九年間で、十四・六歳も支給期間が延びた計算。赤字になって当然。現在の終身制を維持するのは不可能。停年制も検討しないと。乱暴な話ではある。しかし、それぐらいの荒業を使わないと日本財政は維持できない所まで来ている。介護保険も出来た。本人負担は一割。どんどん増える対象者。これでやっていけるはずがない。

「なんとかなる」、「そんなの嫌だ」、「これもして」、「選挙で勝てない」といった「自分だけ楽しよう」的甘えはもう許されない段階だ。現実から目をそむけてはならない。

「仕分け」も甘すぎる。小さい仕分けばかり、根幹は未着手。中央政府の権限・予算を半減。小さな政府に切り替える。地方分権を本格化する。年度末の予算消化工事なんてまったくアホらしい。

特別会計も全面廃止　「塩爺」塩川正十郎先生の財務大臣当時の「母屋（一般会計）でおかゆをすすっているときに、離れ（特別会計）ですき焼きを食べている」発言は有名だ。

【脱線】 塩川正十郎先生には永年ご厚情をたまわっている。キジル千仏洞修復協力からだから二十五年も。社長時代に社外取締役として指導いただいていた上村晃史氏（表面処理大手の上村工業社長・故人）に紹介をうけた。塩川先生から高田好胤薬師寺管主（故人）・安田暎胤執事長（管主から長老）・その夫人順恵さんへのつながり、さらに多くの知人・友人へとつづく。縁は楽しい。塩爺さんのことは後述しよう。

すべての分野で民営化徹底 動き出した郵政民営化も政局がらみで後退している。とんでもないことだ。そうこうしているうちに日本郵政の競争力はじりじりと低下している。

特殊法人全面改革・第三セクター全面廃止 責任あいまいな組織。ある時は政府のような顔をし、ある時は民間のような顔をする組織。全面改革・廃止・民営化すべき。この人たちの報酬も公開すべきだ。

補助金の全面見直し 補助金が役立っている部分もある。しかし、省益・役人益のための補助金がなんと多いことか。補助金漬けで自立経営力が弱体化している分野も多い。不正使用も度々報道されている。「使用節減奨励制度」を導入するとともに、年度末に余った分は返却出来るように。年度末予算消化事業は全面禁止。あちこちの大学でも年度末になると愚にもつかない「シンポジウム」が開催され図書が購入される。文科省の助成金消化のために。

天下り全面禁止 仕事もろくにせず税金を食っている天下り屋とその家族は恥ずかし

くないのだろうか。東電原発事故後も多くの顧問が月九〇万円もらっていたとか。事故後に天下った人がいる。スゴイ心臓の人たちがいるものだ。

天下りした公益法人が各種プロジェクトをなかば独占的に受注し、自分たちの報酬を確保している。ある天下り屋いわく「最近は厳しくなった、無給で肩書きだけ」。ところがその肩書きを活かして他で稼いでいる。

産業振興を全力で　規制をどんどん撤廃し、新たなビジネスが生み出せる環境をつくり、雇用をふやし税金を増やす必要がある。世界から投資を呼び込める日本にすべき。

増税　以上のような各種歳出削減を徹底的に実行しつつ増税。現在の消費税が導入されて二十三年、その間に国家財政は改善どころか悪化するばかり。歳出削減を中途半端なままに増税しても効果は薄い。

現在（二〇一二年三月）、消費税率アップが審議されつつあるのは大いに結構。法案を通しやすくするために一部は軽くするなどの姑息な手段はとらないほうが良いと思う。消費税に限らず他も増税が必要だ。今どき減税を唱えている頓珍漢な人がいる。女高生口調でいえば「信じられな〜い」。産業振興・雇用増大に結びつくような減税なら一考の余地もあろうが。

特別優遇先からの徴税強化　各種公益法人や学校法人・宗教法人などは特別優遇されている。公益法人の監査を強化し徴税すべきだ。私物化されている公益法人も多い。大学への補助金もメリハリをつけ全体として削減し、経営力を強化すべき。理事長名誉用につくられたような大学になぜ補助金を出すのか。高級車を乗り回し祇園の上得意は僧侶といわれているような「観光業寺院」の無税範囲も縮小すべきだ。
徴収率向上 会社所有車でゴルフ場通いや私的接待の経営者、家計費まで会社経費で落としている奥さんがいっぱいいる。高額納税者を一定評価したらどうか。徴税するばかりでなく喜びを与えて納税する意欲向上策も必要では。

【脱線】 二〇一二年『アメリカ大統領経済報告・大統領経済諮問委員会年次報告』、いわゆる『米国経済白書』日本語版が「エコノミスト」（二〇一二・五・二二号）から届いた。集約として「富裕層から一兆五〇〇〇億ドル徴収。成長なくして財政再建なし。輸出倍増、雇用減二〇年からの脱出。給与減税、失業保険延長。国内エネルギー開発」と記されていた。日本同様に火だるまになって久しいアメリカは、着々と戦略を展開している。

資産圧縮 見過ごされているがこれも重要だ。JALが倒産した時、不採算路線多数から撤退し社員多数を削減するとともに、ジャンボ機も売却したように。企業ならまず手をつける常套手段だ。先日までJALの看板が掲げられていたビルが寓居の目の前にある、今はキャノンのネオンが輝いている。
二〇一〇年三月末の国家資産合計（民間を含んだ国富ではない）は財務省発表で約七七八兆円。現預金約三五兆、有価証券約二二九兆、未収約一四兆、貸付約一八九兆、有形固定資産約二七三兆、出資一三兆などである。これらのなかには不良債権化したものも含まれていようが、精査すれば圧縮できるものが一〇〇兆円ぐらいはあろう。それを換金してその分、債務を減額すべきだ。道路や河川は換金不能であろうが、命名権などの方法もある。微々たる収入でも「ちりも積もれば」だ。

この際、忘れてはならないのは、これらの国家資産が「証券化」されたものが国債だということ。つまり国家資産を売却すれば国債の価値が下がることにつながる。

インフレとデノミ　これは高等戦略だがとる必要があろう。

これらを実施し、子供・孫たちの世代に豊かな日本をバトンタッチするのは我々の義務！

超高齢化のうえに人口減少が始まっている。二〇一〇年の国勢調査で、日本の人口は一億二八〇六万人、五十年後の二〇六〇年には、約四〇〇〇万人も減って八六七四万人になると、厚労省が予測を発表。しかもその四割は六十五歳以上の高齢者だという。稼ぐ人の率がグングン減少する。

財政再建は切迫した課題である。欧州危機は対岸の火事でなく他山の石。財政再建は日本だけに迫られている課題ではない。アメリカを始めとして多くの先進国の慢性病である。いや発展途上国も同様だ。どの国も構造的な問題を先延ばしして、国民が受け入れやすい目先の対症療法を繰り返してきたからだ。財政再建レースが始まっている。

戦争で焦土と化した日本は見事、復活した。財政危機に東日本大震災が重なった「国難」の今は大ピンチ、逆にいえば今こそ再建のチャンス。皆の同意が得られやすい。日本は必ず立ち直ることができる。

三、首相を任期制に

戦後三十四人の首相の在任期間を確認した。最長が佐藤栄作内閣の七年八カ月（吉田茂内閣は通算七年二カ月）、最短（終戦直後の東久邇宮内閣をのぞく）が羽田孜内閣の二カ月、平均で二年。この十年間で九人の首相（小渕・森・小泉・安倍・福田・麻生・鳩山・菅・野田各氏）。これほど首相が交代することはわが国のために良いとはとうてい思えない。日めくりカレンダー・回転ずしと揶揄されているほどだ。株価でいえば下落三〇〇〇円は回転首相のせいだろう。

「首相問責決議案」や「不信任決議案」が決議されたことも度々。ことほど左様に、首相の座は軽い。一国の代表者のひとりたる者の地位がそれで良いのだろうか。政争の具になっている。これでは長期的な国家戦略などとりようがない。アメリカのように四年任期、最長二期と固定したほうが良いと考える。この論議はたびたびなされているが、本格化していない。アホな党利党略争いをやめて、これらをふくむ国家戦略を論議すべき。それこそが議員の仕事だ。陳情対応や国会・裁判での言い訳は仕事ではない。

一国の指導者がゆったりと長期的観点で政治運営できる環境が必要だ。それでこそ我々国民の生活は更に良くなるだろう。

もっとも 現在のわが国の指導者たちに「一国の指導者」の自覚があるかどうかは疑問だ。問題あれば辞任すれば良いぐらいにしか考えていない。次の選挙には出ないと言った、その舌も乾かないうちに「辞めるの止めた」と子鳩発言。またある人は「逃げないと言いつつ逃げる汚沢君」などとざれ歌が流され、皮肉った川柳「四億円タンス預金と言える人」が読売新聞に（長沼潔氏　二〇一一・一・一六）。

【脱線】ウルムチから北京へ戻った夜、中国傳媒大学の趙新利講師（拙著『念仏の道ヨチヨチと』中国語版訳者　早稲田大学政治学博士）と会食、開口一番「闇将軍の復活ですか？」と。田中角栄の亡霊でも現れたのかと思っていると、「小沢に無罪判決、民主党の代表になるのですか？」と続いた。そうか今日が判決か。「日本は三審制、まだ確定ではない。それに法律の基礎は道徳、尊敬されないような人は上に立てない。彼の今の心中は、日本の将来でなく、自分の行末だろう」と答えた。趙さんは「でも子分が一〇〇人もいる」と続けた。「次の選挙目当てで『小沢神話』に頼っているだけ、ハゲルのは時間の問題。既に過去の人だ」と話を打ち切った（十一月、二審での無罪判決をうけ、指定弁護士が上訴権を放棄し無罪が確定した）。

【また脱線】翌日、羽田への機中で「環球時報」（二〇一二・四・二七）を読んだ。「小沢一郎の無罪は日本政界を揺るがした」と大きな記事。「小沢は民主党の最大派閥を掌握しており、輿石幹事長は小沢派の中心人物である」と続き、最後に「小沢は民主党内の親中派とみられていて、一四六人の民主党議員を率いて訪中した。多くの民主党議員の机の上には中国指導者との握手の写真がある。小沢の復権後は、日中首脳間の交流はよりスムーズになる」と復権を期待するような言葉で締めくくってあった。

【さらに脱線】これまた皮肉った時事川柳が読売新聞（岩片親一郎氏　二〇一二・五・二）に「灰色の紙に無罪と書く判事」。

カイワレ首相　は「東日本大震災」発生翌日の非常事態最重要初期に指揮本部官邸を四時間半も離れ視察に出かけるパフォーマンス、しかも福島原発に五十分も邪魔するといった低水準。もちろん、菅首相も真剣で必死だったことは分かる。
福島原発事故独立検証委員会も「菅首相ら政府首脳による現場介入が無用の混乱と危険拡大を招いた可能性がある」とする報告書を公表（二〇一二・二・二七）。なんと「バッテリーは縦横何メートル」と携帯で確認したなどと記載されている。お笑いである。
今になって言及しているのではない。写真のように事故翌月に福島産品を贈呈した方々への挨拶状にも記載した（グリーン部分）。

非常事態の最重要初期には　情報集約地にいて、情報（Information）を組み立て、より重要な情報を生み出し（Intelligence）、決断するのがあらゆる組織トップの基本中の基本。彼の行動はInformationを求めてIntelligenceを見失った悪例中の悪例。
ピンボケ首相は「安全保障会議」を開催しなかった。「国防に関する重要事項および重大緊急事態への対処に関する重要事項を審議」する最高会議であり、議長は首相。ところが菅首相は開催しなかった。大津波が襲い、原発が水素爆発を起こし、世界各国が危機を感じたのに。この人にとっては重大緊急事態ではなく、カイワレ騒動でカイワレを食べてマスコミに取り上げられた時と同様に絶好のパフォーマンスの機会と思ったのだろうか。

また核兵器を持ち、核兵器を使用し、原発事故を経験し、原発テロ対策も準備している「核先進国」アメリカからの事故直後の原子炉冷却を含む原発制御の申し出を無視したという。主導権を奪われたくなかったのだろう。しかし、重要なことは人々の安全であり、そして爆発した福島第一原発1号機はアメリカGE社製なのだ。製造責任がある。損害賠償を要求して当然であり、事故収拾に日米共同であたっても不自然ではない（安全保障会議が開催されなかったこととアメリカの申し出を無視した件への問題提起がマスコミや有識者から殆どされていないのも不思議）。

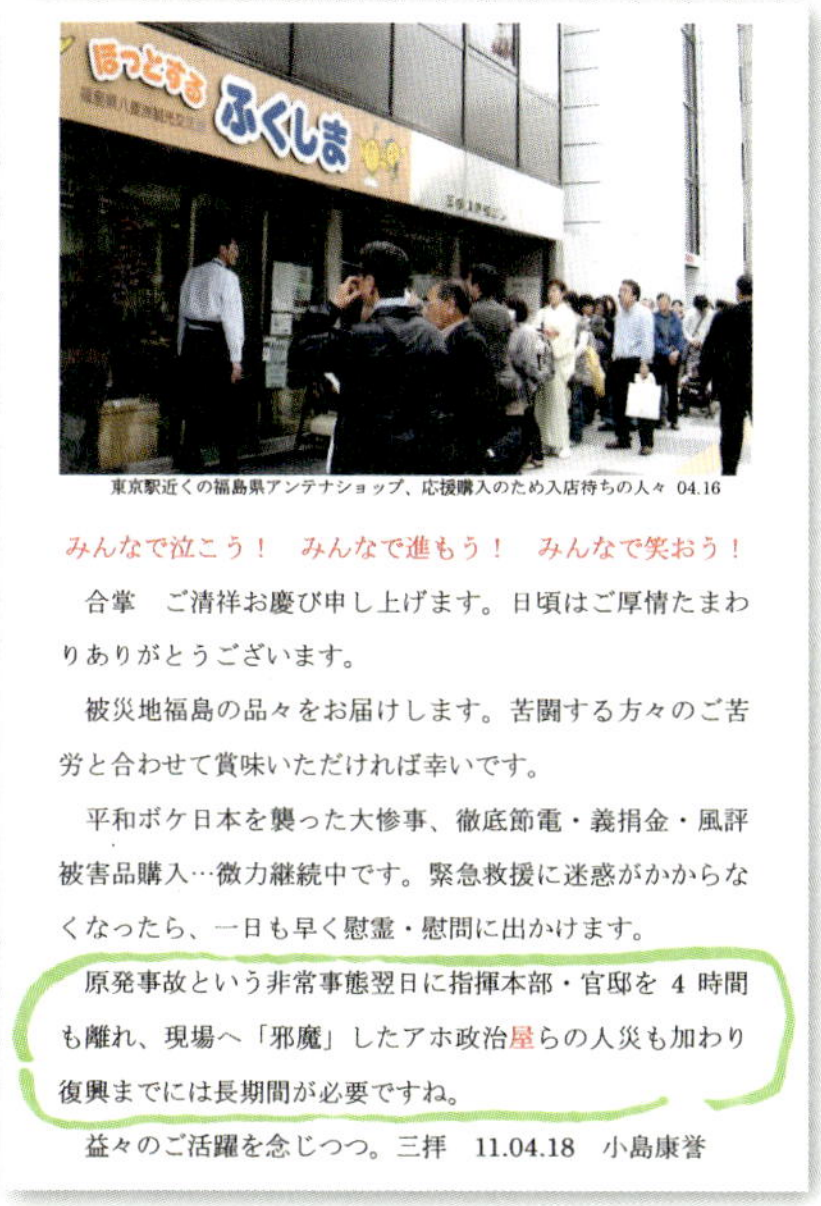
東京駅近くの福島県アンテナショップ、応援購入のため入店待ちの人々 04.16

みんなで泣こう！　みんなで進もう！　みんなで笑おう！

合掌　ご清祥お慶び申し上げます。日頃はご厚情たまわりありがとうございます。

被災地福島の品々をお届けします。苦闘する方々のご苦労と合わせて賞味いただければ幸いです。

平和ボケ日本を襲った大惨事、徹底節電・義捐金・風評被害品購入…微力継続中です。緊急救援に迷惑がかからなくなったら、一日も早く慰霊・慰問に出かけます。

原発事故という非常事態翌日に指揮本部・官邸を 4 時間も離れ、現場へ「邪魔」したアホ政治屋らの人災も加わり復興までには長期間が必要ですね。

益々のご活躍を念じつつ。三拝　11.04.18　小島康誉

9

10

9　菅首相の官邸長時間離れにふれた福島産品贈答はがき。

10　菅首相下向き会談。ＮＨＫテレビより

安全保障会議を開催しても、アメリカの申し出を受け入れても事態は変わらなかったかもしれない。その場合も、国家のルールを守ることは出来たし、アメリカとの共同責任を世界に示すことができた。

さらに沖縄県尖閣諸島沖での中国漁船衝突後ギクシャクしていた中での中国胡錦濤主席との会見ではメモを見ながら下を向いての不甲斐ない姿。二十分ほどの挨拶程度の会見で。通訳が入る、二人が発言、一人は五分程度だ。

写真を見ていただきたい。胡主席はメモなど持っていない。背筋をのばして堂々としている。子供のような菅首相を「これが日本の代表か」と思ったのではないだろうか。

ほかの与党・野党の諸氏も同レベル、日々茶番劇の永田町。畏友・鈴井俊二氏（元鈴丹社長）いわく「曲田町」。嗚呼、我ら国民、「平成維新！」と決起したくなる。

【脱線】♪「権門上に傲れども国を憂うる誠なし　財閥富を誇れども社稷を思う心なし」。このマヌケ首相や避難所で立ったまま謝罪する東電副社長を見て、「昭和維新の歌」（作詞作曲・三上卓）の一節を口ずさんだ人も多いらしい。国民から「国民を幸せにする責任とそのための権限」を一時的に預かっているだけなのに、「俺は絶対権力者だ」ごとく驕りうそぶき、自分のことばかり考え、国をどうするかといった気概もない政治家たち。国民に利用してもらうことで大企業になったのに、国民に尽くす心を忘れている経営者たち。しかし、彼らを選んだのは私たち。♪は「ああ人栄え国亡ぶ盲たる民世に踊る」とつづく。小物政治家・小心経営者が栄え、国が滅んでしまう、彼らの存在を許しているのは平和ボケして、ばらまき政策に投票し、その真の姿を見ようとしない我ら国民だ。

【また脱線】二〇一二年二月、民主党はこの原発事故問題対応の菅元首相を「新エネルギー政策」担当最高顧問に、外交音痴の鳩山元首相を「外交」担当最高顧問にした。輿石幹事長は常任幹事会で「ベテランの知見を生かそう」と発言したとか。酷い冗談の好きな人たちだ。その後、子鳩は官邸や外務省の制止を振り切ってイランを訪問、大統領会見時に国際原子力機関（ＩＡＥＡ）を批判する発言。世界からひんしゅくをかった。

【さらに脱線】歌舞伎をよく観る。名場面での掛け声も楽しみのひとつ。吉右衛門には播磨屋！　仁左衛門には松嶋屋！　染五郎には高麗屋！　さしずめズル議員どもには口先屋！　それでも暴動も暗殺も起きない日本は超安定国？

宰相としての自覚がない人に自覚を持たせるためにも長期任期制が必要だ。一方で資格試験も必要であろう。例えば「憂国力」や「胆力」で三十点を取れるかどうか。「口先政治屋用語力」は百点でも。「天下国家が大事で、政治報告書など細かいことは秘書に任せている」と誰も信じないことを平然と発するオジサンたち。そんな人に群がるにわか議員。バカ殿に仕える秘書たち、諫言しない家族たち、投票する支持者たち。仏道・武士道・書道・剣道・茶道・華道・柔道・空手道・経営道……と「道」は多いが、「政治道」が求められる。

四、国会・選挙制度の改革を

衆参両院とも議員経験年数はきわめて浅い。二〇一二年四月末時点の議員経験年数（『国会便覧』より・小数点二ケタ以下四捨五入）をみてみると、衆議院では五六・二％が十年未満、五年未満が三一・五％。参議院では三六・八％が十年未満、五年未満が一九・四％。これでは次回選挙のことがチラチラして、とても腰をすえた国家国民のための仕事などできない。選挙区の有権者の顔を思い浮かべながらの国会となる。人気取りバラマキ政策の羅列で国の借金は増大するばかりだ。何のための二院制か。両院が別の役割を負担してこそ両院の存在意義がある。両院とも同様の選挙での選出でよいのだろうか。参議院は被選挙権年齢を四十歳に引き上げるとか、人数を極端に少なくするとか、任期を長くするとか、一定資格制にするとか、改革が必要であろう。

両院とも議員数を大幅に減らしてはどうか。欠席ばかりの議員なんて不要だ。権限も両院で違えたほうが良い。いっそ二院制をやめて一院制にするのも一案だ。各種提案があるようだが実現してほしいものだ。

重要な仕事がある、と国会を欠席する議員がいる。外交関係ならいざ知らず、ふざけた話だ。彼らにとって国会以上に重要な活動はないはず。権限と責任を忘れている。議員諸氏が好きな言葉に「常在戦場」がある。「選挙がいつあっても良いように備えよ」という意味合いで使われているが、貴方たちの戦場は選挙でなく国会だ。

【脱線】相撲取りが横綱や大関に昇進するときにとってつけたような「四字熟語」を披露する。貴乃花「不撓不屈」「不惜身命」、貴ノ浪「勇往邁進」、琴光喜「力戦奮闘」、若乃花「堅忍不抜」、琴奨菊「万理一空」など。誰が教えるのか知らないが熟知しない言葉を使うのは彼らぐらいにして、議員諸氏は庶民の言葉で発信して欲しいもの。福島原発事故で、専門用語を駆使して得意気に会見したオジサンたち。今頃冷や汗を流しているだろう。この部分を下読みした方、「あの人たちは心臓に毛が生えていて馬耳東風」と一言。

法律より重要なのは道徳　真面目に生きる庶民からすれば疑われるだけでも恥ずかしいのに、発言をコロコロ変えて法律の解釈の隙間で生きているような「先生」が何のために議員をやっているのか。何様のつもりなのか。「先生」と呼ぶ習慣をやめよう。報酬も不要だ。ボランティア制の国も多い。世襲は厳禁すべきだ。職業化した議員が国民を幸せにできるはずがない。「親分化」や「利権屋化」を防ぐために任期に制限をくわえたらどうか。最長二十年とか。政党の内規でなく、選挙の正式規定として。

国民に希望と勇気を　もたらすべきリーダーたちが失望と弱気をあたえている。国民のことを考えた政治がおこなわれているとはとても思われない。政治は結果的に国民生活のすべてに影響を与えているのに。我々国民は哀れなものだ。

選挙権も再考の要あり。十八歳に引き下げる議論もあるらしいがとんでもない話。むしろ引き上げるべきだろう。

五、英語を第二公用語に

日本ほど英語教育の盛んな国はないと思えるほど学校でも英会話教室でも通販でも盛んだ。それほど英語学習に熱心なわりには英語が話せる人は多くない。というより話せないと思っている人が多い。殆どの方が千も二千も単語を知っているのに。それを並べれば立派な英語だ。殆どの日本人は英語が話せるともいえる。

おかしなアクセントで「コンニチハ」、「アリカドウ」程度を話せるだけでアメリカ人は「ワタシニホンゴハナセマス」というではないか。日本語は素晴らしい言語だ。日本も素晴らしい国だ。英語が特に美しいとも思わないし、特別優れているとも思わない。まして、アメリカ語は。

【脱線】 アメリカ語といえば、故吉田茂首相が閣議に急ぐため車を走らせていたら、スピード違反で駐留軍にとめられた。まくし立てられた運転手は「御大が何かいってくれたらいいのに」と思ったが首相は一言も発しない。憲兵隊へ連れていかれて、そこの将校が「なぜ自分は閣議に急ぐ首相だと言ってくれなかったんですか」と訊ねたら、吉田首相がやっと〝I can't understand American.〟と口をひらいた。「アメリカ英語で喋られても分からんよ」といったとか（阿川弘之氏『大人の見識』新潮社）。

話を元に戻して。世界の現実はそのアメリカ語や英語が共通語といわざるをえない状況だ。先日、フランスへ出かけた。英語大嫌いな国だ。しかし、ホテルでもレストランでもカタコト英語が通じるし、英語のメニューも用意されていた。パリでワインビジネスの西岡泰樹氏によれば子供は小学校三年から英語授業を受けていると。

日本の国益を強化するには情報戦勝利が絶対条件。日本が、日本人が世界に情報を発信し、更に飛躍するには英語は絶対的ツール。英語を第二公用語にと願う所以である（ノーベル賞ひとつとっても英語圏が圧倒的に有利）。

そのためにも、日本語化した英語の表記を順次、正しい英語発音にちかい表記にもどしていくことも必要だ。メディアがカタカナ英語を正しい発音にちかい発音で放送し表記すれば、大きな効果が期待できよう。

私たちも自信をもって日本的英語を話そう。アイキャンスピークイングリシュベリーウエル。リスイズアペン。アイアムアオショウ（笑）。この程度の英語で充分。話しているうちに上達するというものだ。インド人のインド英語は有名だ。寓居の隣で多くのインド人が働いている。独特の英語だ。我々も日本英語を！　文法など糞くらえ！

亡くなられた小渕恵三首相も英語第二公用語化を提案され、論議をよんだと記憶している。青山葬儀場でおこなわれた葬儀式にお参りさせていただいた。長男の方が謝辞をのべられた。「父はたえず『信』を大切にして生きて行けと家族に話していた」と。現職での発病、そして死は無念であられたであろう。残念であった。

二〇〇八年十二月、政府の教育再生懇談会が第二次報告で教科書の質量充実が必要、

11

11　ネットより引用

国語・理科とともに英語は頁数を倍増するようとの内容であった。大賛成。といっても郵政民営化という素晴らしい民意を政権が変わると勝手に変更し、国民もそれに文句をいわない国だからこれもどうなったことやらと、書いたあと無責任ではいけないので調べてみたら、二〇一二年四月からの三年間で中学では百五時間増えるとか、大賛成！
　このような英語第二公用語提案をすると一部の方が猛烈に反対される。勘違いしないでいただきたい。日本を愛し、日本語を愛するがゆえに提案しているのだ。日本を強くするには、世界での存在感が必要、その主張手段として武器として英語が必要なのだ。籠って守っているだけでは勝てない。外向きになってこそ、攻め込んでこそ日本は繁栄する。

【脱線】日本語は美しい。手土産を渡す際の常套句「何もありませんが」、「つまらないものですが」に対して、「論理的におかしい」との発言があるとか。奥ゆかしい日本文化を理解できない人たちだ。
【また脱線】京都の定宿Eでここまでたたいてトイレへ入ったら"Sit down on the seat. Push either the SPRAY switch or BIDET switch. Washing will start. Push the STOP switch. The SPRAY or BIDET will stop."などとTOTOの説明表示。これぐらい俺だってアバウト分かる。これからは話すゾ〜。

六、主催者意識を

私たちの生活を豊かにするにはどうすべきか。私たちの国をどうすべきか。私たち国民は主権者・主催者としてよくよく考えねばならない。

二百六十五年もつづいた江戸時代。親から子へ十代にもなるであろう「士農工商」体制。その意識は日本人の精神構造の原風景となり、明治・大正・昭和をへて今なお日本人のＤＮＡに刻み込まれている。

この「お上意識」を「主権者・主催者意識」へ転換すべき時と思う。

政治家・官僚・行政のやることは仕方がないと、任せきっていては国も生活も良くならない。この国の経営者だ、生活を良くするのは自分だと自覚をもって行動すべきだ。野党化、週刊誌化、野次馬化した私たちの意識行動を主催者化する必要がある。

大きな影響力を持つテレビや新聞・雑誌などマスメディアを信じ切っていてはダメだ。昨今ではインターネットが最大のメディアになりつつある。我々から考える力、判断する能力をうばうほど。忙しい日々をおくる私たち、欲望うずまく日々をおくる人々は垂れ流される情報に身をゆだねている。それらを信じて行動している。劇場型民主主義とかいうらしい。ファッション感覚での行動だ。最近の例では、民主党の大勝利。一年もたたないうちに投票した人々の大半が失望した。勝たせたのはファッション感覚での投票だ。小さな話では飲食やエステ・歯医者などを選ぶのにネット情報を頼りにする人たちの人気を得ようと「やらせ口コミ」もあるとか。

私たちは選挙という権利を通して国政に参画している。それには責任がともなっていることを強く自覚する必要がある。

私たちはこの国の主権者・主催者。ファッション感覚での投票を繰り返していてはならない。メディアが垂れ流す情報を冷静に判断する必要がある。

それらメディアの姿勢の多くは、批判的であり反主流派的である。野党的野次馬的といってもよい。井戸端会議的だ。水戸のご老公か暴れん坊将軍のつもりでいるが、人気取り売上アップが本音だ。

人が集まると、自然と主流派、反主流派、そして傍観派に分かれるものらしい。団体バス旅行では、前方に主流派があつまり後方に反主流派、中ほどに中間派が座ると聞いたことがある。

人は他人の噂話に興味をもち他人の不幸を喜ぶ。テレビ・新聞・雑誌などマスコミもビジネス。売らんがために野党的野次馬的となる。昨今のメディア不況でその傾向は増大している。

批判するのは簡単だ。マスメディアは猛反省して欲しい。国民はメディアに左右されてはならない。芸能人がニュース番組やコメントを担当し、ニワカ政治家よりマシな発言をしている妙な時代。

自己チェックしていただきたい。総合的情報にもとづき総合的に考えて、判断しているか。断片的ニュースにたより動物的勘で、他人まかせの判断をしていないか。

例えば、昭和二十年八月十五日、日本は戦争に負けた。大戦中戦争に熱狂した殆どの日本人も、それをリードしたメディアも極端な平和主義者に転向した。戦争推進の一翼を担ったメディアが今では日本弱体化の一翼を担っている。熱しやすく覚めやすい国民性。

【脱線】役所広司さん主演の「連合艦隊司令長官・山本五十六」(東映)を観た。役所さんはテレビ東京の番組撮影で、新疆のトルファンやベデル峠へ案内したことがある。山本長官のもとへ度々取材にあらわれる戦争推進派の新聞記者が、終戦日を境に態度を豹変させるくだりが皮肉っぽく描かれていた。映画会社も戦争中は推進派だったことは棚に上げて。

その役所さんにロマネ・コンティをご馳走すると約束したが、テレビ局の田淵俊彦プロデューサーから日程がこないので、実現できていない。忙しいのだろう。

①国益意識を。②財政再建を。③首相を任期制に。④国会・選挙制度の改革を。⑤英語を第二公用語に。⑥主催者意識を。以上を私たち国民のために、子孫のために是非とも実現して欲しい。いや実現していこう。我々の手で。皆が笑って日々すごせるように。

本章脱稿後の二〇一二年五月下旬、欧米格付け会社フィッチが日本国債を上から五番目の「A＋」へ格下げした。韓国・中国・チリ・サウジアラビアより格下で、イスラエル・エストニアと同格である。同社はさらなる格下げの可能性も示唆している。

　前述した心配がジリジリと近づいている。財政再建に取り組まない党利党略自利自略、選挙目的政治屋ばかりの国会審議停滞ぶりへの警告「失望の黄信号」であろう。黄信号は長く続かない、急がないと「絶望の赤信号」になる。同じ日、東京スカイツリーが開業。こちらは「希望の光」を点灯した。

　また六月下旬、「社会保障・税一体改革関連法案」が衆議院を通過した。**前述した無駄の徹底削減を棚上げして、消費税増税だけを決定した。消費税率アップは賛成だが歳出削減を中途半端なままに増税しても効果は薄い。**一部の改革は「国民会議」とやらに委ねるとか、それなら国会議員なんて不要では？　参議院の審議もある（八月に可決された）。まだまだ「決められない政治」が続く。

　七月上旬、また「例の人」（名前を書くのもアホらしい）が攪乱戦法。増税反対・脱原発と選挙用に受けを狙った言葉を操り、「国民のため」と。正直に「自分のため」と言ったら如何。哀れなり。駒として利用されていることを承知しつつ、選挙目当てについてゆく議員たち。これまた哀れ。「国民の生活が第一」を結党（しかもＮＨＫニュースの六時に合わせて）。「火事場泥棒」的このズル賢さ、この図々しさ。ある意味こんな「陳腐な看板」しか掲げられない低水準さ。

　また驚くのは、旗印（いわば建党精神）「国民の生活が第一」を略奪された民主党が何の異議も出さず、「国民の生活が第一」を放棄したこと。記者会見の背景ボードから消した。この意気地なさ。この不甲斐なさ。そしてまた掲げた。今は？

国民との「約束」は一体何だったのか。両陣営とも国民を愚弄するにもほどがある。九月中旬、沖縄県尖閣諸島の国有化に対して中国各地で激しい反日デモ。一部は暴徒化し、破壊・放火・略奪……。平和ボケした日本人の国益意識を目覚めさせた。

十一月中旬、デュッセルドルフからニューヨークへ着いた日、「衆議院きょう解散」の記事（朝日新聞　二〇一二・一一・一六）。また首相がかわるのだろう。嗚呼混迷日本。

同月末に帰国したら、「例の人」新党人気盛り上がらず惨敗必至と、今度は女性知事を引っ張り出して党をつくらせ、「生活」を解党し合流していた。嘆かわしいかぎり。

また前述した「選挙には出ないと言い、その舌も乾かないうちに『辞めるの止めた』と発言した」鳩山氏は落選必至と判断してか出馬を断念していた。

石原氏と橋下氏、ほんとうに政策は一致しているの？

嘉田氏と橋下氏、知事や市長の重責の間に国政政党の運営をするの？　国民・県民・市民を軽視しているのでは？

あれやこれやと党ばかり。玉石混合、いや玉々なのか石々なのか、何が何だかさっぱり分からない。私たち有権者は、今度こそ冷静に大局的・長期的視点で投票しなければ。

今、北京から羽田への機中。日本経済新聞（二〇一二・一二・一四）が配られた。「自公三〇〇の勢い、民主七〇割れも、第三極は伸び悩み」と一面トップ記事。さあ〜投票に行くぞ！

経済の長期低迷、財政危機、東日本大震災、領土問題……国難の日本。足の引っ張り合いでなく、協力し合って、日本を明るく楽しく強い国にして欲しい。いやして行こう。

それにしても政治屋たちは、どうしてあんなに人相が悪いのだろう。筆者も同様か。

（これ以降のことをおっかけて記入するのは止める。疲れるだけ。二〇一二年十二月十五日総選挙前日）

第二章　アート的経営道

社会のへ奉仕をかかげ前進、前進、また前進！つづけた三十年間、企業経営者であった。鞄ひとつでの創業から株式上場、退任、その後などを思い出すまま記してみたい。

一、創業　経営とは経営理念の確立なり

人生は楽しい。

名古屋市立向陽高校（二年先輩の益川敏英氏がノーベル賞を受賞した際には出身校として報道された）での成績は上位で、名古屋大学も受かるだろうとの先生の言葉に安心して、受験勉強もろくにしなかった。その結果不合格。私立は受かったが、親に経済的負担をさせたくなく入学金を納めなかった。浪人中は日々パチンコ。親はどうしてもと大学を希望。反抗的にモスクワ大学の国際学科の資料を取り寄せたが、大反対。当時のソ連は「赤」と呼ばれ恐れられていた。親と大喧嘩して結局、手に職をつけようと、職業訓練校（現愛知県立名古屋高等技術専門校？）の建築科へ。そのルートで小野田セメント（現太平洋セメント）の子会社小野田ブロックへ入社した。建築用ブロック製造やブロック建築請負などの中規模企業だった。製造や経理などの助手のようなことを三年ぐらいやった。

といってもその頃は社会人クラブのＮＧＨや日本ＲＣＣでロッククライミングに熱中、鈴鹿藤内壁へは毎週行き、穂高屏風岩・滝谷・鹿島槍北壁などの春・夏・冬の合宿に度々出かけ、欠勤ばかりのダメ社員。ザイルパートナーたちは冬山で帰らぬ人に。一部には当時のベストセラー『氷壁』まがいの話も。自分自身も遭難し、緊急ビバーク。杉本芳郎リーダーに励まされながら助かったことも。

会社は名古屋競馬場の近くにあった。昼のサイレンが鳴ると駆け込み、パンをかじり

ながら熱中し、結構勝った。

なにか自分でやりたいと、若者なりに考えた。ブロックは石が原料だが単価はいたって安い。衣食住といった「物」がいちおう満たされれば、人々は「心の豊かさ」を求めるはずだ。同じ石でも宝石が良いと、単純に考えた。

なんとかなるだろうと退社。電話帳で次々に電話するもどこも面接してもらえない。当時の宝石店は家族経営が殆どで、紹介のない者を採用することはなかった。ある店でやっと仮採用された。数日して「親が挨拶にこないから」とクビ。半年近くの職探し、さすがに焦った。新聞求人欄で探した松坂屋の宝石部門を担当している卸商・水渓の面接にこぎつけた。「名前と一を書きなさい」と墨と筆を出された。しばらく悪筆を観ていた

1

1　テラスでザイル操作しているのが筆者、登攀しているのは岸田氏。幅約一〇〇〇m・高さ約六〇〇mの穂高屏風岩にて。日本RCC提供

水渓良吉社長「君は営業には向かない」と。とにかく入りたいと懇願すると、「じゃー加工場なら」と。日本の宝石業界で名をとどろかした先代社長に見込まれ婿入りした二代目社長のおかげで、筆者の経営道が始まった。二年ほど指環作りを通じて宝石を習得した。催事のときなどには、百貨店売り場で手伝いもした。面白いのは、その百貨店にはもう一軒宝石コーナーを担当している業者がいたが、なんと数日でクビになったところだった。

【脱線】 宝石が宝石であるための三大条件は、美しいこと・硬いこと・少ないこと。この条件を満たした鉱物だけが宝石と呼ばれる。ダイヤモンド・エメラルド・ルビー・サファイヤがその代表。王などの権力者が奪いあった宝石もある。なかでもダイヤモンドはデビアス社の巧みな戦略もあり、世界中の女性の憧れとなっている。ロンドンへ行かれた方は見られただろう。イギリス王室の王笏に輝く「偉大なアフリカの星」と呼ばれる「カリナンⅠ」は五三〇カラット、世界最大級のダイヤとして有名。

また「ホープダイヤモンド」と称される四五カラットのブルーダイヤはその呪いの物語で有名だ。悲しい歴史もあり王族やセレブの間を転々。伝説のダイヤモンド商ハリー・ウィンストンがしばらく所有したのち、スミソニアン協会に寄贈。現在はアメリカの国立自然史博物館に展示されている。

2

二十四歳で「宝石の鶴亀」（現Ａｓ‐ｍｅエステール）を創業　古臭い名前だが「鶴は千年亀は万年」と長続きすることを願って命名した。たった一人での創業だったが、事業は社会の公器と考え、個人名は採用しなかった。一九六六年（昭和四十一）八月一日、戦後の荒廃から完全に立ち直り高度成長が始まっていた。以来、三十年間経営者であった。

創業したての頃は毎日が火の車。神社の一角に出店している易者に観てもらった。

「貴方は金に困らない。必要なときには入ってくる」、まじまじと言われた。

「このおっさんアホかいナ、金に困って観てもらったのに」、そう思った。

ところが今になってみると、そのとおりで、事業でも国際貢献でも「なんとかなった」。ありがたいことだ。創業したといっても、競馬で貯めた金などしれたもの、店がもてないので、鞄ひとつで外商。当時の宝石といえば、真珠の指環・ブローチ・ネックレス、金のネックレスぐらい。それら三十点程度をつめた鞄をかかえて、親戚友人知人まわり。一巡すれば行くあてもない。何回も押しかけ嫌がられながらの苦しい日々。

度々買っていただいた岩登りの先輩で衣料製造の村井鉄男社長（後に当社社外取締役）が「店がないと信用されない。どこでも良いから店を持ちなさい、岡崎信用金庫を紹介してあげよう」とやさしい言葉。

メドもないまま、親の家を担保にして、借入金五〇〇万円（といっても預金を求められ実際は三五〇万）で名古屋駅近くの泥江町に開店したのは翌年三月三日。近いといっても駅まで十分もかかり商業地としては三流地。わずかな資金だから仕方がなかった。一軒隣でも売上に雲泥の差が出る販売業では誰が考えても無謀な立地であったが、そこを基地

3

4

234　会社案内より

に外商をしようと考えての選択だった。店の次は商品。長い分割手形で仕入れさせてもらったのが加繁商店。有り難かった。

第一号社員・高須聡子（後に妻）らと外商で頑張った。創業時は苦しい思い出が山と。自信をもって販売した一カラットのダイヤモンドリング。「百貨店に見せたらキズがあるといわれた」と返品。天然石に不純物が混じるのは当然のこと。そのダイヤも添付した鑑別機関の鑑別書に「ＶＶＳ２」とインクールジョンの存在が明記してあるのに、見せた先の販売員が自社の商品を売るために冷たい言葉を発したようだ。売上金はすでに支払いにまわしていて返金する一〇〇万円をかき集めるのに走り回った。小さな店と百貨店の信用度の差を思い知らされた。

またある時は、手形を落とすために質屋で金を用立てたことも。父はじめ村井社長や山の先輩杉本さんからの借金は度々だった。本当に有り難かった。

以下が小島流、いやツルカメ流経営道である（必ずしも時系列ではない。一部の画像は会社案内などからスキャンした）。

創業直後に社是「商業を通じて社会に奉仕しよう」を策定　その具体策は商業活動そのものを通じて、利益より払う税金を通じて、ボランティア活動を通じて、である。たった一人で始めただけなのに、嘘のような話だが、事実であり、それを実直に実践してきたことが繁栄につながった。

ツルカメ商事株式会社を設立（一九七〇年）し、個人商店の一切を継承した頃に経営理念として強化　株主還元なども追加した。社是・社訓・経営理念は企業活動の目的を明

5

5　第一号店。桜通りに面していたが、人通りは少なかった。

確化したもの。国でいえば国是、大学なら建学の精神・校訓、家庭なら家訓、個人では使命観・人生観……あらゆる活動体に不可欠なもの（一九七一年増資時、営業にきていた信州宝石〈現Ａｓ‐ｍｅエステール〉の安井課長の人柄にひかれ同社にも株式をもってもらった）。

経営が成功するかどうかは、経営理念の確立にある。それは三段階からなっている。

第一段階は経営理念の明文化　言うたびに異なったり、社員によって違っていたり、なんとなくではダメで、誰でも分かる言葉で表記されていることが重要だ。この分かる言葉がポイント。言語明瞭意味難解の熟語や見た目からの横文字は避けた方が良いと思う。

第二段階は経営理念の周知徹底　これは難しい。入社前教育から始まり、朝礼などでの唱和などを通じて刻み込んでもらう。社内各所に表示、年間計画やそのポケット版・社内報などを通じて周知徹底。社員全員が理念にそった活動をするなかでも周知がすすむ。役員・社員がお互いの手本といえよう。いわば社風形成が大切。

第三段階は経営理念の実践　これは更に難しい。最近の例を示せば「オリンパス」。まさか経営理念に「法律は守らず損は隠せ」とは書いてないだろう。訴えられては困るのでネットを開いた。「オリンパスは、社会の一員として、人々とのつながりを最も大切なことと考えています。その思いを形にするために、社会の価値を会社の中に取り入れるという意味を込めたSocial INという言葉を経営理念としています」とあった。やはり「法律は守らず損は隠せ」ではなかったのに、あの始末だ。しかも経営者自らとか。このような事例は書き始めたらキリがないほど多い。ことほど左様に経営理念を実践することは困難。左様にと書いたが、この場合は右様（笑）。

6

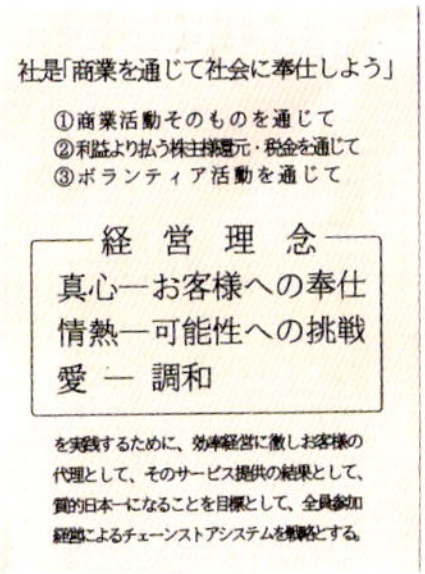
社是「商業を通じて社会に奉仕しよう」

①商業活動そのものを通じて
②利益より払う株主様還元・税金を通じて
③ボランティア活動を通じて

経営理念
真心―お客様への奉仕
情熱―可能性への挑戦
愛　―　調和

を実践するために、効率経営に徹しお客様の代理として、そのサービス提供の結果として、質的日本一になることを目標として、全員参加経営によるチェーンストアシステムを戦略とする。

7

6　当時の保証書。
7　「年計ポケット版」より

貴方が経営者なら自社がこの三段階のどのあたりに位置しているかをチェックされては如何でしょう。経営者と書いたが、全ての人は自分の人生の経営者。筆者はこの二段階から三段階の間あたりだろうか。

至誠 に悖るなかりしか。海軍五省のひとつである。英訳されアナポリス海軍兵学校でも教育に使われているとか。親の願い「健康に生き名誉ある死を」にそい「至誠に悖るなかりしか」、「あれをみよみ山の桜さきにけり真心つくせ人しらずとも」を使命観として生きてきた。第二段階と三段階あたりをウロチョロしているこの私。

【脱線】 オリンパスのような不正行為を経営者自ら行い、株主に多大な損失を与え、海外から日本企業への信頼を失墜させたのに、上場が廃止にならないのは? ホリエモンが獄中から「オリンパス上場維持の結論は不公平だ」と憤慨したのもうなずける。

8

8　ダンボールへの悪戯書きに励まされつつ。

二、多店舗化開始　宝石は愛のファッション

創業店で約三年頑張った。苦しい外商をつづけながら考えた。当時の宝石店は財産というコンセプトで、商店街という立地で、中高年の販売員が、高額品を値引きして販売するのが一般的な経営手法だった。

このような旧来経営では企業化は困難と、正反対の戦略をとった。

コンセプトは「宝石は愛のファッション」。立地は出来始めていたショッピングモール。接客は若い社員。価格帯は買いやすい低価格品。値引きはせず定価販売。

まず立地以外の実験をしようと、さびれつつあったが中心商店街の広小路へ移転した。

日本初の超満員　おそらく日本の宝石店で初めてであろう。お客様の肩越しにお客様の手がでて「これ！これ！」と超満員状態が連日つづいた。十八金のリングをケースの上に裸陳列したぐらい。レジ打ち、包装する手が筋肉痛になったほど。それほどお値打価格で販売した。

返品交換二週間以内ご自由　お客様からの信頼のもととなった。今では各業種で当然のような返品制度、当時としては画期的だった。

【**脱線**】ユニクロ銀座店が移転拡張オープン。経営者時代の習性ですぐ見に行った。長蛇の列であきらめ向かいのビルへ。ドーバーストリートやローズベーカリーとい

う面白い店を発見した。ユニクロへは翌週やっと入った。時代の寵児の最大店。子供服が強化されていた。レジ横に「きれいな売場にします、広告商品の品切れを防止します、三カ月以内は返品・交換します」とあった。衣料品で三カ月以内返品・交換を打ち出すのはさすが！
お客から支持される企業は違う。やがてシニア商品も拡充するのでは？

ダイヤモンド販売価格でいつでも下取り制度　これも歓迎された。ダイヤを世界的にコントロールしていたデビアス社の販売戦略で毎年のように値上りしていたからの導入であった（その後の価格乱高下により、現在はこの制度は行っていないようだ）。
あまりの繁盛ぶりに同業者組合の理事長から呼び出された。「皆のことを考えなさい、注意しなさいヨ」と。しばらく「さらし」をまいて通勤した。

チラシ広告　宝石店では殆ど行われていなかったチラシを採用、これも大きな反響を呼んだ。チラシ持参で来店される方も多数おられた。

【また脱線】　広小路店開店前後は連日徹夜状態。カーペットにゴロ寝したことも何度か。店の奥一畳ほどが狭い事務所、汚水の香りとネズミが時々励ましてくれた。事務所は事業拡大にともないやがて本部となり、正木ビル、第二昭和ビル、広小路ビルへと順次拡張移転した。

売り込みにきていた三貴（後に日本最大の宝石チェーンとなるも倒産、現在も営業中）の春田光雄氏からアメリカのチェーンストアーの話を聞いた。地元の大手スーパー・ユニーからアメリカ流通業視察の誘いがあり参加した。西海岸やハワイの大型商業施設を視察。どのショッピングモールにも宝石店が七店八店と入っていた。考えていた経営戦略と同じだった。

早速、名古屋近郊多治見の地元スーパーへ出店。次に衣料店から規模を拡大していたユニーのショッピングセンター一号店今池店へ出店を申し込んだ。「うちは生鮮と衣料が中心、とても宝石は売れませんよ」と。「なにを言うのですか。一緒に観てきたアメリカでは何軒も宝石店が入っていたではありませんか」、「あれはアメリカの話」、「いや是非」。

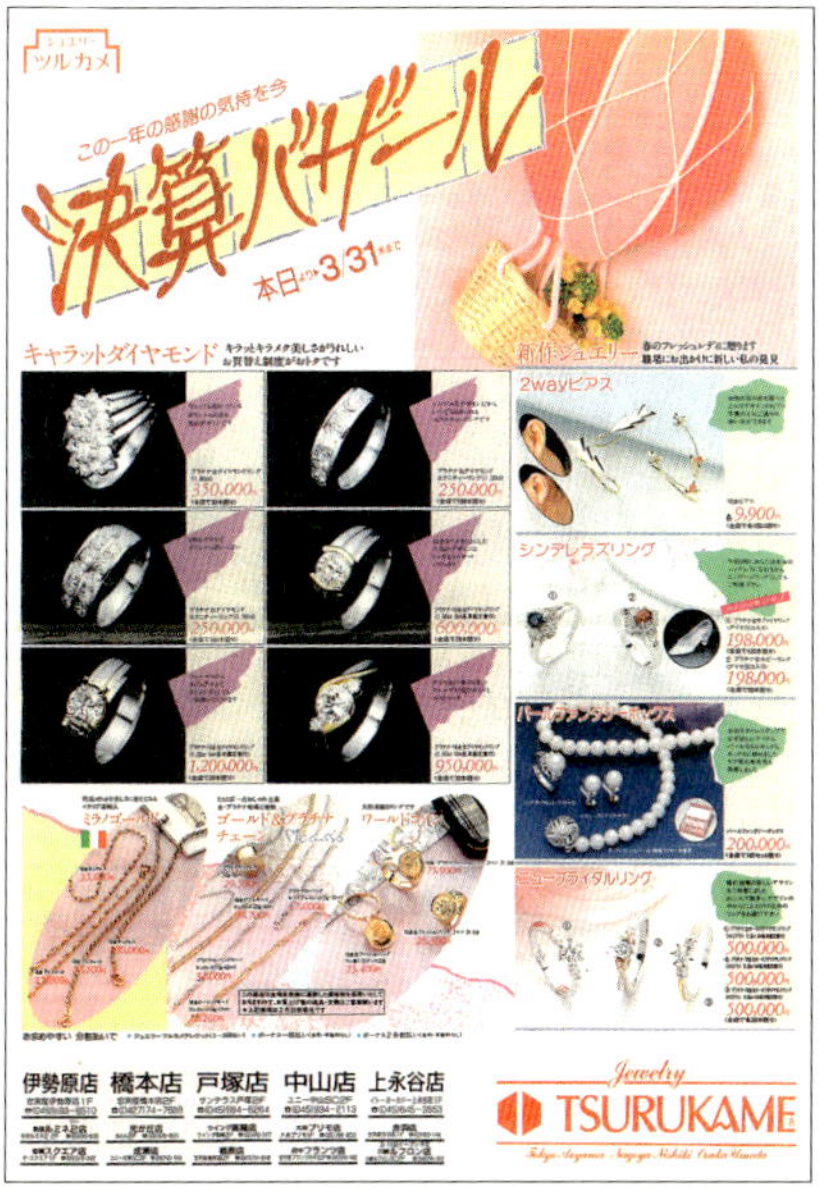

9

10

9 10　これらは一九八八年のチラシ。

こんな交渉を何度も繰り返してやっと出店。スーパーは「スーと出来てパーとつぶれる」と言われていた時代だった。

新業態「ジュエリー専門店チェーンストアー」の確立　ユニーにつづきダイエーへ、ジャスコへ、ヨーカ堂へと出店をつづけた。東海から関西・関東・北陸・東北へ広がった。

【さらに脱線】ダイエー名古屋初進出の説明会は数百人の参加者と新聞各社などで熱気あふれていた。前列で聞き入った。流通業界の革命児として時の人だった中内功社長（故人）が「やがて百貨店を抜く」と熱弁をふるわれた。翌日の新聞に百貨店側の冷ややかなコメントが載った。中内氏が言ったとおりに百貨店は追い抜かされた。追い抜いたスーパーも苦戦中。すべては変化する。その後も何度かお会いした中内氏、一時代を切り開いた傑物も晩年は寂しかったようだ。

三、人材育成　社員こそ！

当初は中途採用中心で、辞めていく人も多かった。宝石店を開業した人も。中村さん、斉藤さん、三浦さん……、繁栄されておられることを祈る。

回転が速くては社員の成長は望めないと大学・短大からの新卒採用を強化した。採用広告から面接・入社前教育・新入社員教育・その後の教育と人材育成には時間と経費がかかる。苦しくてもつづけた。社外取締役の一人からは「中途採用にしたら。うちは殆ど中途だ、すぐに役立つ」と度々指摘をうけた。確かにその場限りの利益を考えたら、中途採用のほうが安直だろうが、すぐに辞めていくような中途採用の繰り返しでは長期的繁栄はないと押し通した。一方で幹部のスカウトも行った。

一芸面接　採用・教育には工夫をこらした。大学で面接指導を受け、練習を繰り返してくる学生の真の姿を把握するのは中々難しい。「一芸面接」を取り入れた。英語での自己紹介・寸劇・落語・歌・アルバイト実演などなどそれはユニークだった。なかには蓑を着てきた若者も。しかも家から、即採用。

社長業を離れた今も、画一的無個性リクルートスーツに身を固めた就活学生を見かけると、人生本気度を疑う。またそれを「要求」している学校や会社側もズレているのではと思う。明治学院大学のマイケル・ブロンコ教授も「『黒い制服』を脱いで、東京を明るく照らそう。黒はいつから東京の『公式色』になったのだろう」と発言（『ニューズウィーク』日本版 二〇一二・五・二)。カラフル服でカラフル人生を楽しみませんか。結婚式での男性の「黒服」、そろそろ卒業しませんか。

昨今は、企業側はフェイスブックやツイッターなどもチェックして、就活生の実体把握に努めているとか。それを意識して学生は発信しているとか。攻防はつづく。

人生と仕事 私たちは次の目的のために仕事をします、と「ツルカメ組織論」に掲げた。お客様のために。地域社会のために。国家・人類のために。会社のために。自分のために。

自育共育・教育放棄宣言 さまざまな教育訓練に取り組んだ結果、社員教育の基本は「自分で自分を育てる自育」とした。その人がその気になることが全てのスタート。好き

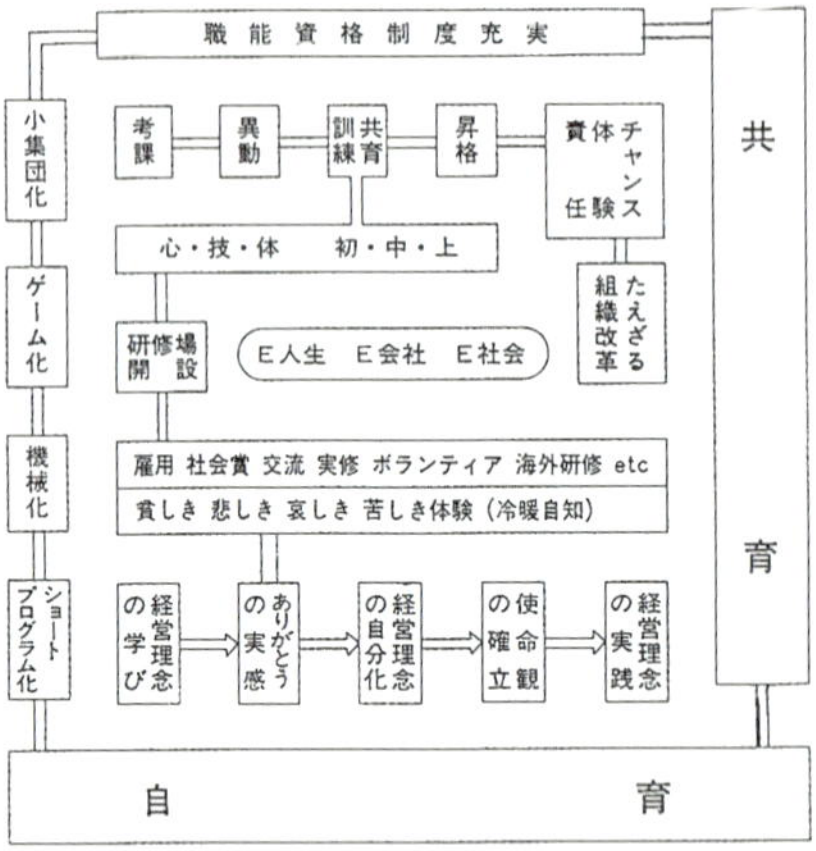

11

12

11 「ツルカメ組織論」より

12 中期計画や会社案内など。

こそものの上手なれという。自育を支えるのは「教えて育てるのでなく共に育つ共育」とした。いわば自育が横軸で、共育が縦軸、そんな環境を整えた。

ダメだよと　注意するだけダメな人。場あたりのモグラたたきを何時までも。その場だけ気づいた日だけあと知らん。というような社長にはならないよう気をつけた。

異動　人間は環境の動物。環境を変え体験を増やすことが人を育てると考え、異動を多く行った。それだけコストもかかったが、それ以上に社員育成を重視した。

責任　肩にかかる責任は、つらい一方で楽しくやりがいを生み出す。中高年が少ないこともあり、若い人たちをドンドン登用した。中にはプレッシャーに押しつぶされた人もいたが、多くは期待以上に成長した。

社外研修　社内共育とともに社外での共育も制度に組み込んだ。例えば、ＰＨＰの各種コースやペガサスクラブ・商業界など。なかでも三年勤務・七年勤務の海外研修は好評を博した。遊びと思える海外での買い物自体が良い体験となったようだ。

優勝会　営業は厳しい。ノルマはなくても予算はついてまわる。達成した店のスタッフが地区ごとに集まっての食事会。筆者や地区長なども参加しワイワイガヤガヤと小さなお祭り。上下左右の意思疎通にも役立った。

炊き出し　物流システムが十分でなかった頃、リングのサイズ直しを素早く行うため、週二回、店長さんたちが店と本部を行き来した。情報交換の場でもあった。夜遅く疲れた身体を温めてもらおうと、味噌汁やおにぎりといった夜食を用意した。体育会系の楽しさがあふれていた。販促ＰＯＰ類も店長さんが運んだ。佐川急便の湊川誠生副社長（現湊エキスプレス社長）らの協力で物流システムを構築したあとも情報交換のために回数を減らし実施し、やがて月一回の店長会議や全体会議などとなった。

軽井沢　に山荘を設けた。天城高原のロッジとともに喜ばれた。また会員制リゾートクラブに加入し、全国各地の保養施設を利用してもらった。

【脱線】　体育会系の楽しさといえばリクルート社の右に出る会社はなかったのでは。予算達成すると社内でビールを飲むほど。新卒採用企画などで随分と世話になった。佐藤一之氏（現アドプランナー社長）らには教えられることが多かった。

【また脱線】　パソコン画面、ビールの横に波線。ビールでおかしくないはず。ほかに出てくるビルと違うからのようだ。念のためにアサヒビールと入れたら波線は出ない。万能に見えるパソコンもこの程度。

さん呼び　小島社長とか○○マネージャーとか職位で呼ぶのをやめ、「○○さん」と呼び合うようにした。お互いに尊重しあい、上下・部門を超えて自由な発想を引き出すとともに、ソフトな会社とするためでもあった。

奨励給　歩合給はなかったが、頑張った人にはプラスアルファを支給した。大変喜ばれたが、不公平にならないよう、不正が発生しないよう改正を繰り返した。

年間表彰　一年三百六十五日、成績をあげることは中々大変。その労に報いる各種表彰。多くの人がもらえるように工夫した。プラチナバッジや賞金・海外旅行など多彩だった。

性差なし　創業当初から、男女雇用均等法が施行される前から、男女の差はつけなかった。お客様の多くが女性ということもあり、店長もバイヤーも女性が活躍した。女性・若者を重視する企業こそが成長する。

報連相　社内の上下左右意思疎通は身体でいえば血液のように超重要。報告・連絡・相談を促進した。多くの会社が標語にしているが、中々難しい。今日も妻が「野菜を食べて」と筆者を気遣う。どんな字かと電子辞書『広辞苑』を開き「菠薐草・法蓮草・鳳蓮草」と知った。やはり「ほうれんそう」は難しい（笑）。

このように、共に育った若い人たちが上場を実現し、現在も繁栄を続けている一端を担っている。

四、チャレンジスピリッツ　多角化

地球が何十億年の時を経て生み出したジュエリーは美しい。美しい宝石を身につけた美女（いやイケメンも）はさらに美しく輝く。

誰もが日本では宝石店のチェーン化など不可能と考えていた時代。業界に旋風を巻き起こしたチェーン構想。「ジュエリー専門店チェーンストアー」という新業態を軌道にのせつつあったころ、新たな挑戦を開始した。やがて失墜していった企業の多くは、成功に胡坐をかいていたから。チャレンジは経営理念のひとつ「情熱―可能性への挑戦」にそった考動でもあった（当社以外では「マキ」・「サトウ」・「オオクボ」・「ココ山岡」・「エステール」・「ツツミ」などもチェーン化を図った。いくつかは消えて行った）。

ストアーブランド複数展開　基幹ブランドのツルカメジュエリー（後にティージェイ）以外に客層や立地に合わせてルネツルカメ・ブロードウェイジャパン・青山ＡＢＣＤ・リングバーなどを展開。また伊藤忠商事の仲介でアメリカ最大手のジュエリーチェーン「ＺＡＬＥＳ」（ゼール）と提携し実験店舗も開店した。

製造分野へ進出　商品を強化する一環で、合弁会社設立や出資を行った。

ゴールド＆プラチナ時計　宝飾時計を開始しそれなりの売上をえた。

通信販売　テレビ通販の先がけであり、当初は大きな反響があった。

地金価格連動商品　毎日価格の変わる地金価格に連動して商品価格を変動させて販売

13　一九九〇年、ゼール本社でのフランチャイズ契約調印式後の松本孝作伊藤忠商事非鉄貴金属部長（後に当社社長）・ゼール社長・筆者・スワロフスキー社長（左から）。（ゼール＝一九八六年にカナダ最大の宝石店ピープル社と世界最大クリスタルガラスメーカーのオーストリア・スワロフスキー社が共同買収し、全米に二〇〇〇店舗を展開していた）会社案内よりするシステム。業界に先駆けて開始。一時は売上の二割もしめ業績に大きく貢献した。

純金積立業務　伊藤忠とタイアップのもと、開始し、相応の効果をあげた。

アンティーク・カーペット事業　五十～二百年にわたり使いこまれたシルクロードの貴重な絨毯を大量に買い付けた。社長退任後、随分と価格が上がり、全てを買いたいと中国の友人から引き合いがあり、会社に連絡したところ、すでに安値で販売済みであった。

アート事業　同質社会の日本では、巧い下手は評価されても独創的なものは評価されにくい。工芸品と芸術品の区別もあいまい。芸術級工芸品が低く評価され、工芸級芸術品が高く評価されている。どうしようもない作品が途方もない価格で販売されている。

13

'90.6.14 NY TIMES

Zale Said to Plan Stores in Japan

TOKYO, June 13 (AP) — The Zale Corporation, a big United States jewelry store chain, will create franchises in Japan in collaboration with Japanese concerns. According to the spokesman at Japan's C. Itoh & Company, who spoke on condition of anonymity, the Texas-based jewelry store chain will open its first store in downtown Tokyo in September jointly with C. Itoh and a Japanese jewelry chain store named the Tsurukame Corporation.

Zale expects to expand to about 1,000 Japanese stores over the next decade, the spokesman said. As a result of the association, Zale will buy a 1 percent stake in Tsurukame. C. Itoh already holds an 11 percent interest in Tsurukame, which will acquire a 1 percent stake in Peoples Jewelers Ltd., Zale's parent company, the spokesman said. Zale is the world's largest jewelry store chain, with revenue of about $1.38 billion

14

15

14　提携を報じるニューヨークタイムス。ゼールは九二年米国連邦破産法チャプター一一（会社更生法）を申請、記事にある日本でのフランチャイズ展開は一時中止し、当社は実験店舗を継続営業した。

15　一九九四年、「無錫金藤首飾有限公司」調印後の筆者・松本孝作氏・桑山征洋桑山貴金属社長・中国側二名・南本権治郎伊藤忠商事貴金属課長（後に当社社長）（左から）。撮影：不明

やがて日本にも芸術品が評価され、美術館も「地元の名士」作品ばかりでなく世界的作品を紹介する時代、企業姿勢を広報する一環としてアートをロビーに展示する時代、企業風土を革新的にする一助としてアートを社内に飾る時代がくるだろうと、現代美術の分野へ進出した。企業や美術館などへの販売を目指しコンテンポラリーアートを扱いはじめた。

アンディ・ウォーホル、ジャスパー・ジョーンズ、フランク・ステラ、サンドロ・キア、ジョージ・コンドー、ジャン・ミッシェル・バスキヤ、ミッセル・ハイザー、ロバート・ラウセンバーグなど多数である。一時は日本で最大級の品ぞろえだったのでは?

作品を東京国立近代美術館や国立国際美術館・名古屋市美術館・北九州市立美術館・グッケンハイム美術館・ベルリン美術館などへ貸し出し、異文化紹介の役割も果たした。ステラやリキテンスタインの作品を玉川高島屋へ長期間リースしたことも。

またこの分野の先駆者である池田昭氏や伊藤忠商事と「AC&Tコーポレーション」を設立。社名は三社のイニシアルから。青山・紀ノ国屋裏にギャラリー兼オフィスを構えた。

日本で唯一のコンテンポラリーアートの版元として、版画制作やコミッションワーク、イベント企画などの活動を展開。近鉄百貨店「フランク・ステラ版画展」、国立国際美術館と世田谷美術館での「ジュリアン・シュナーベル―歌舞伎絵画―」、アルファキュービックでの「ジャン・ミッシェル・バスキヤ　ドローイング展」がその一例。版画制作では世界的な若手アーティストを日本に招き制作した。ケニー・シャーフ、ジェームス・ブラ

18

FRANK STELLA Less Erroneous Pictures Of Whales. 1988（玉川高島屋S·C 南館プラザ '93年4月-'94年4月貸出）

16

17

19

16　フランク・ステラ
Less Erroneous Pictures of
Whales 1988 270×250×101cm
玉川高島屋展示風景。
17　ジャン・ミッシェル・バスキャ
Untitled 1984 191×267cm
18　ジュリアン・シュナーベル
Egyptishe Helena 1987
480×381cm
19　アンディ・ウォーホル
Nine Multicolored Maryline
1979/86 137×105cm
いずれも会社案内より

ウン、アール・チルドレス、レイ・スミス、ジュリアン・シュナーベル、サンドロ・キア、ドナルド・バチェラー、マーティン・キッペンバーガーなど。日本人では高松次郎、原口典之、若林奮、山本富章などである。

この分野の専門家なら彼らのレベルの高さが理解いただけるだろう。例えば、ジャン・ミッシェル・バスキヤのUntitled.1984ペインティング二二四×一九六cmは福岡市美術館に、エンツォ・クッキーのThe Violet Flower Again 1983ペインティングオブジェ三一〇×二四〇cmは広島市現代美術館に買い上げられコレクションされている。ごく一例である。世界のセレブに渡った作品も多い。

ウォーホルはムンクの「叫び」をモチーフにした作品も制作しているが、そのムンクの「叫び」が昨日サザビーズで競売され、一億二〇〇〇万ドル（約九六億円）で落札されたとのニュース。八〇cmにも満たないパステル画にこの価格、世界は広い。

当社が扱っていた作品群のなかには随分と高価で取引されている作品もあるようだ。

ザ・ネイチャー・カンパニー事業　自然世界の理解や発見・観察に役立ち自然保護を訴える質の良い商品を豊富に取りそろえた、カリフォルニア生まれの雑貨専門店。日本総代理店のJR西日本クリエイト社との契約で実験店舗を二店開店した。

【脱線】ZALES銀座店の開店には、ハリー・ウィンストンの二代目社長ロナルド・ウィンストン氏が女優ブルック・シールズさんをともなって出席。ロナルド氏のニューヨークの自宅を訪ねたこともある。日本贔屓で茶室まであり、佐久間象山の軸を贈ったら大喜びされた。その夜、招待されたイタリアンは忘れられないほど美味だった。メートル・ド・テルへのさりげない心配りにも感心した。彼との写真は誘拐防止のため紹介できないのが残念。ブルック・シールズさんからは「Kiss with love」と手書きのXマスカードが数年きた。東京へ転居するとき処分してしまった、これも残念！

ZALES社長のアーヴィン・ガースティン氏は「コニャック」と称されていた四〇七カラットのブラウンダイヤを特別展示用に持参。保険額は一〇億円（と南本氏）。今なら？

スワロフスキー社長のガーノ・レンジ・スワロフスキー氏も自家用ジェット機で来日、出席いただいた。

伊藤忠商事の中澤忠義副社長や諸氏にテープカットをしていただいた。

妻のお供で先日、銀座のハリー・ウィンストンへ顔を出したら、株主は入れ替わったがロナルド氏は会長として時々訪日すると。ガーシュイン夫妻にはトロントの自宅でご馳走になったが、現在はいかがされているのだろう。みんな懐かしい思い出だ。会いたいものだ。

【また脱線】数年前、天津美術学院で文化財保護研究に関して講演した時、ニューヨークへ留学したこともあるという曲教授からフランク・ステラやジャン・ミセル・バスキヤ、ロバート・ラウセンバーグ、ジュリアン・シュナーベルらの画集を見せられた。「取り扱ったことがある、何人かは会ったこともある。シュナーベルのこの歌舞伎背

20

20 婚約時計購入時にもらったテレカ。

景幕に描いた作品は東京で制作してもらったもの」と話したら、「嘘だろう！」といった顔つきだった。当然だろう。辺境の地・新疆で沙漠を掘っている坊主が、世界的アーティストと知り合いだなんて。

【さらに脱線】妻と結婚したころは、婚約指環も買えず、結婚式費用も妻の両親に出してもらうほどの金欠。後年、ハリー・ウィンストンの日本第一号店が銀座のホテル内にオープン（その後移転）、宝飾時計も始めると聞き、お祝いをかねて出かけた。ロナルド氏の紹介もあり特別価格で購入。ところがカードが通らない。同行した前述の伊藤忠の南本権治郎氏にカード会社とかけあっていただき、やっと通った。ようやく婚約時計を贈ることができた。金欠病は治らない（笑）。妻は困ってもこれだけは手放さずにいてくれる。

先日、カード会社から同社の「一〇万円ギフトカード」が送られてきた。妻いわく「一〇万以下の商品はないのでは」と。なるほどなるほど。

21

21 カード会社から届いたギフトカード。

五、経営道　社会への貢献

ぶつかり苦しみながらも真面目一方で経営してきた中で、たどり着いたのが経営道。渋沢栄一や三井高福・岩崎弥之助・大倉喜八郎・福沢桃介・豊田喜一郎・小林一三・松永安左衛門・鳥井信治郎・本田宗一郎ら経営者の伝記を読み漁った。またロスチャイルドやヘンリーフォード・ハワードヒューズなど欧米経営者の伝記も読んだ。渋沢の「富をなす根源は仁義道徳」、岩崎の「合理主義・漸進主義」、豊田の「誰もあまりやらない事業をものにしてみるところに、人生の面白味がある」、小林の「大衆本位」などに心打たれた。

島田虎之助や山岡鉄舟・東郷平八郎・コロンブス・孫子……といった企業家以外の人たちの伝記も読んだ。島田の「剣は心なり、心正しからざれば剣また正しからず。剣を学ばんと欲すれば先ず心より学ぶべし」に接した時、「経営も心なり、心正しからざれば経営また正しからず。経営を学ばんと欲すれば先ず心より学ぶべし」と受け取った。これが、後に仏教を志す一因になったようだ。

偉人たちが目指したものは「道」であった。仏道・武士道・剣道・柔道・華道・茶道・商人道・芸道……とそれぞれに求めた究極の境地「道」。

わが師・松下幸之助翁　永年にわたってお客さまに『ＰＨＰ』を贈呈していた。成人を迎えた方に一年間差し上げていたのが順次増え毎月五千部ぐらいに。松下翁の経営哲学に心酔していたから。「物心両面の繁栄により、平和と幸福を」というPHP精神を多くの人に知ってもらいたかったから。PHP研究所の石川慶蔵普及員（現佐賀ダンボール商会社長）から「松下グループの幹部に松下イズムを教育している場がある」と聞き、是非ともグループ外にも公開してほしいと頼み込んだ。

第一回「PHP経営道ゼミナール」は一九七八年三月、京都のPHP研究所と真々庵で開催された。ヤンマー農機・星電社・六甲バター・タカラブネ・蓬莱・キクチメガネなどの社長クラス二〇名が参加、開眼した三日間であった。

松下翁はすでに入院されておられ、ビデオで「星電社の後藤社長などのすすめで外部に公開する第一回である……」と講話された。岩井虔研修局長から「PHP研究所は焦

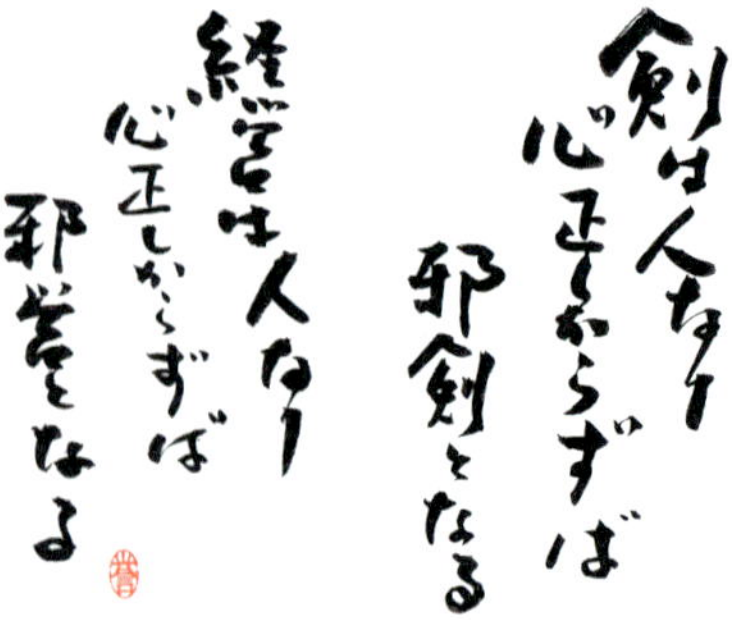

22

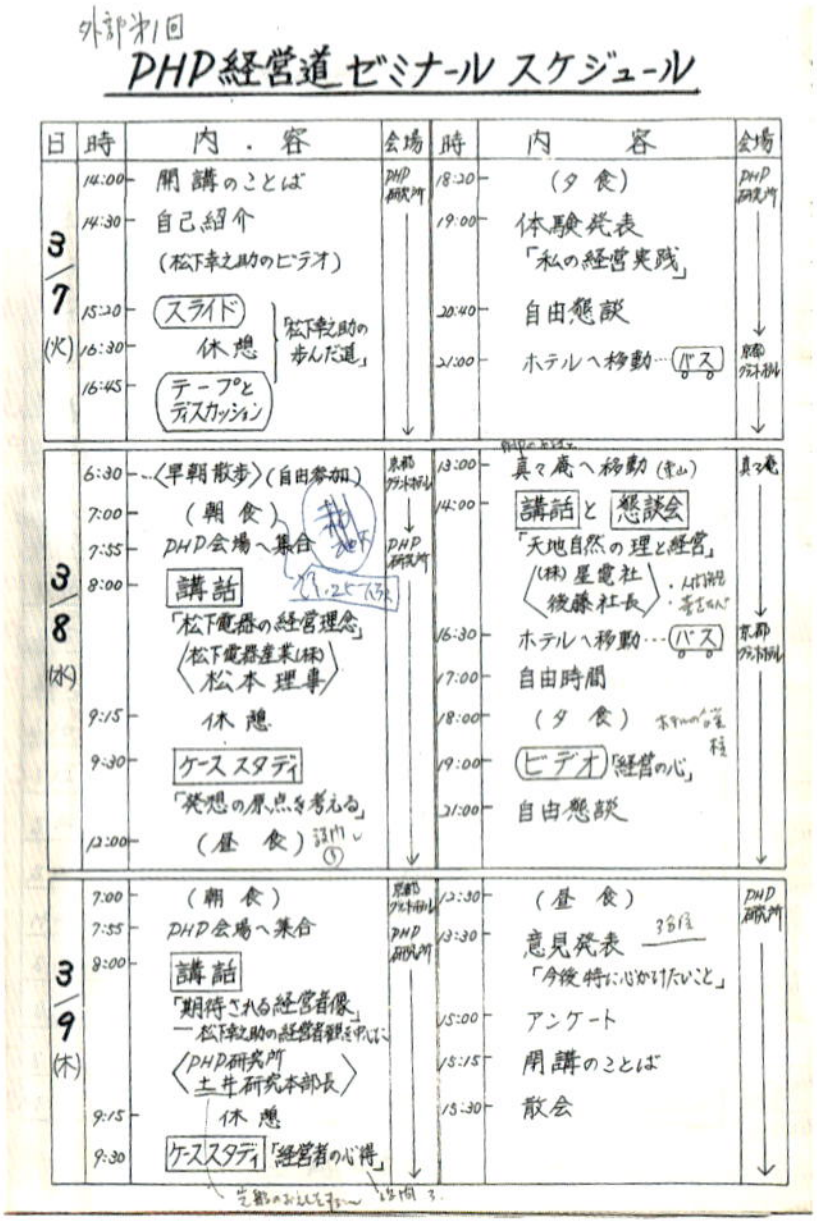

外部第1回

PHP経営道ゼミナール スケジュール

日	時	内容	会場	時	内容	会場
3/7（火）	14:00	開講のことば	PHP研究所	18:20	（夕食）	PHP研究所
	14:30	自己紹介（松下幸之助のビデオ）		19:00	体験発表「私の経営実践」	
	15:20	スライド「松下幸之助の歩んだ道」		20:40	自由懇談	
	16:30	休憩		21:00	ホテルへ移動…バス	京都グランドホテル
	16:45	テープとディスカッション				
3/8（水）	6:30	〈早朝散歩〉（自由参加）	京都グランドホテル	13:00	真々庵へ移動（東山）	真々庵
	7:00	（朝食）		14:00	講話と懇談会「天地自然の理と経営」〈（株）星電社 後藤社長〉	
	7:55	PHP会場へ集合	PHP研究所	16:30	ホテルへ移動…バス	京都グランドホテル
	8:00	講話「松下電器の経営理念」〈松下電器産業（株） 松本理事〉		17:00	自由時間	
	9:15	休憩		18:00	（夕食）	
	9:30	ケーススタディ「発想の原点を考える」		19:00	ビデオ「経営の心」	
	12:00	（昼食）		21:00	自由懇談	
3/9（木）	7:00	（朝食）	京都グランドホテル	12:30	（昼食）	PHP研究所
	7:55	PHP会場へ集合	PHP研究所	13:30	意見発表「今後特に心かけたいこと」	
	8:00	講話「期待される経営者像」―松下幸之助の経営者観を中心に〈PHP研究所 土井研究本部長〉		15:00	アンケート	
	9:15	休憩		15:15	閉講のことば	
	9:30	ケーススタディ「経営者の心得」		15:30	散会	

23

24

22 剣豪島田虎之助の名言を経営に置きかえて。

23 PHP経営道ゼミナールのスケジュール。この頃は手書きが一般的だった。

24 松下電工（現パナソニック）での講演。撮影：主催者

土と化した日本を再建するために昭和二十一年十一月に設立、従来は『ＰＨＰ』などの本やＰＨＰ友の会などによる啓蒙活動、松下の幹部対象にＰＨＰセミナーを開催していた、そして今回が外部公開第一回……」と。松下電器の松本邦次理事やＰＨＰ研究所の土井智生研究本部長（後に松下政経塾で尽力）の講話もあった。沢山のビデオでじっくりと学んだ。前岡宏和課長らにも世話になった。

松下翁が経営道を思索された「真々庵」での話し合いや庭園の散策は趣ふかいものだった。三十年以上たった今も鮮明に記憶している。

命知元年　この部分を書くため当時の資料を探し出したら、ファイル表紙に「命知元年」と拙い字で書いてあった。経営の使命を固めたゼミナールとなった。創業から十二年、それまでの経営に自信を深めた。

その後もゼミに参加し、また講師も務めた。ある講演は先輩経営者とともに『人生の道・経営の道』（ＰＨＰ研究所　一九八三）として出版された。収録された「二十一世紀へ生き残る企業とは」をそのまま掲載させていただく。本章を補完する意味あいから。少し長いので、文字は小さくした。

25

二十一世紀へ生き残る企業とは

企業は必ずつぶれる

私は、経営というのは、当たり前のことを当たり前にやっておれば、うまくいって当たり前、むしろうまくいかないのは、本来やるべき当たり前のことをやってないからだ、と思っています。言ってみれば、〝手品〟みたいなものだと思うんですね、経営は。

手品は本来、種も仕掛けもあります。ところが、いかにもそれがないように演ずるのが〝プロの手品師〟であって、またそのために、永年にわたって日夜研鑽を積むわけです。たとえば、空箱からそれらしくハトを取り出してみせるから、見た人は「わあ、すごいなあ」とびっくりするわけで、本当はどこかに前もってハトをちゃんと隠してある。

経営も一緒で、種も仕掛けもあり、日頃一生懸命にやっているのに、世間の人は結果だけを見て、「わあ、あそこの会社はすごいなあ」と驚く。実は、そうじゃなくって、うまくいくために、いろんな意味の種や仕掛け、つまり当たり前の準備がたえずなされているわけです。そして、この、当たり前のことを確実にやってる会社が実はうまくいっている会社じゃないかと思うわけなんですね。

ですから、私がこれからお話することは、皆さん百も承知のことばかりで、何であんな分か

71

りきったことを話すんだと思われるかもしれませんが、決して建て前ではなく、私どもはごく当たり前のことをやってきたのだということを正直にお話ししたいと思います。

まず最初にお話ししたいのは、〝企業というのは必ずつぶれるものだ〟ということです。

確かに、私どもの会社は今も順調です。順調は順調ですけれども、じゃ、これが永続するかとなると何の保証もありません。むしろ、松下さんのような大企業に比べて、わが社の方が小さいですから、それだけ早くつぶれる率が高いとも言えます。しかし、もっと大きなスケールで見れば、つぶれる可能性は、企業の大小にかかわらず、五十歩百歩ではないかという気がするわけです。

日本の三井、住友さんでたかだか四百年。世界のロスチャイルドにしても、五百年か六百年の歴史しかありません。いま、その三井や住友を見て、四百年の歴史を持つ会社があるじゃないかと思うから、ついつい企業は永続するものだと錯覚しがちになるんです。けれど、四、五百年前には、もっとたくさんの商店があり、その中で、たまたま三井、三菱、住友、安田といったところが生き残ったにすぎないわけで、他の商店はほとんどつぶれてしまったということです。

72

二十一世紀へ生き残る企業とは

通産省か何かの統計でも、企業が百社できて、十年後まで続くのはわずか一〇パーセント、十社にすぎないと出ています。これでいくと、二十年もたてば、百社のうち一社しか残っていないことになるわけで、いかに企業の永続きがむずかしいか、この統計を見ても、十分にお分かりいただけると思います。

皆さんの周囲を見渡されても、そうじゃないでしょうか。十年前にあった商店や会社のうち、はたして現在どれぐらい残っているかと探せば、意外と少ないことにお気づきになるはずです。

実際、日本には、税金対象の法人が約百六十七万社ほどあると言われていますが、その半分の企業は赤字だそうです。赤字ですと、日本の税法では税金を払わなくともよいことになっていますから、中には無理やり赤字にしている会社もありますが、大半は真剣にやっていて赤字なんです。また、先の統計を見てもわかるとおり、今は黒字でも、いつ赤字へ転落しないともかぎりません。それほど、経営というのは厳しいわけです。

昨今、いろんなホテルで、創業三十周年とか、三十五周年という記念パーティーが盛んに行なわれています。戦後まもなくにできた会社がだいたい今、三十年、三十五年目を迎えたということでしょうが、考えてみれば、これもそれだけ長くやれるのが大変だからこそお祝いするわけで、どこもかしこも三十周年、三十五周年を迎えられるのであれば、何も大々的にパーテ

73

ィーなどする必要はないわけです。それだけむずかしいということですね。

こう見てきますと、企業の十年先、二十年先、まして五十年先、百年先なんて単位ではとても予測がつけられない。むしろ、なくなっている可能性の方が高いと考えた方が正しいのではないでしょうか。

ですから私は、企業というのは必ず滅びるんだ、あるいは倒産に向かって前進している生きものだと思って、経営にあたるようにしています。別の言い方をすれば、経営活動というのは、企業の倒産を一日でも先に延ばす活動である、というふうに自分自身に言い聞かせ、また社員にもそう言い含めているわけです。

もうこれからは、企業は有限であると、はっきり認知してかかった方が、仕事がやりやすいんじゃないかと思いますね。仏教には〝生あるものは必ず滅びる〟という死生観がありますが、草や木や私たち人間と同じように、企業も放っておいたら、まちがいなくつぶれるんだと、だからこそ、経営というのはそれを一日でも延ばすという意味で、非常に価値があるし、大変なんだと認識しておけば、無為無策のうちに会社をつぶすこともないという気がするわけです。

安定成長への努力

では次に、当たり前のことを当たり前にということで、わが社がやってまいりました主な戦略、戦術というものをお話したいと思います。

私どもの会社は、これまで比較的順調に成長してきました。なぜ順調であったのか、その理由について、三つあげてみたいと思います。

まず一つ目は、私どもは〝成長〟ということをあまり考えずに、安定永続を第一に考えてやってきたということです。

不遜《ふそん》な言い方かもしれませんが、ただ単に成長させようと思えば、一時的にそうすることは決してむずかしいことではありません。私どもの業種でも、非常に伸びている会社はありますし、わが社自身でも、伸ばすことは簡単にできる自信があります。

たとえば、ダーッと宣伝をするとか、店を一杯つくれば、一時的にはすぐに伸びることはできるわけです。しかし私は、企業はいずれ倒産するものと思っていますから、そんな一時的な成長は何の意味もないんだと自分自身に言い聞かせ、安定永続して伸びることを大切にしてやってきました。

その具体的な内容は？　と言いますと、いろいろとたくさんあるのですが、ここでは大きな項目だけ七点ほどご紹介したいと思います。

第一点目は、資本と経営の分離です。

中小企業の場合、オーナー経営者が多い関係上、どうしても資本と経営を分離しにくいのが実情です。私自身も創業者であり、代表取締役社長ですが、しかしながら私は、資本と経営の完全な分離を図るために、会社の株は一〇パーセントちょっとしか持っておりません。残りの九〇パーセント近くは、社員とかお取り引き先様に持っていただいておるわけです。

第二点目は、早い時期から、社外重役制度を取り入れたことです。つまり、私どもよりもっと大きな会社、あるいはもっと別な立場の会社の有識者の方々を、非常勤の重役としてお迎えし、ツルカメの経営に対する指導を仰いできました。

第三点目は、工業社会の戦略をいち早く導入したことです。

私ども流通業界は、当然のことながら、工業社会の戦略・戦術は不得手なんですが、私は、QCとか必要と思われるものを取り入れ、企業の安定永続を図ってきました。

第四点目は、流通業界特有のものですけれども、スクラップ・アンド・ビルド。つまり、採算の合わない店は素早く撤収し、もっと立地のいい場所へ新しいお店を出すということを、早

い時期に取り組んできたことです。一回出した店を撤収するというのは、決して自慢になることではありませんが、出血を少なくする非常手段として、あえてやってきました。たとえば、一昨年、摂津に店を出したのですが、思わしくないので、その年のうちに店を閉めてしまいました。要するに、予測が全然ダメであったからこうなったわけですが、しかしダメであった以上は見栄も外聞もなく、また、お客様に対するサービスもそれだけマイナスになることを覚悟して、あえて、一日でも早い撤退を心がけてきたわけです。

第五点目はですね、非常にフレキシブルな組織改革と言いますか、とにかく、しょっちゅう組織を変えてきたことです。

組織改革と言えば、新年度の四月一日に変えるのが普通なんでしょうが、わが社では、そんな年に一回だけではお話にならないわけで、ことによったら、毎日変えるぐらいのつもりで行なってきました。ですから、社員の肩書きも当然たびたび変わるわけです。そうしませんと、社員がマンネリに陥らないともかぎりませんし、社員にしても、その方がいつも新鮮な気持ちで仕事に取り組めるのではないかと思っています。

計画経営、つまり計画に基づいた経営が、第六点目です。大きな会社ならどこでもやっておられることでしょうが、ただ、わが社の場合はちょっと変わっておりまして、計画は社員各自

がつくります。たとえば、店舗の計画は店長、経理の計画は経理、労務の計画は労務、輸入の計画は輸入の担当者、商品のことなら商品部といった具合に……。そして、それらをトータルしたのが会社の計画となるわけです。

社長が計画をこしらえて、「おい、これやれや！」では、社員にしてみれば何か押しつけになってしまいますが、このように自分たちで計画を立てたのであれば、何も言わなくてもやらざるを得ません。いわば〝トップダウン〟ではなく〝ボトムアップ〟というわけですね。これを基本に、これまで仕事をやってきたようなわけです。

最後の第七点目は、公開経営ということです。中小企業ではむずかしくて、実際にはなかなかできない場合が多いのですが、わが社は、会社の内容はすべてオープンにしております。

以上の七点、大会社から見れば、本当にごくごく当たり前のことをこつこつ、こつこつやってきたことが、安定永続を第一に考えてきた内容だと思います。

経営理念の確立

会社が順調であった第二の理由は、経営理念の確立を根気よく行なってきたからだと思います。もちろん、経営理念がすでに確立できたとは、まだ私も思っておりませんが、そのための

努力は積み重ねてきたつもりです。

経営理念というのは、会社によって〝社是〟であったり、〝社訓〟であったり、いろんな呼び方をされますが、要するに、日本国で言えば、憲法の前文のような、その会社の進むべき道を明文化したものです。それほど大きな意味を持っているわけで、私も十七年前に会社と言うか、店をこしらえたときに、まず最初につくったのが〝経営理念〟でした。

ただし、いくら立派な経営理念であっても、つくりっぱなしではダメで、やはりきちんと全社的に確立されないと、単なるお題目で終わってしまいます。そして私は、この経営理念を確立するには、三つの段階があると思うわけです。

最初の第一段階は、経営理念がちゃんと明文化されているわけです。「経営理念？　そう言えば、どこかにあったなあ」という程度ではいけないわけで、はっきりと文章で表わされていることが確立の第一歩だと思うんですね。

第二段階は、経営理念が全社員の中に周知徹底されていることです。「そう言えば、社長の机の後ろに貼ってあるよ」とか、「確か新入社員のときに一度聞いたことがあるな」ということでは、とても周知徹底されているとは言えないわけで、それゆえ、わが社ではそれなりの工夫をいろいろとしております。

たとえば、職場には必ず経営理念の額があるとか、会社のマークには経営理念の言葉が英語で入っているとか、社旗にもやはり言葉が入っているとか、といった具合です。しかし、それだけでは周知徹底というのは、なかなかむずかしいので、さらに私どもでは、「年計のポケット版」と呼ぶ、ポケットサイズの小冊子を活用しています。

この小冊子、三つに折るとちょうどポケットに入るわけですが、その表面に経営理念が印刷されています。全社員が必ず持って歩くように指導していますので、何かにつけてそれを見る機会があり、経営理念も自然と周知徹底されるのではないかと思っているわけです。

わが社の経営理念というのは、「真心――お客様への奉仕、情熱――可能性への挑戦、愛――調和」ということです。それを実践するための目標と戦略をさらに付け加えて、一体として小冊子に載せ、社員が持ち歩いています。

ご参考までにその中身を少し触れておきますと、たとえば、人間として成功しようという「幸せ四原則」とか、「ツルカメ生きる三原則」「ツルカメ思考三原則」「ツルカメ経営三原則」という〝原則シリーズ〟があり、その裏側に毎年の経営計画を集約したものを載せています。一九八三年度の計画を例に言いますと、会社の基本方針、各部門の基本方針、それから予算が載っていて、ひと目でその年度の計画がわかるようになっています。

わが社では、こうしたいろいろな方法を通じて、経営理念の周知徹底を図っているわけですが、「じゃあ、第三段階は？」となりますと、私が思うには、経営理念というのは、社員一人ひとりがそれぞれの仕事の段階で実践していかなければならないものだと思うんです。ただ単に「真心、情熱、愛」と口にするのは誰にでもできるけれども、問題はそれを仕事に置き換えてどうやっているかということなんですね。それが非常に大事だと思うわけです。

ところが、そこまではなかなか結びつかないわけで、実際に結びつけてやっている会社がやはり経営理念を確立したと言えるのではないでしょうか。わが社の場合なら、第一段階と第二段階はほぼ終わり、やっと第三段階の初めぐらいまでできたところです。松下さんで、第三段階のほぼ終わり、いずれにしろ、この経営理念がどれだけできているかが、いわばその企業の発展・利益・永続にそのまま結びつくというふうに私は思っています。

人材開発に力を注ぐ

これまで順調にこれた、最後の三つ目の理由は、人材開発に力を入れてきたことです。先にお話した安定永続にしても、経営理念の確立ということにしても、とにかく人間がやるしかないわけですから、人材開発ということで、採用、訓練、教育については、たくさんの投資をし

てきましたし、現在もそうしています。

人材開発にお金をかけても、最初の半年や一年ではそう目立って効果が出てくるものではありません。むしろ、その投資した分だけ経費が増えて利益が減るから、つい、なおざりになりがちなんですが、やはり人材開発に全力をあげた会社が最後には勝つと私は思っております。

たとえば、A社とB社があり、当初はほとんど差がなかったとします。ところが、A社が高いお金をかけてゼミナールへ社員を派遣し始めたのに対し、一方のB社はただずっとそれを見ていただけだとしたら、五年後にはずいぶんと差が開くはずです。教育とはそういうものだと思うんですね。

また、会社サイドではなく、社員の立場から言っても、その方が望ましいんじゃないかという気がします。と言いますのは、私は、「働く人にとっていい会社とは、どんな会社だろう」ということを考えたことがあるんです。普通ですと、大きな会社とか、あるいは儲《もう》かっている会社とか、有名な会社とかというのが、いわゆる〝いい会社〟のイメージだと思うのですが、しかし、つきつめていくと、そうじゃないと思うんですね。本当にいい会社であるには、次のような一番から五番までの条件がそろっていないといけないと、私は思うわけです。

第一番目の条件は、使命感の持てる職場であるということです。いくら楽に儲かっていても、

不正なことをして儲けている会社では、どう考えても、使命感など持てるはずがありません。やはり、世のため、人のために、いろんな意味で役立っているのだという使命感が持ててこそ、いい会社じゃないかと思うんですね。

第二番目が、働く本人の能力の開発ができる会社であるということです。これが、楽できる会社がいい会社だとつい逆に考えがちなんですが、実際は、そうじゃなくて、一生懸命やって、自分の能力が開発できる方がずっといいわけで、ですから、窓際族をつくる会社などは、これはもう最悪の会社だと言えます。

第三番目の条件は、開発した能力を発揮できる場があるということです。せっかく能力がありながら、各社員の能力を埋もれたままにしておくような会社は、決していい会社ではないと、私は思うんです。

収入が世間並みと言うか、同業他社よりすぐれていることも、当然大切な条件です。これが第四番目で、五番目は福利厚生が同じくすぐれていることです。

以上、五つのバランスがよくとれている会社がいい会社であると私は思います。ところが、世の中の人は四番目、五番目の収入とか福祉とか、休みが多いとかいうことだけで判断しがちなんですね。

わが社でも毎年、大勢の学生を集めて会社説明会を開いているのですけれども、そのとき、「ハイ、質問！」と手を上げ、「休みは何日ありますか」とか「海外旅行へ行けますか」といった待遇面ばかり口にする学生が必ずおります。そんな学生は絶対に採用しないことにしていますが、世の中の趨勢《すうせい》としては、そうなりつつあるような気がします。

もちろん、それはそれで求めなければいけない部分であることは確かです。決してないがしろにしてよいものではありません。しかし、前の三つ、使命感が持てて、能力の開発ができて、能力が発揮できる会社であればともかく、そうでなければ、いくら収入が多くても、いくら福利厚生が立派であっても、その人にとってすばらしい会社だと言えないと思うわけです。

なるほど、収入が多いと楽でいいかもわかりません。でも、「じゃ、その人は何のために生きているのか」「何のためにその会社に存在しているのか」となると、ちょっと考えさせられるのではないでしょうか。私はやはり、その人にとって、働くべき役割のある会社が文字通りのいい会社だと思うんですね。

このように、社員の側から見た〝いい会社〟ということから言っても、人材開発をしなければいけないし、会社を永続させるためにも、人材開発は非常に重要なことですから、当初から一生懸命力を注いできたわけです。

長々とお話してきましたが、以上が、わが社が比較的順調に伸びてきた三つの大きな理由ではないかと思っております。

その三つ以外にも、〝宝石〟という財産として位置づけされ、それほどなじみのなかった商品を、〝ファッション・ジュエリー〟というものに置き換えたこと、その販売をチェーン・ストアという当時では考えられなかった全く新しい形で展開したことなどもあるわけですけれども、それらはいわば外面的なことであって、内面的な経営の政策という面から取り上げますと、今お話した三つがわが社を支えてきた柱ではないかと思います。ですから、私はこれからも、何も新しいことはやらずに、多少そこに微調整はあるものの、この三つのことをずっと継続してやっていくつもりでおります。

働かなくなる日本人

次に、これからのこととしまして、八〇年代の後半の企業運営について、ツルカメなりの在り方をお話したいと思います。

まず、前提として、私は一九八〇年代、あるいは九〇年代、さらには二十世紀末から二十一世紀にかけての日本というものに非常に悲観をしていて、できればもう二十一世紀には生きて

いたくないと思っているほどです。

理由は二つあります。

一つは、日本の最近の風潮として、国民一人ひとりが働くことを悪いことだというふうに考えがちだということです。外国から「エコノミック・アニマル」だ、「働きバチ」だとあまりにも批判されるものですから、あるいは世の中、豊かになりすぎて、何でもすぐ手に入るようになったせいもあり、なにか労働を恥ずかしいつまらぬことのように思う人が増えつつあるように思えてなりません。

しかも、この風潮は非常に早いピッチで浸透し、八〇年代後半から九〇年代になれば、日本人は現在よりももっと働かなくなると思うんです。私より先輩の人から見ると、私らの世代なんかは全く働かない部類に入るかもしれませんが、しかし、それよりももっと働かない日本人が、すぐそこまで育ってきているわけです。

しかしながら、日本という国は何のストックも持たない国です。どちらかといえばフローの経済ですから、アメリカのように資源もなければ、ヨーロッパのように古い蓄えも持っていません。欧米諸国の人たちよりも働くということで経済大国にまでのしあがった国です。企業にたとえていえば、日本は新興の企業みたいなものです。歴史のある銀行なら、いまいくら経営

が悪くても過去のストックでなんとか食いつないでいけるでしょうが、その点、新興企業は何のストックもありませんから、その期に儲けた分だけが利益であって、儲からないと即つぶれてしまいます。日本はいわば新興企業のようなところがありますから、日本人が働かなくなったらいったい何が残るんだろうと、どうしても悲観的にならざるを得ないわけです。

もう一つは、世界の景気が目茶苦茶に悪いことです。今日までは、日本だけが例外であったわけですけれども、将来的に今よりも良くなるとは考えられない以上、日本も同じように景気がもっと悪くなることは避けられそうにありません。これも悲観材料といえます。

ですから、一方では日本人が働かなくなり、もう一方では本格的な不況をまぬがれ得ないとしたら日本の今後、すなわち八〇年代から九〇年代、さらには二十一世紀というものは大変な時代になると見てまずまちがいがないわけです。

しかし、いくら周囲の状況が大変であったとしても、経営者は企業の永続のために努力していかなければいけない宿命を担《にな》っているのですから、そう悲観的になっていても仕方がないわけで、私はいろいろ考えて、いま四つのことに着手し始めています。そして、八〇年代後半から九〇年代、二十一世紀へと生き延びていくために、これから述べる四つのことを基本においてツルカメの企業運営を図っていきたいと思っております。

その第一は機械化です。わが社のような流通業界で機械化などというと何かおかしいように思われるかもしれませんが、しかし、人間が働かなくなるわけですから、あらゆる業種において労働力を機械に置き換えないと、これからは勝てないというか、生き残れないと思うんです。

いい例がトヨタさんです。私は名古屋ですからトヨタもトヨタの社員もよく知っていますが、ただ働くということに関していえば、わが社の社員のほうがずっと働いているのではないかという気がします。ところがトヨタのほうが儲けていますし、製品もすぐれています。これは何だといったら、別にトヨタの社員すべてが特別に優秀だからではなく、トヨタのシステムをつくった極くひと握りの人たちが特別優秀であったから優秀な自動車がつくれるのだと思うわけです。つまり、人間の力じゃなく、機械の力で自動車をつくっているといっても過言ではないわけです。

では、わが社が現在すすめている機械化はどういうものかといいますと、三つあります。結論から先にお話すれば、OA、すなわちオフィス・オートメーション、セールス・オートメーション、システム・オートメーションの三つがそれです。

工業社会において、工場の生産性は格段にレベルアップしましたが、オフィスの生産性はまだそれほど進んでいません。今後はもっともっと生産性を上げる必要があるわけで、そのため

二十一世紀へ生き残る企業とは

にもオフィス・オートメーション化は避けられないのじゃないかと思います。

〝セールス・オートメーション〟——ちょっと耳慣れない言葉かもしれませんけれども、実は、これは私の造語なんです。ものを売るのをいつまでも人間に頼っていたのでは、肝心の人間が売る気を失くしてきつつある以上、これからは勝ち残れない。それゆえ、われわれ流通業界もメーカーを見習って〝売る〟こと自体をオートメーション化していくことが大切ではないか、という意味でこういう言葉をつくってみたわけです。

もう少し具体的にお話しましょう。

たとえば、百貨店がスーパーに押されているのは、スーパーが、人手が少なくても売れるシステムをとっているからこそなんですね。

また、わが社が採用しているチェーン化にしても、一種のセールス・オートメーションだと思うわけです。店舗をショッピング・センターの中へつくっていけば、オープンその日から売上げが出来、そのうえ安定した売上げが十分に期待できます。同じチェーン化でも、独立店舗であれば、いくら京都駅前の立派なところへ構えても、最初からコンスタントな売上げは望めないわけで、こうしたことも含めて、セールス・オートメーション化をトータルに考えていきたいと思っています。

最後のシステム・オートメーションというのも、大体システムなんてオートマチックなものですから、変な言い方かもしれませんが、要は、すべての会社の仕事というか、ものをオートメーション化しないといけないと思うんですね。つまり、仕事のなかでいちいち人間が考えなければいけない、あるいはチェックしなければいけないというような部分を極力少なくしようというわけです。そして、それをどれだけ少なくできるかが、企業が勝てるか勝てないかの分かれ目になるのではないかという気がします。

ですから、先のトヨタさんの話と同様、オフィス・オートメーション、セールス・オートメーション、システム・オートメーションの三つのラインを設計し、つくるには非常に優秀な人材がいります。しかし、いったんできれば、それを稼動させるのに、働かなくなる人間を大勢抱え込まなくとも、アルバイトのような社員で十分にやっていけるということです。

わが社ですすめている機械化とは、簡単にいえばこういうことなんですが、実のところ、これには先生があります。私がマークしている先生は工業社会、たとえばトヨタさんなんかがそうです。機会あるごとに、トヨタさんからいろんな意味で教えてもらっており、事実、教えられるところがたくさんあります。いずれにしろ流通業界といえども、今後は工業社会のノウハウをできるだけ取り入れていくことが大事だと思います。

つぎに、わが社が現在すすめている第二番目の内容は、組織の小集団化です。

いまの若い人たちは、もう一つ覇気《はき》がないでしょう。新入社員の研修でも、分かったのか分からないのかボーッとした顔をしていて、「質問は？」と聞いても誰一人手をあげない。たとえは悪いですが、まるで腐ったイワシのような目をしているんです。そのくせ、休憩時間になると、学芸会のようにさわいで皆ものすごく元気になる。ある人が、音だけは大きいが、なかなか熱が上がらないところから、今の若者を〝旧型の湯沸かし器〟と評していましたが、本当にその通りだと思います。

しかし、そんな彼らも小サークルをつくって自分たちで考え、自分たちでやるとなると、どんなことでも一生懸命やるんです、意外と。ですから、彼らが仕事に取り組むようにしようと思えば、組織を小さい単位に変えなければいけないと私は思うわけです。

わが社ではそれゆえ、つい最近営業部門という部門をなくし、それまで営業部長の管轄下にあった課を、もっとわかりやすく言えば東京課長、大阪課長、名古屋第一課長などをそれぞれ独立させて、ダイレクトに社長の管轄の下にくるように組織替えをしました。レクリエーションや海外研修なんかも、小さな集団単位で実行するように心掛けています。

これらは一つの例で、他にもいろいろと小集団化を図っていますが、実のところ、この小集

団化の先生も工業社会での活動、つまりQCサークルがモデルなんです。

QCサークルは、今や一種のファッションといえるほど日本で大流行していますから、たぶん皆さんの会社でもおやりでしょうが、もしまだでしたらぜひ取り入れられるとよいと思います。おそらく二割や三割は効率というか、利益がすぐに上がるのではないでしょうか。

仕事をゲームに置き換える

機械化、小集団化に続いて三番目の政策はゲーム化です。すなわち、仕事をゲームに置き換えなきゃいけないと思うんですね、これからは。

なぜそんなことをしなければいけないかといえば、中には「仕事は趣味だ」なんていう人があるかもしれませんが、たいがいの人は仕事を苦痛に思っているわけです。しかしながら、社員全員がそう思っていたらどうしようもないわけで、やはり楽しく働ける職場に変えていかないことには、会社はつぶれてしまいます。そこで、その一つの手段として考えたのが仕事のゲーム化というわけです。

これを非常に上手に取り入れてやっているのが、日本リクルートセンターさんです。一つの事例を紹介しましょう。

たとえば、営業マン、仮に国分君なら国分君としておきましょうか。その国分君が大型の受注を取って帰社したとします。すると、全館に「ただいま、営業二課の国分君がツルカメ商事から何千万円の求人計画を受注しました」とマイクで発表されるわけです。と、全員が仕事の手を止めて、ワァーッと拍手します。

ここまでなら普通なんですけれど、次がユニークなんですね。国分君が所属している部または課の人たちが皆寄ってきて、傍らにあるビールの栓を抜き、「国分君おめでとう。乾杯！」とツマミを食べながら祝杯をあげるわけです。仕事の途中で……。かといって、十五分か二十分したらサッと終えて、全員仕事に戻る。それが実にうまくフィットしているんですね、見ていても。文字通り仕事がゲームになっているんです。

わが社でも一度こういうことをやってみようかと思っているんですが、館内放送のほうだけはやっていますが、あとのビールのほうはまだちょっと真似できていません。社員のほうからは「社長、早くビール、ビール」と請求されているんですけれども、ビールを出せば仕事をしないで「ホナ、社長、帰りますワ」とそのまま帰ってしまうのではと思えて、そこまで踏み切れないんです。

その代わり、夏とか冬のボーナス時期に、セールスコンテストを行なっています。プロジェ

クトチームをつくり、彼らがコンテストの内容を決めて、刻々と途中経過を報告したり、優秀な人を表彰したり、盛大にお祭りムードでやるんです。若い社員なんかすごく張り切って、それはもう一生懸命にがんばります。

これもゲーム化のひとつの例といえるでしょうが、いずれにしろ、仕事を楽しくする方法を考えていくことが今後ますます重要になってくるのではないかと私は思います。

最後の四番目は、ショートプログラム化です。

私らの先輩で、昭和一ケタまでの方は、〝欲しがりません、勝つまでは〟という式で、遠い将来の目的に対して、コツコツと努力する精神を持っておられました。それだけ忍耐心というか、がまん強かったわけです。ところが、私らの世代になるとそれもだいぶ薄れ、さらに今の若い人たちはといえば、目先のことしか考えられなくなっています。年齢の低下とともに、目的に向かってコツコツ努力する精神が失われつつあるわけですね。

社員の気質がそのように変化している以上、われわれ経営者も長期的かつ大きなテーマを社員に与えるよりは、問題をできるだけショート、つまり短く、小さなものにしていくことがより必要ではないかと私は思うのです。

わが社の例で言いますと、決算賞与制度というのがあり、夏と冬のボーナスとは別に、三月

の決算で予定以上の利益があれば、その利益の中から社員に決算賞与を出していました。これをすでに五年間続けているわけですから、非常に順調で、感謝させていただいているわけですけれども、しかしながら、社員の反応は最近変わってきて、一年後の決算賞与？　そんなもの関係ないよという感じなんですね、四月、五月頃は。インターバルが長すぎて、身近な目標にならないわけです。

ですからわが社では、今年から半期ごとに決算賞与を出すように変えました。私の言うショートプログラム化というのは、こういう意味のことなんです。

また、例の「年計のポケット版」の裏のところに予算が載っていますが、その下に〝一人当たり月間売上げ〟〝一人当たり月間利益〟というのも併せて載せています。会社全体の年間予算と言っても、今の若い人は身近に受け取ってくれませんので、一人当たりとか月当たりというように、ショート化しているわけです。

こうすることによって、一人当たりの月間利益が六万四千円だとしたら、「何だ、俺の月給の半分やないか」とか「三分の一やないか」とスッと実感として受け止められ、「それじゃ、やはりこれぐらい儲けなあかんな」と初めて予算についても理解してくれるのではないかと思うのです。

予算の話を続けますと、会社全体はもちろん、店別から日別、さらにわが社では、時間別の予算までつくっています。

たとえば、大阪の京橋にある店の今月の予算が、一千万円なら一千万円、そのうち、今日という日の予算が三十万円であるとします。それだけではまだショートプログラムとは言えないわけで、それをさらに、十二時までの予算がいくら、二時までの予算がいくら、四時まではいくら、と細かくしていきます。と同時に、当然ながら、個人別や品種別、ダイヤならいくら、ルビーならいくら、というような予算もあり、とにかく、会社全体の予算を身近な予算に置き換えることをせっせとやっているわけです。

私がこのショートプログラムの大切さを学んだのは、実は高校野球からなんです。高校球児たちは一生懸命プレーするでしょう。私はテレビを見ながら、なぜあんなに一生懸命なんだろうと考えていて、「そうだ、きっと二年間しか野球ができないからだ」と思い至ったわけです。高校生活は三年間ですが、入学と卒業時を除けば、活躍できるチャンスは実質二年間しかありません。それだけ短い期間だからこそ、球児たちは燃えるのだと思うのです。

ビジネスでもそうでしょう。「あなたはあと二年で仕事は終わりです」と言われたら、誰だって一生懸命がんばるはずです。ところが、あと二十年、三十年も仕事をしなければいけないと

思うから、「三十年もかぁ」とつい億劫《おっくう》に感じてしまうわけです。

同じ野球でもプロの場合は、二年という時間的制限はありません。しかし、シーズンの働きいかんによっては即、首を切られますし、給料も大幅にダウンされます。年俸が五〇パーセント近くダウンするなんてザラですから、選手たちも必然的に一生懸命やらざるを得ないわけです。

サラリーマンはここまで厳しくありません。働かなくとも、ベースアップの率がせいぜい平均を少し下回る程度で、給料は年々確実に上がっていきます。しかも、働く期間が長いとなれば、今の若い人たちが燃えるのを期待することの方が無理と言えるでしょう。

そこで私は、先の野球のような状況を会社の中につくり出していかなければならないと思うんです。

一番いい方法は、会社の中に一軍と二軍をつくることです。成績の悪い人は、「君はちょっと疲れているから、二軍へ行って休め」と二軍へ下げ、代わりに二軍の人を引き上げる。下にいた人は、チャンスとばかり一生懸命にやるでしょうし、落とされた人も次の時はがんばると思うんですね。

一軍と二軍という名前こそありませんが、これが見えない形でうまくなされているのが大企

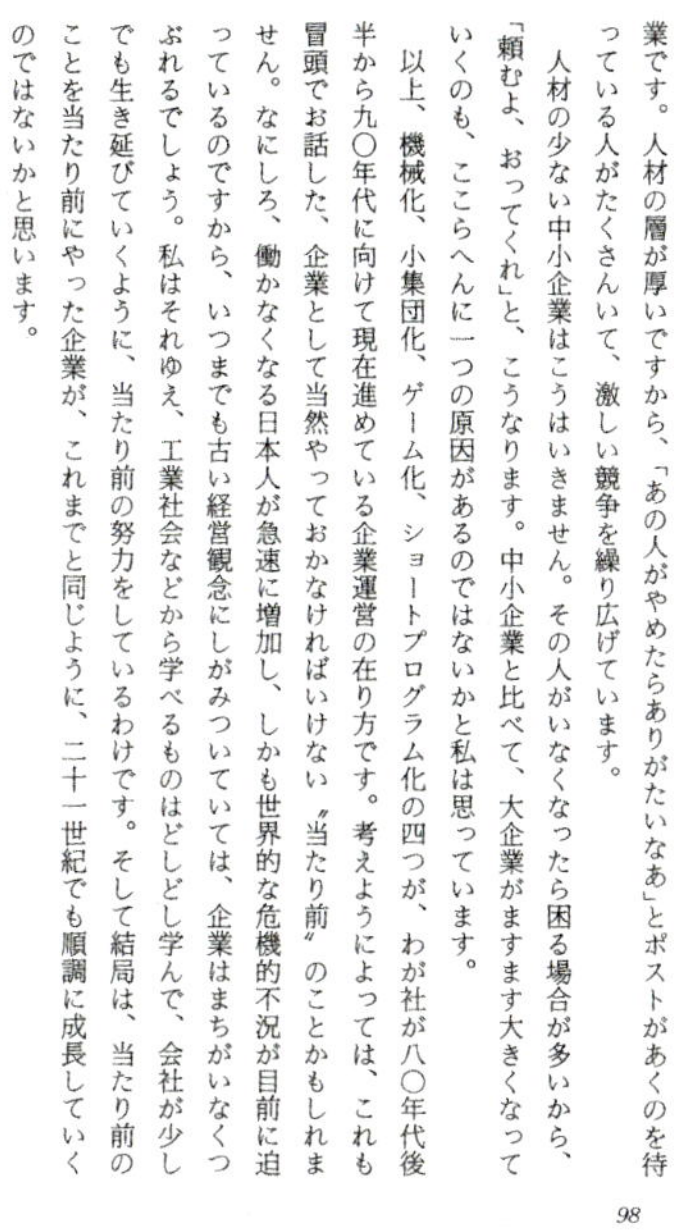

業です。人材の層が厚いですから、「あの人がやめたらありがたいなあ」とポストがあくのを待っている人がたくさんいて、激しい競争を繰り広げています。
人材の少ない中小企業はこうはいきません。その人がいなくなったら困る場合が多いから、「頼むよ、おってくれ」と、こうなります。中小企業と比べて、大企業がますます大きくなっていくのも、ここらへんに一つの原因があるのではないかと私は思っています。
以上、機械化、小集団化、ゲーム化、ショートプログラム化の四つが、わが社が八〇年代後半から九〇年代に向けて現在進めている企業運営の在り方です。考えようによっては、これも冒頭でお話した、企業として当然やっておかなければいけない〝当たり前〟のことかもしれません。なにしろ、働かなくなる日本人が急速に増加し、しかも世界的な危機的不況が目前に迫っているのですから、いつまでも古い経営観念にしがみついていては、企業はまちがいなくつぶれるでしょう。私はそれゆえ、工業社会などから学べるものはどしどし学んで、会社が少しでも生き延びていくように、当たり前の努力をしているわけです。そして結局は、当たり前のことを当たり前にやった企業が、これまでと同じように、二十一世紀でも順調に成長していくのではないかと思います。
98

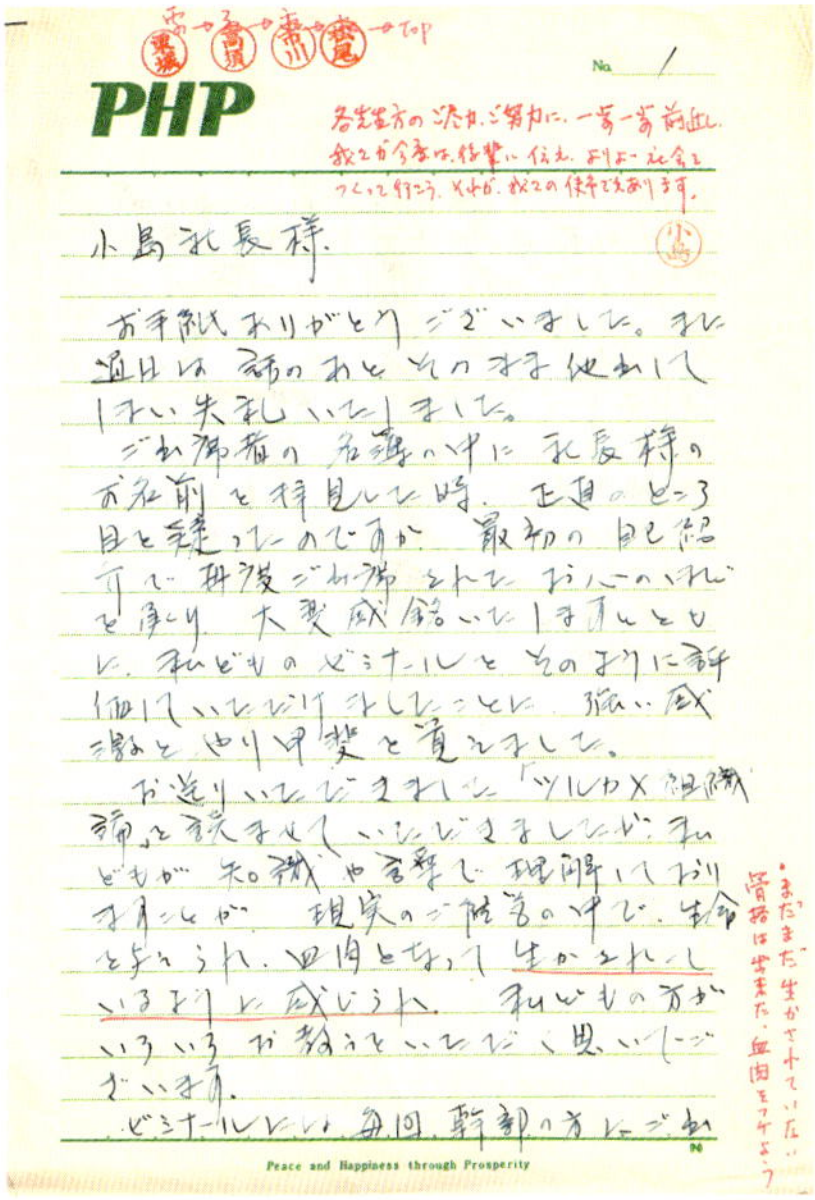

26

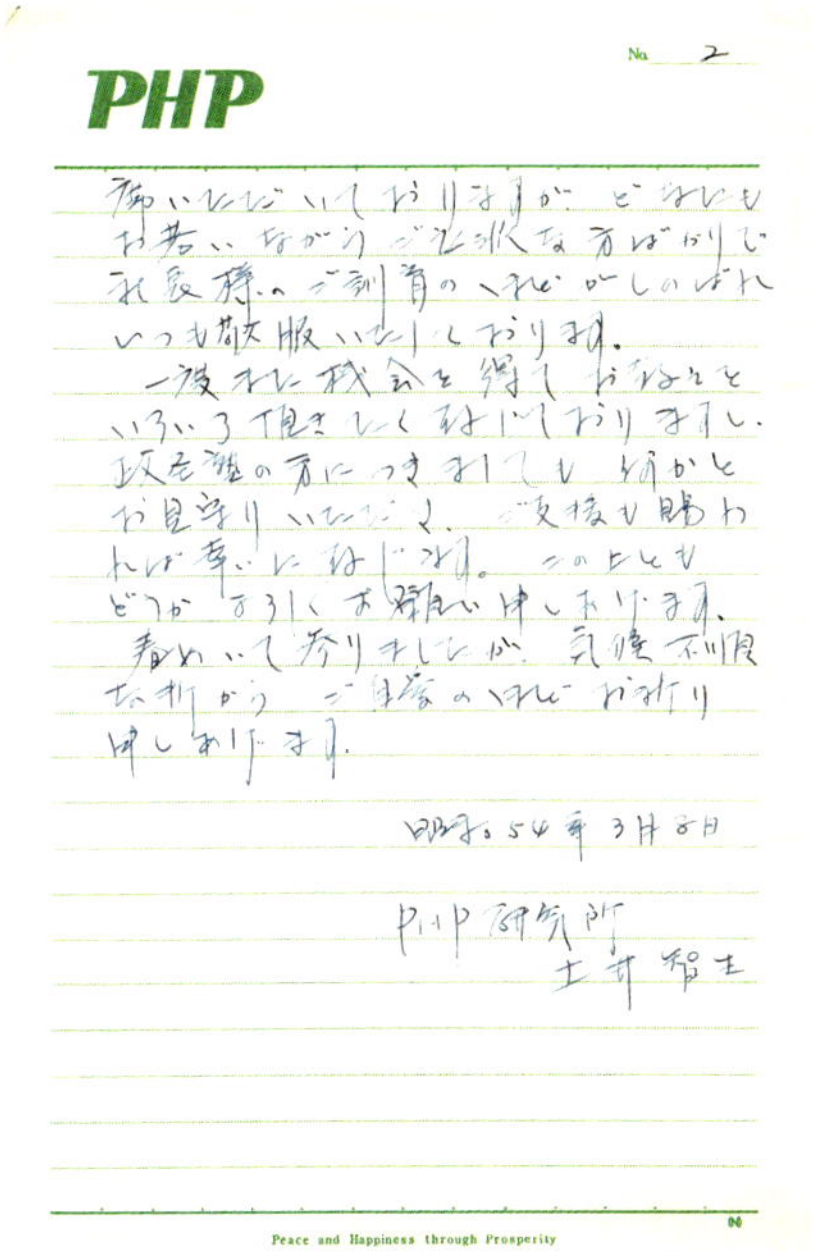

27

25 『人生の道・経営の道』。
26 27 土井研究本部長からの「ツルカメ組織論」を評価いただいた手紙が残っていた。

【脱線】この本、書棚にあったはずが見当たらず、ウェブで探してもヒットせず、「ありがとう便り」を出している友人たちへお願いしたところ、お二方から贈られてきた。二十九年前の本をよくぞ保管していただいていた、友情に感謝するばかり。

【また脱線】松下幸之助翁は人々の幸せ実現には、経済のみならず、政治の向上も必要と、各界の「経営者」養成を目指した「松下政経塾」を一九七九年、巨費を投じて設立された。政界では現在（二〇一二年四月）の野田首相はじめ、国会議員・県議・市議・知事・市長など八〇人近くが活躍し、経営者・大学教員・マスコミ方面などにも多数の人材を輩出している。

政治の世界に「人物」が現れないのは、責任が曖昧な世界だからだろうか。野田首相は前任二人よりは格段に上だが。

ＰＨＰの各種コースは社員諸氏にも共育制度の一環として、多数受講してもらい、大きな成果をあげた。

経営道は充実していった。

人間として成功しよう（**幸せ四原則**）①幸せとは＝幸せは財物の多少でなく、心の持ち方。小さな喜びを喜びとしよう。大成功はありえない。消極思考は、不幸者・グチ人間・失敗者の栄養源。

②自分は死ぬことを実感する＝生きることの有難味が生じ、真剣に生きることができる。

③生きる目的を持つ＝命を何に使うか（使命を持つ・立命）。その方法・命の運び方（運命）を自分で決める。

④運命を切り開く＝努力すること。あきらめない。努力ポイントは今（一期一会）・ここ（一所懸命）・自分（天上天下唯我独尊）。

生きる三原則　①自分の意思で。②考え、悩み、行動し。③自分以外の人のためにハタラク事。働くでないところに注目いただきたい。番外＝この地球から貧困を根絶し、戦争を追放し、自然界の生物学的平衡を取り戻そう。

思考三原則　①経営思想＝君は死ぬ↓人生経営意識をもつ。自分がしっかり自分の人生を経営しなくては周りの人は誰も幸せになれない。自分の仕事を、自分の家庭を、自分の会社を、自分の社会を経営しよう。主催者たれ！参加者、傍観者たるな。

②積極思考＝目は体の前にある。前を見よう、未来を見よう。良いふうに良いふうに考えよう。苦こそ楽しけれ。

③能力開発思考＝求める者に必ず道は開ける。

経営三原則　①利益経営＝公の資本、公の社員、公の店……を運用し、経営している以上それ以上のものを生み出すのは義務。生み出した利益より税金を払える企業だけが、存在を許される。お客様、社員、会社、社会の為にも利益はなくてはならない。前年比一〇〇％以下を罪悪店と称するのは、このような考え方にもとづく。

②計画経営＝計画のないところに何も生まれない。始めに計画書有りき。三カ年計画、年間計画、月間計画、週間計画、日間計画。「素直な心」とＭＢＯ（後述）は貴方を強く

第5期3ヵ年計画 (1984.4〜1987.3)

1. テーマ

「自育共育」

新産業革命期へ突入した。この激変期を生き残ってゆくのは至難であるが、生き残らねばならぬ。その為には、サービス業化、情報産業化することであり、それを支えるのは我々一人ひとりに他ならない。教育を放棄し自らを育てる意欲と努力で共に育ってゆこう。

2. 基本戦略

量から質へ、出店から既存店強化へ

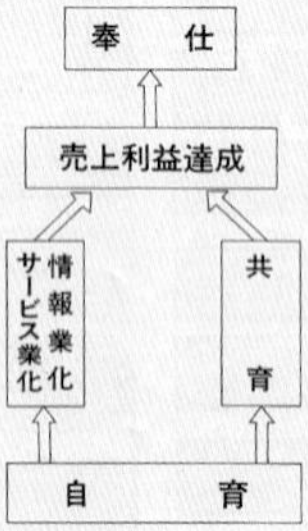

4. サービス業化、情報業化

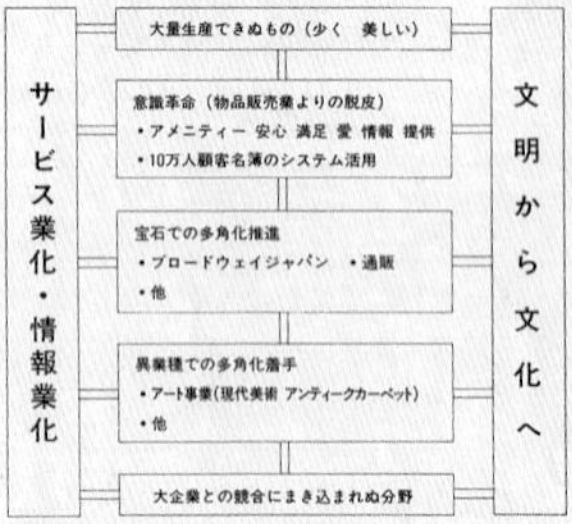

a. 物品販売業からの意識脱出革命
b. 宝石事業に於いても、ジュエリーツルカメ、通信販売、ブロードウェイジャパンと多角化してきているが、それぞれをさらに伸ばすと共に、高額品店、ディスカウンター、……と多角化してゆく
c. 宝石以外への多角化を開始
アート事業（現代美術、アンティークカーペット）を第1号とすると共にこれ以外も検討してゆく
d. サービス業化、情報業化、出来る組織へフレキシブルに改革してゆく
e. これに関連して分権化と集中化を同時進行してゆく
f. 店別、部門制決算体制の充実
g. これらに連動して、社名を、ツルカメコーポレーションに変更する

3. 人間として成功しよう

ここでいう成功とは金持ちになるとか地位を得るという意味ではありません。それぞれの個性を生かしきって生きていくところに人生の喜びがあり、それこそ成功であるのだと考えているのです。
一人の人間として、母として、夫として、幹部として、商人として、社長として、教育者として、政治家として、成功することが必要ではないでしょうか。それぞれの成功なくしてその組織、つまり家庭、会社、地域社会、国家、人類の繁栄、平和、発展はありえません。
例えば、一人の女性が母として成功してこそ、その子は立派に成長するのです。
そんな意味において、私達は一人一人が成功することは、目標でなく使命と考えているのです。

そして、その一過程として仕事を選んだのです。

その会社で一番悩みの多いのが社長。その部で一番悩みの多いのが部長、課では課長であってこそその会社はうまくいく。

一松下幸之助

真の人間の名に価いする人間と他の人間とを峻別する差は艱難に耐れるかどうかだ。

ーベートーベン

4. 人生と仕事

私達は次の目的の為に仕事をします。
a. お客様の為に——宝石の提供を通じてお客様に喜んでもらいます。
b. 地域社会の為に——商業を通じて貢献します。
c. 国家・人類の為に—商業を通じて、税金を通じて発展に寄与します。
d. 会社の為に——会社あっての一人ひとり、一人あっての会社です。
e. 自分の為に——人間として成功する一つの場として、人生の大半の時間をしめる仕事において真剣にとりくまずにどうして成功するでしょう。

5. 組織の考え方

a.

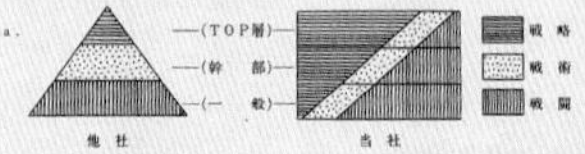

b.

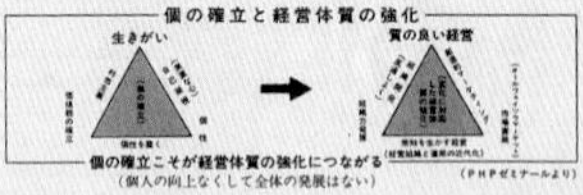

（PHPゼミナールより）

6. 自主責任経営

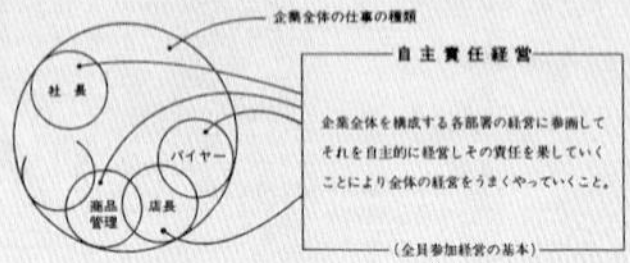

14. 人材育成方針

経　営 の **わかる**人材を育成する

↓

巾の広いエキスパート

例. **経　理** —— 経理以外の人の為に経理がある

商　品 —— 商品以外の人の為に商品がある

↓

価値判断の出来る

↑

価値観の確立 ←— 個の確立 ←— 人格

28

28 番号は印刷年度の違いによる。「ツルカメ組織論」より
29 「年計ポケット版」より

1982年度計画

①基本方針

より多くのお客様に奉仕する為に

技　術　革　新

1.基本忠実で売上、利益達成
2.完全実施で売上、利益達成
3.技術中心で売上、利益達成
4.数値中心で売上、利益達成

②各部門基本方針

東京地区本部／創業精神を受けつぎ、東京地区を確立しよう
大阪地区本部／大阪地区独立体制の確立
名古屋第１地区本部／顧客に愛される地区作り
名古屋第２地区本部／現場戦闘力の強化
名古屋第３地区本部／全店をリードする個性ある活性地区作りの推進
名古屋第４地区本部／商いの原点に戻る
ブロードウェイ事業部／ブロードウェイのコンセプトをより明確にし全ての技術アップを図る
通信販売事業部／自立一事業部としてのシステム確立
コントロール部門／スペシャリスト集団への脱皮
能力開発部門／担当職務の確認、役割分担の徹底でツルカメ共同体を築こう
商品営業部門／商品対応力の強化
商品管理部門／店（お客様）への対応強化
広告部門／マーケティング体質の確立
店開発部門／店開発技術力向上による大型店作り
営業企画／打倒M.S.K.O を目指して新しい営業戦術の展開
MMS推進／基完システム充実で技数レベルアップ
プレゼンテーション／トータルコーディネイトによるイメージアップと活性化

③予算（いつも皆でご苦労さん、二人三脚一番だ）

売上高	535,000万円
純利益高	23,100万円
出店	10店
閉店	0店
期末社員数	295人
商品回転率	2 ⅓回
一人当り月間売上	149万円
一人当り月間利益	64,316円

ツルカメ生きる三原則

①自分の意志で
②考え、悩み、行動し
③自分以外の人の為にハタラク事

この地球から貧困を根絶し、戦争を追放し
自然界の生物学的平衡をとり戻そう

経営理念

真心―お客様への奉仕
情熱―可能性への挑戦
愛――調和

を実践するために、効率経営に
徹し消費者の代理として
そのサービス提供の結果として
日本一になることを目標とし
全員参加経営による
チェーンストアシステムを戦略とする

ツルカメ商事株式会社
社　員　一　同

人間として成功しよう（幸せ四原則）

①幸せとは
○幸せ≠財・物の多少　幸せ＝心の持ち方
○小さな喜びを喜びとしよう
（大成功はありえない）（積極思考）
○消極思考は不幸者、グチ人間
失敗者の栄養源

②自分は死ぬことを実感する
➡生きることの有難味が生じ
真剣に生きることができる

③生きる目的を持つ
○命を何に使うか（使命をもつ＝立命）
○その方法＝命の運び方（運命）を自分で決める

④運命を切り開く
○努力すること
○あきらめない
○努力ポイント
今（一期一会）
ここ（一所懸命）
自分（天上天下唯我独尊）

ツルカメ思考三原則

①経営思考
○君は死ぬ→人生経営意識をもつ
○自分がしっかり自分の人生を経営しなくて回りの人は誰も幸せになれない
○自分の仕事を、自分の家庭を、自分の会社を、自分の社会を経営しよう
○主催者たれ！　参加者、傍観者たるな

②積極思考
○目は体の前にある
○前を見よう、未来を見よう
○良い風に、良い風に考えよう
○苦こそ楽しけれ

③能力開発思考
○求める者に必らず道は開ける

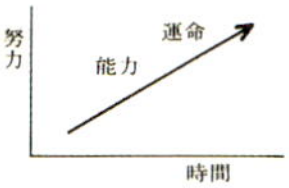

ツルカメ経営三原則

①利益経営（目標一人当り日3,000円）
○公の資本、公の社員、公の店……を運用し、経営している以上それ以上のものを生み出すのは義務
○生み出した利益より税金を払える企業だけが、存在を許される
お客様、社員、会社、社会の為にも利益はなくてはならない
○前年比 100%以下を罪悪店と称するのは、この様な考え方にもとづく

②計画経営
○計画のない処に何も生まれない「始めに計画書有き」
○３ヶ年計画、年間計画、月間計画
週間計画、日間計画
○「素直な心」とM・B・Oは貴方を強く正しく、聡明にいたします

③公開経営
○皆の納得のゆく経営を行ってゆくことは大変大切
○計画－実践－結果など、経営の全体を極力公開して経営してゆく

1985年度計画

①基本方針

S　D

1.基本忠実、細事大事をＳＤしよう
2.意識革命をＳＤしよう
3.何かひとつスペシャリストへＳＤしよう
4.経費削減をＳＤしよう

②各部門基本方針

営業サービス本部	使命感の再構築による、生きた組織体化へ強化
情報センター部門	"その気"にさせる情報発信
財務部門	財テク戦略スタート
経理部門	自己脱皮（今しかない）
能力開発部門	目標のロマン化
商品管理部門	生産性の追求
庶務・社長秘書	NEWパワーダッシュ！
社長室	自己革新でシステムアップ
店開発部門	自己革新による質の向上
業務推進	自己革新
監査室	TRANSFORM！（真の監部《幹部》への脱皮）
商品営業事業部	商品の効率化の追求と職務の生産性のアップ
東京事業部	可能性を追求・'85にチャレンジ
大阪事業部	ＳＤと全員の知恵を集め活性化
名古屋第一事業部	ＳＤで基本忠実
名古屋第二事業部	厳しく、楽しい店づくり
名古屋第三事業部	進化－無限
ＳＰ事業部	スピードアップ
α事業部	α元年すべての見本となろう
ＥＣグループ	「EC独立元年」とする為にSDする
J.T事業部アシスタント	攻める
ブロードウェイジャパン事業部	NO.1 ONLY
通信販売事業部	自立（お客様思考の徹底）
アート事業部	スタート

③予算

売上高	695,000万円
純利益高	19,460万円
出店	7店
閉店	0店
期末社員数	383人
商品回転率	2.0回
一人当り月間売上	148万円
一人当り月間利益	41,340円

ツルカメ生きる三原則

①自分の意志で
②考え、悩み、行動し
③自分以外の人の為にハタラク事

この地球から貧困を根絶し、戦争を追放し
自然界の生物学的平衡をとり戻そう

'92年度全社運動推進

・時を生かそう――MBOの最終目的である時間を大切に、先行的・効率的な仕事をし、相手・取引先様などの時を大切にする為の活動へ発展させましょう。

・地球にやさしく――コスト削減は全社の利益の為というより、有限な地球資源を守る為の活動へ発展させましょう。

・美しい街を――掃除を会社の中から一歩ふみ出し、住みやすい街づくりの為、一人ひとりが自分のまわりの環境を保全する為の活動へ発展させましょう。

・全てにありがとう――「ありがとう」を言う、「さん」と呼ぶに止まらず、全てのことに、世界の人々に感謝の心を持って生活していく為の活動へ発展させましょう。

・ボランティア活動――従来の資金援助に加え、贈呈先への訪問、留学生との交流、その他関連情報の収集・提供等を通じ、一人でも多くの社員がボランティア活動へ参加していく環境づくり及びPRをしていきましょう。

ＴＣ生きる三原則

①自分の意志で
②考え、悩み、行動し
③自分以外の人の為にハタラク事

この地球から貧困を根絶し、戦争を追放し
自然界の生物学的平衡をとり戻そう。

29

正しく聡明にいたします。各部門・各自が作成したものをすり合わせて設定した。

手書き・湿式複写時代の年間計画書は厚さ三cmを超えた。集約版として年間計画ポケット版を作成した。経営理念や行動指針をコンパクトにまとめたもので、今でいうクレドカードであろう。三つ折りすると名刺大。

③公開経営＝皆の納得のゆく経営を行ってゆくことは大変大切。計画‐実践‐結果など、経営の全体を極力公開して経営してゆく。

自主責任経営・全員参加経営　店長は店長として、バイヤーはバイヤーとして、○○は○○として、権限委譲された職務を自主的に経営し、その責任を果たすことによって、全社の経営を成功させていく、を基本とした。皆の会社、皆が経営者。

社員持株制度　を七○年代に導入。全員参加経営の一環でもあり、社員の財産形成の一助でもあった。上場まで、あるいは現在まで所有つづけた方は、大きな資産になっていることだろう。また通常のボーナスのほかに決算賞与制度も七○年代に導入した。

会社案内　などには極力多くの社員に登場いただいた。三十年の間には今も現役の方、同業へ転職された方、独立された方、別天地で活躍されている方……、いろいろおられる。ご多幸を祈る。病気や事故で亡くなられた方もおられる、合掌するばかり。

会社案内は前述のアドプランナーさんに制作いただいた。躍動的と人気だった。昨日、久しぶりに佐藤社長夫妻に会った。社員一五○人と発展されておられた。さすが！

ＭＢＯ　全員参加経営の基本は自主責任経営。自ら考え、自ら計画し、自ら実行し、自らチェックする。目的目標で経営しようといった意味合いでマネジメント・バイ・オブ

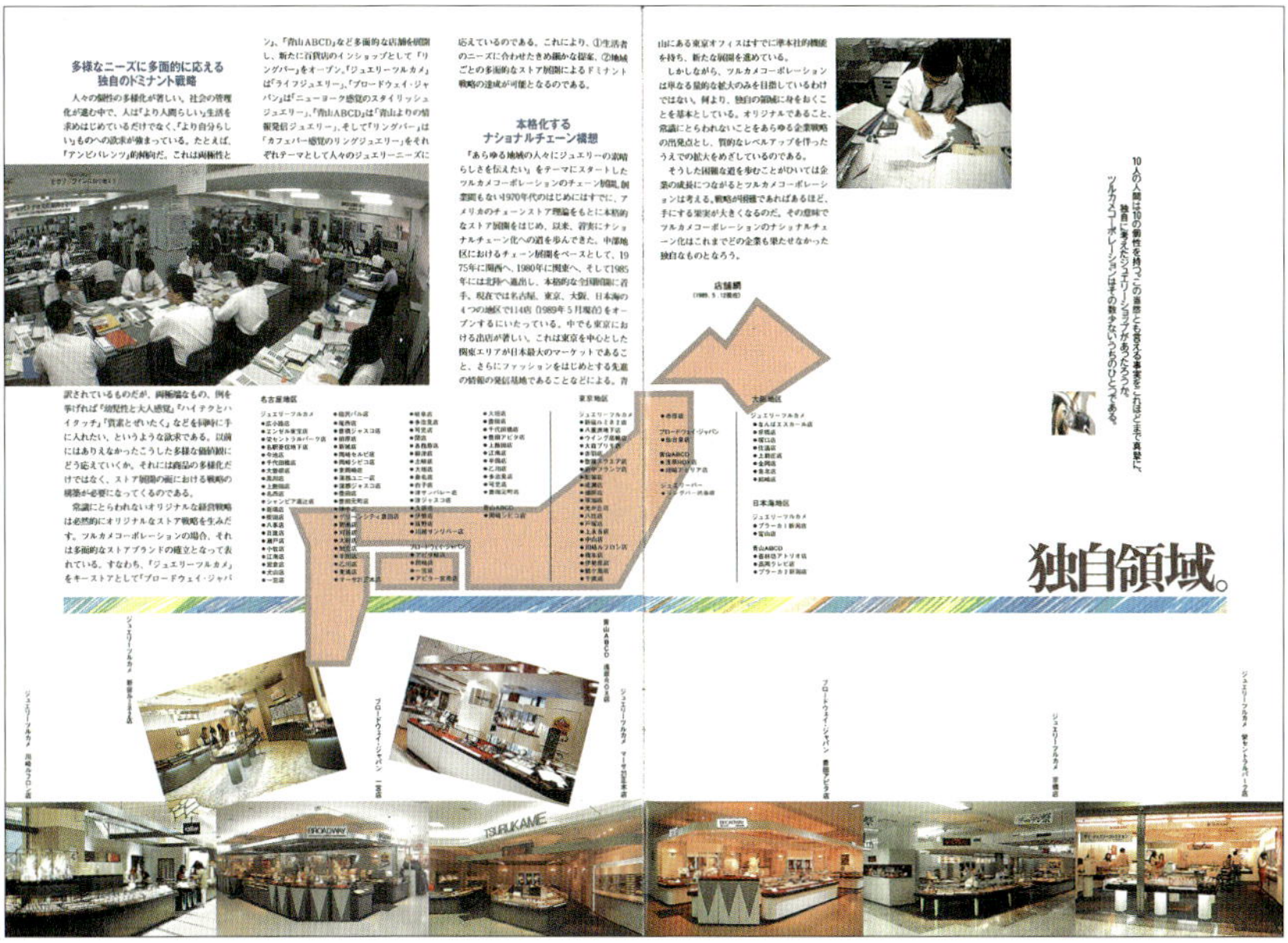

多様なニーズに多面的に応える独自のドミナント戦略

人々の個性の多様化が著しい。社会の管理化が進む中で、人は『より人間らしい』生活を求めはじめているだけでなく、『より自分らしい』ものへの欲求が強まっている。たとえば、『アンビバレンツ』的傾向だ。これは両極性と訳されているものだが、両極端なもの、例を挙げれば『幼児性と大人感覚』『ハイテクとハイタッチ』『質素とぜいたく』などを同時に手に入れたい、というような欲求である。以前にはありえなかったこうした多様な価値観にどう応えていくか。それには商品の多様化だけではなく、ストア展開の面における戦略の構築が必要になってくるのである。

常識にとらわれないオリジナルな経営戦略は必然的にオリジナルなストア戦略を生みだす。ツルカメコーポレーションの場合、それは多面的なストアブランドの確立となって表れている。すなわち、『ジュエリーツルカメ』をキーストアとして『ブロードウェイ・ジャパン』、『青山ABCD』など多面的な店舗を展開し、新たに百貨店のインショップとして『リングバー』をオープン。『ジュエリーツルカメ』は『ライフジュエリー』、『ブロードウェイ・ジャパン』は『ニューヨーク感覚のスタイリッシュジュエリー』、『青山ABCD』は『青山よりの情報発信ジュエリー』、そして『リングバー』は『カフェバー感覚のリングジュエリー』をそれぞれテーマとして人々のジュエリーニーズに応えているのである。これにより、①生活者のニーズに合わせたきめ細かな提案、②地域ごとの多面的なストア展開によるドミナント戦略の達成が可能となるのである。

本格化するナショナルチェーン構想

『あらゆる地域の人々にジュエリーの素晴らしさを伝えたい』をテーマにスタートしたツルカメコーポレーションのチェーン展開。創業間もない1970年代のはじめにはすでに、アメリカのチェーンストア理論をもとに本格的なストア展開をはじめ、以来、着実にナショナルチェーン化への道を歩んできた。中部地区におけるチェーン展開をベースとして、1975年に関西へ、1980年に関東へ、そして1985年には北陸へ進出し、本格的な全国展開に着手。現在では名古屋、東京、大阪、日本海の4つの地区で114店（1989年5月現在）をオープンするにいたっている。中でも東京における出店が著しい。これは東京を中心とした関東エリアが日本最大のマーケットであること、さらにファッションをはじめとする先進の情報の発信基地であることなどによる。青山にある東京オフィスはすでに準本社的機能を持ち、新たな展開を進めている。

しかしながら、ツルカメコーポレーションは単なる量的な拡大のみを目指しているわけではない。何より、独自の領域に身をおくことを基本としている。オリジナルであること、常識にとらわれないことをあらゆる企業戦略の出発点とし、質的なレベルアップを伴ったうえでの拡大をめざしているのである。

そうした困難な道を歩むことがひいては企業の成長につながるとツルカメコーポレーションは考える。戦略が困難であればあるほど、手にする果実が大きくなるのだ。その意味でツルカメコーポレーションのナショナルチェーン化はこれまでどの企業も果たせなかった独自なものとなろう。

10人の人間は10の個性を持つ。この当然とも言える事実をこれほどまで真摯に、独自に考えたジュエリーショップがあっただろうか。ツルカメコーポレーションはその数少ないうちのひとつである。

独自領域。

30

130 MANAGEMENT

1979年度 経営計画テーマ

より多くのお客様に奉仕するために

『自立と連帯』

- 利益に集中しよう
- 能力開発をすすめよう
- 経営、積極思考を定着させよう
- 実績第一主義を徹底しよう

スペシャリストであると同時に経営者

●若手を積極的に登用

仕事はあり余るほどある。だからポストもいくらでもある。大企業のように部長になるのは一握り、やっと課長になるのは定年前という状態は、ツルカメではまったく想像できません。むしろ、全社員を社長にしたいくらい。社長の片腕となれる有能な人材がどんどん育ってくれることを心から期待しています。

●視野を世界に、海外研修

社員のすでに3/5が体験者。ツルカメは海外研修に、きわめて積極的です。

机上の勉強では学べない何かをつかむのに海外研修は大きく役立っています。

〈最近の海外研修実績〉

●1976年度…4名　●1977年度…10名

●1978年度…16名　●1979年度…23名（計画）

●全員参加の経営戦略

一人一人がスペシャリストであると同時にそれぞれの部門の経営者だという自覚。自分たちで、自分たちの会社を盛り上げようという意識。ツルカメ急成長の大きな原動力です。

店運営ディビジョン

お客様へのサービス活動を通じて、私どもの目標を具体的に達成していく、いわば企業の動力部にあたる最前線です。単なるマネジメント的要素だけでなく、営業のプランナー、プロモーター、マーケティングマンとしての能力が求められます。

商品ディビジョン

商品を調達、輸入、製作、提供するのが商品部の仕事です。商品計画、納期管理、在庫管理、市場調査などの機能はもちろん、商品についての多くの専門的知識が要求されます。

商品管理ディビジョン

6万点にのぼる商品をすべて単品管理し、ロスを0.15%以内におさえるツルカメの商品配送センターです。

コンピューターディビジョン

ツルカメの急速展開を支えている計算センターです。すべての業務が軌道にのっており経営の効率化に大きく貢献しています。

加工ディビジョン

お買い上げ頂いた品のサイズ調整等を行う社内工場です。それと共に、社外工場との連絡も行います。

店開発ディビジョン

チェーンストア展開を計画し、調査し、軌道にのせていく、いわゆる企業の"先兵"的役割をになっています。業績不振の店があればスクラップし、新店舗にどしどし切り換えていくなどツルカメの効率経営を推進していく最もアクティブな部門です。

広告ディビジョン

テレビ・新聞・ラジオ・DM・チラシ・屋外看板……当社の広告、PR活動を行っています。社外にツルカメのあり方、考え方を適切に伝達する一方、DM・チラシなどによりお客様に催事をお知らせし、販売促進をはかります。

経理ディビジョン

資金の調達・運用、その総元締をしている部門です。売上高、在庫量、売掛金、入金額、固定資産など経営の実態を数字で把握し、企業活動が円滑にいくよう努力する大切な部門。人間にたとえれば血液を循環させる心臓部の役割を果たしています。

能力開発ディビジョン

新入社員の採用から配属、昇進、昇給、考課、賞罰、教育など会社の労務全般を行っています。社員のやる気、適性を第一に考えて、社員一人一人の幸福を考えていくうえでなくてはならない部門です。

庶務ディビジョン

社員全員が思う存分に働きやすい環境が得られるように、あらゆるお膳立てをする部門です。たとえば日常、仕事に必要な用度品、機器類の支給を行うなど社内の人々のためのサービス活動を行うところです。

31

●MESSAGE●'83ことしの私のテーマ

浅井 明男／あわてず、あせらず、あてにせず、しかし、あきらめず 鈴木 亨／運命がすきを見せたら、すかさず打ち込む 鳥本 和代／心の中も、笑顔を絶やさず 小菅 幸二／商売の楽しさを今一度、認識しよう 大野 里美／常に感謝の気持ちで、ベストを尽くそう 落合 恵み／いつもにこにこ販売、お客様を大切にします 山田 房男／店も、仕事も、人間もAランクに 村瀬 盛茂／フォーカスのように物見高く生きる 品田 奈保美／いつまでもやさしい女《ひと》でありたい 浅葉 真美／アハハの仕事をしたい 宮崎 健一／昼めしはほしがりません。1点売るまでは 佐野 等／越後屋の佐野ドス、接客こそ生きがいダス 遠藤 香／今夜のキミは最高ダと言われる女にして…… 鈴木 真人／大阪で生まれた男に見えますか？ 君の目には…… 南 賢司／自己の能力のレベルアップを図る 柳田 勝／素直な気持ちで前向きに、そして良い風に！ 菊池 一仁／常に、仕事が楽しくなる様に、ガンバロウ！ 亀山 博司／実感できる毎日 吉川 義之／おとうさん、おかあさんを大切にしよう 今井 由香利／心も体も元気にすごそう 片岡 良枝／毎日楽しい仕事ができますように‼ 岡本 敏／今年も燃えて、燃えて…… 横山 好枝／笑顔で接客可愛く生きます 篠田 幸攀／自分自身のワン・ステップ・アップ 稲葉 友明／米つきバッタの様に頭をさげて働きます 鎌田 美千代／かも鹿の様に華麗に！ ラビットの様に可愛らしく！ 米住 真理子／子ねずみの様にこまめに働きます 太田 佳奈恵／結婚祝いだなんてそんな♡有難うございます 中村 洋／前進、有るのみ！ 甘利 猛／今年は、勝つ！ 関野 由普里／今年は、勝負します‼ 須田 正宏／継続こそ力なり 平松 美幸／賢い可愛い赤ちゃんを産みます 小笠 幸世／仕事と趣味、両立させます 山下 納賞美／平松さんに負けない丈夫な赤ちゃんを産みます 野口 博嗣／生きる喜びを知り、毎日大切にすごしたい 竹内 真一／人生は、努力だ 村尾 尚子／前進あるのみ 五藤 誠／毎日、センスを磨きましょう 森田 恵美子／女として、人間として成長の年とする 西尾 鋼二／過激なセンチメンタリズム 竹下 治彦／迫力のある人生を送りたい 多和田 英司／フリオがライバル 川口 典子／心のゆとり、大切に 沢柳 誠／自己革命！ 岩崎 アヤ子／お客様が満足するような接客を！ 吉田 智子／さわやかな接客をめざします 伊田 照美／今年こそ、いい女に、かわいい花嫁さんに 老平 千恵子／健康で今年も仕事と家庭を両立 奥山 進／毎日の仕事を楽しみながらやっていこう 飯田 香／誰もに好かれる人になろう 吉田 邦彦／信頼される自分づくり 石井 豊美／KEEP ON SMILE 加藤 郁夫／石の上にも3年目、まだまだひよっこ 坂平 美鈴／一日中、笑って暮らしたい 伊藤 芳枝／毎日が充実できるように頑張ります 林 美幸／パワーアップ'83 刈谷 鈴江／販売アップ'83 小沢 明美／点数アップ'83 長谷川 晶代／全部まとめて、売上げアップ83 野武 美樹／自分に甘えるな！ 近藤 芳子／フレッシュ アップ！ 渡辺 典子／一日一日を大切に真心接客に心がける 谷生 孝行／さりげなく一発！ 村山 利茂子／「起承転結」仕事も、そして人生も…… 山口 康子／「目的」と「手段」を見極め、実りある日々を…… 小木曽 行雄／一つ一つの仕事を確実に実行する 吉田 和正／今年もまた美しく生きます！ 水野 晴美／今年こそ、花を咲かせます！ 棚橋 裕見子／私、結婚します！ 北野 博之／可能性に挑戦して成功させよう 清水 ゆかり／今年は何に対しても挑戦します 松尾 ゆか／人に左右されない生き方を 石黒 芳彦／いかにも一般大衆にうけそうな接客をします 寺野 郁／今年はブリッコ接客から脱……ツッパリ接客へ 片岡 昌幸／やるっきゃない！ 落合 しげり／20番命シリーズ 百姓命‼ 沢 元子／そんなもんあんた男命だわさっ‼ 加藤 二三嘉／ZII命‼ 井戸田 美千代／バナナロール命‼ 三浦 肇／予算達成こそ私の仕事、私の生きがい 松本 孝子／私の人生いつも最美、最優、最輝で演出します 田中 みどり／ピカピカの感動、お届け致します 関沼 治子／無限の販売力求めて、常に研修 真鍋 好道／今年は自己の能力開発の年 中塚 恭子／リフレッシュ！キョーコ！ 桑山 直子／美しく生きたい！ 松井 由美子／ステキな人生、明るい家庭、大切なだんな様 柴田 慶一／AB型、双子座、人間の改革 荻巣 春美／徹底した気くばりの実践 小坂 繁男／悩みと疲労を防ぐために仕事に情熱を持とう 谷内 恵子／今日という日に目を向けよう！ 沼口 隆盛／たかだか個人の力、されど個人の力、上限なし 田口 英雄／必殺仕掛(販売)人、参上！ 田中 悦子／宝石の本当の美しさをより多くの人に伝えたい 山本 悦二／私は、発展途上人 古田 玲子／キラキラと輝いていよう 河合 瑞人／やりたい！イキたい！イカセたい！溜まってる！ 尾関 順子／自分に厳しく、実りある1年に‼ 鈴木 敦／必達！ 藤田 朋子／いつもしあわせ気分で♡ 草深 文人／お客様から愛される店づくりに徹しよう！ 上田 美年子／新たな出発一広い世間との交流を求めて‼ 吉田 治美／元気ハツラツ、今日が人生 石黒 真澄／いつもニコニコ、明るく、元気に 金山 清隆／捨て身になれば道は開ける 貴田 由美子／貴田由美子、貴田由美子、貴田由美子、貴田由美子 谷岡 喜美／金くれ銭くれ皆くれ、遠慮はしない皆持ってこい 森田 修司／今日をステップとして明日はジャンプする 石鳥 正一／心機一転！ 売上げづくりに頑張ります 山根 薫／新しい店で、いい日旅立ち！ 池山 陽子／初心忘るべからず 大久保 孝司／やるぞ！ 新しい再出発を 岩佐 信久／「目」の勝負！ 荒井 正子／お客様、商品を買ってください 山本 峰久／人を見て法を説く 藤野 公美子／宝石と心の調和 菊池 弘美／まぶしいくらいに笑って……キラッ 佐々木 栄子／仕事を楽しめ…… 竹内 恵美子／健康が一番、いつも明るく笑顔で接客を 舘 哲二／1日1台、おっと間違えた、①1日1点 永坂 美加代／一日一日を、大切に元気で生きよう 田中 雅彦／幸福を売れる男になろう 野坂 信司／実践、行動あるのみ 樋口 千里／魅力ある販売員をめざして！ 杉江 文子／今年こそは「イイヒト」を見つけよう!? 葛西 由美／強く生きよう積極人生勝利めざして！ 白木 伸雄／みんなで作ろうお客様の輪 岡本 左奈枝／OLのかがみ 小野 隆／他力本願 加藤 隆茂／仕事も遊びもすべての面に、"オニ"になる 長谷川 清隆／自分に勝り、己の行く道を確認すべし 鳥居 正登／Nothing you become will disappoint me‼ 毛受 美幸／笑顔だけで勝負します‼ 藤田 誠／千里の道も一歩から 浦 礼子／為せば成る 小久保 悦子／清く、正しく、美しく！ 河野 晶代／continuation 大西 康恵／いつもルンルン、幸せ一杯・夢一杯‼ 浅井 由美子／一日一日を大切にして今日を一生懸命生きよう 佐野 司郎／良い風に良い風に前向きに前向きに考える事 湯本 幸雄／あわてず！ 騒がず！ まず笑顔！ 黒沢 典子／多くのお客様にアプローチを‼ 大野 貴史／誰からも愛される販売員になります 辻 克彦／売上げは全員のチームワークによって決まる 市田 智秋／スマイル・スピーディ・スマート・3S接客 伊藤 友栄／みんなで作ろう！ 予算達成店の輪 横山 澄之／人生己に厳しく、相手に思いやりを‼ 中村 志津子／1分、1秒、時間の充実を図ろう！ 西脇 知香／ニコッと笑って、丁寧な接客をしよう 中野 真巳／今年は絶対実現、部下のテーマ 手塚 みつる／今年は絶対欲しい、金バッチ 谷川 修／今年は絶対行くぞ、海外旅行 辻 昭二／だいじ！ 信じれんっ！ 河本 一美／楽しくなければ、仕事じゃない！ 若尾 みゆき／Communication & Skinship…… 加藤 純子／ツルカメの"わっ" 鈴木 秀男／ただ今、充電中！ 可児 淳子／やるべき事。与えられた事。必ず行う 日比野 尚美／心身共にシェープアップ‼ 石原 美幸／1983年、聖少女、石原美幸の花道だ！ 蟹江 正子／今年こそ、フィジーへ行きたい‼ 森山 里絵／目標！ 笑顔ギラッといぶし銀レディ 林 幹雄／決意実行！ 成田 智佳子／いつも笑顔で接客を 平嶺 けさ代／気くばり、第一！ 川崎 勝伸／パワーアップ 中村 満／1983年は起死回生の年にします 塩谷 敦子／more悩み・苦しみ、more努力！ 鬮見 綾子／仕事も、家庭も、フレッシュな気分で……♡ 角田 逸司／希望、勇気、サムマネー 荒川 妙子／今年も笑顔で頑張ります 滝沢 康男／1年間、有意義に過ごします 山本 匡江／今年はお嫁に行きます 外山 ひとみ／よい販売員になります 神谷 善一／1年間、努力します 広島 泉／俺がしなくて誰がする 谷口 美智子／持前の笑顔と明るさで勝負します 佐々木 孝／笑顔の光っている人生を作ります 道明 寛／話の好きな人、よく笑う人、一緒に働こう 梶山 祐次／全力疾走で人生の道を切り拓く 石井 順子／若さで勝負します 梶田 達也／今年は自分をみつめ直す年にします 東 好則／己に厳しく考動します 樋口 淳子／今年こそは海外旅行を目指します 阿知波 祥子／己に厳しく他人に優しく 谷川 洋子／いつも強く、たくましく 青山 翼／男のロマンを求めよう 杉尾 利勝／自分の心との闘いに勝ち、自立へ前進 市川 洋平／則天去私 久田 憲夫／悩みごと、また楽しけれ 河崎 照美／誠心誠意一筋 西井 克彦／マイペース、ピッチアップ 涌島 美由紀／女の魅力発揮します 中島 孝夫／今年は飛躍しよう 志比 哲二／唇にほほえみ、心に闘志 小林 みずほ／今年もかわらぬ笑顔で頑張ります 長谷部 由利子／笑顔を忘れません 成田 勇／職務完遂 渡辺 春美／一日一日を大切に満足のいく販売をしていこう 石丸 満／モアナチュラルに 北折 恵賢／キラッと輝く、ツルカメマン 山下 広幸／働きがいのある職場に 高須 さと子／17年目の飛翔 高橋 恭子／人生は今日の連続だから 藤田 みゆき／Feel ones way 吉田 聡志／この一瞬を大切に！ 間瀬 泉／ONE STEP UP 安藤 典子／細かいところまで気がつく、賢い女性になりたい 斎藤 幸夫／加工の質と、管理能力のレベルアップを図ろう！ 市崎 真理子／早く、本部の仕事になれるようにします 西村 純子／いつもニコニコ明るい笑顔でガンバリまーす 堀田 浩子／今年はとしおんなでーす。がんばるぞ！ 水野 柳一／人、物、金の徹底管理で利益UP 桐山 明正／人より学び、仕事より学ぶ 今津 矢寸則／目的、目標を持った生き方をしよう 鈴木 久美恵／自分にとって去年は天中殺？ だから今年は大吉のハズ…なのですが…… 渡辺 麻理子／身が細るほどの気くばりを目標に 高塚 明／売れて売れて困る夢を見るにはどんな枕？ 志水 貴司／自分自身を経営しよう 鈴木 祥弘／明日の為に今日の努力！ 松本 隆秀／Enjoy My Life 河本 雅裕／流通センターに光を！ 松本 肇子／感性に磨きを 鈴木 毅／無私 三好 利彦／いつも明るく、元気よく、素直な心を持ちつづけよう‼ 河知 幸子／いつも若さと笑顔を忘れずに 水野 忠明／自己のレベルアップを 加古 徹／初心一問題意識をなくさぬように！ 飯田 恭久／"売れる広告"の探究‼ 太田 紘幸／"コミュニケーション讃歌" 三浦 潤／自分を主人公に一大ドラマをつくるVOL.2 神谷 守利／ラ・ムーまだ発見できず、行脚つづく 高橋 宏／チャンスは必ずモノにする 近藤 ゆき美／いつもにこにこスマイルレディを目指します 秋富 浩子／基本を忘れずに頑張りたい 高橋 伸宜／自分のファン作りに心がけたい 名倉 功子／楽しいお店をつくりたいものです。ハイ！ 冨谷 真理／より多くの人をより大きい愛で包み込みたい 安藤 衣恵／顧客の多い社員を目指して 森 美香／やれるところまでやるしかない！ 石川 ひとみ／前向きな姿勢で仕事をしたいと思います 井上 智恵美／いつも笑顔を大切にしたいです 鵜 英美／目的をしっかりと持ち、笑顔を忘れずがんばります 池川 元／早く山を越えて海を見たい 加藤 直仁／万全な基礎をつくる 西村 麻理子／ゴーイング・マイ・ウェイ‼ 山田 早奈子／お客様に好かれる販売員になりたい 鈴木 張江／"いつも明るく"をモットーに！ 竹生 久恵／ずっと笑顔で過ごせたらいいなぁと思ってマス 長谷川 浜美／細かい心配りのできる社員になるようがんばりたいと思います 五島 優／基本と初心を忘れず、販売技術を磨きたい 山口 浩輝／明日のための無我夢中 長坂 桂子／一歩一歩確実にマスターし、気配りのできる人になりたい 大竹 寛史／基本を大切に積極的な行動を心掛けたい 三浦 智恵子／笑顔…優しさ…思いやり…これで頑張ります 鈴木 正吾／頑張ろうと思います 関戸 勝美／お客様から敬われる商業「ツルカメ」を築いていこう 甲佐美 礼子／人柄を買って頂ける販売員になります 南部 明美／お客様に信頼される社員を目指します 元山 静枝／新人賞めざしてがんばります！ 相羽 輝郎／人と人を大切にする人間になろう 川口 祐香／人と人との触れ合いを大切にする接客を 榊原 祥子／いつも笑顔を大切に 安井 さなえ／笑顔で明るくがんばります 水野 英和／いつも笑顔を忘れない素敵な男性に 市原 秋子／購買心理を完全に理解できるようになりたい 浅井 ゆう子／どんなことでも笑顔を忘れない！ 岡部 次子／最後の最後まであきらめない 竹内 真智／気軽に話ができる社員になります 杉原 正啓／物事を前向きに考え、頭を使う 中川 玲子／お客様に真心の伝わる接客を心がけています 松原 美穂／笑顔キラッとK18レディを目指します 中西 千春／どんなときでも素直に生きたい 竹田 聡子／明るく笑顔でお客様に接していきたい 近藤 光徳／自分の意志で考え、悩み、行動し頑張るぞ！ 西郷 勝則／自分を信頼し、失敗をしても、うつむかないで常に胸を張りがんばっていきたい 小出 克介／自分の販売フォームの確立 肥後 裕子／誰からも好かれ、存在感のある社員になりたいです 高橋 真一／過去の失敗を踏み台にして自分自身の展望を磨くこと 吉安 浩司／一生懸命&全力販売 石井 真里／人間として成長したい 鈴木 雅代／お客様が満足する接客を心掛ける 萩原 真紀子／一日一日を大切に生きていきたいと思います 伊藤 鏡／エネルギッシュに体ごとぶつかります 安藤 寿江子／お客様と呼吸を合せる事を大切にしたい 田中 治之／今年こそ、ふとってみせる。あと5kg 中村 明美／今年も1年頑張ってもいいかな？いいとも！ 小島 秀之／オフィス・ワークに新風を吹きこもう 落合 マサノリ／年間予算達成に向かい最大限の努力をする 西岡 トシコ／感謝の気持ちを忘れず常に努力を 山田 晴功／ほほえみをあなたに 高橋 秀樹／ここで一発、一気に逆転 高木 清美／積極的に何事も 吉井 孝之／基本忠実、一から出直し 河井 孝子／もう一度一からやり直しましょう 榊原 美智子／笑顔を忘れず頑張ります 市古 賢司／今年は飛躍の年にします 加藤 道予／私一人でも頑張ります 鹽谷 雅督／仕事ざんまいで大人になろう オギノミチコ／美…… 蜂谷 光夫／各々のポジションで100%の力を発揮

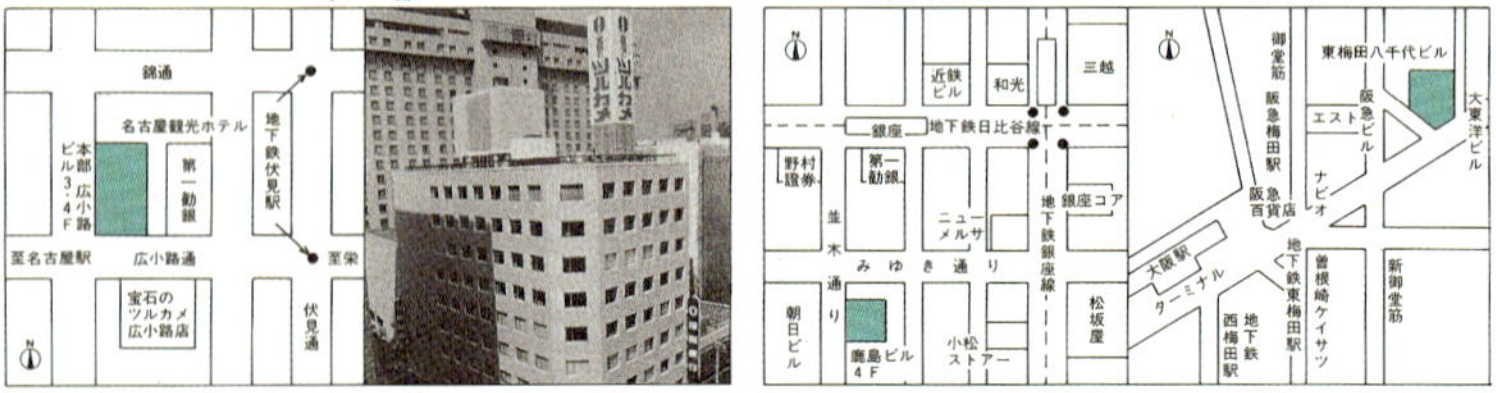

ツルカメ商事株式会社

名古屋市中区錦1―19―32 〒460 ☎(052)221―6507(代)

この地球から貧困を追放し、戦争を根絶し、自然界の生物学的平衡をとり戻そう

33

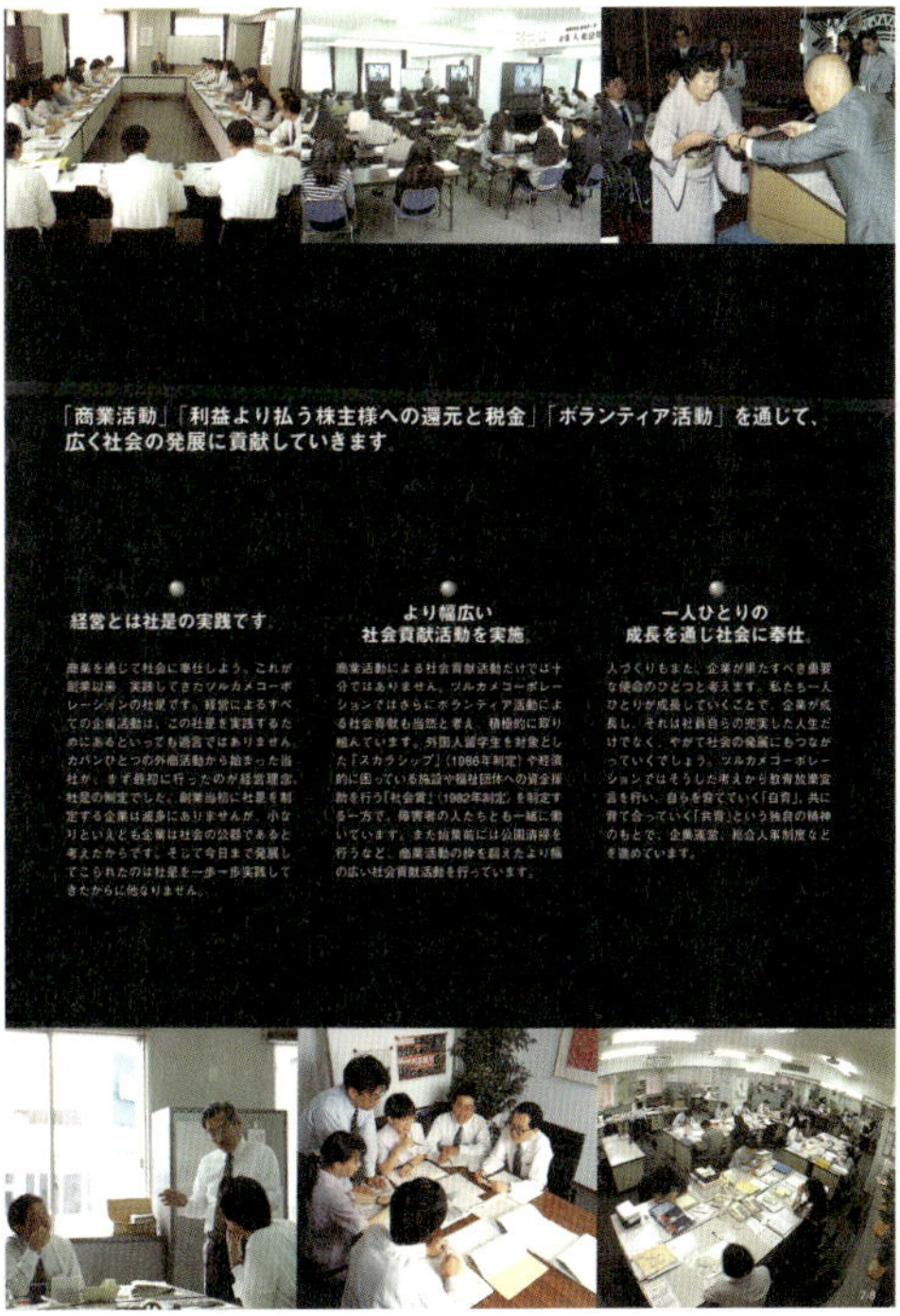

34

30 31 32 33 34　一九七九・八三・八九・九〇・九六年の会社案内より

ジェクトを全員が実践した（企業の合併・買収手法のひとつの「マネジメント・バイ・アウト」もMBOと略される）。

十カ条　朝礼などで唱和し実践し大きな効果をあげた「予算達成十カ条」・「業務完遂十カ条」・「コスト削減十カ条」は現在も繁栄しつづけている会社のノウハウに具体的にふれることになりそうなので、記載はやめよう。

全社運動　自育共育の一環として取り組んだ。例えば、九二年度は、時を活かそう、地球にやさしく、美しい街を、全てにありがとう、ボランティア活動の五項目。

SD　ある年の年間テーマは自己啓発、セルフディベロップメント。皆さん変わった目標をかかげた。筆者は「体力増強」。連日十二時間以上、年中無休（休みをまとめて沙漠や大学へ出かけるためでもあった）で働いていたので、身体もおかしくなりそう。

暫く前からアスレチッククラブで走っていた。その頃だったか出張で出かけたおり、マドリードやパリでも走ったこともあったっけ。店まわりは重要な仕事、現場を知らずには何もできない。毎日曜日の定例だった。「体力増強」がテーマなら一度、店舗を走って回ろうと、名古屋市内の十数店すべてを回った。ハーフマラソンぐらいあったと思う。ゴールの店で花束を頂いた。涙がこみあげた。またある年はブルーのスーツで過ごし、ある年はマニキュアとペディキュアで通した。

【脱線】　先天性心臓弁膜症と小学生時代に診断された。社長時代も激務で時々、不整脈がでた。ある時、病院で心電図をとることになり、靴下を脱いだら、真っ赤なペディキュアの指が現れ、看護婦さんが驚いた（笑）。（拙著に「笑」はいくつ登場するでしょうか。正解は最後に）。

要請と貢献　企業は社会の要請によって成立し、社会に貢献することによってのみ存続が許される組織体である。企業にかぎらない。あらゆる組織がそうであろう。

すべてが経営　会社だけが経営ではない。あらゆる組織体に経営が必要。あらゆる組織体のトップ、あるいはトップ陣は経営者といえる。例えば国でいえば三権の長である衆議院議長と参議院議長、内閣総理大臣、最高裁判所長官も経営者だ。大学なら学長、寺院なら住職、団体なら会長……。どこかの国の首相のように、経営者だとの自覚がない方もおられるようだが。個人も同じこと。人生の経営者は自分自身。

オリジナリティーこそ経営　人まねでは経営とはいえない。また楽しくもない。発展も望めない。独創性こそが経営の最重要要素。「コロンブスの卵」的経営でありたい。これまた人生も同じこと。皆と同じ生き方では面白くもおかしくもない。自分の人生を自分色に染めあげよう。

バランス感覚　とはいうものの人様を不快にするような経営や人生は避けねばならない。売らんがために裸に近い格好で出演し、あるいは身内話を繰り広げるバカタレント、テレビ局、そんなのは独創性があるとは言いませんヨ。

経営五資源　人・物・金・時間・情報。経営はこの組み合わせしだい。このバランスしだい。最重要は人であることは当然だ。

社員は宝　いや宝以上。社員を大事にしない会社は絶対に発展しない。それなりの会社の社長だったので、経営相談を依頼されたことも度々。会社に伺って社員に自然の笑顔があるかどうかで質がわかった。笑顔があり笑いがあるところは伸びている。真剣と深刻は大違い。真剣であっても笑いが必要、それも経営者しだいと思う。

経営から退いて二十年近い今も各方面から顧問になってとの申し出をいただく。ありがたいことだが、「冗談じゃない、こんな老人を」とすべてお断りしている。

笑って　企業の最重要資産は？　現預金でも店でも土地でも有価証券でもない。笑う社風こそが企業発展の原動力。いや人生も同じこと。まず笑う。まず受け入れる。まず感謝。

企業は人なり　と社員に迫る経営者がいる。そんな方は「自分がその手本を示す」と続けるべきだろう。笑う社風づくりも、自己啓発も……もトップが率先実行。

コンプライアンス　法律は当然として、社会秩序は守るのは基本中の基本。トップはその模範とならねばならない。それでこそ社員もその気になる。経営者の私生活が乱れていては社員も会社もおかしくなる。賭博に一〇〇億もつぎ込んだという大王製紙の会長。社員は肩身の狭いことだろう。エリエールはもう買わない。

私生活　の乱れたトップはレッドカードだろう。筆者の場合は忙しすぎて、乱れるヒマはなかった。乱れたかったが（笑）。付き合いで専門店社長連中と飲み歩いたこともあるが、すぐ経営の話になるぐらいの「商売の虫」のような人ばかりだった。ゴルフもハーフ三十台でまわったこともあるほど凝ったが、長続きしなかった。

公私は峻別していた。創業者が陥りやすい「落とし穴」として、内向き風土・後継者難とともに「私物化」があるとなにかの講演で聞き、特に気を付けた。この三点は企業に限らず、〇〇協会や〇〇宗教団体など幅広い分野で見られる。政治家の世襲もこの「私物化」にはいるといえよう。

蓄財には興味なく、使い方で人の価値は決まると考えていた。凝り性で、決めたことはやらないと気が済まない性格。理想家肌にすぎる部分もあった。これらは長所でもあったが短所でも。

武士道の義・勇・仁・礼・誠と儒教の仁・義・礼・智・信　日本人が永年にわたり影響を受けてきた武士道精神と儒教、にそった判断・行動が多かったように思う。親の命名に沿うものでもあった。新渡戸稲造『武士道』も愛読書のひとつだった。一世紀も前にアメリカで出版（後に各国で出版）されたこの本にはリーダーとしての品格ある生き方としての武士道が紹介されていた。繰り返し読んだ。ルーズベルト大統領も推奨したとか。

子供はつくらなかった。考え方はいろいろあろうが、主義としてつくらなかった。子供があれば継がせたいのが人情、それは避けたかった。妻も納得のうえ。

小規模であった当初は監査役の成り手もなく、父、死後は母に依頼した。姉には準社員として値札付け、弟二人には契約営業社員、情報センター社員として尽力してもらった。身内故に登用しなかった。

大胆・慎重　順調時は慎重を心がけ、不調時は大胆に決断するようにした。しかし、迷

35

い悩みは途絶えることはなかった。創業当初は資金繰り、軌道にのると労務問題、規模が拡大すると社会的責任……と。

大きな心　僧籍にはいった際、水谷幸正師僧より「会社のことはよく分からないが、何事も大きな心で事に当たれば良い」と、染筆をいただいた。以来、慈しみの心で対応するよう心がけたが、凡夫社長はとてもとてもで、社員へ厳しい言葉を発したことも幾度となくあった。「慈心」はいまも寓居玄関に掲げ、目指している。

人を信じる　社員が増えればいろいろな人がでてくる。松下幸之助翁も社員の不正に悩まれたらしい。そして、天皇陛下は国民の中に悪い人がいても、抱えてやっておられることに気づいた、とPHPゼミで学んだ。社員を疑わないことにした。

人には善の部分も悪の部分も。社員の不正も時々あった。商品の不正持ち出しや金のごまかし。不正を未然に防ぎ、大きな悪にしないために監査室が定期的に監査していたが、あの手この手を考え出す人間のたくましさには感心させられた。友人の専門店社長らからも度々聞いた。監査機能の弱い会社は、組織のためにも社員のためにも問題だ。不正防止のためにも能力開発のためにも早めの異動が必要と取り組んだ。報道される使い込みなどは長期同一職務の場合が多い。

35　水谷先生の染筆「慈心」

ここで思い出した。筆者が属している浄土宗でも公金を商品取引へつぎ込んで逮捕された坊主がいた。やはり同じ職務を永年担当していたそうだ。水谷幸正宗務総長（当時）はあと始末に苦労された。御仏の「大慈悲心」で対応された。

全員そうじ　店やオフィスは最前線。お客様への顔。汚れた店へは誰も行きたくない。創業当初から掃除を大切にしてきた。出勤したらまず掃除。トイレから全てを。社員も社長も皆で。日を決めて、近くの公園の掃除もした。川へ出掛けて河原のゴミも拾った。岡崎の乙川などで一緒にゴミ拾いした中村満さんは名古屋市議会議員として頑張っておられる。ほかにも卒業生にはクイックマッサージチェーン店社長・新型質屋社長・上場企業常務……と活躍中の方も多い。あるいは元気に定年を迎えた人たちも。嬉しいことだ。

先日、カード会社の「一人分サービス」案内で、銀座のイタリアンへ妻と出掛けた。通路が物置になっていた。もう行かない。

棚卸　何万いや数十万点にもなる大量の商品、しかも小さい。紛失や不正を防止するため、毎月、棚卸を実施した。営業時間中に行うため、売上には若干の影響がでたが、社員共育と効率化に役立った。

取締役会　毎月開催した。前月の決算報告から当月の進捗状況・主要な機構改革・幹部人事・重要戦略などを諮った。社外取締役からも貴重な意見が出された。当然ながら、役員会議事録は手許にないので確認できないが、準備した議題が否決されたことは無かったと記憶している。

36

36　出前そうじを終えて。

社外取締役　社長はトップとしてどうしても独善的になりがち。それを防ぎ大所高所からの指導をお願いすべく、会社設立時、前述の村井鉄男氏になってもらった。顧客名簿を持ち出し独立した人との仲介や結婚の仲人もお願いした。その後、前述した信州宝石の丸山朝氏にもなってもらった。資本提携もしたので会長に就任いただいた。一代で輸入製造卸の大手を作った粘り強さにひかれ定期的にいろいろと相談した。丸山氏の紹介で上村晃史氏（故人）にもなってもらった。大阪道修町に江戸時代からつづく工業薬品メーカーの社長、「優秀な人材を育てた企業のみが生き残れる、古今を問わず真実である」など度々社員へ講話いただいた。中村孝則氏にも一時期お願いした。社外取締役が一般的でない当時としては先駆的導入であった。監査役では上岡長作上村工業専務（故人）にいろいろ手ほどきを受けた。月次決算の重要性、経営分析を教授いただいた。

問題を明確に　経営にはたえず問題が生じる。問題があると悩む人もおられるが、有って当然。無いと思ったら問題意識欠如だろう。問題があることが問題でなく、問題がなにか分からないことが問題だ。

日本的経営　素晴らしい部分が殆どだが、改善したほうが良いところもある。欧米かぶれで日本式を否定する方もおられるが、両者の良いところを伸ばすようにした。例えば朝礼・体操といった一見すると古臭いが、朝のスタートには合理的。

長期戦略　木を見て森を見ず森を見て山を見ずという。全体像を把握することが肝要。十年ぐらいの戦略のうえに三年ぐらいの中期計画、そして年間計画・月間計画……。

イノベーション　ある時、ファックスが発売されたと聞き、すぐに本社と東京・関西オフィスに導入した。原稿を名古屋の本社から送信し、それを返送してもらい、社内報に掲載した。「時代は進化している、我々も進化しよう」と添えて。皆が驚いた。コンピューターもいち早く導入した。今からすれば無くてはならないビジネスツールだが、当時はそうではなかった。いち早く取り組むことが大切。

後述するタクラマカン沙漠での調査にGPS（グローバル・ポジショニング・システム、汎地球測位システム）を導入したのは一九九一年。先進的機器であったが、今では車・カメラ・携帯・時計にまで活用されている。たった二十年で。

アート的経営　物まねには真の価値は生まれない。独創的であってこそ価値が生まれ、喜びが生じる。工芸も素晴らしいが芸術は更に素晴らしい。本章のタイトル「アート的経営道」のようにオリジナリティーあふれる経営を心掛けた。

国際化　技術革新により国境は急速に低くなっている。戦争を繰り返してきたヨーロッパはEUとして一体化が進行中。ジュエリーは大半が輸入品。中国からの輸入は国交回復の年に始めた。香港からコスチュームジュエリーも入れた。無錫に伊藤忠や桑山さんとネックレス製造の合弁会社も設立した。成長が始まっていた中国でのチェーン展開も考えたが、後述するように中国の内情を熟知していたのですぐには踏み切らなかった。

労働組合　あって当然だ。まるで敵のようにとらえて結成を弾圧する経営者もおられるが、積極的に支援した。彼らも会社あっての組合員であることは十分に承知していた。初代の委員長は宇野さん、二代目は林さん、三代目は瀧沢さん、ユニオンはゼンセン同盟に所属したと記憶している。

企業は誰のもの　株式会社の法律的所有者は株主である。そんな当たり前のことが忘れられている場合が多々ある。大手の会社でも株主総会時だけ株主を意識し事前演習を繰り返すのに、普段は俺が持ち主だと錯覚している経営者も少なくない。中小にいたっては株主総会も開かず書類だけで開いた形にしているところも多い。当然法律違反だ。
義理と人情で友人の会社に出資しているが、何の書類もこない会社もある。そんな会社は押しなべて成績は良くない。
会社でない組織体の所有者は誰か？　例えば財団法人や社団法人・学校法人・宗教法人など。これは曖昧だ。所有者が漠然としており、支配者がいる。理事長や理事・住職といった人たちだ。所有者と経営者が別れている組織に比べて、「牽制」機能が働かず、「権勢」体制になりやすい。
社会の公器　企業は株主のものである以上に社会のものであることを忘れてはならない。社会的存在である。これがいやな方は経営者を早期に辞めたほうがよい。俺が作った会社だ、俺の思うとおりにする、とお考えの方はどこかの島でも買って独立国を作ったら？

【脱線】　島といえば、沖縄に小島を持っていたことがある。島というより岩礁という程度だが。日刊工業新聞の広告欄で見つけて買った。もちろん、個人で。キャンプ・シュワープの沖あいだった。友人たちと冗談半分で「メダー王国」と名づけて頭上遊戯。飲みすぎて売ってしまった。五〇万ぐらいで買ったものが、何故か一、二年後に数倍で売れた。もう三十年ぐらい前の話。基地問題と関係があったのだろうか。登記簿を探したが見つからず残念。いまも島を持っていたら面白いのに。これも残念。

取引先　大切にした。定期的に状況を報告し、訪問した。持株会も作っていただいた。企業は独立しては存在しえない。多くの取引先のチェーンのなかで活動している。東日本大震災で東北の部品メーカーが被災し、日本のみならず世界の工場で生産停止に追い込まれたことが如実に物語っている。タイの大洪水でも同様なことが。にもかかわらず下請けを泣かせるような行為がある、そんな会社の繁栄は長続きしない。個人でも同様なことがいえよう。

タイアップ路線　共に繁栄を　企業が健全に発展してゆくために自社だけでやろうとは考えずにお互い力を出し合い、共に繁栄してゆく戦略を選択。伊藤忠商事やエステール・ゼール・プラチナインターワーク・桑山貴金属（現桑山）・キクシマ・キョウワなどと提携・合弁会社設立・出資などを行った。無錫金籐首飾有限公司の共同設立はメーカー機能強化と将来の中国市場進出への布石でもあった。お値打ち価格で提供するのに役立った。

伊藤忠商事へは百回以上訪れたことだろう。利便性を考えて、東京オフィスを銀座から青山の伊藤忠本社の向かいへ移したほど。

お客様は神様　ほとんどのお客様はそのとおりで、ありがたい神様、いや私の場合は仏様（笑）。しかし一部にはスゴイ人も。最近の言葉ではクレーマーというらしい。何回も泣かされた。「泣く子と地頭には勝てない」というが、泣き寝入りはしないほうが後々のためと思い対応した。ネット社会の現代ではブログクレーマーも多いらしい、企業側も神経をつかうことだろう。複数の店で「悪口を書かれて困っている」と聞いた。

時代をみすえて　私たちの欲望は果てしなく広がり、それにつれて世界は急速に変化している。発展しているともいえるし、退化しているとも考えられる。八百屋や魚屋が街から消え、巨大スーパーが出現した。コンビニや自販機・ネット通販・パソコン・携帯・スマホ……いまでは誰も不思議に思わないが、ついこの前までは無かった。先ほどプリンターインクを買ってきたビックカメラ有楽町店は百貨店そごう撤退のあと。

時代の変化を先読みする必要がある。それには情報に敏感になること。情報を組み合わせることが重要。ＣＩＡで知られるアメリカの諜報機関・中央情報局のＩや００７が活躍するイギリス軍情報部ＭＩ６のＩは知能・知性・理解力などを意味する“Intelligence”であり、情報・知識・案内などを意味する“Information”ではない。情報を知っているだけでは役立たない。情報を組み立てより重要な情報をえることがポイント。

社長時代は新聞を四紙五紙と読み雑誌も多数購読、各種会合に出席するなどの方法で多くの人たちと交流していた。その習性は今も抜けない。出歩くたびに経営のヒントが飛び込んでくる。あちこちの講演で紹介させてもらっている。

【脱線】　菅首相の東電福島原発事故発生翌日の現場入りは“Information”を求めて

"Intelligence"を見失った悪例と前述したが、再記述する。万死の万死に値するから。

経営者　孤独だ。それに耐えられない人は経営者の資格はない。社員はじめ多くの関係者と仕事をしているが、最終判断は自らしなければならない。秘書に責任を押し付け逃げるのは政治屋ぐらい。心貧しい人たちだ。

裸の王様　社長は社内では絶対権力者となりがち。そうなったら哀れ。晩節を汚し、老害どころか老醜の先輩たちを多く見てきた。「百里の道は九十里をもって半ばとする、晩節末路難しなり」と格言。人生をどう始末つけるかが勝負だ。社外の優秀な経営者と付き合い、見聞を広める必要があろう。また確固たる使命観をもつことも重要だ。

野球契約金をめぐる朝日ＶＳ読売戦、ここにも裸の王様が、いやいやあちこちに。かくいう私も同様、一日も早くサヨナラしよう。

役員定年　その意味からも社長にも定年が必要。社員にあるのだから役員にもあって当然のこと。会長・社長七十歳、専務・常務六十五歳、取締役六十歳、監査役六十歳と

37

38

39

37 38 39　ビルと川に写る東京スカイツリーと同エスカレーター。武蔵国にちなみ六三四m。自立式電波塔としては現時点では世界一。建設した大林組は「宇宙エレベーター」を構想。二〇五〇年にはエレベーターで宇宙へ行けるかも。この「ソラマチ」内エスカレーターでは行けません（笑）。時代の変化は「超音速！」。

定めた。後述するように五十四歳で社長退任後の名ばかり名誉会長も十年と自分で限ったのは、その延長線上の判断。

家業と企業　両者の経営はまったく異なる。小規模でも企業的経営のところもあれば、大きくても家業的経営のところもある。家業的企業、企業的家業とでもいうのだろうか。いずれが優れていると一概にはいえない。それぞれに強みと弱みがある。

家業なら一定以上に規模を拡大しないことが大切だろう。株式も親族だけで所有した方が良い。企業なら株式を公開する。両者を混同経営すると上手くいかない。

しかし世間には家業でありながら上場して金だけ得ようというオヤジさんオバさんも多い。高値でＩＰＯし、安値でＭＢＯ（このＭＢＯは企業買収手法のひとつの「マネジメント・バイ・アウト」）し非上場にする手合も同類では。株主が安すぎると申し立て、大阪地裁などがその主張をほぼ認める判断を下したそうだ。

事業継承　これも家業と企業では異なる。家業であれば早期に継承する親族を定め、経営者として育成する。企業であれば自由競争の中から社会が選抜する。

赤字　黒字にならないのは、社会に役だっていない証拠。赤字が何期もつづくようなら経営者失格であろう。

納税　社会は税金で動いている。朝から晩まで税金のお世話になっている。顔洗う水道も歩く道路も……すべて税金のおかげ。納税は国民の義務。いや社会を建設する権利でもある。税金を払いたくないとインチキしている人は可哀想。

【脱線】 創業した頃は、物品税という税金があった。現在の消費税のような税だが、奢侈品と考えられていた物品のみに課せられていた。宝石もその対象で、一万五〇〇〇円以上の商品に二〇％だった。書いてきたように真面目に経営してきたから脱税など一円もしていなかった。

ある朝、出勤しようとしたら家（当時は父親の家に）に税務署員二人。査察礼状を示された。何事と驚き苦情をいったがけんもほろろ。犬小屋を覗き込み、車のワイパー用のタンクを調べ、米櫃をかき回し、父親の金庫も開けさせられた。

彼らと店へ着いたら、別の署員が待っていた。金庫の商品を一点一点チェックされ、帳簿を押収された。そのまま名古屋中村税務署へ。地下の暗い部屋で取り調べが始まった。まるで犯人扱い。厳しい口調。

夜、裁判所勤務で山登りの西村先輩に電話、いわく「間接税の査察令状は税務署から出されればそのまま認めるようになっている。辛抱して調査を受けて下さい」と。いくら調べられても怪しい部分は全く出てこない。三日目の午後には応接室に通され、副署長がていねいな応対、「申し訳ありません」と一言、コーヒーも出た。品物一点一点に物品税がかかっていたから、帳簿にのらない「裏の商品」があり、多くの業者が取り扱っていたための疑いであった。以来、何度も定期調査はあったが事務的ミス以外は指摘されなかった。

決算書　経営者の通信簿。その分析は非常に重要。鮮度が重要、一日も早く一時間でも早く出してもらった。担当部門は大変だっただろう。自己資本比率をはじめ各種比率を月次決算書に記入するようにした。

倒産　いくつかの倒産を見てきた。中には夜逃げした友人もいた。誰も望むわけではないが、今日も倒産の会社があるだろう。避ける道は真面目に社会貢献としての経営を日々実践することだろう。その場限りの儲け主義に倒産の芽が潜んでいる。経営とは倒産を一日でも先に延ばす活動ともいえる。前向きにいえば、繁栄を一日でも長続きさせる活動。

資金繰りに苦しむ「とうさん」、子供に「トウサン」と呼ぶなと言ったとか（笑）。

創業・成長・成熟・衰退・消滅　この過程は生あるものすべてが通る道。わが社は現在、どこに位置しているか把握することが重要。そしてその段階にあった戦略を展開することだろう。消滅はさびしいことだが、ひとつが消滅し、ひとつが誕生する。百年を超える企業は稀。平均寿命は二十年とか。小さなお店は別として。個人も同じこと。日本では定年後を第二の人生というが、四段階でとらえるのはどうだろう。第一の人生（親や学校から教育を受ける期間）、第二の人生（仕事をしている期間）、第三の人生（退職後の期間）、第四の人生（旅立ちを準備する期間）、それぞれに見合った生き方が大切だろう。しかし、これは中々難しい。「散る桜残る桜も散る桜」と喝破したのは良寛さんでしたっけ。筆者も早く散ろう。

巨人軍は永久に不滅です　と挨拶したのは引退セレモニーでの長嶋茂雄氏。彼の気持ちは分かるけど、永久に不滅なんてものは無い。消滅を悲しむ必要もない。すべて生成発展する。無くならないものは無い。無くならないものは「諸行無常」（すべては変化し常ではない）という原則だけ。存在している間に、どれだけ役立ったかが重要だ。質×量＝貢献価値といえようか。

成功は簡単　なことではないがそれほど難しいことではない。だが成功しつづけることは至難。それには成功したと思わないこと。小さな成功を積み重ねること。成功は失敗のもと。成功を壊すこと。失敗を恐れないこと。ある新婚社員「毎晩、セイコウしています」と発言。共育中だったので、皆大笑い。これ本当の話！

実業と虚業　今日も「ＡＩＪ投資顧問」とかいう会社が多数の厚生年金基金から預かった年金資産約一九〇〇億円の大半を「消失」させたと報道されている。「消失」とは真面目に努力したが無くなったような表現だが、実際は虚業であったのだろう。それが見ぬけなかった方々は自己の不明を恥じる必要が。実業はもっと地に足の着いたものだ。いつの世も虚業屋が絶えることはない（やはり虚業で六月中旬、社長らが逮捕された）。

【脱線】　このような事件が起こると必ずといっていいほど登場するのがカリブ海の英領ケイマン諸島やバージン諸島のペーパー会社。オリンパス経営陣による損失隠しでも利用されたとか。今もテレビが海外ＤＭ「当選金が当たりました。送りますので手数料を振り込んでください」詐欺で数千人が被害を受けていると報道。悪人が海外を利用するのか、善人が外国に騙されるのか。

【また脱線】　ＢＢＣがエリザベス女王在位六十年記念式典をウェストミンスター寺院

から生中継。女王の挨拶「議員諸氏に、多くの方に、ボランティアに、軍隊に、イギリス連邦五十四の国々の人々に感謝する」を聞いた。さすが大英帝国と感心した。
　今も五十四の国々が連邦とは！

役割分担　社長・役員・幹部・社員・準社員、それぞれが役割を分担して仕事を遂行。それが組織というもの。最近はアメリカ式にＣＥＯだとか横文字役職が全盛だ。中国でたった三人の会社なのに名刺にＣＥＯと印刷した友人がいた。アメリカ憧れの中国らしい。

店長　チェーンストアーの基幹職。それだけに激務。朝早くから夜遅くまで。顔つきが違う。ファストファッションやコンビニの店長は大量生産されたものを販売、ジュエリー店は一点ごと異なる天然石を販売。店は店長しだい。販売スタッフしだい。スーパー店長や超優秀販売スタッフに支えられている店も多い。

彼らを支える　地区マネージャー・バイヤー・商品管理・店舗開発・販売促進・加工・人事・総務・財務・監査・情報センター・広報・秘書……。すべて重要でそれぞれにご苦労が。

監査という医師　それらの職務の中でも嫌われ役といえるのが監査。嫌われても、ここがしっかりしていないと、企業たりえない。会社という身体が悪い病源菌に感染しないよういち早く診断する医師のような存在ともいえる。監査法人もピンキリと聞くが、厳しい所ほど歓迎すべき。社外取締役も同様、給与目当てのイエスマンなら意味がない。

適材適所　といいけれど、行うは中々難しい。さらに公平性が求められる。どんな異動も栄転ととらえる社風も大切。

お客様とのつきあい　これは難しい。小さいうちはそうでもないが、大きくなれば分け隔てなく交際するのは困難となる。極力おさえた。

先日、婚約指環を買いたいという友人を店へ紹介した。店長さんがプレゼントを用意していた。友人の婚約者は喜んだ。聞けば店長のポケットマネーとか。ご苦労さまです。

飲食店などでは、そこの子供が店で遊んでいたり、家族が顔を出したりする。小さな店ならそれも愛嬌だが。社員の家族は店に来ないよう共育した。

社員とのつきあい　これも難しい。社員が増えて数百人ともなると、冠婚葬祭すべてに出ることは不可能となる。ある時から内規を作った。冷たいようだが、家族的つきあいはさけた。

銀行・証券会社とのつきあい　翌月一週間内に月次決算が出た。コンピューターが出始めてからは一日に出た。それを持参して三和・三菱・三井銀行へ状況報告に回った。上場してからは野村・大和・日興などの証券会社へも。別にトップが行く必要もなかったが、日常の積み重ねこそ重要と考えていたから。これら各社もいくつかは合併あるいは倒産などで社名変更されている。変化は激しい。

政治家とのつきあい　最小限とした。僧侶仲間と法然上人が三十年間も修行された比叡山へ行ったら「猿に近づかないでください。餌はやらないでください」との看板。友人が「政治家とヤクザも同じ」と、一同大笑い。

奥村文洋名古屋市議（後に議長）の後援会の会長を十年ほど努めたのは、森下昭司参議院議員秘書時代からの友人だったから。最初の選挙では応援演説に走り回った。

行政とのつきあい　これも最小限とした。その必要性がなかったこともある。上場審査以降は大蔵省（現財務省）との関係もできたが。

メディアとのつきあい　報道してもらうことは有り難いことなので積極的に協力した。売り込むようなことはさけたが、異色企業として多数報道された。ボランティアに熱心で僧侶や世界的文化遺産保護研究もしている、変わった経営者と思われていたので個人的にもよく取り上げられた。拙著で紹介するのは数％ぐらい？（これも本当）

地域社会とのつきあい　積極的に関わった。地元のおかげで店が動いているから。祭

中部経済新聞
昭和58年（1983年）8月23日
成長企業のノウハウ
経営診断カルテから
①
ツルカメ商事
理念を徹底、戦略展開
経営を公開
社会貢献も
小島康誉社長
老舗の多い宝石店のなかにあって短期間で成長、発展したツルカメ商事

40

昭和61年（1986年）10月21日（火曜日）
中日新聞（夕刊）
ひと　ゆうかんさろん　人
自分の人生　経営を

41

88．11．7　朝日

月曜　とうかい

インタビュー

行商から宝石業の雄

ツルカメコーポレーション社長

小島　康誉さん（46）

業界常識の逆いき大量販売

44

日本經濟新聞

昭和62年（1987年）9月7日（月曜日）

欧米の現代絵画を紹介

伊藤忠が事業化

伊藤忠商事が画廊などと組んで、欧米の現代絵画を日本に紹介する文化事業に進出する。展覧会の主催、企業向け絵画販売仲介業から出版などにわたるもので、川下作戦の一環。

このほど専門会社の「エーシーアンドティー」（本社東京）を設立した。資本金は一億円で、伊藤忠が二五％、画廊のアキラ・イケダ・ギャラリー（本社東京、社長池田昭氏）が二五％、宝飾業のツルカメコーポレーション（本社名古屋市、社長小島康誉氏）が五〇％それぞれ出資した。

主にフランク・ステラ、ジュリアン・シュナーベルら欧米の現代画家の作品を、最近資産運用の一環として絵画の買い付け意欲を高める大手企業向けに販売を仲介する。価格帯は二十万―七十万㌦。

また、歌舞伎を題材にしたシュナーベル作品の展覧会を六十四年に開催、六十五年には彫刻、絵画など一千点を集めた大規模な展覧会を企画している。

このほか、版画制作、美術出版なども計画、将来は画家たちがデザインした宝飾品などの販売も手がける考え。

42

1996年（平成8年）5月27日（月曜日）　讀賣新聞

シルクロードのポンペイ

ニヤ遺跡に魅せられ……

瑞穂の会社社長 私財投じ調査

第1弾刊行 8年越しの記録

中国新疆

ニヤ遺跡を語る小島さん

43

40
41
42
43
44
報道の一部。

りへの協賛や地元商工会などなど。

同業他社とのつきあい　殆どが先輩企業であり、一歩さがって学ぶつもりで接した。競争は厳しく時代の流れは速く、多くの会社が去って行った。

業界団体とのつきあい　あまり熱心ではなかったが、専門店チェーンの協会などの役は勉強をかねて引き受けた。東西の社長たちと軽井沢でのセミナーやゴルフを楽しんだのは懐かしい思い出。コンサルタントの奥住先生・鈴屋の鈴木社長・ワシントンの東條社長・リオ横山の横山社長・オオクボの大久保社長・トリイの鳥居社長・鈴丹の鈴井社長や副社長・関西電波の佐藤社長・靴のマルトミの富永社長・アルペンの水野社長・キクチメガネの森社長・藤久の後藤社長・スペースの加藤社長・チヨダの船橋社長……書き出せばきりがない。殆どが先輩だったから多くの方はすでに旅立たれたことだろう。

マスから個へ　そんな会のひとつが「マスコ」。何の略だったかは思い出せないが。それと同じで、これからのチェーン店はマスを追求するばかりでなく、個が重要と店舗も商品も個性化を進めた。「所有から使用へ」と持つ喜びから使う楽しみへの転換も訴えた。

【脱線】売上税導入が論議された頃、スーパーや専門店の諸氏と反対運動を展開した。ユニーのテナント総会で西川俊男社長に緊急動議（実は打合せ済み）を提出、満場一致で決議された。賛同者からの出資で、朝日・中日・日経流通など各紙に一頁全面の意見広告を出した。売上税は反対多数で見送られたが、後に消費税と名をかえて導入された。

のおこぼれを百貨店などでいただいている。

ワラント債　一九九四年二月には勧められてスイスでワラント債を発行した。野村證券取締役の伊沢健名古屋支店副支店長と担当の藤澤由紀氏（奈良学園前支店長をへて現荻窪支店長）とともに出かけた。パーティーでの藤澤氏の和服姿に現地の人たちは大喜びした。嬉しい気配りだった。丸覚えしていった英語で挨拶した。通じた？

【脱線】貴重なものを宝石に譬えて表現することがある。さて、次のように譬えられるものはなんでしょう。①黄色いダイヤ　②赤いダイヤ　③黒いダイヤ　④泳ぐ宝石　⑤動く宝石　⑥空飛ぶ宝石　⑦黒い真珠　⑧飲む琥珀　⑨繊維のダイヤ　⑩東洋の真珠　正解は本章の最後に。

七、バトンタッチ　あとをよろしく

お客様や取引先様の支持と協力、社員・役員の努力で、その後も順調だった。

しかし、考えた。二十四歳鞄ひとつの創業から三十年近くが経過し、わが頭も陳腐化しつつある。時代もさらに大きく変わりつつある。会社を更に発展させ、社会に更に貢献するには、新しいトップのほうが良いと決断した。前々からの考えでもあった。

社内をじっくりと見直した。有能な役員・社員がそろっている。上場企業のトップをお任せするには、この人は戦略力が不足、この人は積極性がいま少し、この人は社員からの受けがいまひとつ……。

当時の社員数は約七〇〇人、家族ふくめれば二〇〇〇人ほどの命運を任せられる人は中々いない。社会・お客様・取引先への責任もある。悩んだ。小島聡子は身内であるので考慮外であった。

伊藤忠商事取締役松本孝作氏　社内で見つけることができず、取引先に目を向けた。あの方この方と。永年の取引先であり主要株主にもなってもらっていた伊藤忠の松本孝作取締役に白羽の矢をたてた。仕事に厳しい総合商社の役員まで勤める人、経営能力は問題ない。人柄もそれまでのつきあいで立派な方と判断していた。部下の面倒見もよく、「松ちゃん、松ちゃん」と慕われている。業界人からの評判もよい。私生活も問題ない。

大所高所の相談をお願いしていた丸山・上村両社外取締役に「とりあえず専務として

入社してもらおうと思う」と話すと、良いことだと。

さっそく松本氏へお願いにあがった。中澤忠義副社長（中小企業庁長官から伊藤忠へ転じ、後に副会長、東京工業品取引所理事長などを歴任）や南本権治郎課長らと新疆ウイグル自治区へ、ゼールとの契約時はダラス本社へ、桑山さんや中国側との合弁設立では無錫まで行った仲、筆者のことも会社のことも熟知しておられたから数回目に快諾をえた。

株主総会での承認をへて専務就任、一年間仕事ぶりをじっくりと拝見した。やはり後継社長はこの人と確信した。社内に後継経営者を育て上げられなかったあたりが、自分の能力の限界だったのであろう、一方で社外に求めた柔軟さもひとつの能力ではあろう。

退任　一九九六年四月、名古屋証券取引所での決算発表席上、六月十九日開催の株主

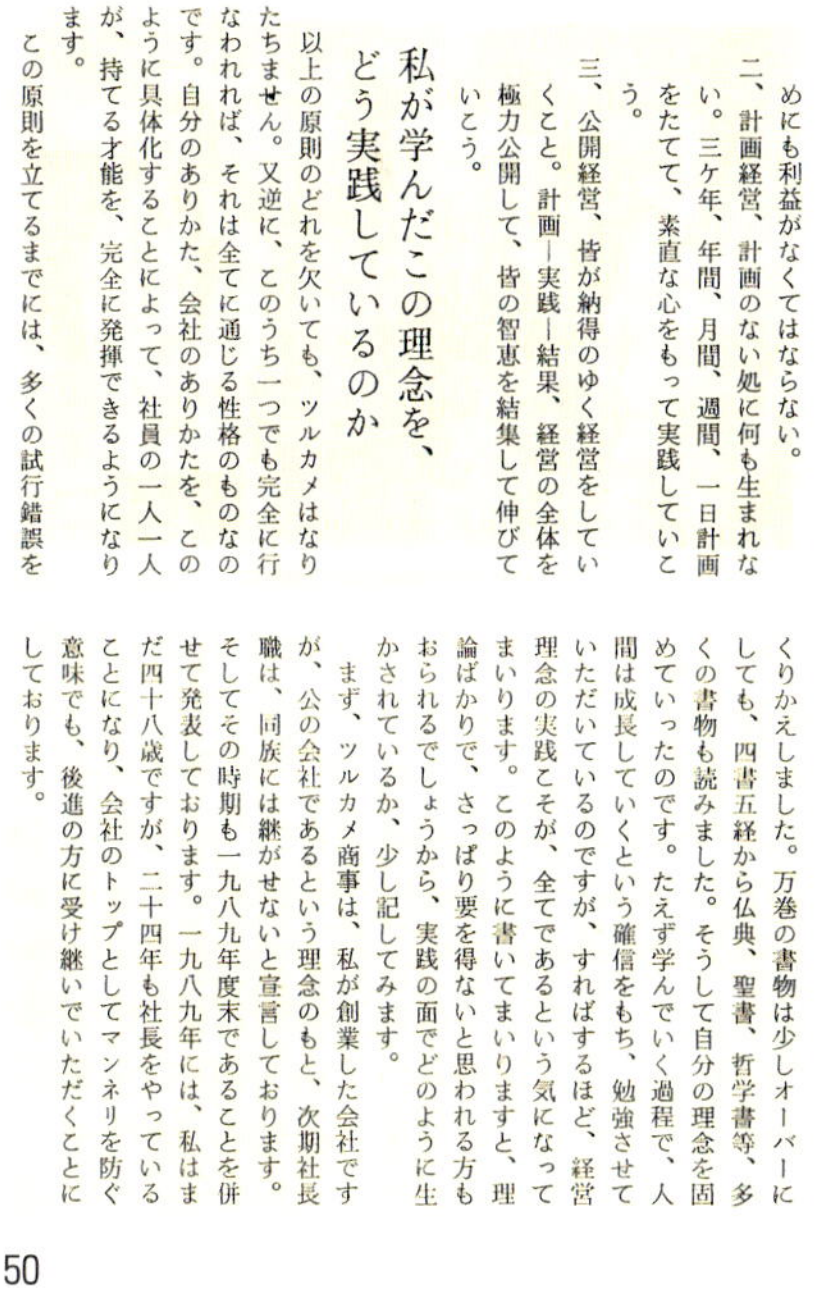

めにも利益がなくてはならない。

二、計画経営、計画のない処に何も生まれない。三ケ年、年間、月間、週間、一日計画をたてて、素直な心をもって実践していこう。

三、公開経営、皆が納得のゆく経営をしていくこと。計画―実践―結果、経営の全体を極力公開して、皆の智恵を結集して伸びていこう。

私が学んだこの理念を、どう実践しているのか

以上の原則のどれを欠いても、ツルカメはなりたちません。又逆に、このうち一つでも完全に行なわれれば、それは全てに通じる性格のものなのです。自分のありかた、会社のありかたを、このように具体化することによって、社員の一人一人が、持てる才能を、完全に発揮できるようになります。

この原則を立てるまでには、多くの試行錯誤をくりかえしました。万巻の書物は少しオーバーにしても、四書五経から仏典、聖書、哲学書等、多くの書物も読みました。そうして自分の理念を固めていったのです。たえず学んでいく過程で、人間は成長していくという確信をもち、勉強させていただいているのですが、すればするほど、経営理念の実践こそが、全てであるという気になってまいります。このように書いてまいりますと、理論ばかりで、さっぱり要を得ないと思われる方もおられるでしょうから、実践の面でどのように生かされているか、少し記してみます。

まず、ツルカメ商事は、私が創業した会社ですが、公の会社であるという理念のもと、次期社長職は、同族には継がせないと宣言しております。そしてその時期も一九八九年度末であることを併せて発表しております。一九八九年には、私はまだ四十八歳ですが、二十四年も社長をやっていることになり、会社のトップとしてマンネリを防ぐ意味でも、後進の方に受け継いでいただくことにしております。

50

50　書棚をひっくり返したら、後述する佐藤正忠氏主宰・岡本貞雄氏編集『ＨＭＪＫ』一九八三年六月号に、こんな記事を見つけた。なんと「早熟」だったことか。実現は遅れたが。

総会をもって退任する、後任は松本孝作専務、自分は名前だけの名誉会長（十年限定）になると発表した。多くの皆様のご協力ご指導で、三十年間社長を務め、上場企業に育て上げ、順調だが、時代は大きく変化している、新しい人が担当したほうが会社のためにも社会のためにも良いからと説明した。

記者から質問殺到　何があったのだ。不祥事があるのか。病気なのか。何故親族でないのか……。それらの質問も当然だろう。

まだ五十四歳、病気でもない、不祥事もない、身内でない人へバトンタッチ、代表取締役会長どころか取締役としても残らない、のだから。

ひとつひとつに答えた。何もありません。業績は今発表したように順調です。不祥事など一切ありません。このとおり元気です。企業としてやってきたから親族に継がせる気は皆無です。役員として残れば次の人がやりにくい。名誉会長も社員への当分の精神的支柱のようなもので、出社は一切しません。伊藤忠さんは大株主です。松本氏は配布資料のとおり優秀です。私より六歳上ですが、業界では一年生、若いといえる。時代は激変している。三十年もつづけてきた自分より若い人がやったほうが会社は更に発展し、社会により貢献できる。と繰り返し説明したが、中々納得してもらえなかった。

銀行・証券会社などへも説明にまわった。新聞各社から会社へ何本も確認の電話。夜中には読売新聞から家へ「今日の発表は本当ですか」と電話。おそらく記者の上司が念には念を入れよと命じたのであろう。

妻が出て「そのとおりです。夫は合理的な性格ですから。私も一週間ぐらい前に聞きました」と答えて、やっと納得したようだ。

【脱線】松本さんはユニークな人。「社長、お盆や正月休みの高速道路の渋滞をテレビで見ながら飲むビールは美味いですなぁ」、「水戸黄門は最後の五分、印籠が出てくる時だけ見れば良いですなぁ」など楽しい会話がいっぱい。仕事では厳しい一方、人情家で社員から慕われた。伊藤忠時代も「松ちゃん、松ちゃん」と人気者だった。深夜まで飲み交わしたことも度々だった。

経営はゴールのない駅伝

経済誌『時局』で松本新社長と対談した。同じような質問

讀賣新聞 1996年(平成8年)4月27日

ツルカメコーポ 新社長に松本氏 小島社長は名誉会長に

毎日新聞 1996年(平成8年)4月27日

小島社長が退き 松本専務が昇格 ツルカメコーポ

日本経済新聞 1996年(平成8年)4月27日

新社長 ツルカメコーポ 松本氏

決算

決算期	売上高(億円)	経常益(百万円)	利益(百万円)	1株益(円)	1株配(円)
ツルカメコーポレーション(9935)記念1円増配					6.19
95.3	150	627	250	21.1	10.0
96.3	154	660	263	22.2	記11.0
97.3予	161	690	270	22.7	10.0

・会社人事・

中日新聞 1996年(平成8年)4月26日

中部経済新聞 1996年(平成8年)4月27日

朝日新聞 1996年(平成8年)4月26日

51

讀賣新聞 1996年(平成8年)6月18日

顔

創業社長を退き、シルクロードの遺跡調査に専念する 小島《こじま》 康誉《やすたか》さん

三十年前にカバンひとつで宝石業界に飛び込んだ。店は成長して、中部地方を中心に百六十店の宝石チェーン「ツルカメ・コーポレーション」となり、九三年には名証二部上場。その創業者が「三十年もやるとマンネリだ」と、あす十九日の株主総会で代表権も取締役も返上、名誉会長になる。

「オーナーでも会社は公器。院政になっては会社のためにならん」と潔い。

得度して浄土宗の僧侶《そうりょ》になったのは十年前。ちょうど中国・新疆ウイグル自治区の、敦煌とならぶ石窟《せっくつ》「キジル千仏洞」修復のため、先頭に立って募金一億円を集めていた。その修復が縁で、手つかずだったシルクロードの幻の古代都市ニヤの存在を知り、すっかりとりこに。

日中共同ニヤ遺跡学術調査隊の隊長として八年間で二億円の私財を投じ、仏塔などを発掘した。先月、初の報告書（四百十ページ）を日中両国で刊行した。

手取り約二千万円の年収のほとんどをニヤにつぎ込み、足らぬ分は借金する。

「金がなくて」と、昼食は公園でコンビニエンスストアで買ったパンをかじる。ホームレスが、「先生、いいワインがあるから」と話し掛けてくるほど顔なじみに。

奥さんの聡子さん(四九)は個人商店時代の第一号従業員で、いま同社取締役だ。

家で仕事の話はしないが、退任を決意した先月、「時代の転換期だから退こうと思う」と言ったら、「いいんじゃないの。私が働くもん」

「あと十年はかかる」というニヤの夢は、内助の功が支えてくれている。

報道部（中部） 西村 公秀

宝石卸売会社勤務を経て、1966年「宝石の鶴亀」創業。中国・新疆ウイグル自治区人民政府顧問。名古屋市在住。仏教大卒。54歳。

52

51 社長交代を報じる各紙。
52 読売新聞「社長を退き、シルクロードの遺跡調査に専念」と。社長退任と遺跡調査は無関係で〜す。

に同じように答えた。人生はよくマラソンにたとえられるが、マラソンは四二・一九五km というゴールがある。しかし経営にゴールはなく、人から人へバトンをつないでいくもの。ベストの時期、ベストの人はいない、ベストと思う時期に、ベストと思う人につなぐことと話した。

松本さんから将来を担う幹部はと問われ、何人かを推薦した。

ありがとうございました　六月十九日、株主総会の最後にお礼を申し上げ、暖かい拍手をいただき退任した。**創業以来三十年、こうして筆者の経営者として人生は終わった。**

数字で表せば累計では売上高＝一六五八億円、経常利益＝一一二億円、経常利益率＝六・八％、期末では自己資本比率＝三九・八％、資本金＝二〇・六億円、株主＝一三六二名、社員＝六五五名（準社員含む）、店舗数＝一五六店であった。**未熟な筆者を支えていただいた多くの方々のおかげと感謝するばかり。**内外の方々に挨拶状を出した。国内の皆さんはじめスワロフスキー社長・中国などから沢山の「驚きと期待」の便りを頂いた。

松本さんの社長就任披露と創業三十年謝恩のパーティーが八月一日、名古屋観光ホテルで開催された。創業記念日を選ばれた松本社長の心配りに感謝しつつ法衣で出席し、「長年のご厚情に感謝します、松本社長へご協力をお願いします」と挨拶した。

社員諸氏が制作した記念誌『創業三十周年・新創業』が発行された。歴史だけでなく、社員さん全員の名前や添書きが掲載されてユニークなものであった。

拙著を書くにあたり、書庫から引っ張り出した。あの顔この顔が昨日のように浮かび手を合わせ、仏前に供えた。

創業30周年謝恩・社長就任ご挨拶

53

NEW WIND
創業30周年
新創業
株式会社ツルカメコーポレーション

54

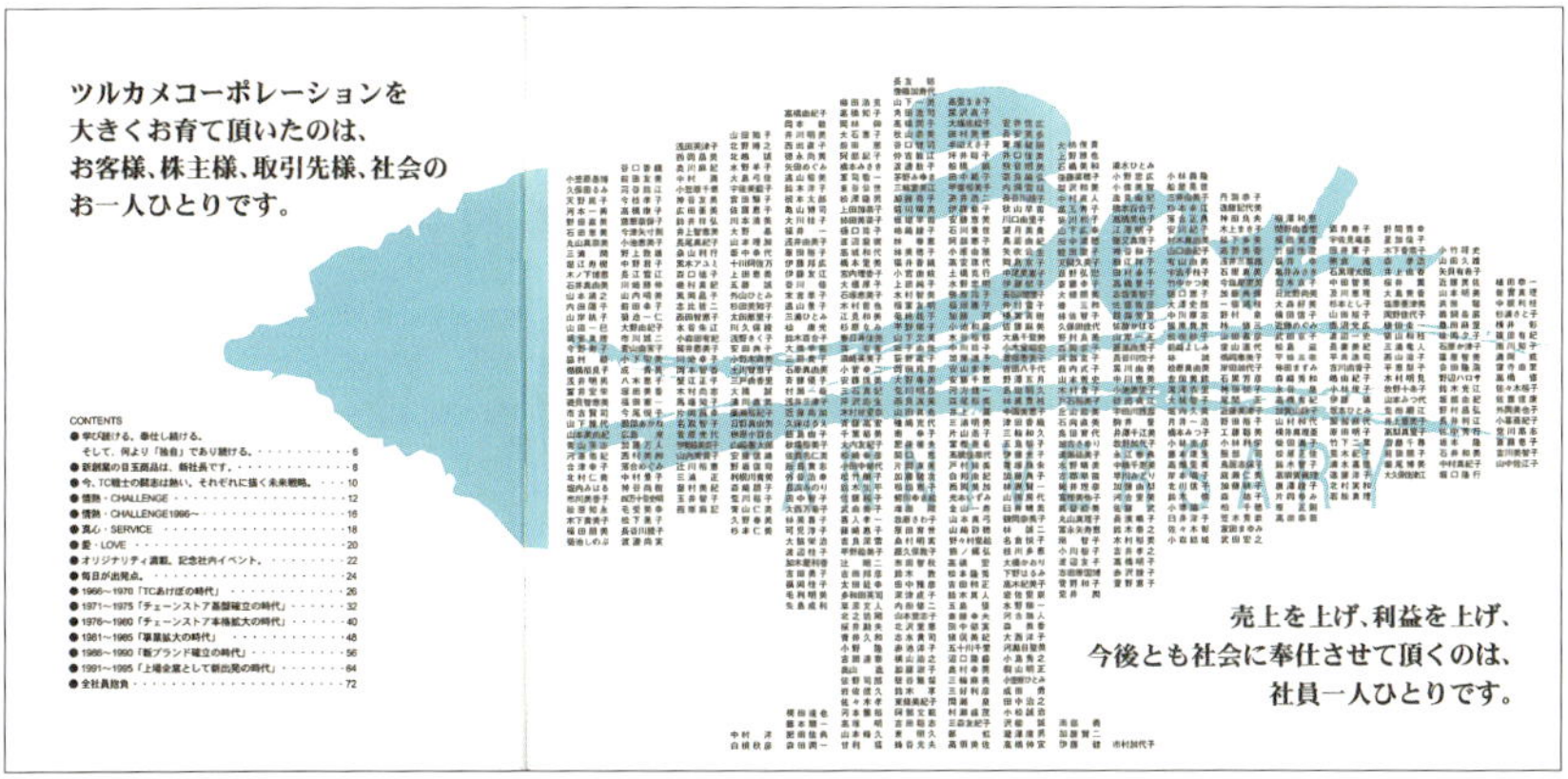
ツルカメコーポレーションを
大きくお育て頂いたのは、
お客様、株主様、取引先様、社会の
お一人ひとりです。
CONTENTS
● 学び続ける、奉仕し続ける。そして、何より「独自」であり続ける。……6
● 新創業の目玉商品は、新社長です。……8
● 今、TC戦士の闘志は熱い。それぞれに描く未来戦略。……10
● 情熱・CHALLENGE……12
● 情熱・CHALLENGE1996〜……16
● 真心・SERVICE……18
● 愛・LOVE……20
● オリジナリティ満載、記念社内イベント。……22
● 毎日が出発点。……24
● 1966〜1970「TCあけぼの時代」……26
● 1971〜1975「チェーンストア基盤確立の時代」……32
● 1976〜1980「チェーンストア本格拡大の時代」……40
● 1981〜1985「事業拡大の時代」……48
● 1986〜1990「新ブランド確立の時代」……56
● 1991〜1995「上場企業として新出発の時代」……64
● 全社員litm……72
売上を上げ、利益を上げ、
今後とも社会に奉仕させて頂くのは、
社員一人ひとりです。

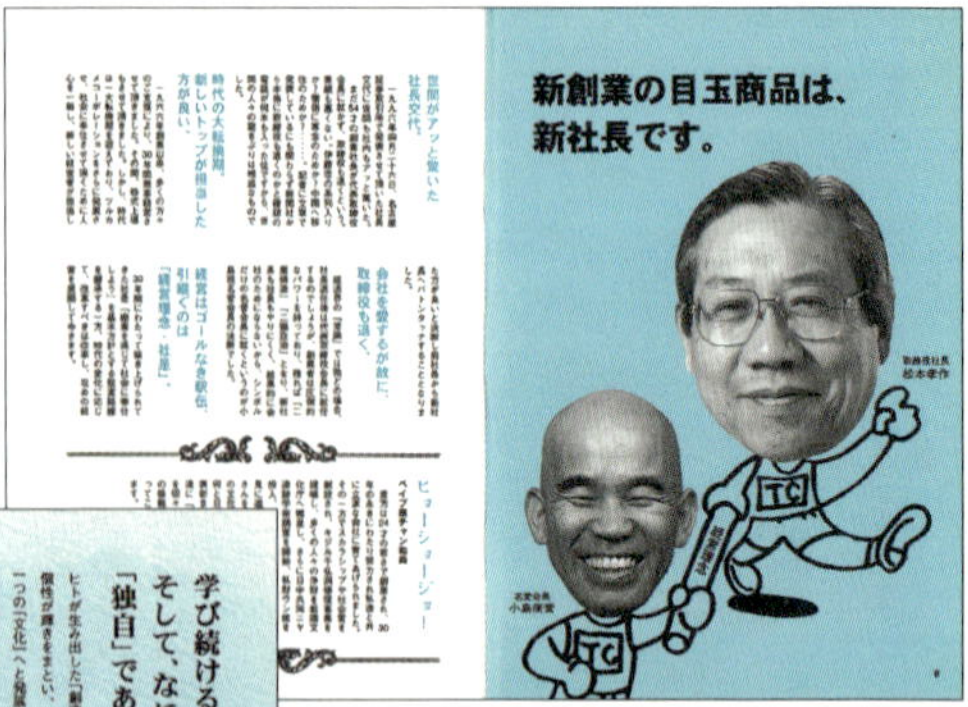

55

53　松本社長就任披露・創業三十周年謝恩パーティー。
54 55　創業三十周年記念誌。三十年間の社会奉仕の歩みと全社員の氏名や各店・各部門の寄せ書きで構成された。

八、その後　応援しています

以来、会社へ顔を出したのは、後述する数度だけ。妻・小島聡子常務（その後、常勤監査役をへて二〇〇八年退任）からも会社について一切話はなかった（社長時代から役員としての小島聡子氏と妻としての小島聡子は峻別していた）。

筆者は後述するタクラマカン沙漠での文化財保護研究に大金をつぎ込み、念仏行脚や講演での収入では全く足りず、妻の働きに合掌する日々だった。名古屋の借家の家賃も払えなくなり、桑名の奥にある妻の実家へ居候した。深夜に帰宅する妻を待つ主夫であ

56

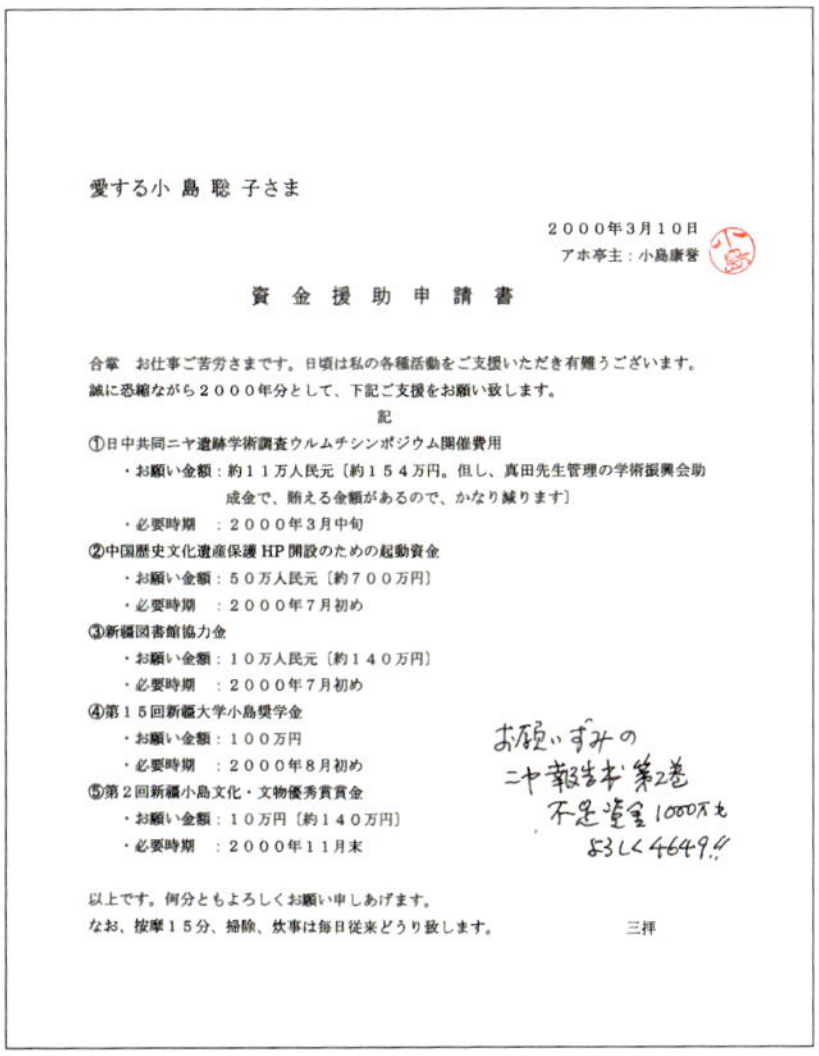

愛する小 島 聡 子さま

2000年3月10日
アホ亭主：小島康誉

資　金　援　助　申　請　書

合掌　お仕事ご苦労さまです。日頃は私の各種活動をご支援いただき有難うございます。
誠に恐縮ながら２０００年分として、下記ご支援をお願い致します。

記

①日中共同ニヤ遺跡学術調査ウルムチシンポジウム開催費用
・お願い金額：約１１万人民元〔約１５４万円。但し、真田先生管理の学術振興会助成金で、賄える金額があるので、かなり減ります〕
・必要時期　：２０００年３月中旬

②中国歴史文化遺産保護 HP 開設のための起動資金
・お願い金額：５０万人民元〔約７００万円〕
・必要時期　：２０００年７月初め

③新疆図書館協力金
・お願い金額：１０万人民元〔約１４０万円〕
・必要時期　：２０００年７月初め

④第１５回新疆大学小島奨学金
・お願い金額：１００万円
・必要時期　：２０００年８月初め

⑤第２回新疆小島文化・文物優秀賞賞金
・お願い金額：１０万円〔約１４０万円〕
・必要時期　：２０００年１１月末

お願いずみの
ニヤ報告书第2巻
不足資金1000万も
よろしく4649!!

以上です。何分ともよろしくお願い申しあげます。
なお、按摩１５分、掃除、炊事は毎日従来どうり致します。　三拝

57

った。

松本孝作社長　現職での無念の旅立ち　総合商社は激務。例えば伊藤忠商事は「胃と腸商事」といわれるぐらい身体を痛めるほどの仕事ぶり。資源の乏しい日本がここまで発展したのは貿易立国であったからであり、総合商社の果たした役割は大きい。身体を酷使する会社だけに健康管理体制は万全が期されていて、健康診断もしっかりと行われていた。

にもかかわらず、松本さんは社長就任後三年目に膵臓癌と診断された。しかも後期と。伊藤忠での定期健診時には発見できなかったようだ。

責任感の強い松本さんは病床から指揮をふるっておられた。見舞いに伺うたびに痩せられていた。次の社長を誰にするか苦悩しておられたようだが特に相談はなく、筆者からは持ち出さなかった。社内には見当たらないと判断され、病院から伊藤忠本社へ出かけ折衝されていたようだ。名古屋が本社ということで意中の人からは断られたと後になって聞いた。

会社のナンバー2の小島聡子常務から非常時と相談を受け、代表権が松本社長だけでは万一の場合、法律的対応ができないので、もう一人代表権を持った方が良いとすすめ、小島聡子常務が代表権をもった。

松本社長は闘病の末、帰らぬ人となられた。二〇〇〇年三月二十七日、享年六十五歳。

南無阿弥陀仏　南無阿弥陀仏　南無阿弥陀仏　南無阿弥陀仏　南無阿弥陀仏……。三重の寓居で阿弥陀様へ念仏を捧げた。

葬儀を相談され、松本さんが浄土宗でもあり、友人の雲谷寺・田中康道住職を紹介した。通夜はしめやかに厳修され、田中師から戒名「顕孝院照誉徹心居士」をいただかれた。松本さんの人となりを訊ねられ答えたことを反映いただいたもの。

本願寺名古屋別院での社葬は役員・社員・取引先や伊藤忠商事諸氏の松本さんへの敬愛あふれたものであった。

葬儀委員長は伊藤忠商事の若林啓一専務が務められ、丹羽宇一郎伊藤忠商事社長（会長をへて後に日本国駐中国大使）・桑山征洋桑山貴金属社長・鳥居功治トリイ社長（故人）が、

58　松本さんの人柄がしのばれる社長就任直後の写真。会社案内より

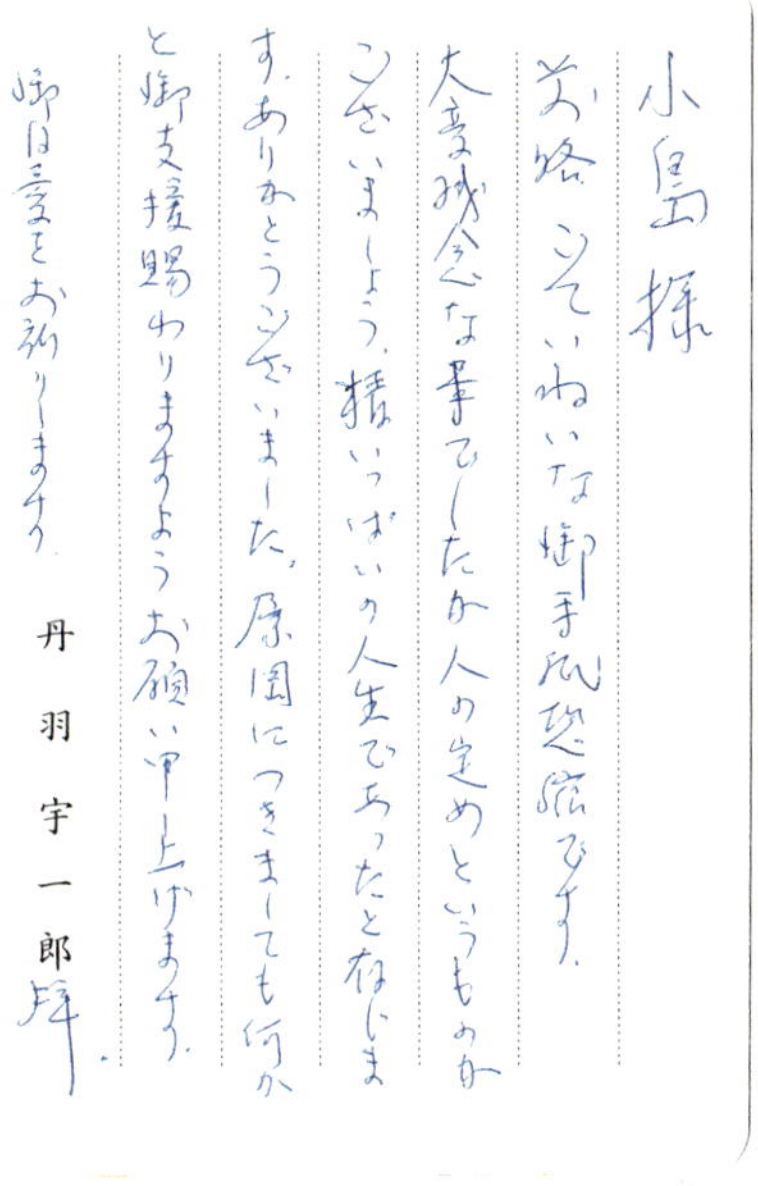
小島様
お悔 ごていねいな御手紙恐縮です。

大変残念な事でしたが人の定めというものかございましょう。精いっぱいの人生であったと存じます。ありがとうございました。原園につきましても何かと御支援賜わりますようお願い申し上げます。

御自愛をお祈りします。

丹羽宇一郎拝

59　丹羽様からの手紙。

松本さんとの交流から人柄にふれた暖かい弔辞を奉読された。社員代表は佐野司郎さん（現常務）が悲しみをこらえつつ奉読。一〇〇〇人近い参会者の焼香、葬儀委員長謝辞につづき喪主・松本謙尚氏が心からの謝辞を述べられた。田中師ら僧侶がたの厳かな読経のなか、筆者は念仏を小声で唱えつつ松本さんの面影を追っていた。

就任四年目、現職での旅立ちは無念であったであろう。筆者にとっても後継社長のあまりにも早い逝去は痛恨の極みであった。

丹羽社長・若林専務・桑山社長・鳥居社長へ創業者として礼状を出した。手許に丹羽様より松本さんを悼み、後任の原岡氏を思う心あたたまる手紙が残っている。その丹羽様が後に、中国大使となられ、筆者が国際協力を実践している新疆へも大使として訪問されるとは、縁とは不思議以外のなにものでもない。

人のこの世は長くして変わらぬ春と思いしに　無常の風はへだてなくはかなき夢となりにけり　あつき涙の真心を御霊のまえに捧げつつ　ありしあの日の思い出に面影しのぶも悲しけれ　されど仏のみ光に摂取されゆく身であれば　思いわずらうこともなく永久かけて安らかん　なむあみだぶつあみだぶつ　なむあみだぶつあみだぶつ

通夜で田中師とともに唱えたこの光明摂取和讃、月命日の二十七日には何処にいても唱えている。

いまだから書けるが、松本さんは当社が桑山貴金属や中国人民銀行無錫支店・金幣総公司などと設立していた「無錫金籐首飾有限公司」の夕食会で、桑山社長・南本課長・中国側らに「社長を十年やる、あとは権チャン（南本氏）が継いでくれるだろう」と話された。後述するように、南本氏が社長になって松本さんも喜んでおられることだろう。

仲介　松本さんの要請に応じた三代目社長は原岡稔氏。伊藤忠時代は面識がある程度で、社長就任後も交流はなかった。唯一は東京証券取引所へ出る準備のため株を売って欲しいと度々の要請があり、最後は筆者社長時代の幹部まで動員しての願いに応じて、退任後も十年間持っていた株を売った時ぐらいだ。彼の代にツルカメコーポレーションから「あずみ」へ社名変更（二〇〇四年）された。前後して「経営理念」も変更されたようだ。

その原岡社長と渡邉正直取締役が突然、筆者が客員教授を務めていた佛教大学（京都）の研究室へ来訪、「株主エステール（丸山朝氏が一九五四年宝石研磨加工業を創業、輸入製造卸から順次小売へ進出、信州宝石からシンシューをへてエステール、九七年日本証券業協会へ店頭登録）の丸山朝社長（筆者の社長時代は社外取締役として上場前の九〇年度まで会長、松本社長の九九年度以降は取締役も外れる）と揉めている、役員についての株主提案をされた、支持してほしい」との申し出。

一週間後にはその丸山社長が丸山雅史エステール副社長や小安亮取締役・斎藤理英弁護士と、これまた研究室へ来訪、「支持してほしい」と。佛大の人たちは何事かと驚いた。二〇〇七年五月のこと。

双方より仲介を依頼され　両社の名古屋と東京の本社、あずみの東京オフィス、南本権治郎氏を度々訪ね折衝。覚書原案も筆者が作成した。

合意に達した。松本さんの部下で筆者も昵懇の南本権治郎氏（伊藤忠商事貴金属課長からカイロ支店長・ファミリーマート常務をへて、同社の物流担当子会社ファミマリテーリングサービス社長）が丸山社長と筆者の三顧の礼に男気で応じて、四代目社長を快諾されたのが決め手であり、丸山・原岡両氏の譲歩と小島聡子常勤監査役（原岡社長就任三年後に代表権外れ、二〇〇四年から常勤監査役）の頻繁な連絡でまとまった。創業者としての責任感と中国での外交経験が活きた嵐の二週間だった。

合併　それから二年後、エステール（「あずみ」は〇七年十二月に公開買付をうけエステールの連結子会社となっていた）と合併すると新聞報道。南本社長や丸山社長からも挨拶があった。

エステールの株主でもある筆者は、同社に年商以上の借入金があることは如何なものかとかねてより思っていた。その意味で財務内容の良い「あずみ」との合併もひとつの選択肢であろうが、南本社長が合併後会社の役員から外れることには疑問を感じた。

わずか二年前、原岡社長突然の退任劇の中、筆者とともに丸山社長自ら三顧の礼で迎え入れた南本社長は前任者突然退任の混乱を収拾し社員一丸奮闘中であった。新会社の社長は子息・丸山エステール副社長という。

「委任状を集めて反対して」と何人かが連絡してきたが、南本社長らが決めたことであり、乗りださなかった。

株主総会では反対の委任状を提出し、同意見の妻（常勤監査役を前年退任）は出席して反対意見を表明した。合併決議は承認された。

ほかにも生々しい話もあるが、現段階では書かずにおこう。

この合併前の自己資本比率は六四％、実質無借入（差引現預金残三〇億円）と財務内容は更に向上していた。

後継社長の松本孝作・原岡稔・南本権治郎各氏、社外役員の村井鉄男・丸山朝・上村晃史・中村孝則各氏、歴代役員の栗城赳・小島聡子・市川洋平・松尾利勝・青山巽・関口靖雄・加藤賢二・釜土洋・蜂谷博彦・山田隆士・佐野司郎・高塚明・渡邉正直各氏、監査役の小島秀雄・小島ひな子・上岡長作・藤井寿秀・秋元得次・郡保・名古屋利彦・山脇靖平・大渓光昭・徳弘英策・福西惟次・菊池欣也各氏と、沢山たくさんの社員諸氏（芳名を記したいが、退任時でも約七〇〇名、辞めていかれた方を含めれば、もっと。紙幅の関係から記載できないのが残念）の尽力の結果であり、多数の取引先様の協力、膨大なお客様からの愛顧、ひいては広く社会からの支持のおかげであろう。心よりの感謝を申し上げたい。かくも豊富な成果をともにあげてきた役員・社員諸氏を誇りに思う。決して忘れない。

こうして「宝石の鶴亀」にはじまり、ツルカメ商事、ツルカメコーポレーション、あずみ、と脱皮しつづけてきた社会皆様の企業は「Ａｓ‐ｍｅエステール」として、また新しい一歩を歩み始めた。二〇一二年三月末時点で、エステール・ティージェイ・ミルフローラ・ブロードウェイジャパンなどの店名で約三百七十店を全国展開中、お引き立てを。

さらに発展され、お客様に喜んでいただき、取引先・社員の幸せを増進され、社会にさらに貢献されることを願っている。各位のご健勝ご活躍も念じている。創業記念日の八月一日は、毎年どこにいても、感謝の誠を捧げている。

憂国の士の中には資金を提供するからＴＯＢを仕掛けたらと言ってくれる人もいる。ありがたい友情ではあるが、七十の賞味期限切れ老人、後継者たちの選択を尊重する意味からも曖昧な返事に終始している。

旧役員・旧社員の一部の方、丸山朝会長・丸山雅史社長・南本権治郎愛思徳（杭州）珠宝有限公司（二〇一二年、同社が中国でチェーン展開のため、前述の桑山さんなどと設立、これまた不思議な縁）董事長・佐野司郎常務・高塚明常勤監査役らとは今も交流をつづけている。また故松本社長の弘子夫人とも手紙などをやりとりしている。

社長を辞めて十六年も経ったので、もう良かろうと、時に妻のお供で展示会や店に顔を出し売り上げに協力しながら、懐かしい社員さんと談笑し励ましている。

なお本章にはそれなりの経営ノウハウも含まれていよう。あえて公開したのは、各方面の経営体で善戦されておられる諸氏が更に繁栄され、人々の幸せに更に貢献いただける部分も少しはあるのでは、と考えたからである。関係者諸氏には公開に賛同いただけるものと信じている。

最後に「ＴＣ組織論」の一頁を紹介し、本章を終えたい。

ツルカメコーポレーション語録

◆自分の死を実感しよう。それが原点だ。
◆生あるものは必らず滅ぶ。企業も必らずつぶれる。経営とは倒産を一日でも先へのばす活動をいう。
◆問題のあることが問題ではなく、問題がないと思うことが問題であり、何が問題かわからないことこそ問題である。
◆悩むな、考えよ！　悩んで悩むな！
◆求めて求めて求めぬけ、悩んで悩んで悩みぬけ。
◆ガンバルとは基本忠実、細事大事、あたり前のことをあたり前に行い、新らしい工夫をどんどん行うことを言う。
◆ガンバッテ成果が上がらないのは、ガンバッテないか、ガンバッテる方向が悪いかで、自分でガンバッテると思っているだけだ。
◆人間と生まれた有難さ、五体満足で生まれた有難さ、今の日本に生まれた有難さ、そして責任のある有難さ。
◆人間を成長させるものは試練、責任、体験なり。
◆小さな喜びを喜びとしよう。大成功はありえない。
◆この世の中で貴方が一番幸せ者。
◆幸せは財物の多少でなく心の持ち方である。
◆今、ここが一生。

60

60　今あらためて読んでも積極的と感じる「ＴＣ組織論」の一部。

※手元の限られた会社案内・公開資料や手帳で正確を期し、旧社員などにも確認したが、一部には記憶違いなどがあるかもしれない、その際はご容赦願いたい。上場関係については、野村證券名古屋支店・小松泉課長に教示いただいた。アドプランナー佐藤一之社長や旧社員からは会社案内などを借用した。記して感謝としたい。

※一二七頁の答え。①数の子　②小豆　③石炭　④錦鯉　⑤ヨークシャーテリア　⑥モルフォ蝶　⑦キャビア　⑧ウイスキー　⑨シルク　⑩香港　これらは三十年ほど前の譬え、時代が変わった現在では合わないかも。

本章脱稿後の二〇一二年六月、小野隆・青井久和両氏が取締役に選任された。筆者社長時代の社員である。嬉しいことだ。丸山社長・南本董事長・佐野常務にも参加いただき祝宴を開いた。

九月、故松本孝作社長宅を妻とともに訪れ、「顕孝院照誉徹心居士」御仏前に本稿を供え、感謝をこめて『阿弥陀経』と「光明摂取和讃」を捧げた。松本さんのにこやかな英姿が御仏壇に掲げられていた。胸元には経営理念をデザインした社章。弘子夫人は「体操クラブなどに通っている」と明るく過ごしておられた。

十一月、ニューヨーク5番街で「ゼール」・「ハリー・ウィンストン」に、トロントイートンセンターで「ピープル」に、サンフランシスコユニオンスクエアで「スワロフスキー」に遭遇、前述したかつて関係のあった店々の元気な姿に接し嬉しかった。

第三章　「ダイヤモンド的人生」論

不思議なご縁をいただいて僧侶に。小僧なりに「心柱」を
えた喜びをご笑覧あれ。

一、釈尊に出会う

人生は面白い。

まさか自分が僧侶になるとは夢にも思わなかった。一九八三年一月、インド仏蹟巡拝に出かけた。経済誌『経済界』の佐藤正忠主幹が「昨年、松原泰道老師の仏蹟めぐりに参加し、感動した。今年は自分が主催する、参加しませんか」と講演会でお誘い。応じての参加だった。その松原大和尚に後年可愛がっていただけることになるとは！

創業した会社も軌道に乗り拡大期に入っていたが、悩みは尽きなかった。前述した「経営を学ばんと欲すれば先ず心より学ぶべし」の延長線上での参加でもあった。

旦那寺の誓願寺住職が経をあげに来られた子供時代、足のしびれが記憶に残っているだけで宗派も知らない有様、仏教に特段の縁はなかった。しかし、出発前に書棚をみたら仏教関係の本が数十冊あった。問題にぶつかった時々に拾い読みしてきたのであろう。

釈尊（BC四六三～三八三　異説あり）生誕の地ルンビニー、大悟の地ブッダガヤ、初説法の地サルナート、入滅の地クシーナガルなどを巡り、霊鷲山でそれは起きた。『観無量寿経』や『法華経』などが説かれたとされる岩山である。

ふもとのロッジを暗いうちに出発。佐藤氏の信仰から「南無妙法蓮華経　南無妙法蓮華経　南無妙法蓮華経　南無妙法蓮華経……」と団扇太鼓を敲きつつ一歩一歩登った。海抜二〇〇メートルほどの頂上へついたのは夜明け前。釈尊が説法された台座の周りを日本各地から参加の三〇人ほどの方と「南無妙法蓮華経　南無妙法蓮華経　南無妙法蓮華経　南無妙法蓮華経……」と唱えつつ回った。

釈尊の説法を聴く　その時、不思議なことが起きた。およそ二千五百年前、ここで何千何万という多くのお弟子方に釈尊が教えを説かれたと経典にある。その釈尊の説法をお弟子たちと一緒に、自分も直に聴いた、と実感して涙が止まらなかった。ありえないことだ。ありえないことだが、聴いたと実感し涙が止まらなかったのは事実であった。皆さんそうかと見ると、佐藤龍太郎氏は父・榮作首相の遺影を抱いて瞑想されつつ回っておられ、消費者金融大手の某社長は日本から持参した父親の遺骨を埋め、日本信販専務やニチイ副社長・ゴルフ場経営者らは写真撮影とそれぞれだった。岡本貞雄氏は皆さんの世話をされていた。自分だけが何故と不思議でならなかった。

【脱線】　岡本貞雄氏は現在、広島経済大学教授として、「いのちをみつめる」教育を実施されている。学生たちと沖縄戦跡徒歩巡礼「オキナワを歩く」を継続中。毎年五〇～六〇人の学生が三日間すべて歩き、多くの同胞が散った南部戦跡に詣で、「女子学徒隊」元隊員の語る「沖縄戦」に学んでおられる。その記録は「オキナワを歩く」（広島経済大学岡本ゼミナール編　田中正文氏撮影　ＤＶＤ付き　ノンブル社）として五巻出版されている。出版されるごとに贈呈いただいていた。若者に戦争を語り継ぐ「共育」型教育の事例。是非ご一読を。

岡本氏には先日、有楽町での「田中正文写真展・女子学徒たちのウムイ（想い）」で

1

2

3

久しぶりにお会いした。お元気であった。「白梅学徒隊」の中山きく氏（八十三歳）の体験談も約一〇〇人の方と拝聴した。

【また脱線】 筆者も沖縄戦跡を慰霊に歩いたことがある。二〇万余の日米軍民が散った激戦地。数々の慰霊碑・摩文仁・海軍壕・平和の礎・無数のガマ（自然洞窟）……。戦争と平和。対立と対話。……。

断食一〇〇日　仏教に縁があると思いつつ、帰国しそれまで同様に仕事と格闘しつづけた。

参加者の何人かが断食をされておられた。少食は間違いなしに健康には良いのだろう。

1　霊鷲山にて。左端が岡本貞雄氏、右端が筆者。撮影：同行者

2　多くの人が身を投げた「摩文仁の丘」。

3　一九四五年六月二三日、司令官・牛島満中将が自決した摩文仁の司令部壕跡に建つ「黎明之塔」。沖縄県は日本軍の組織的抵抗が終了したこの日を「慰霊の日」として、毎年、摩文仁の平和祈念公園で、沖縄全戦没者追悼式を開催している。二〇一二年の追悼式には野田首相も出席した。筆者夫婦は当夜、被災地気仙沼で献杯した。

撮影：小島聡子

ある方は誕生日に、ある方は三が日にと。

仏教と断食は関係があるようだと思った次の日から始めた。毎週火曜日、何も食べなかった（お茶だけは飲んだ）。これまでも検診で抜いたことはあったが、一日すべては初めて。水曜日はほんとうに美味しかった。ありがたかった。ご飯に手を合わせ、味噌汁に手を合わせ、おかずに手を合わせた。感謝が身体中から湧きでてきた。身体も数週間すると変化が現れた。贅肉がなくなり練歯磨きも飲み込みたくなった。ポッコリしていた腹が引っ込み身体が軽くなった。同時に勘が冴えてきた。友人の顔を見て「肝臓が悪いのでは」というと、「先週の検査で問題なしだった」との答え。一月後に入院されたなど……度々。

二年つづけた。その間、ゴルフもやり海外へも出かけた。ある日、東京からの帰りの新幹線で何気なく駅弁を食べてしまった。口をつけてから「しまった！」と思ったが、医者から止めたほうが良いといわれていたので、この日を境に断食をやめた。

4

4　『オキナワを歩く』V。

二、阿弥陀仏・法然上人に出会う

経営は順調であっても中小の問題はたえず発生、それは社長としては普通のことであったが。読みふけった偉大な経営者のように「泰然とする」にはと考えた。自分は仏教に縁があるのだから学んでみよう、と思うようになった。しかし、忙しい社長業。お寺へ修行にはいることは難しいし……。そんな時、新聞広告が目に。佛教大学が通信教育で仏教を教えていると。これは良い、大学もすべって行っていないので、丁度良いと入学した。

受戒　それまで以上に働き、休みをひねり出した。スクーリングには熱心に通った。試験も受けた。松原哲明龍源寺住職や母堂・子息と再びインド仏蹟巡拝した時には教科書を持参し、ヒドイ下痢に悩まされながら勉強したほど。

法然上人（一一三三〜一二一二）が三十年間、比叡山で修行されたどり着かれた「もっぱら阿弥陀仏の誓いを信じ『南無阿弥陀仏』と唱えれば、往生できる」との専修念仏の教えは、革新的であった。人々が飢えや疫病で次々と死んでゆく地獄絵図のごとき当時でも、旧仏教は「修行しないと救われない、布施をしないと救われない、学問しないと救われない」としていたから、「念仏さえ唱えれば救われる」と説いた教えは急速に広まり迫害をうけたほど、と学んだ。

嵯峨の清涼寺での「授戒会」に参加した。三日間の正座はこたえたが、モヤモヤが吹っ飛んだ。生きるうえの芯柱をえた。すべては変化する、すべては仮の姿だ、それを苦と受け取らなければ悩みもない、と説かれた釈尊の働きを阿弥陀仏という姿に仮託したといいただいた。

浄土宗にかぎらず各宗派の寺院は授戒会を開いておられる。是非参加されることをお勧めしたい。人によって様々だろうが、きっと良い体験となられよう。

【脱線】仏教の説く人が生きるうえの戒律は不殺生戒・不偸盗戒・不邪淫戒・不妄語戒・不飲酒戒の「五戒」を初めとして多々あるが、それらを守ることははなはだ困難。自分が殺さなくても誰かが殺した物を食べなくては生きてはゆけない。酒を飲

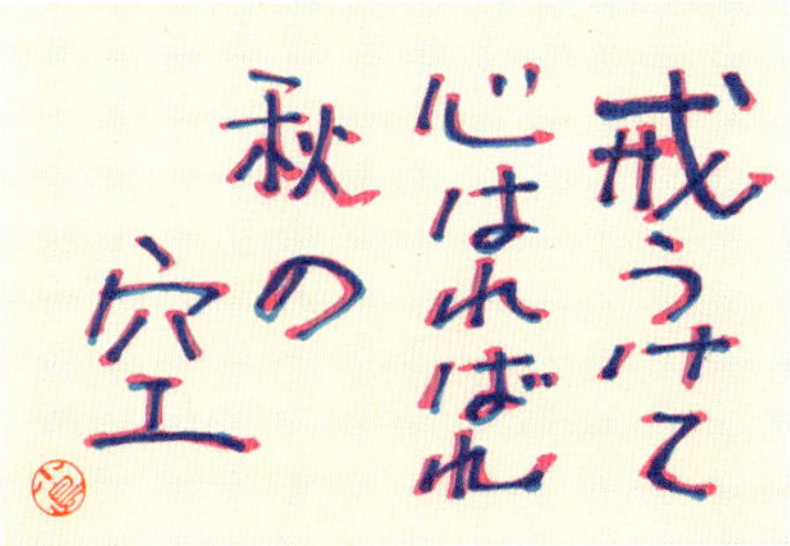

5

6

7

5　戒を授かった心境。
6　剃髪前、ステラをバックに。撮影：アドプランナー
7　沙漠でも剃髪。撮影：日本側隊員

むなといわれてもその理由が現代的ではない。嘘と方便は紙一重、四苦八苦に悩む人々を癒す言葉には方便も多い。筆者が守れるのは不偸盗戒、不邪淫戒ぐらい？無戒と破戒は違うと教えられた。破戒には罪の意識が生じるからおのずと抑制が働くが無戒では感じないと。なるほどと感心した。

得度　三回生のころ、疑問を感じた。自分が学びたかったのは「仏教」、しかし大学で教えていただけるのは「仏教学」。仏教は人の生きるべき道。仏教学はこの宗派の歴史はこうこの用語の意味はこうと研究する学問。似て非なるもの。このままでは自分の学びたい仏教へは迫れないと思いあぐねた。

卒論の指導教官・小野田俊蔵助教授（現教授・宗教文化ミュージアム館長）に相談した。「貴方がそこまでいうなら僧侶になるしかない」と。なるにはまず師僧がいると。旦那寺の住職になってもらおうと調べると「西山浄土宗」。小野田先生いわく「浄土一門ではあるが、浄土宗そのもののほうが佛大で僧侶になるには何かと便利」と。じゃｰ先生お願いできますかに、「引き受けても良いが、貴方はそれなりの会社の社長らしい、もっと立派な先生を紹介する」と。創業して二十年たち、社員五〇〇人、店舗数一一〇、売上九〇億、経常利益七億円ほどに成長していた。ありがたいことだ。

小野田先生、内線で「もしもし先生ですか、弟子にしてやって欲しい人がいるのですが……」。電話をきり「良いそうです」。どなたですかと聞くと「水谷幸正学長です」と。これにはビックリ。入学式などで仰ぎ見たことは数度あるものの話したことは全くない。

小野田先生と学長室へ。「ああ君か。得度式は何時にしますか、何処で?」。得度が何のことかもよく良くわからない。「何時でも結構です、どこでも結構です」、「じゃあもう一人女の方が○日にするから、その日で良いですか。場所は知恩院でも清涼寺でも良いけど、忙しいから、大学の宗教室でどうですか」、あっという間に決定。筆者のことなど何もご存じないはず、その胆力に驚いた。

それまで覗いたこともない宗教室、阿弥陀様と法然上人の軸がある程度のシンプルなものだった。よく分からない儀式が進行した。髪を落とすために剃刀を頭にあてる次第もあった。一時間ほどで終了。

落飾　インド巡礼から帰ってから短髪にしていたが、この夜、自分で剃髪した。真っ赤な血が噴出した。髪があると分かりにくいが、いくつかの骨が組み合わされている頭は殆どの方がデコボコ、吹き出物などもあり、最初のうちは血がでる。以来、二十五年、丸坊主をつづけている。

僧侶の剃髪は落飾ともいう。心の飾りを落とすための意味合いから。四と九の日にするものと聞かされた。四苦八苦を取るためとか。立派な先輩と違い、私のような小僧はいくら頭を丸めても簡単には煩悩は取れない。それでもだからこそ四・九日に「シック」の二枚刃で剃っている（笑）。「剃りたきは心の中の乱れがみ　頭の髪はとにもかくにも」。

【脱線】後日、大学後輩小林良正氏の得度式に随喜した。水谷先生に剃刀をあてられた剃髪を安井隆同師とともに手伝った。それまで着物姿・緑の黒髪の彼女が奥へさがり、真っ青な坊主頭・墨染めの法衣で再入堂すると、参列者に感動が広がった。バス一台で家族・親戚・友人らが参列されていた。自分もこんな風にかっこ良くすればよかった？

加行　佛大仏教学科で四年学び優秀な成績で卒業。これ結婚式の仲人言葉ではありません。卒業論文「西域亀茲における仏教滅亡についての一考察」は学長賞をいただいた。小野田先生と並川孝儀教授の指導のおかげ。大学を通信課程で卒業できる人は二割ほど、四年で卒業する人は一割にも満たないとか。どうですか優秀でしょう（笑）。

　その後、佛大の加行課程へはいった。まずは正座の苦痛に耐えた。法衣の着方、歩き方、木魚などの鳴らし方、説教の仕方、経典の内容、唱え方などなどを合宿で教わった。佛大・金戒光明寺・清浄華院・清涼寺などで。そして二年、いよいよ浄土宗総本山・知恩院での「加行」の時を迎えた。

僧籍名　加行を前に医師の「健康であり厳しい修行に耐えられる」との診断書と「事故が起きても責任は追及しない」との誓約書の提出が求められた。数年前には首をつった人がいたとか。持ち込む荷物も極端に制限された。防寒衣や紐類・食べ物は禁止。入行時には荷物検査もあった。

　加行数日前に担当僧から電話。満行し晴れて浄土宗の僧侶となると「誉号」をふくむ僧籍名（法名）が授けられる。各自が申請することになっていて、済ませていた。「貴方が申請した『西蓮社東誉康誉』は認められません」。エェーッと声が出たほど驚いた。「誉が重なっているからダメ」と。康誉は本名で、東誉が「誉号」ですが、とねばっても受け付けていただけない。「康誉を変えたらどうですか」、「親が願いを込めてつけた名前を変えることはできません」、「じゃー康誉を誉号にして本名を仮につけたら」、「そうしますが、どんな仮名に？」、「お寺では師僧である父親から名付けられることが多いから、師の水谷幸正先生から一字いただいて、正覚でどうですか」、「結構です」。

こうして「西蓮社康誉正覚」となった。僧侶でなかった父が「健康に生き名誉ある死を」願ってつけた名前が誉号になるとは、よほどの仏縁であろう。前述した松本さんの戒名に「照誉」と誉号が入っているのは旅立たれた際に受戒されたから。松本さんと筆者は同じ浄土でつながっている。

【脱線】 ちなみに、佛大で教えていただいた、坪井俊映浄土宗門主猊下は二〇一〇年九月に遷化された、その戒名は「明蓮社大僧正仁譽上人信阿聞法無学俊映大和尚」。さすが道を究められた方はちがう。碩学と讃えられた方でも「聞法無学」とはまた凄い。

【また脱線】 戒名の意味が分からないと度々訊ねられる。宗派によって異なるが、浄土宗の場合を、坪井猊下の法名をお借りして説明させていただこう。蓮社号はその昔、恵遠大師が庭に白蓮を植え、その舎を白蓮社と名付けたことにちなんで各自が名乗るグループ名みたいなもの。大僧正は僧階。仁譽は誉号。上人は法然上人にちなんだ浄土宗僧侶の尊称。信阿は加行より上級の行を終えた僧につく阿号。聞法無学は自ら名づけた道号。俊映は戸籍名。大和尚は尊称。よって、小僧の死後の法名は「西蓮社僧都康譽商人多面燃焼正覚小僧」となるのでは。僧都は筆者の僧階。ちなみに浄土宗の僧階は大僧正・正僧正・僧正・大僧都・僧都・少僧都・律師の七段階で、僧正以下は法名に入らないと聞くが一応入れてみた。上人はおこがましく、宝石商であったので商人とした（笑）。戸籍名は康譽（普段は康誉を使用）だが、前述した経過から仮名「正覚」がここに。和尚もおこがましく、小僧とした（また笑）。なお僧階のほかに教階・学階・法階方面の位もある。これらは宗派によって異なる。

【さらに脱線】後述する命燃やして散った先達たちの戒名も書いておこう。

人見絹枝＝妙汰高顕院妙聲日宏大姉、西田税＝義光院猷税堂居士、滝廉太郎＝直心正廉居士、近藤勇＝勇生院顕光放運居士、大杉栄＝なし、唐人お吉＝宝海院釈妙満大姉、松井須磨子＝貞祥院実応須磨大姉、高橋お伝＝なし、金子ふみ子＝なし、中野竹子＝美性院芳烈筆鏡小竹大姉。戒名にはそれぞれの生き様が凝縮されている。

南無阿弥陀仏

二〇一三年のＮＨＫ大河ドラマの舞台は会津若松。主人公山本八重が落城する鶴ヶ城に刻んだ歌は「明日の夜は何処の誰かながむらんなれしお城に残す月かげ」だが、娘子軍中野竹子の辞世は「武士《もののふ》の猛《たけ》き心にくらぶれば数にも入らぬ我身ながらも」。戊辰の華と散った竹子の眠る法界寺では今も毎年秋に心こもった例祭が行われているという。

8

9

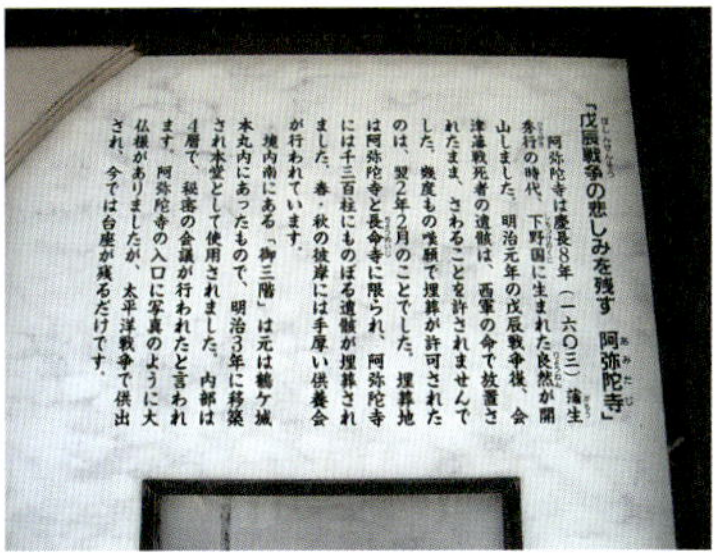
「戊辰戦争《ぼしんせんそう》の悲しみを残す　阿弥陀寺《あみだじ》」
阿弥陀寺は慶長8年（一六〇三）蒲生秀行の時代、下野国に生まれた良然が開山しました。明治元年の戊辰戦争後、会津藩戦死者の遺骸は、西軍の命で放置されたまま、さわることを許されませんでした。幾度もの嘆願で埋葬が許可されたのは、翌2年2月のことでした。埋葬地は阿弥陀寺と長命寺に限られ、阿弥陀寺には千三百柱にものぼる遺骸が埋葬されました。春・秋の彼岸には手厚い供養会が行われています。
境内南にある「御三階」は元は鶴ケ城本丸内にあったもので、明治3年に移築され本堂として使用されました。内部は4層で、秘密の会議が行われたと言われます。阿弥陀寺の入口に写真のように大仏様がありましたが、太平洋戦争で供出され、今では台座が残るだけです。

10

11

史蹟
新選組殉難地

12

13

しもやけ　十二月、高台にある知恩院は寒風が吹き抜ける。その年の受者は二〇〇人ほど。殆どは寺の子息ピチピチの学生。筆者のような中年新人僧は一割ほど。最高齢はハワイから参加の七十三歳の日系二世松波さん。尼さんは二〇人ほど。大広間での雑魚寝。天井は高く、欄間からは雪が布団に。本堂への渡り廊下には霜。足袋は濡れしもやけに。耳や手も。

行　朝から晩まで法要演習の連続。「門前の小僧、習わぬ経を読み」で学生たちにとっては家の延長のようなことも、四十半ばの門外漢には楽ではなかった。楽しみは、三日に一度の風呂。これも行の一部、班ごとに念仏しながら浴室へ、会話は禁じられ時間制限。洗うことより身体を温めた。皆、放心して天井を眺めていた。その数年前までは風呂も十分でなかったとか。時々出された菓子の甘さを今も舌が憶えている。

褒められ叱られ　法儀司（法要儀式の教師）から「頭が良い」と褒められた。見る人は見ている、と思ったのは大間違い（笑）。「頭の形が良い」と。前述したように幾つかの骨が組み合わさっている頭は、殆どの方はデコボコ。左右対称の人は少ない。横から見ても断崖だったり突出だったりが一般的。髪があるので分からないだけ。

「歩き方が悪い。それでは檀家から贈られる何百万もする袈裟が泣く」と叱られた。仏教界の一端を知ったようで、力が抜けた。

密室道場　そんな三週間が終わりに近づくと阿弥陀堂で浄土宗の奥義が門主から授けられた。神秘性を出すためだろうか真っ暗。立錐の余地もない狭いお堂で立ったまま。今もその暗さは強烈に脳裏に焼きついている。

8　中野竹子は書・薙刀にたけ、女性決死隊「娘子《じょうし》軍」の先頭にたち奮戦、薩長軍の弾丸で血だるまに。敵の辱めをさけるため、妹優子が竹子の胸をつき絶命。

9　吹雪の会津鶴ヶ城。「荒城の月」歌詞のイメージはこの鶴ヶ城と仙台青葉城であると作詞した土井晩翠が吐露している。曲のイメージは作曲した滝廉太郎が亡くなった大分岡城といわれている。

10　会津側墓地。西軍（会津では官軍とはいわない）の死者約二〇〇に対して会津側東軍は約三〇〇〇。新政府軍は会津戦の戦死者を「賊徒」として埋葬を許さず、長期間放置された老若男女の遺体は風雨のなか、鳥獣に食い散らかされるなど悲惨な状況だったという。

11　京都守護職松平容保公。飯盛山に残された松平容保公の歌は「幾人の涙はいしに灑ぐともその名は世々に朽ちじとぞ思う」。諸侯が辞退するなか、藩祖遺訓に従い、京都守護職を五年努め孝明天皇に信頼されるも、鳥羽伏見の戦いで一夜にして「朝敵」となり、それ

満行　そして最終日。学生の親たちが廊下で加行明けを祝うために並び、念仏を唱えておられる。本堂で厳修される法然上人像の「お身ぬぐい式」に随喜、「南無阿弥陀仏　南無阿弥陀仏　南無阿弥陀仏　南無阿弥陀仏　南無阿弥陀仏……」が一層高らかに響くなか、退堂した。松原泰道大和尚の縁でお手伝いしていた「なごや南無の会」の田中康道師（元ハワイ開教師）に松波さんと筆者を出迎えていただいた。また本多廣賢常念寺住職やシルクロードを案内した川井教導称念寺住職にも出迎えていただいた。予想外のことで嬉しかった。

【脱線】お寺は宗教法人が所有。住職一家は寺に一時的に居住している形になっている。住職死去し他人が住職になると、遺族は住みにくい。親たちが子息の加行明けを祝うのは子供の成長を喜ぶとともに、将来の住居確保の安堵感からでも。

につづく悲惨さ無念さを詠っておられる。ネットより

12　会津藩お預かり「新撰組」も参戦。土方歳三副長が傷を癒した温泉も残っている。撮影：小島聡子

13　近藤勇隊長の墓（三鷹・板橋・岡崎・米沢にも）と土方歳三の慰霊碑。勇の戒名は貫天院殿純忠誠義大居士（純義誠忠とも）のほか勇生院顕光放運居士や心勝院大勇儀賢居士と墓所により異なる。いずれも〇九年正月、会津若松にて。**原発風評被害で観光客激減、是非ご訪問を。**そんな思いから、少々脱線が長くなった。ご容赦を。

三、念仏行脚日本縦断

僧侶になったといっても水谷師が住職を務められる三縁寺の徒弟にすぎない。にもかかわらず次々と住職の話がまいこんだ。しかし、社長業は忙しく、職業として僧侶を目指したわけではないので、すべて辞退した。経営者としての実績から経営体の一種である寺院の住職にと考えられたのだろうが、力尽きた蟬を見送る程度の小僧にすぎない。

松原泰道大和尚※　縁は異なもの味なもの。前述したように泰道老師のインド仏蹟めぐりに参加し感動された方の誘いで、筆者もインドへ。そして僧侶へ。永年可愛がってい

14

14　命燃やして散った蟬さん、ありがとう。

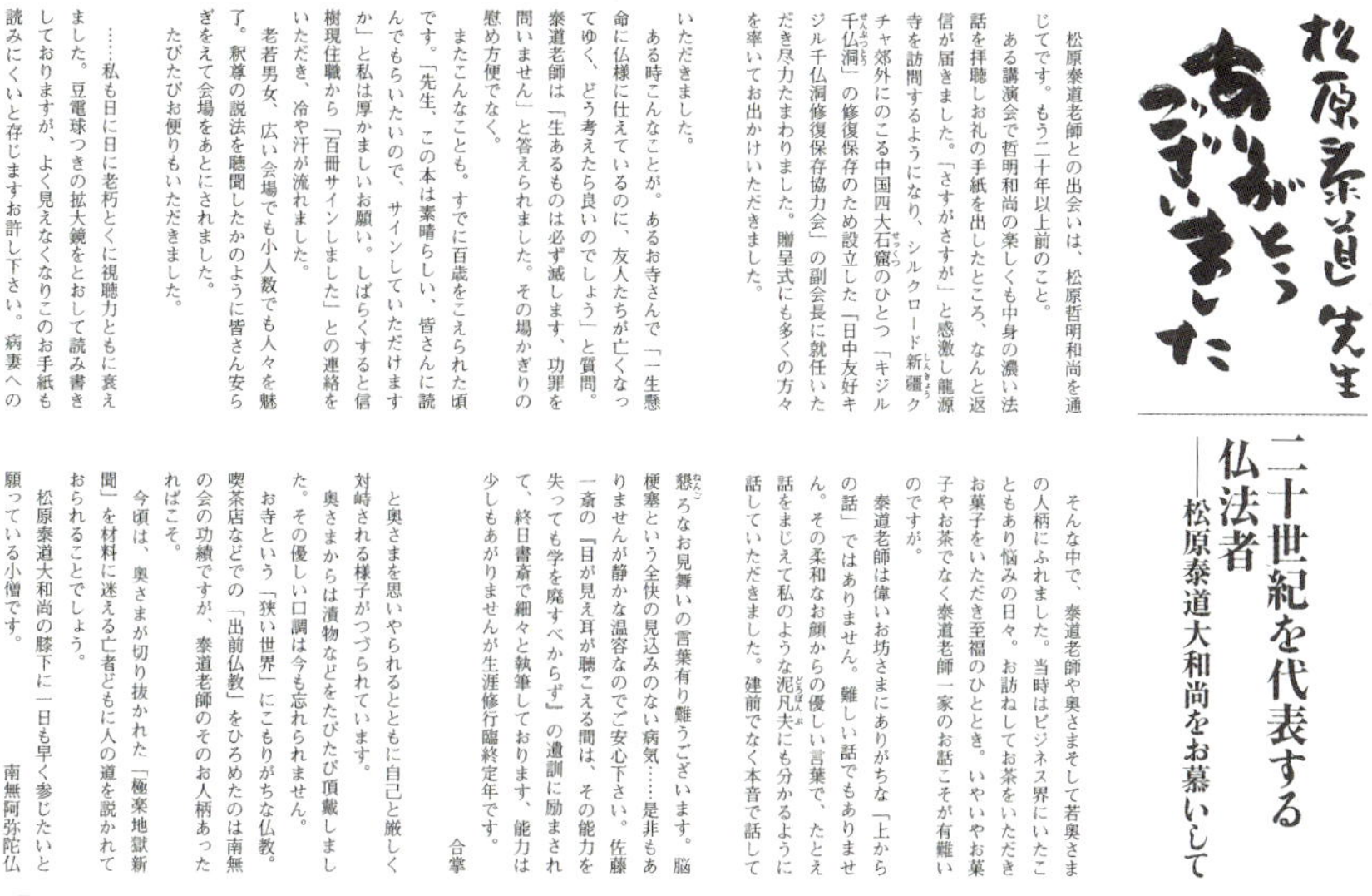
松原泰道先生ありがとうございました

二十世紀を代表する仏法者
——松原泰道大和尚をお慕いして

松原泰道老師との出会いは、松原哲明和尚を通じてです。もう二十年以上前のこと。

ある講演会で哲明和尚の楽しくも中身の濃い法話を拝聴しお礼の手紙を出したところ、なんと返信が届きました。「さすがさすが」と感激し龍源寺を訪問するようになり、シルクロード新疆《しんきょう》クチャ郊外にのこる中国四大石窟《せっくつ》のひとつ「キジル千仏洞《せんぶつどう》」の修復保存のため設立した「日中友好キジル千仏洞修復保存協力会」の副会長に就任いただき尽力たまわりました。贈呈式にも多くの方々を率いてお出かけいただきました。

そんな中で、泰道老師や奥さまそして若奥さまの人柄にふれました。当時はビジネス界にいたこともあり悩みの日々。お訪ねしてお茶をいただきお菓子をいただき至福のひととき。いやいやお菓子やお茶でなく泰道老師一家のお話こそが有難いのですが。

泰道老師は偉いお坊さまにありがちな「上からの話」ではありません。難しい話でもありません。その柔和なお顔からの優しい言葉で、たとえ話をまじえて私のような泥凡夫《どろぼんぷ》にも分かるように話していただきました。建前でなく本音で話していただきました。

ある時こんなことが。あるお寺さんで「一生懸命に仏様に仕えているのに、友人たちが亡くなってゆく、どう考えたら良いのでしょう」と質問。泰道老師は「生あるものは必ず滅します、功罪を問いません」と答えられました。その場かぎりの慰め方便でなく。

またこんなことも。すでに百歳をこえられた頃です。「先生、この本は素晴らしい、皆さんに読んでもらいたいので、サインしていただけますか」と私は厚かましいお願い。しばらくすると信樹現住職から「百冊サインしました」との連絡をいただき、冷や汗が流れました。

老若男女、広い会場でも小人数でも人々を魅了。釈尊の説法を聴聞したかのように皆さん安らぎをえて会場をあとにされました。

たびたびお便りもいただきました。

……私も日に日に老朽とくに視聴力ともに衰えました。豆電球つきの拡大鏡をとおして読み書きしておりますが、よく見えなくなりこのお手紙も読みにくいと存じますお許し下さい。病妻への懇《ねんご》ろなお見舞いの言葉有り難うございます。脳梗塞という全快の見込みのない病気……是非もありませんが静かな温容なのでご安心下さい。佐藤一斎の『目が見え耳が聴こえる間は、その能力を失っても学を廃すべからず』の遺訓に励まされて、終日書斎で細々と執筆しております、能力は少しもあがりませんが生涯修行臨終定年です。

合掌

と奥さまを思いやられるとともに自己と厳しく対峙される様子がつづられています。

奥さまからは漬物などをたびたび頂戴しました。その優しい口調は今も忘れられません。

お寺という「狭い世界」にこもりがちな仏教。喫茶店などでの「出前仏教」をひろめたのは南無の会の功績ですが、泰道老師のそのお人柄あればこそ。

今頃は、奥さまが切り抜かれた「極楽地獄新聞」を材料に迷える亡者どもに人の道を説かれておられることでしょう。

松原泰道大和尚の膝下に一日も早く参じたいと願っている小僧です。

南無阿弥陀仏

15

ただいた。ある時、霊鷲山での感動をお話したら「時々そのような宗教的体験をされる方が」とおっしゃった。

旅立たれたあと、『ナーム』が追悼コーナー「松原泰道先生ありがとうございました」を一年間掲載。依頼をうけ寄稿した。文中の奥様を同月に見送られての遷化。子息・哲明和尚も一〇年六月旅立たれた。この『ナーム』が届いたその日であった。

大地踏みしめ　その「南無の会」の活動のひとつ「南無行」が豊川稲荷で行われ、拙い話をさせていただいた。帰りに豊橋駅で「こだま」を待っていた。超スピードで通過する「ひかり」(「のぞみ」はまだなかった)の車内ははっきり見えない。この時、思った。毎週のように新幹線で東西を行き来するなど忙しく飛び回っているだけで、実は何も

16

15 『ナーム』二〇一〇年七月号より

16 松原大和尚夫妻と。龍源寺にて。二〇〇六年四月　撮影：松原信樹現住職

観ていないのではないか。自分の足で歩き、自分の手で触り、自分の毛穴ひとつひとつで感じることが重要ではと思った。昔の修行僧が行っていた行脚が思い浮かんだ。

行脚　ヒッチハイクでも観光旅行でもない。元々は各地に先達を尋ねて人生の真理を問う行であった。時代の進展とともに、電話や書物・ラジオ・テレビ・講演……が普及し、わざわざ訪ねて行かなくても教えに接することが出来るようになり、またお互いが忙しくなり、行くにしても新幹線や飛行機となり、いつのまにか行脚は稀となった。

先達だけが師ではなく、行く雲流れる水、一木一草、蝶や獣たち、出会う方々……すべてを師とする自己発見、念仏往生の旅。忙しく走り回る現代人にとってゆったり生きることは至難なこと、行脚では時はゆっくり流れる。いや止まっているともいえる。身体的には辛くても、精神的には最高の贅沢、至福の時。

まず手始めに、豊橋から名古屋の家までの念仏行脚にチャレンジした。

「南無阿弥陀仏　南無阿弥陀仏　南無阿弥陀仏……」と小声で唱えながら歩く。何万遍にもなる。歩きながら念仏するのでなく、念仏しながら歩く。それだけのことだが、半日もすると足が痛くなった。小鳥のさえずり、風の音……にこころ洗われた。靴を脱いで驚いた。数カ所にそら豆大の水膨れ。ままヨと歩き続け、岡崎着。そら豆は小判に生長していた。痛いはずだ。しばらく河原にひっくりかえり青空を眺めた。中止して電車で帰るか、予定どおり続けるか？　思いもまとまらぬまま薬局へ。足を見せたら「二、三日は歩かない方が」と。また河原で空を見上げた。松と夕焼け空の間に旅館の看板。明日も続けると決めた。風呂へ入り、赤チンを塗って寝た。翌日も歩けた。人間の自然治癒力はスゴイ。

東海道五十三次　年中無休状態の中、休みを二日三日とため、東京日本橋から京都三条大橋までの東海道を数回に分けて念仏行脚。百二十五里、約五〇〇キロ。排気ガスをさけるべく旧道を選んだ。衣体も白衣・黒衣を着用し、網代笠に手甲・脚絆・錫杖と正式スタイルで。草鞋も使ったがすぐ破れてしまう、道筋には買える店もないので、スニーカーに変えた。なんでも一通りそろうコンビニもさすがに草鞋は売っていない。全国には一軒ぐらいそんなコンビニ？（笑）

交通事故遭難者を慰霊するお地蔵さんや供花の多いのには驚いた。歩くまではこんなにあるとは気づかなかった。当時は年間一万人ぐらいの方々が亡くなられていた。ひと

日本經濟新聞　93.5.29

中部 ひと 未来

宝石チェーン率いる「修行僧」　小島　康誉

『会社だけが人生の舞台じゃない』

一九六六年（昭和四十一年）に二十四歳の若さで宝石の訪問販売会社を創設。その後、専門店の経営に進み、一代で中部最大のチェーンを築き上げた。今年二月には念願の株式上場を果たす。華やかだが、浮き沈みも激しいファッション界。その"業界人"が修行僧であると聞いて驚いた。

「数多い上場会社の中でも私のような経営者はいないでしょうね」。淡々とした語り口には急成長企業のオーナーにありがちな押しの強さはみじんも感じられない。

□

寺で生まれ育ったわけではない。十年ほど前にインドの仏教聖地を訪ねる団体旅行に参加。「涙が止まらないほどの感激を受けた」のが仏門に入るきっかけだった。八四年に通信教育が可能な仏教大学に入学、八七年に得度し、僧籍を得た。その後二年にわたり京都の知恩院で修行を積んだ。

修行は今でも欠かさない。昨年は念仏を唱えながら旧東海道を踏破。今年は旧中仙道に挑戦している。社長業を兼ねながらの修行のため、数回に分けて行脚を重ねる。袈裟（けさ）をまとい、ほこりまみれになって念仏を唱える姿はとても上場会社の社長とは思えない。

行脚の目的は真実の自己を発見することにあるそうだが、「歩いていると世の中がよく見える」。旅館には宿泊を断られ、ガソリンスタンドではトイレを借りることもままならない。人情の移り変わりを肌で感じる。

性格はいたって陽気だ。頭をそるのは四と九の日に決められており、「『シック』の二枚刃を使うんですよ」と人を笑わせる。この日は知人の追悼のため、袈裟をまとって出社したが、社員は気にする様子もない。

□

今は、中国新疆ウイグル自治区に残るニヤ遺跡の学術調査に意欲を燃やしている。ニヤはシルクロードのポンペイといわれながら、詳しいことはまだ何も分かっていない幻の古代都市。専門家らによる調査団を編成し、これまで数回の予備調査を実施。昨年秋には中国政府から共同による本格調査の許可を得た。仏教者のひとりとして古代西域史の解明に私財をなげうつ構えだ。

「一度何かを始めたら、最後までやり抜かないと気が済まないタイプ」と自己分析する。会社の社是には商業、納税、ボランティア活動を通じた社会奉仕をうたっている。「会社だけが人生の舞台ではないはず」として、社員にもさまざまな人生の楽しみ方を説く。

会社型人間が圧倒的多数を占める日本の産業界で、異色の経営者であることは間違いない。

（敬称略）

文・中村　良
写真・矢後　衛

〔こじま・やすたか〕　1942年名古屋市生まれ。ツルカメコーポレーション社長

17

中部経済新聞　93.8.9

◎◎京都をめざして念仏行脚◎◎

本業以外に、浄土宗僧侶、日中共同ニヤ遺跡調査隊日本側隊長など多彩な面をもつツルカメコーポレーション社長の小島康誉さん。「これが夏休みといったものはないが、十三日から三日間、念仏行脚に出掛けます。まあ言えばこれが夏休みかな」と笑う。

今回行脚するのは、岐阜から京都まで、中山道五百四十キロの最後の道程だ。「昨年、東海道を行脚しました。今年は中山道に取り組み、東京・日本橋をスタートしてこの五月までに加納（岐阜）まで歩いてきた。一日大体四十キロですかね」と小島さんは事もなげに言う。

行脚していて気になるのは、交通事故の多さ。「本当に道路のあちこちに、花を供えてあります。何となく片付けにくいものだから、ボロボロになっても置かれたまま。そういう事故の供養をしながら行脚しようという気持ちもあったのです」。昔と違い、自動車が走り回る現代は、行脚そのものも危険。炎天下、犠牲者たちの霊を弔いながら、小島さんは京都をめざす。

18

17 18　変人社長として、さかんに報じられた。日本経済新聞・中部経済新聞より

つひとつに経を捧げた。経典には先師たちの想いが凝縮されている。小僧の誦経であっても。

五街道　つづいて中山道・甲州街道・日光街道・奥州街道を念仏行脚。もう中毒状態。身体は疲れたが、社長業の心の疲れを溶かすには絶好だった。社員にも多様な生きかたを勧めていた、そのサンプルみたいな変な社長だった。変人社長として盛んに新聞などに取り上げられた。

19

19　こんなスタイルで行脚します。

【脱線】　中山道の碓氷峠を越えた時は吹雪だった。膝までの雪をかき分けほうほうの体で峠を越えると神社。参拝しようとすべりそうな石段をのぼり、二拝二拍手一拝。軒下で休もうとすると、「もう一回お願いします」の声。五、六人のカメラマン。云われるままに再び参拝。また「もう少し左後で」と。松本の写真クラブと。雪の神社を撮影にきたら思いがけず行脚僧。絶好のチャンスとばかり度々の要望。やっとおわり水を飲む。男女は弁当をとり始めた。これで今日の昼メシはゲット、と思ったのは甘い考え。世間はそんなに甘くない（笑）。もう一度、お参りして「お気をつけて」と挨拶して、お別れした。その夜は中軽井沢の休業中の店の軒下で寝た。翌朝、寒さと空腹で目が覚め、暗いうちに念仏行脚を続けた。

コツも順次会得　荷物は最小限、下着と洗面具・野宿用ビニールていど。水は小型水筒ひとつ。湧水は口をゆすぐ程度に。食べ物はお布施で頂けるだけ。念仏は唱え続ける、中断するとかえって疲れる。朝は六時出立、夕ぐれには終了。胸をはって遠くを見て歩くと疲れにくい。事故防止のため右側通行。近道をしない。二時間行脚して十五分休憩。疲れたら片方の足中心で歩く、また片方の肩中心で歩く。休む所では錫杖で「あたりに挨拶」、蛇など小動物をさけるため。休む時は靴を脱ぎ、足を熱から開放する。正座するとマッサージ効果で疲れが軽くなる。江戸時代の『旅行用心集』（八隅蘆菴　八坂書房復刻）が参考になった。

【脱線】この本には昔ならではの旅の心得が。例えば、刀や脇差は自分の寝る布団の

20

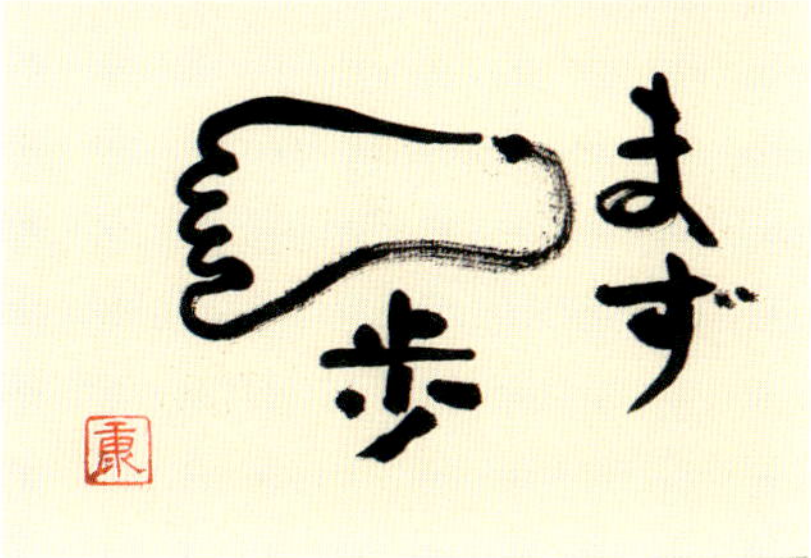

21

20　『旅行用心集』に日食や月食が出てくる。昔の人にとっては不吉な兆しだっただろう。二〇一二年五月二十一日、金環日食が出現し話題になった。この日、函館にいた。土方歳三記念館の窓から津軽海峡を写したら、こんな「金環日食」写真が撮れた。歳さんが四歳と十四歳のころ、金環食が江戸で観測されたというから、歳さんも観たかもしれない。土方と宮古湾海戦を共に戦った荒井郁之助（後に初代中央気象台長）は後年、皆既日食観測で日本初の太陽コロナ写真撮影に成功。第七章で紹介する「がんばろう」写真の中に本項関連ポスターあり、発見されたし。

21　まず一歩、「自分の足」で。

下へ置け、回り道して名所旧跡を訪れるな、馬は驚きやすいので十分に気をつけよ、風呂へ入る時は客の様子を見て争いなきよう、道中の色欲は厳しく慎め、日食や月食の時は終わってから歩くべし、乗船前にその河の水を一口飲めば酔わぬ、蚤を避けるには苦参（マメ科の多年草）を布団の上に置け、なるべく繁盛している宿へ泊まるべし、旅籠へ到着したらまず東西南北を確認せよ……など現在に通じる知恵も沢山。「馬方荷物持ち雲助あなどるな同じ浮世に同じ世渡り」とも記されている、こうありたいですね。

日本縦断三千二百キロ　ある時、気がついた。行脚したのは日本の中央部だけ、日本は広い。各地の交通事故遭難者を慰霊させていただこうと鹿児島へ出発した。当時の感覚を鮮明に記すため拙著『念仏の道ヨチヨチと』（東方出版）の冒頭をそのまま掲載する。

まず一歩

数年前、念仏行脚日本縦断をさせて頂きました。鹿児島佐多岬から北海道宗谷岬……遠いとおい本当に遠い。一声一声となえ、一歩一歩あるいて行ったら到達しました。酷暑で倒れ、強風で前へ進めず、大雨で体が凍え、食事もままならず、肩・背中・脚は痛く、宿も断られ、冷たい人情、排気ガスに頭は痛くなり、犬に襲われ……仏の名を唱えながら、一歩一歩前へ進みました。一日三十キロから六十キロ。何回かに分けてですが、五十六歳の身には決して楽ではありません。十キロ痩せました。でも交通事故受難者の放り出されたお地蔵さんやドライフラワーと化した供花に小僧なりのお念仏を捧げると誓ったうえは途中で止めることは出来ません。ありがたい楽しい体験でした。
一歩の力を実感した三千二百キロでした。今になって思えばよくやったものです。日本縦断が出来たのも「まず一歩」を踏み出したから。挫《くじ》けそうになると思い出しています。

犬のほかにもカラスや猿にも襲われた。熊にも出会った。しかし最も困ったのは宗論を挑んでくるお方。何宗?に始まり、それはおかしい、これはこうだと。黙っていると「聞いているのか」と怒られ、返事すれば「勉強不足だ」と言われたことも度々。おっと坊主ですから足袋足袋ですね（笑）。（「オヤジギャグ」ばかりで、すみません）。

馬子にも衣装　行脚はじめた頃、門づけをして回った。殆どの家で断られ、迷惑がられた。中には石を投げられた所も。それから「人様を不快にしては」と止めた。托鉢禁止の表示さえある。

ある講演会で「テレビで○○寺の托鉢僧にお布施を出しているのを見たけど」と言われた。それは馴染みのお寺さんへの付き合いみたいな感じで出されているのでしょう、見ず知らずの小僧へは中々。小僧はただただ念仏しながら歩くだけ。

それでも、いろんな布施が。頑張れの声援・黙礼・合掌・トラック運転手のクラクションからパン・おにぎり・ジュースやお金（一円玉を両手いっぱいの時も）。中には近所の寺と思われたのでしょう、太い大根を。ふと、気づいた。このお布施は小島個人へでなく、僧侶姿に対してだと。ありがたいことです、深く合掌するばかり。今も「財法二施　功徳無量　壇波羅蜜　具足円満」と頂戴している。仏教は往時の勢いを失ってもさすが！

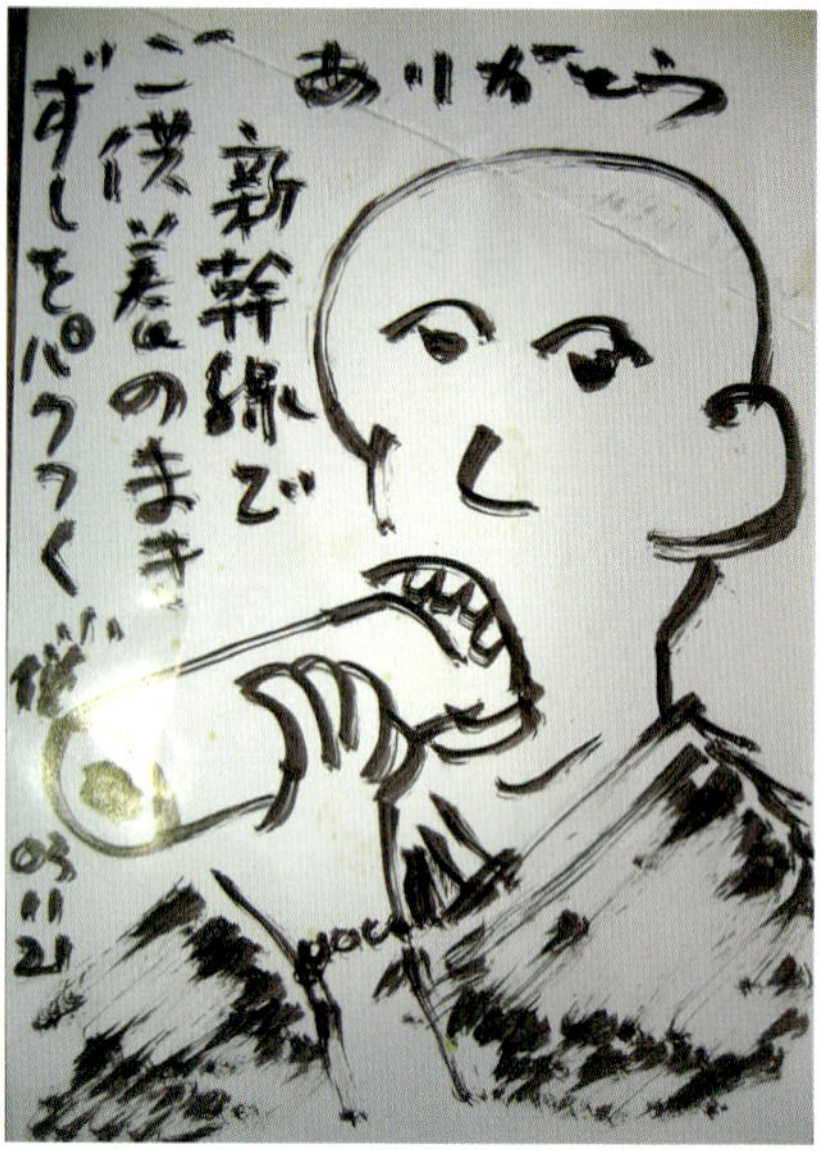

22

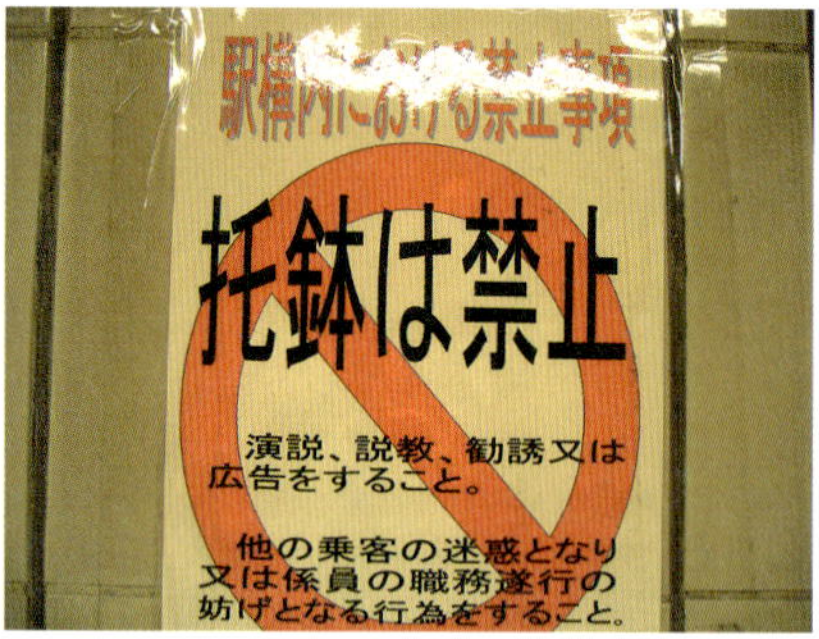

23

【脱線】おつきあいなどでお寺へ布施をすることも度々。殆どの場合、領収書は発行されない。なかには「仏様への布施だから、自分は礼を言わない」との僧侶も。娑婆とは別世界のよう。

【また脱線】日本には寺院は約七万五〇〇〇、僧侶は約一〇万とか。一部の観光寺は「肉寺」といわれるほどの収入、多くの寺は「骨寺」といわれるほどの苦境。過疎地などでは維持が困難になりつつある。住職皆さんのご苦労はつづく。

どちらの住職ですか　とよく訊ねられる。「京都三縁寺の小僧です」と答える。すると「出家ですか。在家ですか」とつづく場合も。建物の問題ではないと思うのだが。

22 「法話への土産をこんなに率直に喜んで頂いたのは初めて。この葉書は家宝です」と届いた写真。
23 駅構内での托鉢は止めましょう。

生き方として僧侶を選んだ。職業としてではない。住職の話もいただくが、なる気はない。そんな能力もない。先輩諸師にお任せしたい。

その昔は世俗をはなれ、山中に庵を結び仏法と対峙する求法者もいた。そのような方を称して出家といった。久しい頃より僧侶の役割は葬儀となり、昨今ではそれさえ葬儀社が主で僧侶はその下請けといったかんじに。

現代にも世を憂いて、法を説き、あるいは真実の生き方を身をもって示しておられる尊いお坊さまが多くおられるのも事実である。が、一部には先祖の墓と葬儀式を「担保」にとった寺院業者といった方も。「仏教用語」を得意とする方々も多い。といえばお寺さんから苦情がこよう。

いま出家がもっとも求められるのは「寺という家」に住む僧侶方ではなかろうか。いまのままでは日本仏教は二十二世紀には壊滅状態を呈しているのでは？

道がない　車中心の現代社会では、歩道のない道も多い。歩道が途切れて、しばらく行くと反対側に歩道、突っ込んでくる車をぬって反対側へ渡る。しばらく行くとまた反対側だけに歩道。都会では考えられないことだが、田舎ではごく普通のこと。ガードレールだって車道側が表で、歩道側にネジが出ている。法衣を引っかけたことも数度。トンネルでも歩道のない所も。これは大変。壁にへばりつくように急ぐしかない。ドライバーも暗闇に人を見つけて驚きだろう。その為もあって錫杖には反射板を貼り付けている。これ現代行脚僧の必需品。

水はけのために道路は端が低くなっている。そんな端を長く歩くと、足首が痛くなる。

宿探し　僧侶だから寺へ泊まるのだろう？　筆者も当初は、夕刻になると寺を訪ね、「行脚中の小僧ですが、一晩泊めていただきたいのですが」とお願いしていた。

「ご苦労さまです。あいにく取り込んでいまして」との答え。そんなことが数回つづき、諦めた。師僧は浄土宗の著名僧侶、名前をだせば泊めてもらえるだろうが、そんなことはしたくない。門も開けっ放しだった昔、夕方には閉じられる現代、時代は変わっている。寺が宿代わりをしていた時代とは違う。

では、どこに。夕刻になると頭陀袋に頂戴したお布施をザーッと数え、三〇〇〇円あれば、商人宿探し。こんなことも。「すいません、一晩お願いしたいのですが。お金は払います（言わないと行脚装束から奉仕しなくては思われ、まず断られる）」、「予約されていますか」、「してません」、「今日は予約で一杯です」。そばにいた子供「お母さん、今日は空いているヨ」。でもお母さんの立場もある。ありがとうございました、と次へ。

ある町では、探して行った宿、同様に断られ、仕方なく警察へ。「〇〇さん、旅の人だけど、一人空いている？　名前は小島さん」。「空いているそうです」、と教えられた宿は、さきほど満室と断られた所。先方バツの悪い顔。初めて来たような顔で「警察から紹介された小島です」。

またある所では。前夜、親切な方に予約いただいた旅籠へ。入っていくと、「ウチは結構です」。托鉢僧と勘違いされたよう。事情を話し泊めていただいた。

小さな町では宿は少ない。探せない時は仕方なく野宿。これも要領が必要。民家に近いところはすぐ一報される。門のある寺と違って門のない神社は絶好、と言いたいが、蚊

が襲来、蛇がウロチョロ。公園はトイレもベンチもあって最高、しかし、行脚している道路沿いには中々無い。ということで、スクラップされたスーパーやコンビニの軒下が今日の宿。わずかな食事を頂いて星を観ながら「お休みなさい」。

橘曙覧※**「独楽吟」五十二首**　をお借りしてあちこち行脚の楽しみ一コマ駄作、ご笑覧あれ。英訳してクリントン元大統領に見せようか（笑）。

たのしみは脚をもみもみ身体ふき布施のパンたべ野宿するとき
たのしみは道をまちがえもどるとき石のほとけに出会うそのとき
たのしみは一宿一飯情けうけしみこむビールに涙出るとき
たのしみはとんぼ飛びきて話しあいぼくととんぼが入れ替わるとき
たのしみは雨でずぶぬれふるえつつ熱き心を失わぬとき
たのしみは御名となえつつただ歩き気づかぬうちに夜となるとき
たのしみは野の草花に手を合わせ亡き友たちをしのぶそのとき
たのしみは愚かなおのれ朝見つけ昼にもみつけ夜もみるとき
たのしみは「乗りませんか」と二人連れ気持ちいただき歩きだすとき
たのしみは自販機みつけコーラ買い首脇冷やしやっと飲むとき
たのしみは自販機みつけ密着し凍えた身体温めるとき
たのしみはサバ定食食べきれず欲とからだの差に気付くとき
たのしみは疲れたからだひきずってあみだほとけのこえを聞くとき
たのしみは山々こえて下り坂海の香りを深く吸うとき

25

24　大雨の大和街道でお会いした阿弥陀さま。
25　とんぼ「康誉よ、元気かい」、応じて「とんぼさんも元気ですか?」。

たのしみはおさな子たちとハイタッチ「お地蔵さん？」とハシャがれるとき
たのしみは日陰みつけてこしかけて静かな海にわれ忘れるとき
たのしみは水まく人にお願いし頭冷やして生き返るとき
たのしみは峠こえたらまた峠なむあみだぶとまたこえるとき
たのしみは下痢腹かかえ野っぱらで人目さけつつ放出のとき
たのしみは働く人の姿みて気楽なおのれ感謝するとき
たのしみは楽しくゆったり有意義に今を生きると決定《けつじょう》のとき
たのしみはグショグショ法衣手洗いし朝汗匂い取れていたとき
たのしみはホームレスから飯もらい空《くう》をかたりてともに寝るとき　……

熱中症　野宿を想定して日本縦断は春に開始した。九州を北上し、山陽道へはいったころには暑くなり始めていた。薬師寺の高田好胤管主の葬儀式に参列するため一端戻ったころは夏と記憶している。参列していた若い自衛隊員が倒れたほどの蒸し暑さ。好胤さんにはいろいろ教えていただいた。その童顔が忘れられない。

つないだ行脚は暑さとの戦い。その日は朝からの猛暑、昼からはさらに上昇、道路上の温度表示看板は三十七度。コンクリート道路はそれ以上の暑さ。家などの日陰も真上からの太陽でほとんど無い。襦袢・白衣・黒衣・袈裟は何本もの紐と帯でしめられ、網代笠・手甲・脚絆、そしてザック、昔の装束（F・ベアトが撮影した幕末頃の写真を見た。法衣は殆ど変わっていない）はまことに熱い。汗でジュクジュク。これが半パンにTシャツ・野球帽ならどれほど快適だろうと邪念がうかぶほど。

26

26　佛教大学鳥取同窓会の講演会に呼ばれて、真夏の日本海にて。

ふらっとしてしゃがみこんだ。しばらくして立ち上がり、また南無阿弥陀仏、南無阿弥陀仏、南無阿弥陀仏……と歩き続ける。またふらつきしゃがみこむ。

こんなことを数回繰り返した。交通事故遭難者慰霊のお地蔵さんや供花に小僧なりの経を捧げようと誓っていたから、なんとしても日本最北端までたどり着きたかった。

そしてついに倒れ、気を失った。

――しばらくして気がつくと、道路標示に「阿弥陀」と地名。

「ありがたい地名もあるものだ。法然さまはお亡くなりになるとき、阿弥陀様が雲に乗って迎えにこられたとか。自分は阿弥陀の地で死ぬのか。それも縁だろう、仏の思し召しだろう」と意識朦朧のなか思った。

六文銭（三途の川の渡し銭。行脚僧も万一にそなえて持つ死出の費用）として三万円は頭陀袋にあるはずだが、ここで死んでは、付近の方や警察に迷惑がかかる、とも思った。

網代笠をはずし、ザックを下ろし、帯をとき法衣をはだけ、熱々の身体を冷やした。水筒の水を飲み、深呼吸を繰り返した。行きかう車が怪訝そうに半裸の坊主を見ていく。

二十分もすると楽になった。ヨロヨロと歩き始めた。しばらく行くと今度は「宝殿駅↓」の看板。これまたありがたい地名。「駅なら冷房があるだろう」とフラフラと前進した。念仏も途切れ途切れ。

冷房もない小さな駅、ガックリ！

タクシーが客待ちしていた。乗るつもりはなかったが、自動ドアーが開いた。乗ってしまった。意識朦朧敗残兵状態でボーッとしていた。胸元はだけてクーラーの冷気を入れていた。「どこ迄ですか」、「休ませてください」、「それは困る、走らないと」、「じゃあ、向こうへ」、「どこから?」、「鹿児島から」、「汽車?」、「歩いて」。こちらの風袋をみて全て理解いただいたようだ。

自販機のまえで停まった。「和尚《おっ》さん、何が好き、コーヒー?」、「あったら午後の紅茶、ミルクティー」と運転手さんの菩薩心に甘えた。冷たい午後の紅茶を飲み、涼しい車中、寝てしまった。

――「和尚さん、着いたよ」。エェーッもう着いたのか、極楽はこんなに近いのか、と目が覚めた。「和尚さん、今日はもう無理、ここで休んだら。お金なかったら貸してあげる」と、西明石の綺麗とはいえないビジネスホテルの前。いそいで頭陀袋を探ると四〇〇〇円ぐらいあった。タクシー代払ってもなんとかなるだろう、六文銭もある、これも阿弥陀さまの計らいと、運転手さんの言葉にしたがった。彼がフロントのお爺さんに事情を話し、五〇〇〇円安くしていただいた（金のことだけは鮮明に覚えている元経営者・破戒小僧。笑）。

運転手さんに深々と頭をさげ、部屋に入りクーラーをつけた。ガガガーと音だけ元気、水風呂へ入って寝た。翌朝は回復、また続けた。極楽はいずこにありや南無阿弥陀いまが極楽ここが極楽、と実感した。

宝殿から西明石までは念仏行脚していないことになる。もっとも寝言で言っていたかもしれない。妻によく「小さい声でして」と注意されるから。宗谷岬から戻った後、新幹線と在来線を乗り継いで、宝殿へ行き西明石まで約二〇㎞を念仏行脚した。やはりお地蔵さんや供花が四つ五つとあった。この律儀さが小僧の面白いところ（笑）。

【脱線】 後日、地図で調べたら、「阿弥陀」も「宝殿」も「高砂」市。こんなに目出度い名が集まっているとは。法然上人が讃岐へ配流される時に、立ち寄られたことと関係があるのだろうか。そこで倒れたのも仏縁であろう。

宗谷岬へ到達したときはさすがに安堵した。日本縦断で錫杖はすり減り約一〇cm短くなっていた。以下も『念仏の道ヨチヨチと』から。

つづける

鹿児島・佐多岬から念仏行脚をつなぎ北海道・宗谷岬へ到達したときの写真です。八月というのに風のつよい寒い日でした。海鳥二羽に歓迎して頂きました。感謝の報告をしました。日本各地から最北端の地を訪れる人の写真を撮っているという稚内の方に写して頂いた日本縦断での唯一の写真です。すごい蟹股ですね。かなり痩せていますね。錫杖で光っているのは夜道を歩く際の反射テープです。これは現代行脚僧の必需品。団体できてみえた僧侶の方は涙をながされ、宿屋代にと大金を頂戴しました。

地図の距離数を合計したら約三千二百キロ。小柄な私の一歩は約五十五センチ。歩数にするとおよそ六百万歩。一声一声、お念仏を唱え、一歩一歩、歩いていったら宗谷岬へ着きました。小さな一歩をつづけた結果です。つづけることが大切なのですね。

今のこの一歩を。

藤堂恭俊台下※　佛大で「予習してこなかったのか！」と叱られてばかりだった藤堂先生（故人）は、そのころ増上寺の法主になっておられた。暖かい葉書を頂戴した。先生の優しい風貌がいまも目に浮かぶ。「午後でも御前様と呼ばれる」と皆を笑わされていた。それ以降も京都へ出掛けるときは何回も行脚していった。ハワイ（泳いで？いえ鳥取の羽合）や岐阜・常滑・犬山・奈良・新潟などへも。桑名の奥から東京へ転居してからは、複数日行脚はしていない。一日念仏行脚で終わっている。桑名から京都までは三日、東京からでは二週間かかり、時間的に少々無理。時間的に無理なんて言っているアホ小僧、時間なんて他用を捨てれば作れるのに！

蟻さんぽとり　ある時、行脚から帰り法衣を脱ぐと、蟻さんが落ちた。一休みした時

27

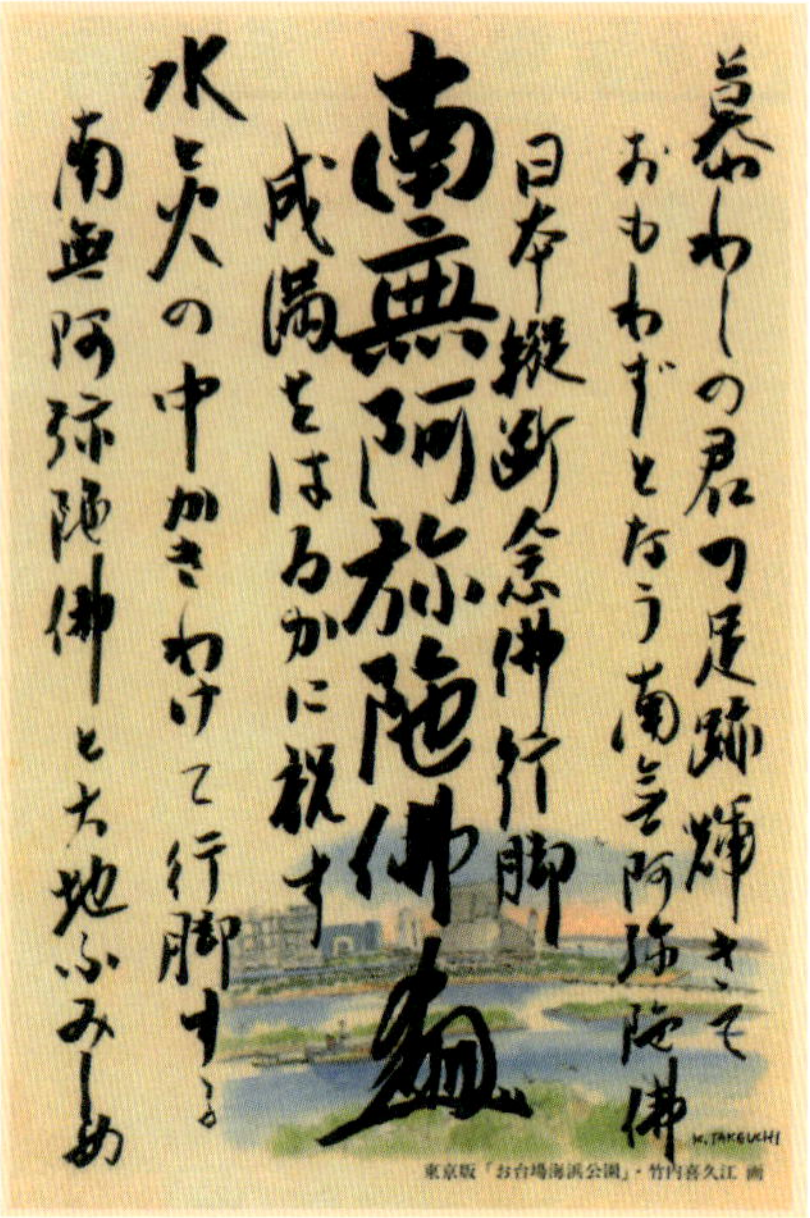

28

27　宗谷岬にて。撮影：稚内の方
28　藤堂恭俊台下から頂戴したお葉書。

に登ってきたのか。蟻さんの家族から別れさせてしまった。合掌しつつ庭へ帰した。
　避けつつも避けつつも何匹の蟻さんを踏み潰したことだろう。朝昼晩の食事、どれだけ多くの生命をいただていることだろう。生命をいただいてしか生きていけない私たち。

夢に出てくるあの峠　なにかの拍子に、行脚した所々のシーンが出てくる。記憶は不鮮明だけど。出発した佐多岬の雨。宿を探した夜中の鹿屋のあたり。志布志湾で頂戴したお茶漬け。大分から別府への海街道。細い関門トンネル。昼寝した椿峠のベンチ。涼しかった淀川河原。車中のラブシーン見せつけられながら雨宿りした伏見。転んだ東山。中山道と東海道の分岐点。鈴鹿峠芭蕉翁「ほっしん」碑。御油の松並木。富士山と新幹線を眺めつつ食べた弁当。道に迷った宇津谷峠越え。「昨日雨で渡せなかったので、晴れた今日追いかけてきました」と芳志を頂戴した方。初音が原松並木。旧東海道がいつのまにか民家へ入り込んだ箱根峠への上り。足を痛めた箱根峠の下り。大磯の松と海。大型犬に追いかけられた今市はずれ。日本海の荒波。ずぶ濡れで下痢した郡山。昼寝した仙台の河原。超空腹の中尊寺あたり。超美味しかった五戸。熊出没中の看板をよそ眼に急いだ大沼湖わき。お祭りの振る舞い飯で助かった八雲。直線道路が三〇㎞つづく美唄砂川。久しぶりの海の街留萌でのマッサージ。大の字で寝た原生花園。バルチック艦隊見張り所。……。

一里塚　路程の目安となり、疲れた身体を休める絶好の場所。四百年の時をへて、今も残っている。野村や笠寺・錦田・畑宿・垂井などに。歴史の生き証人として長く保存されることを願う。松や榎などが植えられている。家康が家臣に樹は何にしましょうかと訊ねられ「そちの『えェ（気にいる）の樹』にせい」とか「松とは異な樹にせよ」と答えたとかで、「榎」になったとか。真偽のほどは？　貴方様も一度お訪ねを。

「門松や冥土の旅の一里塚めでたくもありめでたくもなし」（一休禅師）。休ませていただくとき、この歌を思い出したことも度々。

野宿も楽し　行脚に野宿はつきもの。辛いと言えなくないが、また楽しい。今でもふらっと公園へ行き弁当を食べ、そのまま寝ることも。一度お試しあれ。

断念　念仏行脚日本縦断をおえたあと、求法の念やみがたくインドまでの念仏行脚を計画した。韓国・北朝鮮・中国・パキスタン・インドの地図や各種情報も入手し詳しく検討した。北朝鮮は通過困難、中国西方とパキスタンはイスラーム圏、そして往復三年が必要などから断念した。当時は後述する「日中共同ニヤ遺跡学術調査」の報告書出版段階で、まとまった日本不在は責任上無理であった。

今ここ自分　存在するのは今。存在するのはここ。存在するのは自分。今を大事に生きたい。ここで生きたい。自分がしっかりと生きたい。明日や彼方、他人に求めるのではなく。と思う自分がいて、そんなの無理と思う自分がいて、歩き続けるこの私。どこかの岩に「今ここ自分」と刻みたい。

死を実感　六文銭を準備（比叡山千日回峰行者も同様）しての念仏行脚。死出の旅路は覚悟のうえ。母を早く喪い、父も創業まもない欧州出張中に喪い、冬山でザイルパートナーを喪い、自分自身も遭難した身。生きることは死を決定《けつじょう》することから始まると考えていた。

お墓で一晩、野宿したらと社員研修ですすめたことも。ダンボールで棺おけを作り寝たことも。

今日は冥土の旅の一里塚ですね。てな話をすると縁起でもないとの声が聞こえてくる。原因と条件があって生じるのが因縁生起、つまり縁起。逃げずに認めることが幸せになる近道。自分が死ぬと実感してこそ、生きている有難味を感じることができる。真剣に今を生きることができる。

生老病死　人の悩みは尽きない。結局は生きているから。自由があるから。豊かな社会だから。これが今日食べる物にも事欠き、発言や移動の自由もなかったら、悩みはずっと少なくなる。生命維持のために食糧確保だけが悩みであり、何でも話したい、何処

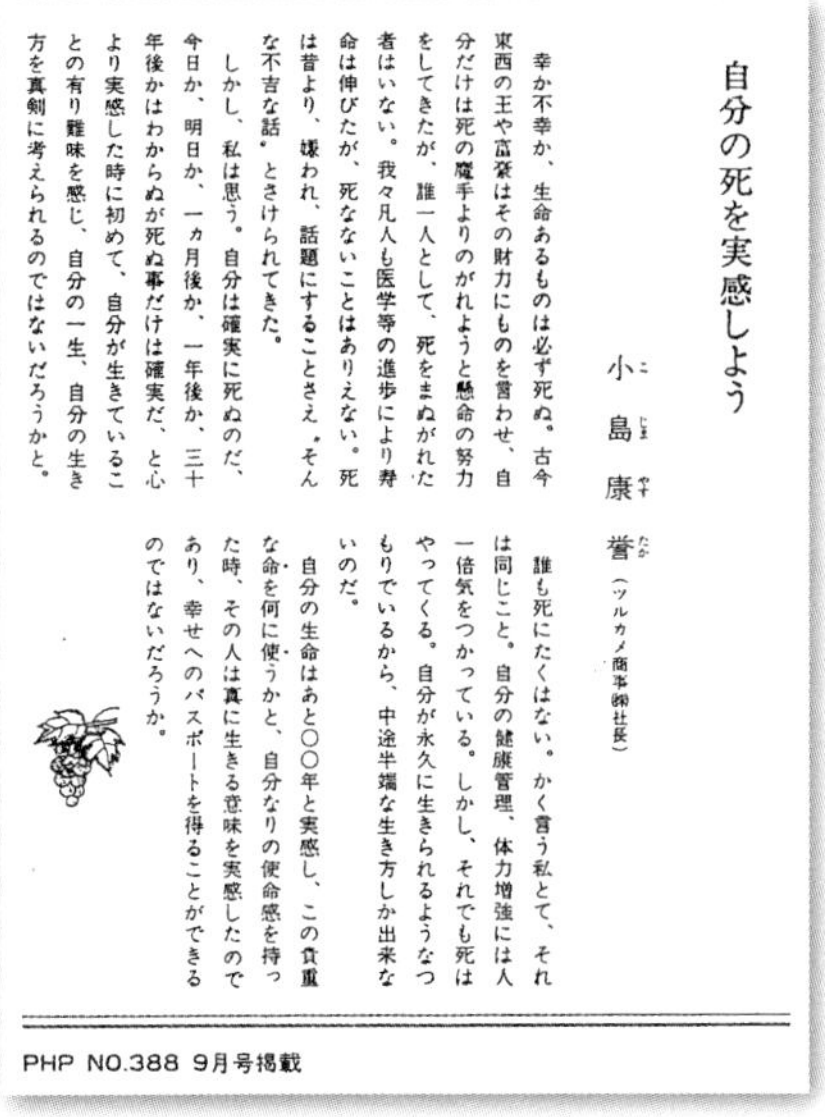

自分の死を実感しよう

小《こ》島《じま》康《やす》誉《たか》（ツルカメ商事㈱社長）

幸か不幸か、生命あるものは必ず死ぬ。古今東西の王や富豪はその財力にものを言わせ、自分だけは死の魔手よりのがれようと懸命の努力をしてきたが、誰一人として、死をまぬがれた者はいない。我々凡人も医学等の進歩により寿命は伸びたが、死なないことはありえない。死は昔より、嫌われ、話題にすることさえ〝そんな不吉な話〟とさけられてきた。

しかし、私は思う。自分は確実に死ぬのだ、今日か、明日か、一ヵ月後か、一年後か、三十年後かはわからぬが死ぬ事だけは確実だ、と心より実感した時に初めて、自分が生きていることの有り難味を感じ、自分の一生、自分の生き方を真剣に考えられるのではないだろうかと。

誰も死にたくはない。かく言う私とて、それは同じこと。自分の健康管理、体力増強には人一倍気をつかっている。しかし、それでも死はやってくる。自分が永久に生きられるようなつもりでいるから、中途半端な生き方しか出来ないのだ。

自分の生命はあと〇〇年と実感し、この貴重な命を何に使うかと、自分なりの使命感を持った時、その人は真に生きる意味を実感したのであり、幸せへのパスポートを得ることができるのではないだろうか。

PHP NO.388 9月号掲載

29

29　今になって言っているのではない証拠に『ＰＨＰ』（一九八〇年九月号）をそのまま掲載。

30

31

へでも行きたい。といったことが悩みとなる。悩むことが多いのは、それだけ豊かということだろう。

迷いの道 を人は行く。生老病死につづく愛別離苦・怨憎会苦・求不得苦・五蘊盛苦。これが四苦八苦。除夜の鐘は百八回。煩悩は多い。今「大飯」とでた。さすがパソコン、原発再稼働でゆれる日本の現在を知っている（笑）。四×九＋八×九＝一〇八（また笑）。サマージャンボの季節。炎天下で二時間半待ちする人たち。これまでに日本で最も当選がでたという西銀座の一番窓口。ほかの窓口はスグ買えるのに。沢山の人が買うから、沢山当たるだけのこと。分かっていても並ぶ人間の弱さ迷い。盛んにCMの流れる化粧品・保険・健康食品も迷い弱さ関連商品。この迷い欲望こそが人類をここまで発展させてきた原動力。頑張って並んで。迷い迷って七十年この私。

幸せ といった物はない。幸せと感じるかどうかだ。一万円を幸せと感じる人いれば、

30　当たると信じて。
31　命をどう使い、どう運ぶかは自分で決めま～す。

一〇〇〇万円でも感じない人もいるだろう。高級外車でないと満足しない人もいれば、軽で十分という人も。要は心の持ち方しだい。「ありがとう」と感じるかどうかだ。

使命・運命　自分の命の使いかたを明確にすることが「使命観」、そうすれば命の運び方は自ずと決まる、これが「運命」。と思う。運命は人から与えられるものではない。努力×時間＝運命。

【脱線】　後年、佛大の通信課程に学んだ人たちのノンフィクション『実学と虚学』（プレジデント社）が、昭和史研究の第一人者・保阪正康氏により出版された。「企業戦士、そして難病の果てに」、「患者の心がわかる医師になりたい」、「母として、妻として、大学生として」の三人の方とともに「創業者はなぜ僧侶になったか」と紹介いただいた。大学改革に興味を持つ原孝氏（現早稲田大学講師）の企画だった。保阪先生は桑名の奥の居候先まで取材にこられた。社長・僧侶・文化財保護研究など半生を躍動的な筆でまとめていただいた。四人の生き様とともに、後半の「人はなぜ『学ぶ』のか」には「真の学び」の重要性が記されている。

驚いたことに、その後、ＰＨＰから文庫版が出た。それほど売れたのだろうか。さらに驚いたことに、新幹線ホームの売店に並んだ。これも本当！

保阪先生からはいまも『昭和史講座』などを贈呈いただく。感謝するばかり。

とらわれない　歴史を経てきた経典と向き合い、また念仏を唱え続け、山河草木を友としていると、心にこだわりがなくなる。いや減ってくる。あるがままに受け入れることが出来るようになる。いや受け入れようとする。ようこそようこそ。お任せお任せ。ありがたいことです。

楽しくゆったり有意義に　目が回るほど大量の情報が「超音速」で飛び交う現代社会。我々は何時しか自分を見失っている。社長時代は十分毎に意思決定していた。行脚しはじめてからは、時間をどうにか料理することができるようになった。

【脱線】英語の勉強かねて、CNNでNY証券取引所のオープニングベルを見てから

念仏行脚僧　小島康誉

常識から脱出する

●構成　岡村繁雄

僧侶の仕事というと、皆さんは何を思い浮かべるだろうか。おそらくほとんどの人が寺院の住職を務め、葬儀を執り行うことというだろう。その通りである。だが、私は社長業のかたわら四五歳で得度して、一二年余りの修行を終えた時に「住職と葬式はやらない」と決めていた。普通に考えれば、おかしな話かもしれない。けれども、私たちは常識とか前例とか人の眼とかいうものにとらわれて、それのみが正しいと思い込んで行動している場合が多くある。

確かに、職業として僧侶を選択したのなら寺に居住し、法事を行うのもひとつの道である。しかし、私は〝生き方〟の基本として仏教を選んだのだ。きっかけは十数年前のインドツアーである。仏教の聖地を巡礼し、旅の終わりに釈尊が法を説いた霊鷲山で不思議な体験をした。二五〇〇年前の説法を聞いた。錯覚ではあろうが、確かに聞いた。仏教への縁を強く感じ、帰国してから佛教大学で学んだ。

大切なことは自分の眼で観て、自分の心で感じて、自分の頭で考え、自分の足で歩くことだ。別の言い方をすれば、世間の価値観に凝り固まっているのは目に鱗をつけて生きているようなものだ。借り物でない自分の人生を生きること。目から鱗が落ちるというのがそれで、仏教の極意なのである。現世における幸福祈願でもなければ長寿祈願でもない。ましてや葬式であろうはずがない。人生における至福の生き方といっていいだろう。

行脚修行から見えるもの

念仏・座禅・断食・回峰行あるいは作務に打ち込んでいくといった仏教の修行は、そんな極意を頭ではなく毛穴の一つひとつで体得するためにある。

私はかつて、鹿児島県佐多岬から北海道宗谷岬まで念仏行脚をした。距離にして三二〇〇キロ、八〇日を要した。熱射病で寝込んだこともあったが、山川草木に向かって唱える念仏の一声一声が喜びであり、前に踏み出す一歩一歩が仏の道である。別に悟りを求めているわけではない。天地自然と一体となるということだ。だから途中で倒れても悔いはない。

こんな日本縦断は別にして、私は三重県の寓居と名古屋や京都、奈良などの間を何度も歩いている。名古屋までは八時間、京都なら三日。誰もが「健康に良いでしょうね」というが、とんでもない。還暦を間近にした身体には激しすぎて、むしろ悪いと思う。心の健康のために念仏行脚しているのである。

世間では体の健康ばかりに気を使って、心の健康づくりには無頓着らしい。だが今の時代において、大切なのは〝健やかな心〟ではないだろうか……。身体が健康で長生きをすることが幸せだという。本当にそうだろうか。それなら世界一長寿の日本人は世界一幸福でなければならないはずだ。江戸時代の平均寿命は三五歳、大正時代は四二歳という。八〇歳になった現代は当時より幸せだろうか。

どうも違うようだ。だらだら生きてもしかたがない。大きな家に住む、財産がたくさんあるというのも同じことだ。いわゆる常識の中には本当の幸福はない。心と頭を柔らかくして、健康よし病気よし、長寿よし短命よし、金持ちよし貧乏よしと考えたらいい。

32

念仏行脚僧　小島康誉

非日常体験のすすめ

●構成　岡村繁雄

都会にも星はある。車の排気ガスや工場の煤煙に汚れた空の彼方からけなげな瞬きを送っている。けれども、その星々をゆっくりと眺める人は意外に少ないのではないだろうか。現代人のゆとりのなさが、そんなところにも出ているのかもしれない。朝起きて、会社に行って、がむしゃらに働いて帰宅するという日常に埋没してはいないか……。

そこで、突拍子もない提案をするようだが、今夜は庭で、あるいはベランダで寝てほしい。シュラフを持っている人なら簡単だ。なければ布団を持ち出せばいい。風邪をひくかもしれないが、死ぬことないだろう。さらに、もう一つ。バーチャルな、つまり仮想の死を体験することをすすめる。家にある段ボールで棺桶と蓋をつくり、出来上がったら中に横たわるのである。手には数珠を握り、線香も焚けば、雰囲気はぐっと盛り上がる。真っ暗な空間にしばらく身を置くのだ。

これら二つの〝非日常体験〟をいっぺんに行おうと思うなら、どこかの墓地で一晩を過ごすことだ。ロシアの作曲家・ムソルグスキーの組曲「はげ山の一夜」ではないが、一体何が飛び出してくるか。想像するだけでもなかなか楽しいものである。おそらく、何のためにそんなことをするのかと疑問に思われる方もいるだろう。実は、何のためでもない。ただただ、普段経験しないことを体験してみるだけだ。いつもなら見えないものが見えるかもしれないし、見えないかもしれない。私にいえるのは、ストレスの多い社会を走り抜けている経営者やビジネスマンは、無理にでもこんな時間をつくって、馬鹿なことをやってみるのも一興ではないかということである。

道草がもたらす余裕

日常から一歩距離を置くというのは、いわば別世界の探求といっていい。同じ事の繰り返しの生活の中で視点を変えることで人生が分厚くなりはしないか……。新幹線に乗るときにいつも思うのだが、プラットホームから車中はよく見えないが、逆に社内からはホームの様子がよくわかる。譬えていえばそういうことだろう。

もう一〇年も前になるが、私も墓場で寝たことがある。実は神秘体験などはない。だが、自分が死ぬということを実感することができる。そこで痛切に感じたのは「いつか本当に棺桶の中に入るのだな」ということ。世の中の人は、概念としての死は知っていても、自分が今日明日に命をなくすとは誰も思っていないはずだ。だから、普段の生き方も曖昧になってしまう。一度でもいい。死を真っ正面から見つめることで、生きるということを問い直してみてほしい。

だが、あくまでも非日常は一時的なことである。また、それぞれの日常に戻らなければならない。自分の人生のホームベースはそこにあるのだから。そして、その時に非日常で体験したことは必ず生きる。これまで気づかなかった小さな星の存在を知れば、路傍に咲く可憐な花にも目が向くようになるだろう。その意味では、非日常の体験は、一種の〝道草〟かもしれない。であれば、できるだけ道草をするべきだ。仕事や生活に追われたらそんな暇はない。無理してでもする道草が人生に余裕を生む。

33

32・33　常識にとらわれない生き方を。『経営戦略者』（TKC・二〇〇〇年七月号・〇一年一月号）より

寝る。一秒間に数万回の決済ができるとか。驚異的ハイテク社会。このような猛烈スピードが社会全体に組み込まれてしまった。人類誕生以来の刻み込まれたＤＮＡに合うはずがない。全員躁鬱状態の地球号。次々と事件が起こるのは当然の成り行き。

仏教は難しい　といわれる。本当にそうだろうか。難しくしているだけでは。難しく考えすぎでは。寺の住職が唱えるお経は日本語じゃないし、南無阿弥陀仏や南無大師遍照金剛、南無妙法蓮華経……も呪文のよう、と多くの方がおっしゃる。

インド霊鷲山で釈尊の御教えを「直に」聴聞し、仏法を志した、この小僧にもさっぱり分からない。でも小僧なりに頂戴していることが二つ三つ。

すべては変化する、例外はない。天地自然の大きな力にお任せする、もちろん全力を尽くしたうえで。すべてをありがたく受け取る、嬉しくないことも。悩んで悩むな。小僧にとっての「仏教」、「南無阿弥陀仏」は「ありがとう」。

これはあくまで小僧の水準、真髄は高僧と称えられる方からどうぞ。

日々念仏させていただくだけの小僧。「南無阿弥陀仏」か「ありがとう」をどこでも唱え続けている。いやそう努めている。時に忘れている小僧です。

あちこちにお呼びいただきつたない講演、いや漫談をつづけている。あれこれやってきたので面白いとか。何かのお役に立てるならご連絡を。アゴアシ心配ご無用。

34

35

34　「おおいなるものにいだかれあることを　けふくかぜのすずしさにしる」（山田無文老師）。大悲誓願にお任せするのみ。

35　この山の向こうに何があるか知らないけど、一歩一歩歩いてゆくのみ。撮影：杉浦一隆氏

※松原泰道大和尚（一九〇七〜二〇〇九）東京生まれ。早稲田大学卒。臨済宗妙心寺派教学部長や龍源寺住職・南無の会会長などを歴任。高田好胤管長のすすめで六十歳をすぎて初出版された『般若心経入門』（祥伝社）はベストセラーとなり、仏教書ブームのきっかけに。宗派を超えて慕われた。その著書は百冊を超える。今も時々、龍源寺へお伺いする。

※橘曙覧（たちばなのあけみ　一八一二〜六八）越後（現福井市）生まれ。江戸末期の歌人。二歳で母、十五歳で父を失い、清貧な生活に甘んじた。日常の些細な出来事に楽しみを見出し、喜びを詠み上げた。正岡子規や斎藤茂吉などにも影響を与えた。「たのしみは」で始まり「とき」で終わる五十二首が知られている。一九九四年、今上天皇、皇后両陛下の訪米時、クリントン大統領が歓迎挨拶で、「独楽吟」から、「たのしみは朝おきいでて昨日まで無かりし花の咲ける見るとき」が好きだと紹介したことで、脚光をあびた。福井市の旧居跡に橘曙覧記念文学館があるという。

※藤堂恭俊台下（一九一八〜二〇〇〇）和歌山県生まれ。佛教専門学校（現佛教大学）・大正大学卒。佛大教授として長年にわたり浄土宗学の研究と後進の指導をされた。信重院住職や浄土宗総合研究所所長・浄土宗大本山増上寺八十六世法主などを歴任。法然上人に深く帰依され人柄あふれる分かりやすい法話は好評をよんだ。

36

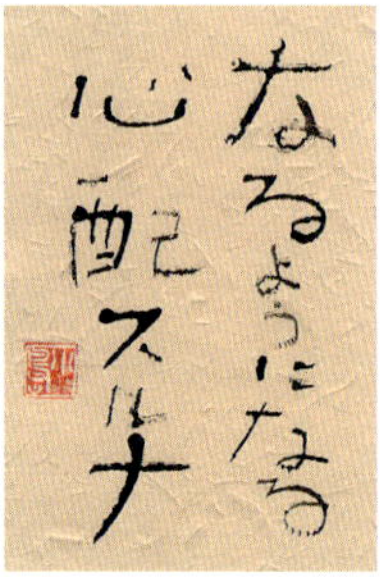

37

36　「夢」（使命観）に向かって前進するのみ。
37　全力で生きる。燃えて生きる。心配しないで生きる。

四、一身二生

本章タイトルに「ダイヤモンド」がはいっている。「この男、自分をダイヤモンドのような輝く宝石だと思っているのか?」と叱声が聞こえてきそう。とんでもない。

ダイヤモンドは多面カットされている。五十八面が主流だったが、最近では二百面を超えるカットもあるとか。その多面的生き方という意味合いで「ダイヤモンド的」人生論としたわけ。別表現をすれば「一身二生」、「二足の草鞋」であり、昨今の「パラレルキャリア」といえようか。

日本では「この道一筋」が尊いように考えられている。本当に「この道一筋」が尊いのだろうか。同質社会の日本では、レール上を走る人が評価され、別のレールに乗り換えたり、異質なことをやると妙な目で見られる。「じゃー私もそれ」と同じものを注文するように。街行く人の服装の多くは黒っぽい。保護色のよう。

また既成分野での活動が評価され、新規分野での活動は低めに見られがち。官重視、民軽視の風潮もある。

常識・概念・前例・人の目、中心で良いのだろうか。そろそろ卒業しませんか。

一筋、二筋、三筋……みんな良し。「三筋の糸」に命をかける方も(笑)。

短い人生だ、やりたいことは何でもやれば良いのでは。人と違った生き方をする勇気が欲しい。独創的であって欲しい。実用新案的人生でなく発明的人生でありたい。パラ

（大阪本社版）
夕刊 讀賣新聞　2007年(平成19年)6月5日（火曜日）
（第三種郵便物認可）
こころのページ

佛教大学客員教授を務める小島康誉《やすたか》さん(65)は、一代で上場企業に育てた宝石チェーン店の社長を創業30年を機に退任し、現在は浄土宗の僧侶、中国・シルクロードの遺跡調査、保護活動など、多彩な「肩書」を持つ。「旅先のインドでお釈《しゃ》迦様の説法が突然、聞こえてきた」。仏門に入ったのはそんな不思議な体験がきっかけだった。波乱に富んだ半生を振り返り、「この道一筋にこだわらず、アバウトな生き方でいいのでは」と説く。

アバウトな生き方を

佛教大学客員教授 小島康誉さん(65)

起業した宝石チェーン店の社長を辞めたのは54歳、上場して3年後だった。

後任社長は商社出身者を指名しました。オーナー経営者が突然引退を表明し、健康なのに取締役にも残らなかったので「不祥事や隠し事でもあるのではないか」と皆さんから疑われましたね。退任の理由は二つありました。一つは当時、戦後50年がすぎ、時代の転換期だったこと。そんな時は新しい人に任せたほうが新しい発想が生まれる。もう一つは「自分は偉い」と錯覚することです。人生の後半で裸の王様になる経営者がたくさんいる。それが怖かった。

得度したのは45歳。その4年前、経営者らを集めたインドの仏跡巡りに参加。釈迦が説法した場所といわれる「霊鷲山《りょうじゅせん》」を訪ねた際、釈迦のお経が聞こえてきて、涙が止まらなくなった。

元経営者、僧侶… 多彩な顔「人の役に」

台座の周りを歩いている時でした。どんな言葉かは説明できないのですが、お釈迦様の教えが確かに聞こえてきたんです。「ああ、仏教に縁があるんだなあ」と思い、学んでみる気になりました。会社は成長期で忙しく、新聞広告で見た佛教大の通信教育を受けて4年間、勉強しました。

82年、宝石を買い付けるため、中国の新疆ウイグル自治区を訪ねたのが縁で、タクラマカン砂漠にある「ニヤ」「ダンダンウイリク」などシルクロードの古代遺跡の調査、保護にかかわるようになった。中国では私財を投じ奨学金制度も設けた。

中国の4大石窟《せっくつ》の一つといわれる「キジル千仏洞」で、3〜4世紀に描かれた壁画群を見たのがきっかけです。素晴らしい遺跡なのに傷みが激しい。修復資金に困っていたらしく、帰国後、当時の日本円で450万円を送金しました。それを機に中国政府も修復に本腰を入れるようになりました。改めて募金活動を始め、多くの方々から浄財をいただき、1億円余りを寄付しました。

新疆には計130〜140回行きました。新疆大学に作った奨学金制度で支援したのは4000人ほどになるでしょう。遺跡の調査を含め、投じた私財はジャンボ宝くじの賞金が2度、当たったぐらいの金額になるかもしれません。遺跡調査は20人程度のチームが1か月間砂漠に滞在する。お金がかかるので今、宝くじも買っています。運は強いほうなので少額ですが、何度か当たりましたよ。

「人生は出会いと縁、これまでの決断に全く後悔はない」という。

私は明らかに変人。中途半端で、いい加減です。ただ、何をやるにしても、人の役に立とうと取り組んできました。世の中、暗い出来事が多いのはそれが欠けているから。最近、人生はレールの上を走らないといけないと思い込む人が多い気がします。おおらかで、アバウトな生き方でもいいのではないでしょうか。

文・植本洋司
写真・伊東広路

「おおらかに人生を過ごせば」と話す佛教大学客員教授の小島康誉さん（京都市の佛教大で）

1942年、名古屋市生まれ。高校卒業後、宝石卸会社などに勤めた後、66年、宝石店「宝石の鶴亀」（その後、ツルカメコーポレーションに社名変更、現あずみ、本社・名古屋市）を創業。約160店を展開し、93年名古屋証券取引所に上場。96年に社長を退いた。中国の古代遺跡の調査、修復に尽力し、新疆ウイグル自治区人民政府顧問、日中共同ニヤ遺跡学術調査日本側隊長などを務める。

38

38　おおらかに生きてゆきた〜いで〜す。読売新聞より
39　天地自然、すべての縁を友として。

39

レルキャリアを志す社員をサポートする企業が増え始めている。嬉しいことだ。

人生とはある人にとっては夢への進軍であり、ある人にとっては夢からの離脱であり、殆どの人にとっては生活との戦いだ。進軍も離脱も生活との戦いもすべて良し。自分の人生を自分色に染めるだけ。経営者に始まり、僧侶、文化財保護研究推進、公共外交実践と格闘してきた中途半端七十年。笑わば笑え。人は人。自分は自分。ガラクタ人生また楽し。

法然さまの「月かげのいたらぬ里はなけれどもながむる人のこころにぞすむ」を頂戴して生きてゆくだけ。

第四章　世界的文化遺産保護研究

本章では文化財保護研究という、あまり一般的ではない分野を淡々と記している。読みにくい点はご容赦を。

一、熱い心を知ったトルファンの帰り道

人生は不思議だ。

舞台は回りここからは波の彼方。中国の西北部、中央アジアの中央に位置する新疆ウイグル自治区での活動が第四幕。

中国初渡航　新疆へ最初に訪れたのは、一九八二年六月のこと。ジュエリーの買い付けのためであった。新疆訪問にいたる経過として中国渡航のことを書かねばならない。

一九六六年にジュエリー専門店を創業し多店舗化を開始していた七二年の春（と記憶）、友好商社の寺尾社長が広小路店へ飛び込みでこられた。

当時は日本と中国とは国交がなく、「友好商社」という中国側が認めた会社のみが中国との貿易をおこなうことが出来た。広州でおこなわれている交易会には宝石も出品されている、買い付けに行きませんか、との誘いであった。

二十四歳の若者がバックも資金もなく創業してやっと軌道に乗り始めた頃だった。新しい商品を開発するためと国交断絶して情報も殆どない中国を観てみようとの野次馬根性もあり二つ返事で行くことにした。

公安聞き込み　当時の中国やソ連は、「アカ」と呼ばれていた。共産党の旗の色からだ。現在では考えられないことだが、日本やアメリカなどの資本主義の国々とソ連や中国などの共産主義の国は厳しく対立していた。国交がないから、ビザを取得するのも普通の

方法ではなく、イギリス領香港（当時）へのビザを取り、そこにある中国機関で中国への入国査証を取得するといった二段階方式であった。

警察の公安部門が家の近所へ「どんな人！」と聞き込みに来た。隣家から聞かされた継母はビックリ。いったい何があった?と。そんな時代だった。

歩いて中国へ　香港ミラマホテルと記憶している。その一室の中国機関へ出頭し、無事ビザ取得。友好商社・寺尾商会の嘱託という肩書きで。といっても日本の通常旅券には国交のない国のビザを押すことは出来ないので、それ専用の旅券であった、これも記憶。

翌日、交易会に参加する日本人と一団となって列車に。全員緊張でピリピリ。中国入国方法が書かれたガリ版刷りのメモを皆読んでいる。やがて、中国との国境に接する所で下車。一列に並んで歩き出す。香港兵が両側に立っている。国境にかかる鉄橋を歩いて渡る。渡りきると人民解放軍兵士が着剣した銃をかまえて両側にズラッと並んでいる。

全員無言。大きな建物に案内される。入国印が押された。資料が配られる。甲高い中国語で説明が始まる。説明はすべて政治的内容。真っ赤な小冊子もある。『毛沢東語録』日本語版だ。列車に乗せられる。「乗せられる」まさしくそんな感じ。皆さんと名刺交換する間もなく、スピーカーが中国の説明、というより宣伝を始める。語録を皆で唱和する。

日本と中国は一九七二年九月二十九日国交回復。入国したのはその直後であった。手続きなどは、断絶中と変わらなかったようだ。外国人は専用紙幣（通称兌換券）の使用が義務づけられていた時代。ホテルや航空運賃も中国人の二倍ぐらいした。外国人が買える商店も制限されていた。

鍵がない　バスに乗り換え、広州賓館に到着。部屋の鍵がない。どうしてと尋ねると「我が中華人民共和国では鍵は必要ありません。資本主義の国のように悪い人はいません」と説教された。どの部屋も開けっ放しだった。もう何回も参加の豊島の幹部と同室だった。大きな繊維商社であっても「台湾と取引している」と友好商社にしてもらえず、寺尾商会の嘱託としての参加とか。

大食堂で夕食。商社ごとにテーブルがなんとなく決まっていて、そこには、各自が持ち込んだ醤油やコーヒーなどが。最初に覚えた中国語は「ビンジリン」。このアイスクリームの美味しさは絶品だった。

服務員に叱られる　翌朝からバスで会場へ。広い会場をざっと見てから、翡翠やパンダの銀製ブローチなどを買い付けた。確かに安い。午後、ホテルへ帰り、汗を流そうと風呂場へ。いつまでたっても湯も水も出てこない。フロントへ苦情。

「わが中国では昼から風呂へ入る人はいない。貴方は何を考えているのか」ときつく説教された。すみません、すみません、と引き上げた。時間が決まっていた。

日曜日は宣伝映画を観せられ、人民公社と称する農場などの見学に参加させられた。当時は文化大革命※の真っただ中だった。

その後も春と秋の交易会に参加し、上海や天津・北京の工芸品公司を寺尾商会堀尾寶課長の案内で社員とともに訪れた。宝石や景品類を定期的に買い付けた。淡水真珠や折畳み式テーブルセットなどは大好評だった。

新疆初訪問　堀尾さんから「シルクロードの新疆に宝石が安く、しかも大量にあるらしい、行ってみませんか」と誘われた。これまでのビジネスを通じて、彼の実直さには信頼を寄せていた。しかし、ジュエリーは地球が作り出す鉱物、知るかぎりの情報では新疆で商品になるような宝石は産出しないはず。

念を入れて商品リストを求めた。暫くすると、A4一枚がもたらされた。ダイヤモンド・ルビー・サファイア・エメラルド・アクアマリン・ガーネット……とこれでもかというほど宝石名が記入され、中国工芸品進出口公司新疆分公司の赤い印がでかでかと押されていた。アンティークジュエリーも記載されていた。

エェーッ本当かいな？　と思った。と同時にシルクロードは交易の道、アンティークジュエリーなら残っていて当然、その再加工品かも知れないとも考えた。ともかく行ってみようと出かけたのが一九八二年六月のことだった。

ラクダと羊がいっぱい　ウルムチは特別の入境許可証を必要とする都市で、街にはビルらしいビルはなく、ラクダが荷物を運び、羊が道の脇に放牧されていた。

貨物列車に緊急乗車　軍の警備する緑に囲まれた新疆迎賓館に案内され快適な眠り。翌日その会議室で商談開始、「お疲れでしょう」と宝石は出てこない。三日目、「早く見せて欲しい」と要求しても「宝石は大変珍しく、少ない鉱物です」の繰り返し。午後やっと机ほどの木箱が運び込まれた。「やはり良い宝石はない」と直感した。なぜなら良質の宝石は希少でそんな大きな箱にはいっていないし、専門家なら当然知っている希少性を強調するからだ。出されたものは低品質のベリルとガーネットの原石だった。「この書類に書いてある宝石は！」と迫ると、「宝石は大変貴重なもので、我が分公司は出来たばかりで、これらは取り扱い予定品目です」と。返す言葉もなかった。

先方は気がひけたのであろう、トルファンへ案内してくれた。交河故城やベゼクリク千仏洞などを参観しての帰り、突然の大雨で通行止め。現在では一日十便もある北京便は当時週二便しかなく、どうしてもその日のうちにウルムチへ帰らねばならない。しかし道路は通行止め。

案内してくれた工芸品公司の龔課長が「夜中十二時頃に貨物列車が通るはずだ、それを停めて乗ろう」と。三十年前の辺境の地で、外国人が軍事施設でもある貨物列車に乗るのは至難なこと。塩湖貨物駅での交渉は約二時間に及んだ。彼はまず老駅員を説得し、次にはウルムチの鉄道本部を説得し、彼の身元を証明するために工芸品公司の責任者から鉄道本部へ電話。待つこと約二十分。解放軍から駅員へ電話。「こちらは人民解放軍の○○だ。そこに工芸品公司の龔と日本人四人はいるか?」、「います」、「その人たちを貨物列車に乗せて、ウルムチまで送ることを許可する」。

この直後に列車の警笛が聞こえた。降りしきる雨の中、ホームに走り、老駅員がランプをかざし列車を停め、最後尾車両に乗せてくれた。解放軍兵士が乗っていた。ウルムチ駅へ着いたのは午前五時。迎賓館で仮眠する間もなく空港へ急いだ。

この客中心で対応する暖かい心、熱い心に打たれ、豊富な文化遺産に惹かれ、その後もプレミアムや山水画の買い付けに出かけた。

新疆ウイグル自治区　と聞かれて、その具体的イメージのわく方は、研究者か、よほどのシルクロード通であろう。意味の異なる「彊」が使用されたり、ウイグルとはまったく別の国名ウルグアイと混同したり、新疆省と古い名で呼んだり、新疆ウイグル族・自治区と間違えたりと、日本人には馴染みのうすい一帯である。いや中国でも新疆ウイグル族・自治区と表記している例を見聞きすることも度々。そこで新疆ウイグル自治区を紹介したい。これは新疆政府顧問としての筆者の役目でもある。

この一帯が歴史書に登場するようになったのは紀元前後から。BC六〇年頃には西域都護府がおかれ西域一帯を漢が支配した。その位置するところから幾多の国が勃興し消滅し歴史は大変複雑。ここでは省略する。新疆の名は一七五九年に清王朝が新しい国境

1

2

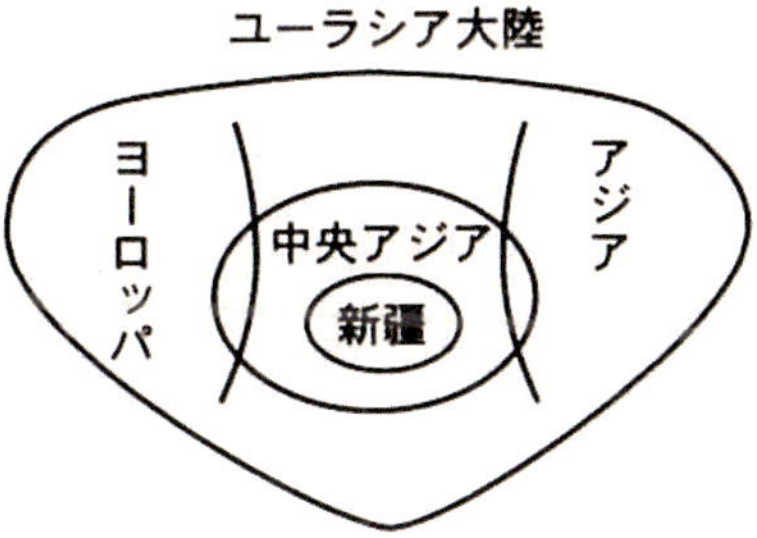

3

4

1　一九八二年六月、ウルムチ空港にて。堀尾寶課長と。撮影：寺尾商会社長

2　貨物列車に緊急乗車して。中央は中嶋武則氏（故人・豊栄家電創業者）。撮影：寺尾社長

3　中国新疆の地理的概念図、筆者作図（中央アジアの範囲はユネスコによる）。

4　略位置図。▲＝キジル千仏洞　■＝ニヤ・ダンダンウイリク両遺跡『日中共同ニヤ遺跡調査報告書』より

地帯を意味する「新辟の疆土」と呼んだことに起因している。

新疆ウイグル自治区は一九五五年十月一日に成立。東西南北の文明文化が行きかったいわゆる「シルクロード」の中央に位置し、モンゴル・ロシア・カザフスタン・キルギスタン・タジキスタン・アフガニスタン・パキスタン・インドと国境を接し、国境線は約五六〇〇㎞におよぶ。地政学的に古来より重要な一帯であり、古には東西交通の要衝の地であり、十九世紀から二十世紀にかけては欧米で「グレイトゲーム」と称された領土争奪を目的とした諜報戦が展開された。現代では「上海協力機構」の中国側接点の一部として大きな政治的意味を持っている。

面積は約一六六万㎢、中国の約六分の一、日本の約四・四倍。アルタイ・天山・崑崙の三大山脈がジュンガル盆地とタクラマカン沙漠をはさむかのように聳えている。五〇〇〇〜七〇〇〇m級の峰々は万年雪や氷河におおわれ、バインブルクなどの草原には高山植物が咲き乱れ、羊・牛・馬・山羊などが放牧されている。

シルクロード・多民族・資源・中央アジア経済圏センター　新疆を理解するキーワードは、この四点であろう。多くの文明文化が行きかい楼蘭・キジル・ニヤに代表される世界的文化遺産が各地に点在している。文明文化を運んだのは人々であり、ウイグル・漢・カザフ・回・モンゴル・キルギス・シボ・タジク・満州・タタール・ウズベク・ダフール・ロシア各族を中心に四十七民族、約二一八一万人（二〇一〇年十月末）が協力しあって生活している。往時の交流がしのばれる民族の多さである。石油・天然ガス・石炭・レアメタル・水などが大量に埋蔵されていて、開発が始まっている。タクラマカン沙漠はかって「死亡の海」と言われていたが、いまでは「希望の海」に変わった。中心都市ウルムチには高層ビルが林立し、近隣諸国との経済活動は活況を呈している。日本企業の進出も始まっている。

　新疆が広く日本で知られるようになったのは一九八〇～八一年放送された、NHKと中国中央テレビ共同取材番組「シルクロード」によって、神秘の扉が開かれたことによる。喜多郎のテーマ曲と石坂浩二の語りとともに、社会現象ともなり、以来「シルクロード症候群」といわれるほどの熱烈なファンをつくりだした。二〇〇五年には「新シルクロード」が放送され再び注目された。改革開放三十年をへて中国の経済発展は目覚しく、新疆でも投資と観光ブームで各地からのビジネス関係者や観光客があふれている。日

5

6

7

5　「新疆省銀行」一九四九年発行紙幣。蒋介石中華民国主席の肖像入り「三千萬圓」表。「6,000,000圓」裏、ウイグル語で新疆省銀行と。この年には「6,000,000,000圓」紙幣も発行された。先年、オークションに出品され話題に。この二枚はカシュの骨董店で購入した。

67　ウルムチの中心・光明路今昔。6が一九八五年、7が二〇〇八年。発展ぶりが一目瞭然。四年たった現在は更に発展している。楊新才新疆日報記者提供

本人も最多時には年間約五万人が訪れたという。

〇九年七月、ウルムチでウイグル族の騒乱が発生し、九月には漢族の大規模デモが行われ、これらの大量報道により世界から注目を集めた。一〇年四月、新疆トップの王楽泉中国共産党中央政治局委員・中国共産党新疆ウイグル自治区委員会書記後任の張春賢書記就任に合わせて中国政府による大規模な全面的支援策が開始されたことなどにより歴史的大発展期を迎えている。騒乱で激減していた投資や観光客なども戻りつつある。新疆をふくめ中国は改革開放で大きく変わった。今後さらに歴史的変化をとげることであろう。以上が駆け足で見た新疆。興味おありの方は是非お出かけを。

※文化大革命＝一九六六～七六年、「政治・社会・思想・文化の全面的改革」名目で展開されたが、実質的には大躍進政策の失敗により政権中枢から失脚していた毛沢東主席らが、復権を画策した大規模権力闘争の側面があった。権力者から庶民までを対象として、紅衛兵による組織的な暴力を伴う全国的な粛清運動が行われ、多数の死者や被害者を出し、文化財も破壊され、経済活動は停滞をした。犠牲者数は数百万とも数千万人ともいわれている。

二、日中友好キジル千仏洞修復保存協力会とその概要

一九八六年五月、敦煌・雲崗・龍門と並ぶ中国四大石窟のひとつ、天山山脈南麓クチャ西北約七〇㎞のキジル千仏洞をはじめて訪れた時の感動を、忘れることはできない。当時のクチャは対外開放されておらず「外国人旅行証」を取得したうえであった。

二つの感動と案内人の冗談　ラピスラズリの青で描かれた釈尊の前世の物語には圧倒された。日が暮れて道に迷う旅人に自らの手を燃やす釈尊。飢えた虎の親子にわが身を差し出す釈尊……。二百以上の石窟の大半に、のべ一万㎡もの膨大な壁画が残っているとの説明であった。早いものは三世紀に造営されたという。

石窟造営を発願した人たち、膨大な資金を提供した人たち、英知を絞り穿ち描いた人たち、そこで修行した人たち、その生活を支えた人たち……。陽はのぼり、陽はしずみ、風雪にたえ、異宗教にたえ、盗掘にたえ、千数百年。今なお色鮮やかに

9

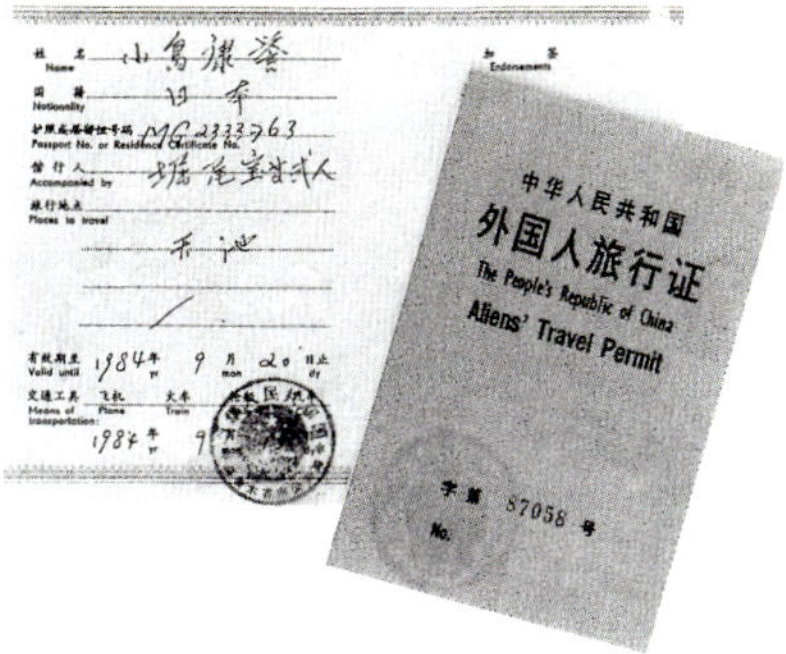

8

8　当時はキジルや天池といった観光地でさえ特別許可を必要とした。

9　キジル千仏洞を初めて目にした瞬間。

残る人々の願い。

そして、自らの生活も十分に賄えない環境の中で、それらの国宝（全国重点文物保護単位）を保存しようと汗水を流す現地の人たち。二十年以上前の中国の辺境の辺境。掘立て小屋に住み、つぎはぎだらけの服、食べるものさえ事欠く中での細々とした保存活動……。

帰り道、案内してくれた新疆工芸品公司の王世田職員が「小島さんが一〇万元を出してくれたら、専用の修行窟をつくってあげましょう」と言った。

当時の一〇万元は約四五〇万円。彼は、まったくの冗談のつもりであった。しかし、二つの感動から筆者は即座に「分かりました、出しましょう」と答えた。一、二度会った

10

11

12

10　登るのも怖いはしご。
11　金箔部分が削り取られ痛々しい壁画。
12　破壊され姿を消した仏に礼拝。本著に登場する壁画はすべて新疆文物局の許可を得て撮影している。撮影：堀尾實氏

だけの外国人のこの答えに彼は驚いた。私たちが大金のことを「一億円！」と表現するのと同じ感覚で、一〇万元と言ったのだった。当時の新疆での一〇万元はそんな金額だった。

重ねて言った。「修行窟はいりません。修復に役立ててください」。

彼は「冗談です。忘れてください」と言い、筆者の真意を疑った。思いもよらぬ大金を、何の見返りも要求せずに出すというのだから。ウルムチへの帰途、二日間二人の会話は「冗談です。忘れてください」、「冗談は分かっている。しかし保護に使って」の繰り返し。確認を重ねた彼は、ついにこちらの文化財保護の気持ちを理解した。「よく分かりました。しかし自分は修復資金を受け取れません。盛さんが政府機関を紹介しましょう」。

その頃、盛春寿処員（現新疆文物局長）は新疆大学を卒業して、新疆ウイグル自治区文化庁文物処に勤務したばかりで、案内というよりキジルを参観する外国人の見張りといった雰囲気で、会話を聞いているだけであった。キジル千仏洞を参観に訪れる外国人は殆ど皆無の時代であった。

新疆文化庁も驚く　紹介されたのは、新疆ウイグル自治区文化庁文物処の韓翔処長だったが、彼も考えてもいなかった申し出に、何度も「なぜ？　本当？　真の目的は？」を繰り返した。簡単なメモにサインをして帰国した。しかし、振込先がなかなか来ない。保護のための寄付金を振り込んだのは数カ月後のことだった。新疆ウイグル自治区での外国人からの文化経済などあらゆる方面での初の寄付申し出で、半信半疑、別の目的が

13

14

15

16

あるのではと、許可がなかなか得られなかったからだ。前年まで新疆党委員会書記を務め、当地の最高実力者である全国政治協商会議（参議院に相当か）の王恩茂副主席※がようやく承認したと後日聞いた。

しばらくして再び新疆を訪問すると、外国人も重視するほどであればと、中国政府がキジル千仏洞へ二〇〇〇万元を投じて本格的修復を行うことになったという。従来も細々と保存活動は行われていたが、学術調査をするのさえ危険な状態で、そのまま放置すれば崩壊は加速度的に進み、人類の貴重な文化遺産は歴史の中へ消えてしまう。これをなんとかくい止め、一般の人も参観できるようにしようと、修復保存工事を検討されているなかでの外国人からの寄付は本格的修復のきっかけとなったようである。

一億円寄贈申し出　それなら一〇万元では足りないから、日本で浄財を募り一億円寄贈しようと提案した。当時の現地の物価などを考えると、現在の一億元（約一四億円）に

13　王恩茂氏との会見。撮影：新疆文化庁
14　贈呈協議書調印式。撮影：新疆文化庁
15　『王恩茂日記』日本語版出版を合意して。王氏（ネクタイ姿）の右は李康寧新疆党委員会宣伝部長。撮影：新疆宣伝部
16　王氏の肩をもむ。伊藤忠商事ウルムチ事務所開設披露パーティにて。撮影：伊藤忠商事

も匹敵する巨費である。新疆ウイグル自治区文化庁の阿不力孜庁長はじめ皆がまた驚いた。「エェーッ！」と声をあげたほどである。筆者は、キジル千仏洞をはじめとする西域の文化財の荒廃には、日本の大谷探検隊も関わったことに思いを馳せていた。キジル千仏洞はシルクロードに咲いた仏教芸術の名花であり、考古学・民族学・東西文化交流史・美術史・仏教学など多方面からの本格的研究が待たれる貴重な文化遺産である。

ほかの中国四大石窟はすでに基本的修復が終わっていた。キジル千仏洞はその規模、質からいって中国だけでなく人類共通の遺産であり、次世代に引き渡す責任があると考え、巨額の寄付を申し出たのだ。

承認を得るまでには、この時もまた時間を要した。軍が警備する迎賓館での調印式には、王副主席も出席。将軍は席上、協議書を一字一句読み、遺産の前に「文化」の二文字を挿入した。その実直な姿にうたれた。氏が外国からの初協力受け入れを決断されなかったら、筆者のその後の新疆での活動はなかったと思われる。感謝するばかりである。氏にはその後十回ほどお会いし、筆者の良き理解者として、なにかと支持していただいた。

壁画の特徴　中国四大石窟のなかで最も西に位置し、最も古いキジル千仏洞は、天山山脈より流れ出てタクラマカン沙漠に消えるウイガン（渭干）河（別称・ムザルト河）の北岸約三㎞にわたって、穿たれている。三世紀から十三世紀（韓翔処長説）という長い年月にわたって、古代亀茲人やウイグル人などにより造営された。比較的軟らかい断崖（河岸壁）を穿ち窟として、その内側に土をこねた漆喰状のものを塗り、その上に御仏や動物などが描かれた。大きな窟は完成までに数年かかったことであろう。

石窟の形式は中心柱窟・大像窟・方形窟・僧房にわけられる。中心柱窟は前室・主室・後室の三部分で構成されていたが、ほとんどの窟で前室は崩壊している。

釈尊の偉大さを称えて創り出された本生物語が石窟内の菱形格子模様の中に大量に描かれているのがキジル壁画の特徴といえる。ラピスラズリの群青色が強烈な印象を与える。

第八窟には供養天が描かれ、五弦琵琶を奏でている。なお「五弦琵琶」は世界で唯一、正倉院に遺存されていることからか参観に訪れる日本人には最も人気のある窟である。

第一七九窟は日本人窟とも称される。大谷探検隊が本窟で作業したことからドイツ隊がそのように呼称したという。宝冠をいただき上半身をあらわにして首飾りをつけた護法龍王や蛇頭が描かれている。

第二二四窟には初転法輪図が描かれている。外国探検隊により切り取られた壁画の間に説法する仏と聴聞する鹿を見出す時、合掌せずにはおられない。

これらの壁画は長い年月、どれほど多くの人々の心を癒したことだろう。

修復保存計画の概要　工事主管＝新疆ウイグル自治区文化庁。工事期間＝一九八六年より五年間。準備工程＝進入路の整備、電気工事、水道工事、宿舎工事などを八六年に開始し八七年中に終了。八七年前半に測量、修復保存工法の実験、強度試験などを行い工法決定。工事は北京や蘭州などの専門家を交えて、試験しながら進める。

• 第一工程＝谷西区は長年にわたって崩壊した土砂約三〇〇万㎥を取り除き下部を平ら

17 18 19 20 21　壁画の数々。21のみ撮影：楊新才新疆日報記者

17

20

18

21

19

にする。この過程で今まで埋もれていた石窟が発見できる可能性がある。その更に下部に埋もれているかも知れない窟については費用と工法の関係上、将来改めて検討する。この部分に埋もれている可能性はかなり高いと予測される。この工程を八八年四月より開始する。谷東区は谷西区に順じ、谷内区については土砂の取り除きはしない。後山区は山上のため階段・回廊が主となるが難工事が予想される。

- 第二工程＝山肌、石窟の周囲などを固める工事で、崩れやすい山肌を固めるために鉄筋の網をかぶせ、それ全体にコンクリートを吹き付ける。石窟内部および周囲を固める工法は特殊液剤を浸み込ませる。石窟内も整備する。この工程を九〇年までに終了させる。
- 第三工程＝石窟内の壁画の修復工事で、剝落していた壁画残片をひとつひとつ嵌めもどす。長期間が必要であり、一部については九〇年に完了し、一部は引き続き行う。工事中も参観を中止せず、工事をしていない窟を開放する。工事完了後は危険箇所をのぞき、なるべく多くの窟を開放する。予算＝約二〇〇〇万元（八七年十月時点の単純レート換算では約八億円。物価水準などを考慮すると現在の約二〇〇億円相当）。

募金協力会設立　一九八七年十一月、筆者は塩川正十郎文部大臣（当時）の示唆を受けつつ「日中友好キジル千仏洞修復保存協力会」を設立し、事務局はツルカメコーポレーション（現Ａｓ－ｍｅエステール）に置かせていただいた。名誉顧問に元総務長官・沖縄開発庁長官の中山太郎衆議院議員、会長には社外取締役をお願いしていた上村晃史上村工業社長、副会長には水谷幸正佛大学長はじめ宗教界・経済界・学界のお歴々に就任をお

22　募金パンフレット（部分）。

願いし、筆者が専務理事を担当した※。

【脱線】当時の日中関係の中、一端刷りあがった中山太郎会長名入りの募金パンフレットを上村晃史会長名に印刷しなおした。このためパンフレット印刷費は二倍かかった。

困難を乗り越えた募金活動　十二月、募金パンフレットや宣伝ハガキ・テレホンカードなどを作成し募金活動を開始したが、敦煌と違ってほとんどの方がキジル千仏洞をご存知ない。「『ジキルとハイド』のジキルじゃないのか？」といわれる始末であった。新聞・テレビ・ラジオに報道を要請し、当時は社長であったこともあり取引先などに無理なお願いもした。また上村会長には表面処理技術講習会も開いていただき、その収益を寄贈いただいた。各役員にも尽力たまわり、事務局企業の丸山朝・市川洋平・小島聡子・松尾利勝・青山巽・関口靖雄・加藤賢二・上岡長作・北野博之らの役員・社員諸氏には各段の努力をいただいた。

第一次贈呈　一九八八年四月二十八日、新疆人民会堂にて黄宝璋新疆副主席列席のもと、贈呈式をおこない、トラック等八

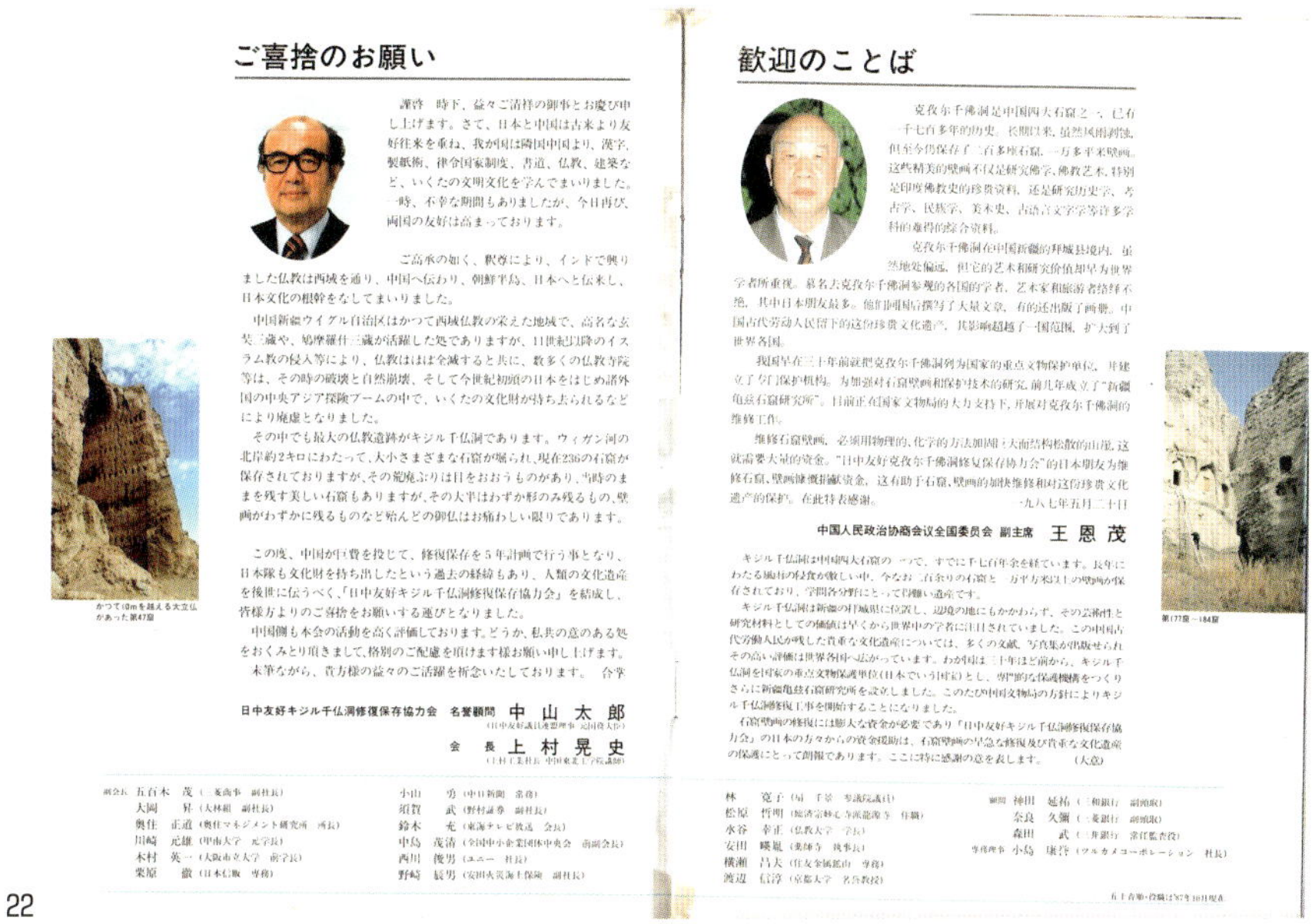

ご喜捨のお願い

謹啓　時下、益々ご清祥の御事とお慶び申し上げます。さて、日本と中国は古来より友好往来を重ね、我が国は隣国中国より、漢字、製紙術、律令国家制度、書道、仏教、建築など、いくたの文明文化を学んでまいりました。一時、不幸な期間もありましたが、今日再び、両国の友好は高まっております。

ご高承の如く、釈尊により、インドで興りました仏教は西域を通り、中国へ伝わり、朝鮮半島、日本へと伝来し、日本文化の根幹をなしてまいりました。

中国新疆ウイグル自治区はかつて西域仏教の栄えた地域で、高名な玄奘三蔵や、鳩摩羅什三蔵が活躍した処でありますが、11世紀以降のイスラム教の侵入等により、仏教はほぼ全滅すると共に、数多くの仏教寺院等は、その時の破壊と自然崩壊、そして今世紀初頭の日本をはじめ諸外国の中央アジア探険ブームの中で、いくたの文化財が持ち去られるなどにより廃虚となりました。

その中でも最大の仏教遺跡がキジル千仏洞であります。ウィガン河の北岸約2キロにわたって、大小さまざまな石窟が掘られ、現在236の石窟が保存されておりますが、その荒廃ぶりは目をおおうものがあり、当時のままを残す美しい石窟もありますが、その大半はわずか形のみ残るもの、壁画がわずかに残るものなど殆んどの御仏はお痛わしい限りであります。

この度、中国が巨費を投じて、修復保存を5年計画で行う事となり、日本隊も文化財を持ち出したという過去の経緯もあり、人類の文化遺産を後世に伝うべく、「日中友好キジル千仏洞修復保存協力会」を結成し、皆様方よりのご喜捨をお願いする運びとなりました。

中国側も本会の活動を高く評価しております。どうか、私共の意のある処をおくみとり頂きまして、格別のご配慮を頂けます様お願い申し上げます。

末筆ながら、貴方様の益々のご活躍を祈念いたしております。　合掌

日中友好キジル千仏洞修復保存協力会　名誉顧問　中山太郎
（日中友好議員連盟理事　元国務大臣）

会長　上村晃史
（上村工業社長　中日東北工学院講師）

かつて10mを越える大立仏があった第47窟

副会長	五百木　茂	（三菱商事　副社長）
	大岡　昇	（大林組　副社長）
	奥住　正道	（奥住マネジメント研究所　所長）
	川崎　元雄	（甲南大学　元学長）
	木村　英一	（大阪市立大学　前学長）
	栗原　徹	（日本信販　専務）
	小山　勇	（中日新聞　常務）
	須賀　武	（野村証券　副社長）
	鈴木　充	（東海テレビ放送　会長）
	中島　茂清	（全国中小企業団体中央会　前副会長）
	西川　俊男	（ユニー　社長）
	野崎　辰男	（安田火災海上保険　副社長）

歓迎のことば

克孜尔千佛洞是中国四大石窟之一，已有一千七百多年的历史。长期以来，虽然风雨剥蚀，但至今仍保存了二百多座石窟，一万多平米壁画。这些精美的壁画不仅是研究佛学、佛教艺术，特别是印度佛教史的珍贵资料，还是研究历史学、考古学、民族学、美术史、古语言文字学等许多学科的难得的综合资料。

克孜尔千佛洞在中国新疆的拜城县境内，虽然地处偏远，但它的艺术和研究价值却早为世界学者所重视。慕名去克孜尔千佛洞参观的各国的学者、艺术家和旅游者络绎不绝，其中日本朋友最多。他们回国后撰写了大量文章，有的还出版了画册。中国古代劳动人民留下的这份珍贵文化遗产，其影响超越了一国范围，扩大到了世界各国。

我国早在三十年前就把克孜尔千佛洞列为国家的重点文物保护单位，并建立了专门保护机构。为加强对石窟壁画和保护技术的研究，前几年成立了"新疆龟兹石窟研究所"。目前正在国家文物局的大力支持下，开展对克孜尔千佛洞的维修工作。

维修石窟壁画，必须用物理的、化学的方法加固地表面结构松散的山崖，这就需要大量的资金。"日中友好克孜尔千佛洞修复保存协力会"的日本朋友为维修石窟、壁画慷慨捐献资金，这有助于石窟、壁画的加快维修和对这份珍贵文化遗产的保护。在此特表感谢。

一九八七年五月二十日

中国人民政治协商会议全国委员会　副主席　王恩茂

キジル千仏洞は中国四大石窟の一つで、すでに千七百年余を経ています。長年にわたる風雨の侵食が激しい中、今なお二百余りの石窟と一万平方米以上の壁画が保存されており、学問各分野にとって得難い遺産です。

キジル千仏洞は新疆の拝城県に位置し、辺境の地にもかかわらず、その芸術性と研究材料としての価値は早くから世界中の学者に注目されていました。この中国古代労働人民が残した貴重な文化遺産については、多くの文献、写真集が出版せられその高い評価は世界各国へ広がっています。わが国は三十年ほど前から、キジル千仏洞を国家の重点文物保護単位（日本でいう国宝）とし、専門的な保護機構をつくりさらに新疆亀玆石窟研究所を設立しました。このたび中国文物局の方針によりキジル千仏洞修復工事を開始することになりました。

石窟壁画の修復には膨大な資金が必要であり「日中友好キジル千仏洞修復保存協力会」の日本の方々からの資金援助は、石窟壁画の早急な修復及び貴重な文化遺産の保護にとって朗報であります。ここに特に感謝の意を表します。　（大意）

第177窟―184窟

	林　寛子	（同　千景　参議院議員）
	松原　哲明	（臨済宗妙心寺派龍源寺　住職）
	水谷　幸正	（仏教大学　学長）
	安田　暎胤	（薬師寺　執事長）
	横瀬　昌夫	（住友金属鉱山　専務）
	渡辺　信淳	（京都大学　名誉教授）
顧問	神田　延祐	（三和銀行　副頭取）
	奈良　久彌	（三菱銀行　副頭取）
	森田　武	（三井銀行　常任監査役）
専務理事	小島　康誉	（ツルカメコーポレーション　社長）

五十音順・役職は'87年10月現在

台二七〇一万円相当と現金三五〇〇万円の計六二〇一万円を贈呈した、黄副主席からは「一七〇〇年の歴史あるキジル千仏洞への修復資金贈呈は、日本人の世界人類共通の貴重な歴史文化遺産への関心を表し、中日両国人民の友誼を表している。我々新疆各族人民は今回のような友誼を格別重視する」と挨拶があった。贈呈式には協力会副会長の松原哲明住職と筆者が四〇名からなる代表団とともに参加した。その後キジル千仏洞など多くの遺跡を参観した。読売新聞が同行取材し「西域二〇〇〇キロ」と題して八回シリーズで報道された。この時のキジル修復工事用車両の輸入関税（当時一八〇％）は王恩茂副

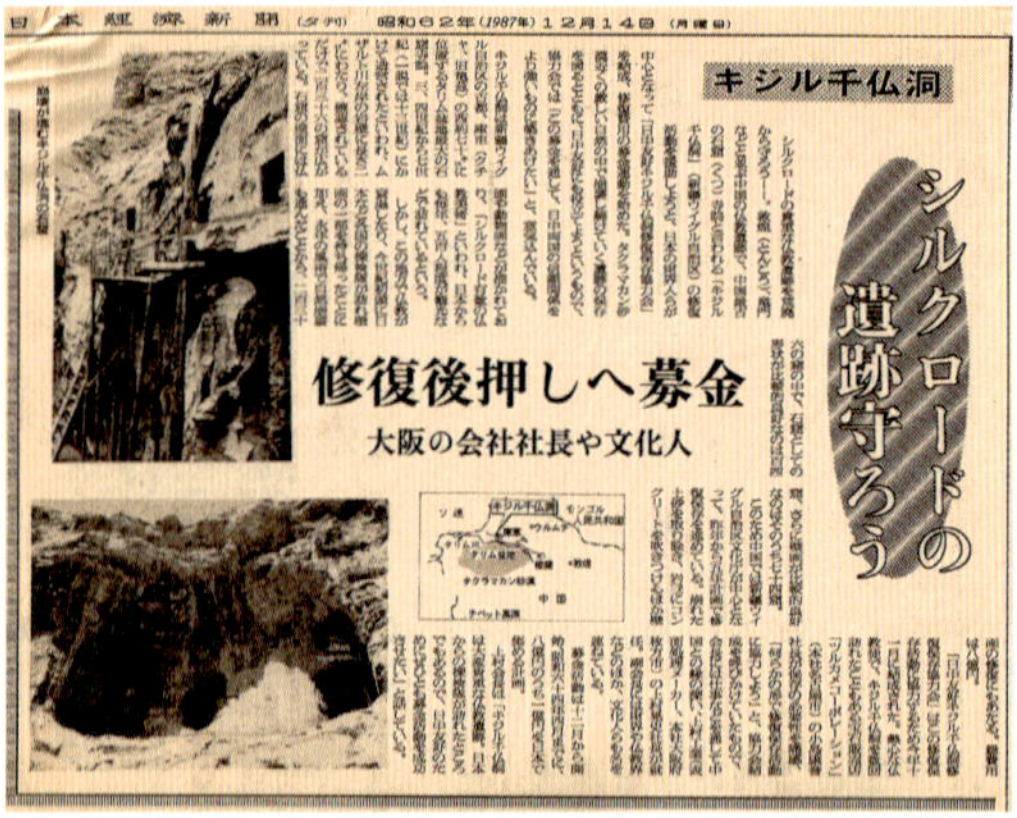
日本経済新聞（夕刊）昭和62年（1987年）12月14日（月曜日）

キジル千仏洞

シルクロードの遺跡守ろう

修復後押しへ募金

大阪の会社社長や文化人

23

87.4.11 中日新聞（夕刊）

中国最古のキジル千仏洞

修復の浄財1億円超す

瑞穂区の社長ら呼び掛け

来月にも贈呈

中国の四大石窟の一つで、長い間廃墟同然となっていた「キジル千仏洞」

24

25

23 24 25 大量の広報活動を展開（読売・朝日・毎日・中日・日経・中経・日刊工業など）。

主席の力で無税としていただいた。

第二次贈呈　一九八九年六月には天安門事件が起こり、活動も影響を受けたが、八月三十日に新疆人民会堂で王恩茂副主席列席のもと、贈呈式を行い、現金四三四三万円を贈呈した。松原師や筆者など二二名が参加し、その後キジル千仏洞などを参観した。二次にわたり三〇〇〇をこえる個人や企業からの浄財一億五四四万円を新疆政府に寄贈することができた。王副主席からは「貴方は中日人民の友誼と文化交流の使者として、キジル千仏洞を修復し貴重な歴史文化遺産を保護するために、三年近く苦労を厭わず一億円という巨額を贈呈し、たいへん大きな貢献をした、中国新疆の各族人民は忘れることはできない。名誉顧問の中山太郎先生が外務大臣となられたことを熱烈にお祝いし、新疆を訪問されることを歓迎する」などとした手紙も手元に残っている。

寄付いただいた多くの企業や個人の方々、尽力たまわった協力会の役員諸氏、さらに

图片新闻

前天下午，日中友好克孜尔千佛洞修复保存协力会第一次捐助仪式在新疆人民会堂举行。位于新疆拜城县境内的克孜尔千佛洞是我国著名的四大佛教石窟之一，迄今千余年。由于种种原因，千佛洞面临荒废的危险。为此，自治区专门成立了克孜尔千佛洞维修办公室。一九八六年，日本佛学家小岛康誉先生来疆得知这一情况后，当年向自治区文化厅捐助人民币十万元。一九八七年，小岛先生又在日本发起成立「日中友好克孜尔千佛洞保存协力会」，向各界募捐，募捐目标为一亿日元，这次已首次募捐三千五百万日元。同时，小岛先生还捐赠了八辆汽车。图为捐助仪式。

本报记者李宗绍　吴世勋　摄影报道

乌鲁木齐晚报

1988年4月30日

26

名古屋市生まれ。市立向陽高校卒後、宝石の卸売会社を経て24歳で独立。ツルカメコーポレーション社長。今春、仏教大卒。46歳。

顔

中国・キジル千仏洞修復保存の募金運動に奔走する

小島《こじま》　康誉《やすたか》さん

敦煌（とんこう）からシルクロード沿いに西へ千㌔。天山山脈を北に仰ぐタリム盆地の砂漠に二百三十六の石窟（せっくつ）を連ねる仏教遺跡「キジル千仏洞」。中国政府が一昨年から五か年計画で進めている修復工事に経済的援助をと、昨年十二月、「日中友好キジル千仏洞修復保存協力会（上村晃史会長）」を発足させた裏方役がこの人。現在、協力会の専務理事として募金の窓口を務め、二十八日、第一弾として工事用の車八台と寄付金計六千二百万円分を、北京で中国に贈った。

初めて遺跡を訪れたのが五年前。「壁面を彩る天女の姿や、果てのない遺跡の連なりを見て、建築に注いだ人々のエネルギーとロマンに魅せられました。ところが、風雨で削られた内部や、外国人探検隊に四角くはぎ取られた壁の空白など、荒廃ぶりも悲しすぎるくらいでした」

帰国後、中国政府による修復計画の話を知り、取引先の企業や寺の住職、大学学長などへ寄付金の協力を呼びかけた。

「目標は来年四月までに、あと三千万円。キジルは敦煌の千仏洞に比べ日本人になじみは薄い。しかし、初めての修復が始まったばかりで、風化の度合いは敦煌以上に深刻なんですよ」

坊主頭にスーツが似合う。宝石商のかたわら、仏の教えにひかれ続け、四十二歳で仏教大学に入学、今春、卒業した。学問に飽き足らず、昨秋、浄土宗の僧に弟子入り、僧籍を取得した異色の実業家だ。

「仏の道との結びつきや、日中友好という狭い意味よりも、人類共通の文化遺産をみんなで守っていこうっていう気持ちです」。遠い昔、この地で活躍した商人、僧をほうふつとさせる表情でシルクロード文化の再興を訴えかける。

地方部　斎藤　晴美

88・4・30 読売

27

26　第一次贈呈を報じる「ウルムチ晩報」。左が松原師、中央が黄副主席、その右後ろが筆者。この印刷水準からも当時の中国の状況が見て取れる。

27　募金活動を報じる読売新聞。

30

28

29

31

28　贈呈したトラック・工事関係者用バスなどは大いに役立った。
29 30 31　配水塔・下水管・飯場など基盤工事から開始。

35

32

36

33

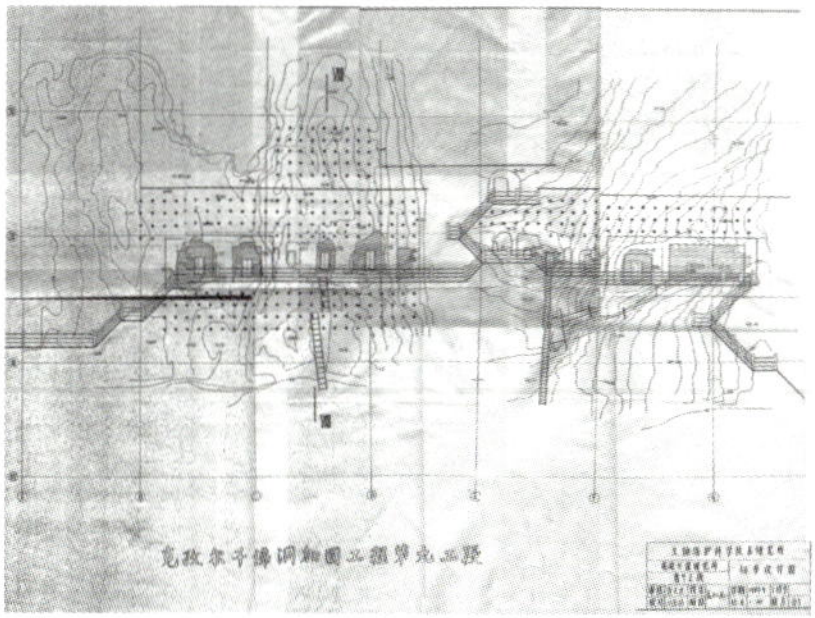

37

34

32　回廊工事の実験。若き日の盛春寿現新疆文物局局長。
33　北京・蘭州の専門家による断崖補強材料実験。
34　崩壊した断崖の修復資材。
35　断崖補強・回廊工事。
36　壁画保護工事。
37　保存工事の図面。

日中友好新時代へ

キジル千仏洞修復保存募金 最終報告

総額一億五四四四万円（第一次六、二〇〇万円 第二次四、三四三万円）贈呈
ご支援ご協力ありがとうございました

着々と工事が進むキジル千仏洞谷西区

千数百年という長い歴史を持ち、中国はもとより人類共通の重要な文化遺産として知られる国宝キジル千仏洞。その荒廃を食い止め、修復保存を行なう工事に、日本からも援助の手を差しのべようと、「日中友好キジル千仏洞修復保存協力会」（上村晃史会長）が結成されたのは、一九八七年十一月のこと。工事に必要な資金約八億円のうち、一億円を日本から贈ろうというものでした。

以来、一年五ヶ月。協力会では、全国規模で募金活動を展開。各役員を始め、役員の関係企業・各社社員の方々、あるいは仏教界・マスコミ、その他多くの方々の強力なご支援、ご協力のもと、当初の予定通り、本年四月末日をもって目標額を達成することができました。

ご喜捨は三、〇〇〇名（社）を超え、一億二、〇八四万円。このうち、募金経費一、五四七万円と第一次贈呈六、二〇〇万円を差し引き、第二次贈呈として四、三四三万円を五月十九日 新疆ウイグル自治区文化庁へ送金しました。

なお贈呈式は、八月下旬、西域文化考察団を率いて新疆一帯を旅行される、松原哲明副会長に行なっていただく予定でおります。

> 贈呈式及び右記西域文化考察団（八月二十八日～九月十二日 キジル千仏洞を始めシルクロードの各文化遺跡を歩観）に参加ご希望のお方様は、若干の余席があるとのことですので、左記までお問い合わせ下さい。
> 日中平和観光㈱営業第2部第2課 角田・瀬田
> ☎(03)501-7841

ご挨拶

名誉顧問 中山太郎
（日中友好議員連盟理事 元国務大臣）

一年五ヶ月に及んだ本協力会の活動も、ひとまず終了。皆様のご協力のもと、無事目標を達成することができ、深く感謝しております。しかし、世界平和のために、日中友好のために、次代へ向けての私たちの使命は、決してこれで終わったわけではありません。

皆様のより一層のご活躍を心より願ってやみません。

文化史へ刻む 新たな一ページ

会長 上村晃史
（上村工業社長 中国東北工学院講師）

おかげ様で皆様のご協力により、目標額をはるかに突破することができましたことを心からお礼申し上げます。日本が豊かになり、私たち一人一人に〝国際化〟というテーマが与えられた今日。海外の文化事業への参加が、いかに大切であるか。多くの方々と協力しあい活動することが、どれだけ素晴らしいか。今回の事業が教えてくれました。皆様のご支援の一つ一つが文化史に刻まれることでしょう。

文化遺産を後世に

鉄木尔・达瓦买提
（新疆ウイグル自治区主席）

私は、自治区人民政府と新疆一、三〇〇万各民族人民を代表して、あなた方の資金援助とキジル千仏洞に対して寄せられた暖かいご支援に、心より感謝を表します。

貴協力会の活動は、新しい友好往来のスタートであり、キジル千仏洞の修復に多大な貢献をなし、キジル千仏洞の歴史に新たな一ページを加えました。

新疆は、豊富な資源と果物のふるさとと、歌舞のふるさととして世界的に有名です。協力会の役員の皆様、そして募金いただいた方々が、新疆へお越しになることを心より歓迎いたします。

多くの資金援助 ありがとうございました

买买提祖衣・买买提艾力
（新疆ウイグル自治区 文化庁庁長）

キジル千仏洞の修復のため力円を援助されました。我々謝いたします。

洞は中国四大石窟の一つで、遺産です。我が国政府は、二〇億円）の巨費を投じて修復工現在順調に進展しております。ら贈られた八台の車と資金は、おります。今回の資金援助に碑を立てる予定でおります。りの感謝を捧げます。

ご喜捨いただきました皆様からのお便りをご紹介させていただきます。（一部）

水上 春代様（東京）
キジル千仏洞修復保存協力会に、僅少ではございますが、送金させていただきました。私は、大学で日本史を専攻したため、この様な趣旨にはぜひ協力させていただきたいと思っています。

森 晶子様（埼玉）
この夏、シルクロードを旅行された友人から、御会の運動のことを聞きました。私はまだ、教煌までしか行っておりませんが、ぜひ御会の運動に加わりたいと思います。寄進申込書を二部お送りいただきたく、お願い申し上げます。

冨樫 章子様（岡山）
当方、岡山大学大学院文学研究科で歴史学を専攻する学生です。現在、キジル石窟の壁画を資料として研究しているのですが、先日『佛教藝術』第179号掲載の宮治昭先生の論文で貴協力会を知りました。何分学生ですので、募金等では多くの協力はできないと思いますが、キジル石窟の保存に向けて何らかの協力ができればと思っています。

種村 徳和様（奈良）
昨年、二週間に渡って天山南路を旅行し、キジル千仏洞等拝見いたしました。その折、あまりの荒廃ぶりに驚きましたが、一方修復の動きもあり、安堵いたしました。ささやかですが、送金させていただきます。

本郷 民男様（東京）
ささやかながら、喜捨をさせてもらいます。私は仏教美術に深く関心があり、この九月にはキジルも見ることができそうです。キジルからルコックが持ち去った壁画を見るにつけても、キジルの素晴らしさ、荒廃ぶりがうかがわれます。

協力会活動記録

一九八七年 十一月 協力会発足
十二月 募金活動開始
一九八八年 二月 本協力会の活動、テレビ・新聞等で報道され反響を呼ぶ 募金額 四、一〇一万円
四月 新疆人民会堂にて、トラック等車八台、一、七〇〇万円相当と 現金三、五〇〇万円の 計六、二〇〇万円を第一次贈呈
募金額 八、五八五万円
五月 上村会長より第一次贈呈を記者発表（東京ステーションホテル） 中間報告書発行 中国大使館主催の宴開かれる
募金額 一億二八一二万円
六月 第一次贈呈式・キジル千仏洞・西域仏教等を扱った〝西域二千キロ〟が、八回に渡って読売新聞に連載される 上村会長・川崎副会長らによる「めっき技術の基礎と応用」特別セミナー、大阪・名古屋で開催
募金額 一億八二九万円
七月 新疆ウイグル自治区文化庁より三名が来日
松原哲明・安田暎胤副会長を訪問 修復保存工事開始 募金額 一億一、一〇八万円
八月 募金額 一億一、二五七万円
九月 募金額 一億一、三六八万円
十月 募金額 一億一、四〇四万円
十一月 新疆ウイグル自治区文化庁より、〝修復工事順調に進む〟の報告 「めっき技術の基礎と応用」特別セミナー東京で開催 三会場の収益が寄進さる
募金額 一億一、五六四万円
十二月 募金額 一億一、八八二万円
一九八九年 一月 募金額 一億一、八九四万円
二月 日本テレビ開局三十五周年記念番組「シルクロードの終着駅・正倉院」の写真展へ、キジル千仏洞の壁画写真数点を提供
募金額 一億一、九〇五万円
三月 募金額 一億二、〇三四万円
四月 募金締切 募金総額 一億二、〇八四万円
五月 四、三四三万円を第二次贈呈
最終報告書発行 協力会解散

次代への文化の引継ぎみんなの手で

伝えたい、一人一人の熱いロマン

1988年4月28日新疆人民会堂にて第一次贈呈

活躍する八台の車

一九八七年から始まった工事は、まず準備工事として、水道・電気・道路・宿泊所といった基盤整備が行なわれました。

続いて一九八八年七月より、第一次工事として、谷西区の第一窟から第二十七窟までの各窟の崩壊を防ぐため、外壁の強化作業と研究参観のための回廊作りが開始されました。

キジル千仏洞は辺境の地にあるため、物資の調達・運搬等何かにつけて大変で、協力会が第一次贈呈した八台の車は、セメント・鉄筋など物資及び作業人員の運搬に大活躍しました。

新疆博物館前に勢揃いした8台の車

新たに三窟発掘

この工事の途中、第十五窟近くで二窟が、また第二十七窟近くで一窟が新たに発掘されました。

とりあえず工事を優先するため、それらの窟では入口が封鎖され、研究調査は後日にゆだねられました。第二十七窟までの工事は、一九八九年八月終了予定です。

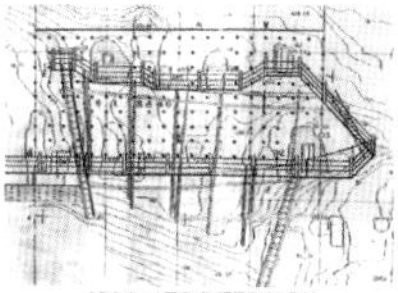
修復保存工事図面（谷西区第15窟周辺）

修復保存工事順調

シルクロードの文化財保護に、大きな弾み。

これらの工事は順次東へ進み、五月現在谷西区第三十八窟まで進んでいます。

窟内部の壁画の修復保存工事は、北京・敦煌等の経験豊かな専門家が五月より来訪し、補修を開始します。

その後も工事は延々と続き、谷東区の工事が終わるのは一九九五年を予定しております。それでも、なおかつ谷内区・後山区は手つかずの状態です。

クムトラ千仏洞の工事も開始

なお、中国政府及び新疆ウイグル自治区文化庁は、キジル千仏洞の修復保存工事で弾みがつき、一九八九年よりキジル千仏洞と同様に国宝であるクムトラ千仏洞（キジル千仏洞の南東）の工事を開始します。

クムトラ千仏洞の前を流れるウイガン河にダムが作られ水位が上がったため、水面より下になる三十七の窟について、やむをえず、その壁画を現地に作られる陳列館に移す計画です。併せてダムの取水口を上流に変更し、水位を下げる計画です。さらにシムセム千仏洞の保存工事も計画されています。

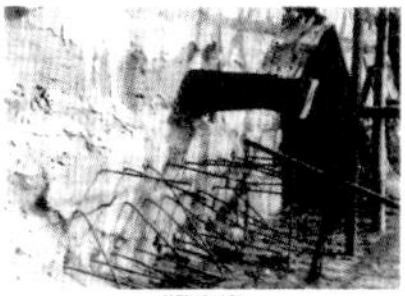
壁画補強実験

谷西区より谷東区を望む

記念碑建立

このように、私たち協力会の活動は、シルクロードの文化財保護に大きな弾みをつけました。

なお、今回の資金協力に感謝して、自治区文化庁により現地に記念碑が建てられ、そこに寄進していただいた方々の名前を刻んだステンレス板を協力会にて製作し、記念碑にはめこみます。皆様の申込書は、記念碑の下部にカプセルに入れ埋められます。本年八月完成予定です。

記念碑模型（高さ3m70cm）

38

会計報告

1989年4月30日現在

		項目	備考	金額（円）
収入		募金総額		120,845,501
		預金受取利息		69,398
		合計		120,914,899
支出	贈呈	第一次贈呈　車両8台		27,009,717
		第一次贈呈　現金		35,000,000
		第二次贈呈　現金		43,431,456
		小計		105,441,173
	募金経費	募金パンフレット一式	50,000部	6,598,000
		各役員他へのパンフレット送料	44　箱	32,090
		各役員よりのパンフレット郵送料	170円×6,300通	1,071,000
		テレホンカード	3,750枚	2,592,188
		料金受取人払用切手	申込書受取分	98,298
		礼状用切手・封筒・挨拶状	3,300セット	708,600
		印鑑	ゴム印、角印など	69,300
		第一次贈呈及び報告一式	2,500セット	425,250
		第二次贈呈及び報告一式	3,300セット	519,000
		記念碑芳名板（ステンレスエッチング加工）	1mm×69cm×80cm　12枚	3,360,000
		小計		15,473,726
		合計		120,914,899
差引				0

上記の通り相違ありません。　1989年5月10日

会計　高木康成　㊞

監査の結果、適法かつ適正であると認めます。　1989年5月20日

監事　遠藤さち子　㊞

皆様のご協力に協力会一同心より感謝申し上げます。

名誉顧問　中山太郎

会長　上村晃史

副会長　五百木茂

大岡昇

奥住正道

川崎元雄

木村英一

栗原徹

小山勇

須賀武

鈴木充

中島茂清

西川俊男

野崎義男

林寛子

松原哲明

水谷幸正

安田暎胤

横瀬昌夫

渡辺信淳

顧問　神田延祐

奈良久彌

森田武

理事　遠藤さち子

杉浦実郎

高木康成

堀尾宝

村上猛

専務理事　小島康誉

◎事務局
〒460 名古屋市中区錦1-19-32
ツルカメコーポレーション内
日中友好キジル千仏洞修復保存協力会
☎(052)221-6507代

本報告をもちまして、日中友好キジル千仏洞修復保存協力会の解散をご通知申し上げます。　最終報告書発行 1989・5・26

38　贈呈報告書。報告書には浄財を寄せられた約三〇〇〇の個人・企業名が記載されているが、紙幅の関係で略す。

は事務局として努力いただいた諸氏に心からの感謝を申し上げたい。

このように書いてしまえば、いとも簡単なことのように思われるだろうが、二十数年前の辺境の辺境に残る殆ど知られていない文化遺産の保護活動を発起し、多額の浄財を募ることは、並大抵のことではなかった。自慢するわけでなく、文化財保護の重要性はまだまだ認識されていないので、あえて言及した。学界などでも研究が目立ちがちだが、保護は研究より重要。研究は後世ほど進歩するが、消え去った文化財は戻らない。

記念碑　この寄付と中国政府や関係者の努力とがあいまって、キジル千仏洞は見事によみがえり、現在では日本人を含む多くの観光客が訪れている。寄付で修復が行われた旨の王恩茂副主席揮毫の記念碑も建てられ、浄財を寄せてくださった日本の方々の芳名が刻まれている。寄付いただいた方々の「願文」も記念碑の下に埋められた。後日、クチャゆかりの鳩摩羅什三蔵の像も建てられた。

【脱線】　筆者は鳩摩羅什三蔵※の百九代目の「弟子」にあたる。加行をおえて頂いた「円頓戒」系図に釈尊から幾代をへて羅什三蔵があり、連綿として引き継がれた末端に小僧の僧籍名が記入されている。その小僧が羅什三蔵ゆかりのキジル千仏洞の修復保存事業をお手伝いできるとは、これまた不思議で有り難い仏縁といえよう。

テレビ放映　一九九三年三月、撮影許可取得に協力した東海テレビの「新シルクロード考・砂漠に降りた飛天たち」がフジテレビ系列で全国放送された。

新疆ウイグル自治区人民政府文化顧問　一九九二年九月、鉄木尓・達瓦買提新疆主席（後に全国人民代表大会副委員長）にキジル千仏洞修復進展ぶりを報告し、鉄木尓主席より新疆政府文化顧問に任命された。

同年六月、王恩茂副主席や鉄木尓主席らにキジル千仏洞修復完了を伝えるとともに、中澤忠義伊藤忠商事副社長らを紹介、伊藤忠と新疆政府は総合友好協定に調印し、伊藤忠商事は新疆事務所を開設した。

一九九四年九月、文化参観団とともにキジル千仏洞で開催された「鳩摩羅什生誕千六百五十周年記念国際シンポジウム」に参加し、王中俊新疆文化庁書記らとテープカットや挨拶を行った。鎌田茂雄東京大学名誉教授・落合俊典華頂短期大学教授（現国際仏教学

39

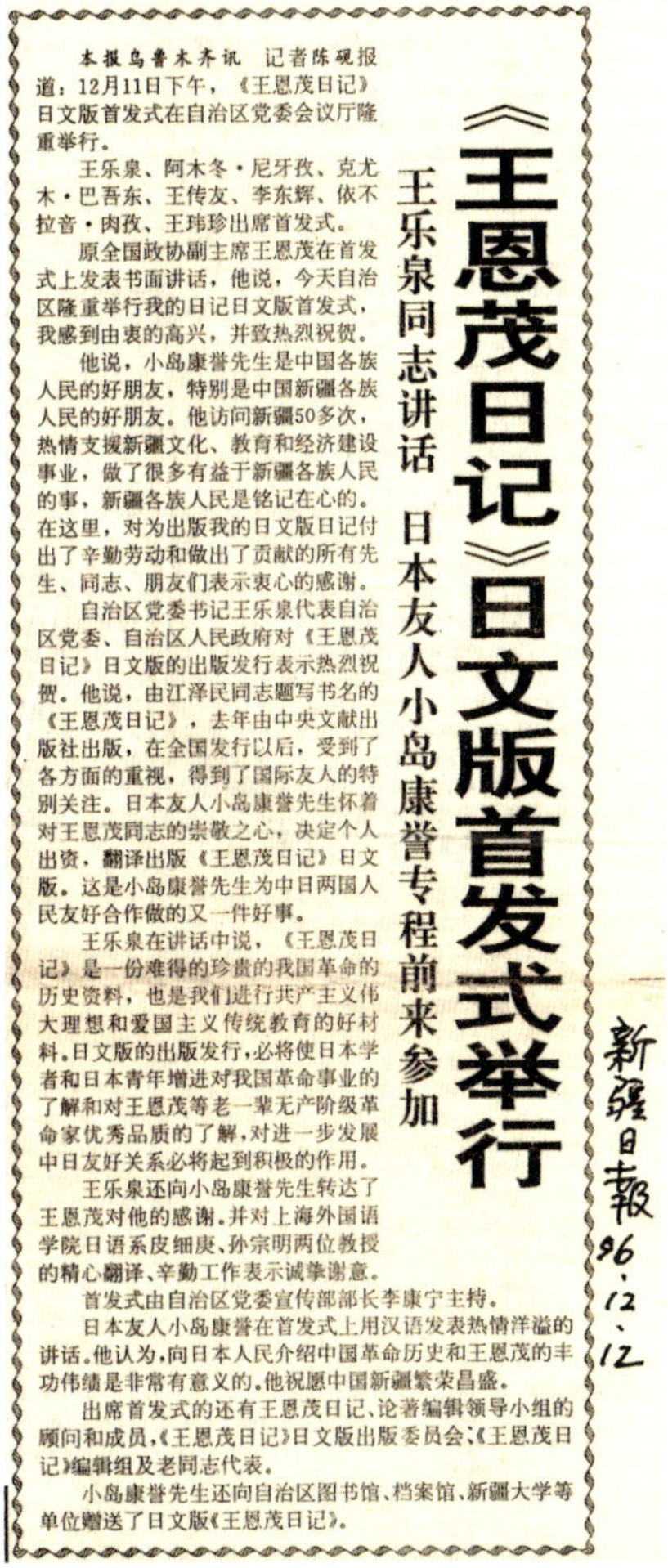

《王恩茂日记》日文版首发式举行

王乐泉同志讲话　日本友人小岛康誉专程前来参加

本报乌鲁木齐讯　记者陈砚报道：12月11日下午，《王恩茂日记》日文版首发式在自治区党委会议厅隆重举行。

王乐泉、阿木冬・尼牙孜、克尤木・巴吾东、王传友、李东辉、依不拉音・肉孜、王玮珍出席首发式。

原全国政协副主席王恩茂在首发式上发表书面讲话，他说，今天自治区隆重举行我的日记日文版首发式，我感到由衷的高兴，并致热烈祝贺。

他说，小岛康誉先生是中国各族人民的好朋友，特别是中国新疆各族人民的好朋友。他访问新疆50多次，热情支援新疆文化、教育和经济建设事业，做了很多有益于新疆各族人民的事，新疆各族人民是铭记在心的。在这里，对为出版我的日文版日记付出了辛勤劳动和做出了贡献的所有先生、同志、朋友们表示衷心的感谢。

自治区党委书记王乐泉代表自治区党委、自治区人民政府对《王恩茂日记》日文版的出版发行表示热烈祝贺。他说，由江泽民同志题写书名的《王恩茂日记》，去年由中央文献出版社出版，在全国发行以后，受到了各方面的重视，得到了国际友人的特别关注。日本友人小岛康誉先生怀着对王恩茂同志的崇敬之心，决定个人出资，翻译出版《王恩茂日记》日文版。这是小岛康誉先生为中日两国人民友好合作做的又一件好事。

王乐泉在讲话中说，《王恩茂日记》是一份难得的珍贵的我国革命的历史资料，也是我们进行共产主义伟大理想和爱国主义传统教育的好材料。日文版的出版发行，必将使日本学者和日本青年增进对我国革命事业的了解和对王恩茂等老一辈无产阶级革命家优秀品质的了解，对进一步发展中日友好关系必将起到积极的作用。

王乐泉还向小岛康誉先生转达了王恩茂对他的感谢。并对上海外国语学院日语系皮细庚、孙宗明两位教授的精心翻译、辛勤工作表示诚挚谢意。

首发式由自治区党委宣传部部长李康宁主持。

日本友人小岛康誉在首发式上用汉语发表热情洋溢的讲话。他认为，向日本人民介绍中国革命历史和王恩茂的丰功伟绩是非常有意义的。他祝愿中国新疆繁荣昌盛。

出席首发式的还有王恩茂日记、论著编辑领导小组的顾问和成员，《王恩茂日记》日文版出版委员会、《王恩茂日记》编辑组及老同志代表。

小岛康誉先生还向自治区图书馆、档案馆、新疆大学等单位赠送了日文版《王恩茂日记》。

新疆日報 96.12.12

40

39 40　『王恩茂日記』日本語版発行式と報道。提供：新疆党委員会

大学院大学教授)・中川原育子現名古屋大学助教ほか日本各地や中国・韓国・フランス・ドイツなどから約一四〇名が参加し盛会であった。

一九九六年十二月、王恩茂副主席の支持への感謝をふくめて中国側と共同出版した『王恩茂日記』日本語版(全五巻　約一八五万字　プラス)の発行式が中国共産党新疆ウイグル自治区委員会で、党・軍・政の首脳多数が参加し盛大に開かれ、北京で入院中の王副主席は書面でキジルへの貢献などへの感謝を述べ、王楽泉中共新疆委員会書記が本書の意義を強調し、筆者は王副主席との縁を紹介した。長征を現場から具体的に記載した本書は関係研究機関へ贈呈した。

管理・保護・研究　この一帯にはキジルのほかにもクムトラ・シムセム・タイタイル・キジルガハ・マザバフ・スバシ・ウンバシ・トクラクアーケンなど多くの石窟寺院がのこり、新疆文物局下の文化財管理機関である新疆亀茲研究院が管理している。

これら石窟の保護も継続して行われている。学際的研究が待たれている。宿白・馬世長両北京大学教授らをはじめとした中国人研究者が総括的研究を行い、邦人では宮地昭名古屋大学教授(現龍大ミュージアム館長)・中川原育子らが長年にわたって仏教美術面で研究を続けている。模写では張愛紅新疆芸術学院美術師・宮本道夫京都市立芸術大学教授らが活動し、絵画材料・技法研究面は佐藤一郎東京芸術大学教授らが研究院側と共同で行っている。またベルリン国立アジア美術館の檜山智美研究員も研究を始めている。

二〇〇七年八月、筆者と新疆文物局の全面支援により、安藤佳香佛大教授が共同研究を開始し、翌年にも第二次研究を予定していたが、新疆や北京での事件により外務省「海外安全情報」が一段階あがり中止となった。以降も中断しているようである。

記念講演 「新疆亀茲研究院成立二十五周年記念式典」が二〇一〇年八月、キジル千仏洞で開催され、合わせて「漢唐文明下の亀茲文化シンポジウム」がクチャ国際ホテルで開催された。記念式典は盛春寿新疆文物局局長司会のもと韓子勇新疆文化庁書記・張国領研究院副院長らの挨拶につづき筆者が記念講演「キジル一九八六我が出発点―中国文化遺産保護研究を使命として」を行った。映し出した修復前の石窟や修復工事・募金活動の写真を初めて見た北京大学・上海師範大学教授ら約一〇〇人に大きな感動が広がった。

小島精神 その後、盛局長より「新疆の力が十分でなかった時代は小島氏の資金が重要であった、経済的実力の出来た現在は『人に尽くす小島精神』こそ重要である。小島氏より二十五周年を記念して職員通勤用バスが寄贈される」と発表があり大きな拍手につつまれた。張副院長から感謝として壁画模写を頂戴した。日本人教授などから「ふた昔も前に保護の重要性に着目し実行した先見力に敬服する」などの発言があった。

【脱線】 盛春寿局長と筆者は不思議な縁に結ばれている。一九八六年、キジル千仏洞を初参観した際は彼が同行し、その後に修復保護で大きな成果をあげた。八八年、ニヤ遺跡調査は一緒に始め、歴史的成果をあげた。二〇〇二年、ダンダンウイリク遺跡調査も一緒に始め、

41 修復後のキジル千仏洞と鳩摩羅什三蔵像。

41

42

43

44

豊富な成果をあげた。二十六年という長い友情。職員通勤用バスの寄贈は「二人でキジルを訪問するのはこれが最後であろう」、と話し合って決定した。

贈呈記念碑改築　一九八八・八九年の一億円余寄贈に感謝して、建てられた記念碑は二十数年の風雪をへて、痛んでいた。二〇一一年九月、新疆ウイグル自治区政府主催「小島康誉先生新疆来訪三十周年記念活動」(後述)の一環で、移転・改築された。協力いただいた方々の「願文」なども、以前と同様に記念碑下に納められた。

二〇一一年十二月、長年にわたり支持・指導いただいた故王恩茂氏の子息・王北会新疆軍区前副総参謀長の宴に招かれた。盛春寿局長らが同席した。王恩茂生誕百年を一三

42　新疆亀茲研究院成立二十五周年記念式典。撮影：楊新才記者

43　職員はクチャやキジル鎮などから通っている。車両が少なく週一の帰宅もままならないので、通勤用バスを贈った。キジルガハ石窟にて。

44　宮本道夫京都市立芸術大学教授の緻密な模写を見学させていただく。後日、宮治昭龍大ミュージアム館長から頂いた招待券で大谷探検隊関連展覧会を参観した際、宮本道夫教授の模写も展示されていて、ご縁を感じた。撮影：楊新才記者

年五月に迎えるにあって、テレビ特番『王恩茂』を制作するので、古い友人として資料を提供して欲しいとの要請に応じて届けたものだ。全国政治協商会議の賈慶林主席のサイン入り書類も示された。同席した中央テレビ関係者から筆者の新疆での国際貢献の特番を制作し全国放送したいとの提案もあったが、辞退した。

※王恩茂副主席（一九一三〜二〇〇一）江西省生まれ。王震（後に国務院副総理・国家副主席）らとともに長征に参加し、新疆を解放した人民解放軍中将。その後も新疆にとどまり、新疆発展の基礎を築いた。新疆軍区司令員・新疆ウイグル自治区書記・吉林省第一書記・全国政治協商会議副主席などを歴任。王恩茂副主席とは度々会見するとともに書簡も多くいただいた。天安門事件の厳戒令が解除される前夜の宴席で、そのことを短波放送で知り「今日は良い日だ、明日解除される」と挨拶すると、

45

46

45 46　新旧の記念碑。
45は撮影：真田康道師　46は撮影：楊新才記者

他の新疆側出席者は「エッツ！」という顔であったが、氏だけは「ウン」とうなずかれた。病床にあった氏を北京の自宅や解放軍三〇一病院に見舞い、逆に暖かい言葉をかけて頂いたことが昨日のように思い出される。北京での告別式には、江沢民・李鵬・朱鎔基・胡錦寿らの供花が捧げられ、李鵬・胡錦寿・温家宝・曽慶紅・王楽泉・鉄木尓・達瓦買提・阿不来提・阿不都熱西提ら中国中央・新疆の要人多数が参列し、ウルムチで新疆の党・軍・政の指導者・市民多数が参列して追悼式が行われた。外国人の参列は認められず、自宅へ弔問した。ご冥福を祈る。

※本文記載以外の役員は、副会長として五百木茂（三菱商事副社長）・大岡昇（大林組副社長）・奥住正道（奥住マネジメント研究所所長）・川崎元雄（甲南大学元学長）・木村英一（大阪市立大学前学長）・栗原徹（日本信販専務）・小山勇（中日新聞常務）・須賀武（野村證券副社長）・鈴木充（東海テレビ放送会長）・中島茂清（全国中小企業団体中央会前副会長）・西川俊男（ユニー社長）・野崎辰男（安田火災海上保険副社長）・林寛子（扇千景・参議院議員）・松原哲明（龍源寺住職）・安田暎胤（薬師寺執事長）・横瀬昌夫（住友金属鉱山専務）・渡辺信淳（京都大学名誉教授）、顧問として神田延祐（三和銀行副頭取）・奈良久彌（三菱銀行副頭取）・森田武（三井銀行副頭取）、理事として遠藤さち子（監事・日本火災総務課）・杉浦実郎（総務・プラス社長）・高木康成（会計・新日本法規出版副部長）・堀尾宝（中国渉外・寺尾商会部長）・村上斌（新東通信部長）の方々であった（役職は当時）。

※鳩摩羅什三蔵（三五〇～四〇九　異説あり）新疆クチャ生まれ。中国四大訳経家のひとり。インドから流れてきた僧侶を父、亀茲国（現クチャ）の皇女を母にもち、幼少より語学にたけ、羅什をえるために戦争が行われたほどである。阿弥陀経や法華経など二百九十四巻を訳出した。中国仏教ひいては日本仏教に多大な貢献をなし得たのは、その天才的語学力と深い仏教理解によるところ大であるが、それは彼の数奇な人生がもたらしたものと言える。紙幅の関係もあり紹介できないのは残念。

三、日中共同ニヤ遺跡学術調査とその概要

キジル千仏洞修復保存活動の過程で、新疆文化庁の韓翔処長が「新疆には三つの有名な遺跡がある。楼蘭・キジル・ニヤだ。楼蘭は基本調査がおわり、キジルは日本からの資金協力で修復中、規模の大きいニヤ遺跡は本格的調査が行われていない」と言った。

共同調査提案　この話を開いた筆者は、即座に共同調査を提案した。キジルといい本件といい、よほどの〝おっちょこちょい〟である。中学生の頃、シュリーマンやスタインなどの伝記を読みニヤ遺跡の名は脳裏に刻まれていたからでもある。

彼はすぐに同意したものの、この時もまた正式許可をえるまでには長い時間を要した。過去の西域一帯における日本人を含む外国人による文化財持ち出しや遺跡が未開放地区に属していることなどの理由からである。新中国建設に驀進中であり、またスタイン最後の探検から五十年余りしか経過しておらず、外国との共同調査への拒否反応は、今では想像できないほど強烈であった。新疆政府と解放軍に対して、新疆文化庁あげての説得が続けられた。国内では、水谷幸正学長へ研究保護活動を提案し、基本的同意をえた。

調査許可取得　一九八八年七月、わが国の文化遺産保護姿勢を理解してもらうために韓処長一行を招聘し、ニヤ遺跡やダンダンウイリク遺跡などをふくむ西域南道の遺跡群調査に関する覚書を交した。キジル千仏洞の修復への貢献などが評価され、「参観」名目での共同調査許可であった。

精絶国・調査の意義　ニヤ（尼雅）遺跡は、タクラマカン沙漠南縁の小都市であるミンフォン（民豊・旧称尼雅＝ニヤ）から約一〇〇km北上した一帯に残る紀元前一世紀頃から紀元五世紀頃まで栄えた古代都市の遺跡であり、『漢書』などに記載の西域三十六国のひとつ「精絶国」に比定されている。

その規模は東西約七km・南北約二五km（周辺を含む）という広大な範囲にわたり、北緯三十七度五十八分三十四秒・東経八十二度四十三分十五秒に位置する仏塔を中心に、寺院・住居・生産工房・墓地・果樹園・貯水池・家畜小屋・橋状遺構・建築部材散布地・垣根・城壁・並木など約二百二十カ所の遺構と数十カ所の遺物散布地、さらには河床・大量の枯樹林などが残在している。

幻の古代都市　「西域三十六国」のなかでは中規模の都市国家であったが、ほかの都市はそのうえに新しい都市が建設されたりして殆ど消滅し、残存するなかではいまや最大の都市国家遺跡であり、古代西域研究に欠くことのできない重要な位置をしめている。ニヤ遺跡はこのように世界的文化遺産ともいえる規模と価値を有し、「シルクロードのポンペイ」・「幻の古代都市」とも称されている。一帯の海抜は一二〇〇m前後である。

西はローマ、イスタンブールから東は長安（現西安）までを結ぶいわゆるシルクロードは、幾多の文明文化が行き交った道であり、極めて重要な意義を有している。その東の終着点は日本の奈良であったともいえる。日本に伝わった多くの文明文化は、このシルクロードと密接な関わりをもっている。胡椒・胡弓・胡麻などの「胡」にその一端が見て取れる。

47

シルクロードのほぼ中央に位置する西域（現新疆一帯）には古代都市を結んで、天山北路・西域北道・西域南道と呼ばれた古代交易路が通っていた。本調査はその西域南道に所在したと仮説のあるニヤ遺跡を対象とするものである。

スタイン　ニヤ遺跡を発見し、この遺跡を「ニヤ遺跡」と命名したのは、イギリスに帰化したハンガリー生まれのユダヤ人探険家で考古学者のオーレル・スタイン、一九〇一年一月のこと。彼は〇六年・一三年・三一年にも調査をおこない、七百余点のカローシュティー文書、五十余点の漢文文書など大量の文物を持ち出し、当時としては卓越した研究をおこない、詳細な報告書などで発表した。第二次大谷探検隊の橘瑞超も一九〇九年に進入を試みたが、途中のイスラームの聖人サデックを祀る墓「イマーム・サデック・マザール」までは至っているが、ニヤ遺跡には暑さのためか日程上か到達していないようである。一九五九年には新疆博物館の李遇春らが調査をおこない、遺跡北部で男女合葬墓などの発掘をおこなった。これ以外にも参観程度の調査や取材がおこなわれた。

これらの調査研究により、ニヤが三～四世紀頃クロライナを中心とする楼蘭王国の西端のオアシスとして、納税・契約・駅伝制度などの整った中央集権国家の一部であったことが判明した。二〇〇〇年を経て今日まで住居の柱などがそのまま残存するタクラマカン沙漠で最大かつ重要な遺跡として注目を集め、一躍有名になったが、大沙漠の奥深くに位置するなどの理由から体系的に調査されることはなく、本格的調査が待たれていた。

調査開始　一九八八年十月二十九日、日本隊三名が日本を出発し、のちに歴史的成果

48

47
48　道なき道を切り開き、九〇kmに十二時間余り。赤ジャンバー姿が北野博之隊員。

をあげることになる「日中共同ニヤ遺跡学術調査」（佛大ニヤ遺跡学術研究機構・新疆文物局〈九七年三月までは新疆文化庁文物処〉主催、文部科学省助成、中国国家文物局批准）が開始された。

汚水を飲む　第一次予備調査は、沙漠車やＧＰＳ（グローバル・ポジショニング・システム、汎地球測位システム）といった近代装備を持たない、まさに「探検」であった。ミンフゥンからカパクアスカンと称される小オアシスまでの約九〇㎞に十二時間余りを要した。道らしい道も無く車輪が砂にとられてたびたびスタックするためであった。小オアシスで牛や羊の糞の浮いた水を錆びついたタンクに汲んでいるので、ラクダ用の水かと聞くと、人間用だとの答え。これには啞然とするばかりだった。ラクダに装備を積み、その上に乗って遺跡を目指した。

頼りとしたのは、スタインの報告書記載の簡単な地図と一九八〇年に日中共同取材班を案内した伊弟利斯新疆文物考古研究所研究員（後に所長・現名誉所長）やラクダ使いコルバンの記憶だけ。筆者はスタインの概念図により沙漠地帯を北上することを提案したが、中国側リードによりタマリックス堆地帯ルートとなった。

現在地不明なれど全員無事　これが安全のために政府から派遣された無線士の定期交信文であった。モールス信号用のアンテナを立てる度に小一時間を要した。タマリックス堆の間を「右だ、左だ」とラクダで三日かけてようやく仏塔にたどりついた。十一月六日早朝のことである。ここに画期的調査の幕が開いた。この時の感激は今でも忘れられない。記念すべき第一次調査隊員は筆者・堀尾寶・北野博之・盛春寿・韓翔・王経奎・伊弟利斯・熱傑布とサポート隊（ラクダ使い・運転手・無線士）含めて総計十四名であった。

49

49　この汚水をラクダで運び、汚物を沈殿させ沸騰させ飲み、腹痛にもならなかった。人間は強い。

50

52

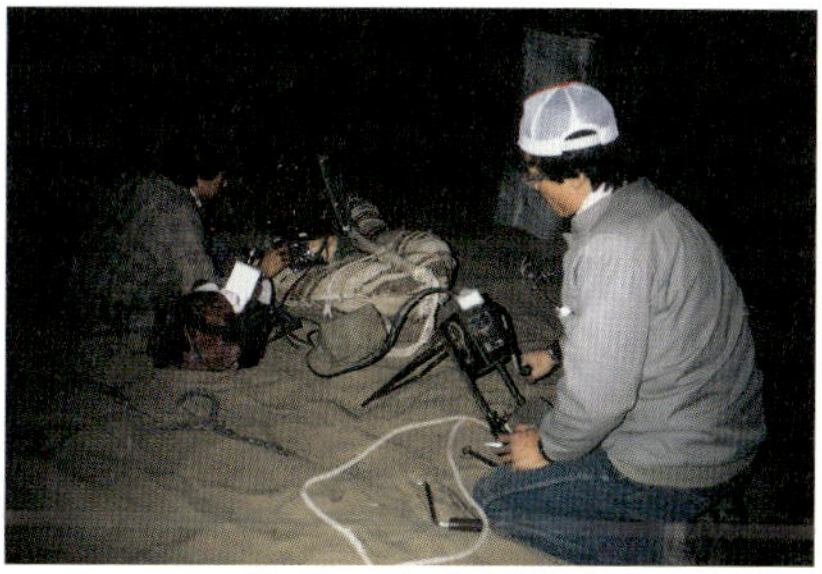

51

50　カパクアスカンから沙漠へ。先頭がキャラバンリーダーのコルバンさん。

51　モールス信号通信のため手動発電する盛春寿隊員（現新疆文物局局長）。

52　後に歴史的成果をあげるニヤ調査第一次隊。左奥に仏塔。前列左から、コルバン・王経奎・筆者・韓翔・伊弟利斯隊員。後列左からラクダ使い・熱傑布・無線士・堀尾寛・盛春寿各隊員。撮影：北野博之隊員わずか二日の滞在であったが、遺跡中心部を観察してまわり、概要を把握するとともに、地表散布遺物の収集を開始し、日中双方とも調査の必要性を確認、同月十四日には以降調査の覚書を買買提・祖農新疆文化庁庁長と交した。

調査終了後、中国側許可をえて借用してきた遺物数点を水谷学長や高橋弘次佛大事務局長（後に学長・現浄土宗大本山金戒光明寺法主）へ示すと、「仏教遺跡である、共同研究を是非やろう」との方針が示された。

第二次・第三次調査　真田康道佛大教授やカローシュティー文書研究の第一人者である井ノ口泰淳龍谷大学名誉教授・シルクロード学研究で知られた長澤和俊早稲田大学教授らにも参加いただき、一九九〇年（総勢一六名）・九一年（総勢一一名）と予備調査を継続、世界でも例をみない大沙漠での調査方法を検討した。カローシュティー木簡など地表散布遺物を採集し、住居址模式図作成やＧＰＳによる遺跡位置の登録を開始するとともに、トラックでルート開発も行った。沙漠車を実験的に導入し、調査日数も増やした。遺跡管理人を増員するなど保護強化を開始した。中国石油報・東海テレビが同行取材した。

国家文物局正式許可　それまでの三次にわたる予備調査の実績が評価され、一九九二年四月十四日、日本の文化庁にあたる国家文物局より正式許可書を取得した。同月二十八日、克尤木・巴吾東新疆副主席列席のもと、買買提・祖農新疆文化庁庁長とニヤ遺跡の総合調査を目的とした協議書に調印した。

第四次調査　九二年調査（総勢二七名）では分布調査・住居址模式図作成・遺物採集を

53

56

54

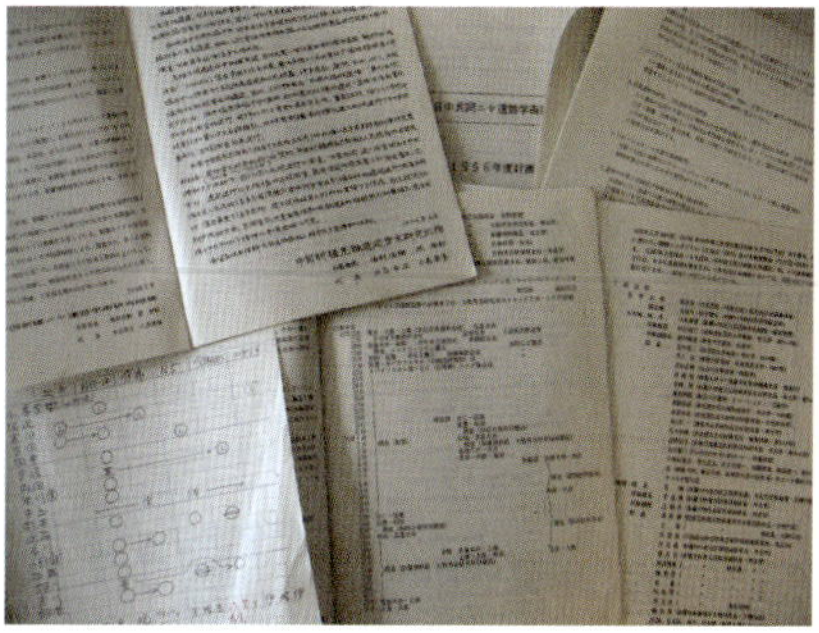

57

55

53　遺跡中心に位置する仏塔に額づく筆者。撮影：堀尾寶隊員

54　一九九〇年隊。カパクアスカンにて。筆者左が真田康道教授、その前が井ノ口泰淳名誉教授。撮影：堀尾寶隊員

55　沙漠に残る人骨。

56　点在する遺構。

57　毎年の計画書（部分）。

継続し、建築学調査も開始した。衛星画像に写る大型遺構らしき長方形を調べるため大砂丘を乗り越えての探索もおこなった。現地調査以外にニヤ遺跡出土遺物調査を新疆博物館などでおこなった。有り難いことに関係者の尽力もあり日本政府の評価をいただき文部省（現文部科学省）の科学研究費助成（研究代表＝真田康道教授）が開始された。中国石油報・東海テレビが同行取材した。

第五次調査　九三年調査（総勢五六名）からは調査の本格化にともない、サポート隊を含めて約六〇人と規模を拡大し、現地調査期間も約三週間と長期化させた。分布調査・住居址模式図作成を継続、大型住居址測量や地質学調査も開始し、遺跡北方の探査もおこなった。中国側の許可をえて分析試料を日本へ持ち帰り研究を開始した。この年より沙漠車の本格導入で遺跡へ比較的スムースに到着できるようになったが、遺跡保護のため現地到着後はラクダを併用した。ディーゼル発電機を導入し、生活面を改善するとともに、夜間も資料整理がおこなえるようになった。遺跡保護、環境保護の一環として、炊事に枯樹使用をやめ石炭、プロパンガスを本格導入。トイレも設置した。

新疆政府からは当初より全面的支持と協力をえていたが、この年より鉄木尓・達瓦買提新疆主席が調査の名誉主席に就任いただいた。また全国人民代表大会の環境資源保護委員会が地球環境保護の立場より新華社・中央テレビ・中国石油報からなる取材班を派遣し、これ以降ニヤ調査は中国内外で大きく報道されるようになった。ワシントン・ポストも数頁にわたって特集した。東海テレビも九一年・九二年とつづいて取材した。

58

61

59

62

60

58　一九九三年隊。ベースキャンプにて。撮影：中国隊隊員

59　大沙漠での大規模調査は困難そして過酷。

60　パウダー状の砂に沙漠車も度々スタッグ。

61　日中共同ニヤ遺跡調査を伝える大量の報道、それだけで数百頁の資料集ができるほど。

62　点在する遺構。

【脱線】 沙漠のない日本では考えにくいことだが、大沙漠での調査は困難がつきまとう。主要「交通」手段の駱駝には、観光用のように椅子があるわけでなく、荷物を載せた上に跨っての長時間騎乗は「苦行」。時に暴れる。落馬ならぬ「落駝」した人も。「楽だ」とシャレておられない（笑）。ある人はショックで数日食事ものどを通らず、ある人は脳震盪で二十分ほど気を失い、またある人は腰を痛め入院。入院といっても簡単にはいかない。駱駝と車を乗り継いで、三日目にコルラの病院へ。盲腸炎発病の方も……。これらは困難さのごくごく一例。

中国政府発掘許可取得　一九九四年一月二十九日、中国と外国との共同調査として最大規模のニヤ調査を全面的支持してきた国家文物局は張徳勤局長名で、前述のような実績を評価し、関係部門の批准をへて発掘許可を発出した。国家文物局令による外国隊への発掘許可第一号と聞かされた。国家文物局の発掘許可書を手にした外国人はきわめて稀であろう。キジル千仏洞保護以来、長年にわたり真面目に文化財保護研究に取り組んだ結果である。

【また脱線】 写真64の新聞を探し出したら、同じ面に「総辞職せぬなら解散要求、村山委員長」の記事。十八年たった二〇一二年も国会は同じような体たらく。失われた二十年！　ちなみにスポーツ面には貴乃花優勝の記事。

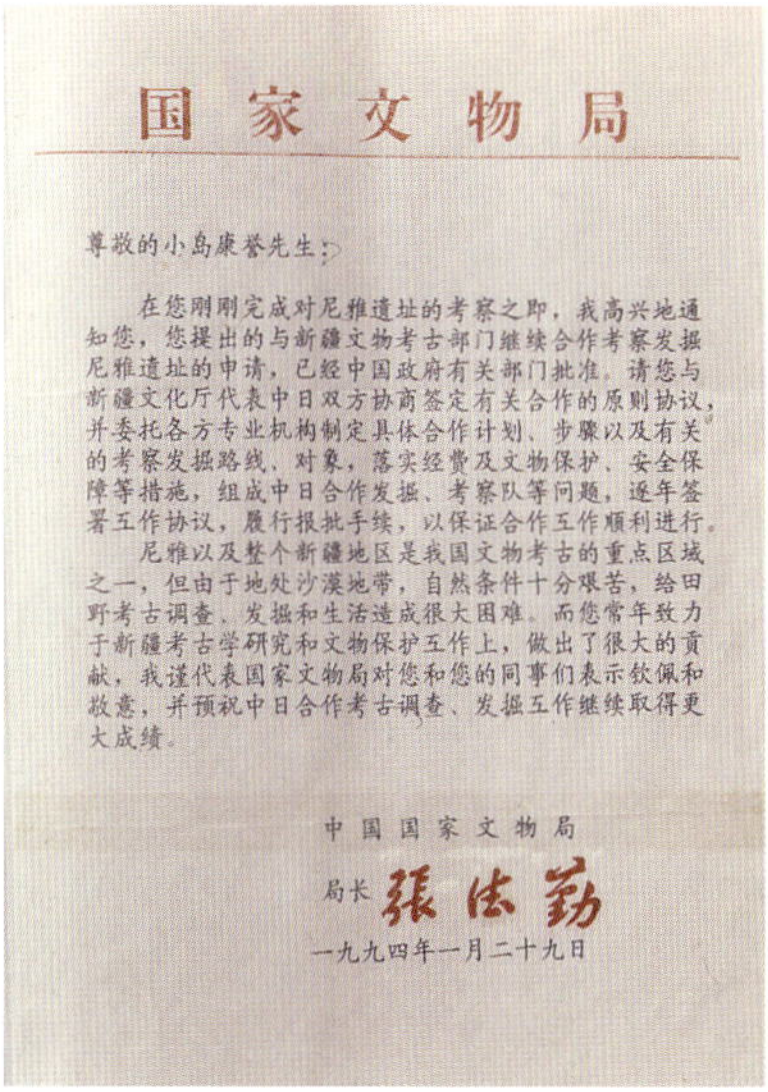

国家文物局

尊敬的小岛康誉先生：

在您刚刚完成对尼雅遗址的考察之际，我高兴地通知您，您提出的与新疆文物考古部门继续合作考察发掘尼雅遗址的申请，已经中国政府有关部门批准。请您与新疆文化厅代表中日双方协商签定有关合作的原则协议，并委托各方专业机构制定具体合作计划、步骤以及有关的考察发掘路线、对象，落实经费及文物保护、安全保障等措施，组成中日合作发掘、考察队等问题，逐年签署工作协议，履行报批手续，以保证合作工作顺利进行。

尼雅以及整个新疆地区是我国文物考古的重点区域之一，但由于地处沙漠地带，自然条件十分艰苦，给田野考古调查、发掘和生活造成很大困难。而您常年致力于新疆考古学研究和文物保护工作上，做出了很大的贡献，我谨代表国家文物局对您和您的同事们表示钦佩和敬意，并预祝中日合作考古调查、发掘工作继续取得更大成绩。

中国国家文物局

局长 張德勤

一九九四年一月二十九日

63

1　14版　朝日新聞

1994年(平成6年)5月23日

シルクロード　1600年砂漠に眠る町

ニヤ遺跡を日中発掘へ

中国・西域にある約千六百年前の都市遺跡「ニヤ遺跡」を、日本と中国の研究者が共同で、今秋から十年以上をかけて発掘調査することになった。大きな町が砂漠の下にそっくり眠る西域最大の遺跡とされるが、これまで一部が調べられただけだった。五回にわたる予備調査で住居跡や文字入り木簡などが確認されており、なぞに満ちたシルクロードの町の全容解明をめざす。中国政府が同遺跡の発掘を外国隊に許すのは初めて。

10年以上かけ全体調査

発掘に当たるのは京都市の龍谷大や佛教大などの研究者で作る日本隊（代表・小島康誉新疆大学名誉教授）と中国・新疆文化庁の「日中共同ニヤ遺跡学術調査隊」。日本と中国側から約十五人ずつが参加し、毎年、天候が安定する秋に現地に入り、十年以上をかけて、遺跡全体の調査を進める。

予備調査は一九八八年から九三年までの間、五回にわたって行われた。中国側研究者だけに許された墓地二カ所の試掘以外、調査は地表面だけに限られたが、町が栄えた四世紀ごろの柱が残る住居跡約七十カ所、墓地五カ所、林や並木跡二カ所などが確認された。

西域で使われたといわれる「カロシュティー文字」が記された木簡や、人骨と毛髪、ミイラ、食物とみられる穀物、朱の模様をほどこした陶器の瓶（かめ）、銅鏡の一部などの遺物も見つかった。木簡に記された文字は、納税記録や支配者の命令らしく、当時の社会構造を解く大きな手がかりになるという。

日本側学術隊隊長の井ノ口泰淳・龍谷大名誉教授の話　古代シルクロード沿いのオアシスに、どういう町が栄え、人々がどんな生活を営んでいたのか。その様子を突き止めるための貴重な調査になるだろう。

ニヤ遺跡　タクラマカン砂漠の南部、新疆ウイグル自治区にある。規模は南北約二十五キロ、東西約七キロ。ニヤ河畔にあったが、四世紀ごろに突然、住民が消えたという。一九〇一年から三回、英国のオーエル・スタインが一部を発掘。約四十カ所の住居、果樹園、文字木簡などを発見し、豊かな文化が専門家に知られた。五九年、中国隊が調査したが、その後は放置されている。

㊤ニヤ遺跡に残る住居跡。約千六百年前の柱が砂漠の真ん中に立つ＝中国・新疆ウイグル自治区で　㊦封をされた状態で発見された木簡。表面に文字が見える＝ウルムチの新疆文物考古研究所で（いずれも日中共同ニヤ遺跡学術調査隊提供）

64

63　この許可証をじっくり読んでいただければ、筆者がどれほど真剣に文化財保護研究に取り組み、国家文物局から信頼されているかがお分かりいただけよう。概訳すれば「貴方がニヤ調査をいよいよ完成されるに際し、私は喜んで貴方に通知する。貴方が提出した新疆文物考古部門と合作し、ニヤ遺跡を発掘調査する申請はすでに中国政府関係部門が許可した。…貴方は新疆考古学と文化財保護にたいへん大きな貢献をした。私は国家文物局を謹んで代表し、貴方と同僚たちに敬意を表す。…」と。

64　発掘開始を報じる朝日新聞。

ニヤ遺跡学術研究機構設立　日中双方にとって待望の許可であり、李東輝新疆副主席列席のもと、同日、九四～九六年分の協議書を解耀華新疆文化庁書記と調印した。調査の本格化・長期化に対応すべく、日本側は同年四月、海部俊樹元首相・張徳勤国家文物局長を名誉会長、塩川正十郎衆議院議員らを顧問、水谷幸正佛教大学学長（のちに中井真孝、福原隆善両学長へ順次交代）と筆者を代表として、佛教大学に「中国新疆ニヤ遺跡学術研究機構」（略称：佛大ニヤ遺跡学術研究機構）を設立した。

五月、全人代環境資源保護委員会により北京図書館でニヤ調査写真展「ニヤ―沙漠に消えた古代王国」が開催され、九三年調査を取材した李希光新華社記者（現清華大学国際伝播研究中心主任）とともに曲格平全人代環境資源委員会主任やノーベル賞受賞の李政道氏などにニヤ調査を説明した。六月には中国中央テレビがニヤ調査の三十分番組を放送した。

このように関心が高まる中、七月に張徳勤局長・宿白北京大学教授一行が国際交流基金の招きで来日し、海部俊樹名誉会長・土井たか子衆議院議長と会見し、佛大を訪問しニヤ調査充実について意見を交換した。九月には王炳華新疆考古研所長と九四年度調査発掘詳細協議書に調印した。

第六次調査・発掘開始　九四年調査からは考古学方面を強化すべく学士院賞も受賞されている田辺昭三京都造形芸術大学教授などの参加（総勢五六名）をえて発掘も開始した。分布調査および地理地質調査継続、住居址測量補足・精査・発掘、ブドウ畑測量をおこない、木質科学調査や関連都市住居調査を開始した。仏教寺院遺構も確認し、地表散布遺物を採集した。

国家文物局から参加の李季・楊林両氏に遺跡概要や共同調査の協調体制を説明した。

遺物研究班は本隊帰国後も残留し研究した。

調査とは別にウルムチ・ホータン・ミンフォンの福祉施設へ衣服などを贈呈した。

テレビ放送　一九九五年五月、東海テレビ制作「風砂の蜃気楼—日中共同ニヤ遺跡調査」（九一～九三年調査取材分）がフジテレビ系列で全国放送された。同月、ニヤ遺跡写真集『夢幻尼雅』が中国で出版され、人民大会堂で王丙乾全人代副委員長と会見しニヤ調査の報告をおこない、日本国公使や張徳勤局長らも出席し、全人代環境資源委員会栄誉賞を受賞した。

本年より現地調査時以外にも新疆考古研究所で収集済み遺物の研究を日本側も開始し、カローシュティー木簡などの研究と写真撮影をおこなった。

65

66

67

65　大型住居址測量。

66　日本から持ち込んだ櫓からの撮影。前方に見えるのが遺構群。櫓の日本からの運賃だけで一〇〇万円。

67　大型GPSでの測位。仏塔近くにて。前方は遺構群。

八月十八日には買買提・祖農新疆文化庁庁長と九五年度調査発掘詳細協議書に調印し、九月には人民大会堂で田紀雲全人代副委員長と会見し調査報告をおこなった。

第七次調査・大発見　大規模な調査では何か大きな成果がないと継続は難しい。九五年調査（総勢五六名）で大発見があった。遺跡北西部へ向かっていた中国側隊員が露出している木棺の一部を発見した。これまでもいくつもの墓地は登録していたが、それらとは明らかに異なっていた。中国側学術隊長の王炳華新疆考古研所長の指揮のもと中国側が主となって測量と発掘をおこなった。そして、いよいよ開棺の日が来た。わずかに開いた隙間から覗き込んだ于志勇新疆考古研研究員（現所長）が叫んだ。「わぁすごい、王侯合昏千秋萬歳……まだある」と文字を読み上げた。居合わせた日中双方全員が「万歳！」と拳を突き上げた。

その夜のベースキャンプは異常な興奮に包まれた。中国側隊長の岳峰新疆文化庁文物処処長につづいて乾杯を促された筆者は「一九八八年、日中共同ニヤ調査を開始して以来、今日が最良の日だ、日中双方全員の共同努力のおかげだ、乾杯しよう！」と普段は飲まない白酒を何杯も一気飲みした。

調査では、高精度GPSを導入し分布調査精度の向上をはかり、住居址精査発掘、寺院址測量発掘、王侯貴族の墓地を発見し保護のため発掘六棺を取り上げ、木質科学調査や住居址模式図作成を継続、カパクアスカン村測量、地表散布遺物採集などをおこなった。調査期間中に新疆ウイグル自治区成立四十周年記念式典に出席し、ホータン地区貧困脱出工程資金やホータン博物館建設資金・学用品などを贈呈、博物館建設予定地を視察した。新疆日報が同行取材した。

五星出東方利中国　現地調査に引き続き、日中双方は本年調査で収集した六棺の開棺調査を新疆考古研で国家文物局派遣の王軍・王亜蓉両氏をまじえておこない、男女合葬ミイラをはじめ、「王侯合昏千秋萬歳宜子孫」、「五星出東方利中国」の文字入り錦など貴重遺物多数を検出した。

閻振堂国家文物局副局長・宿白・厳文明北京大学教授・徐苹芳中国社会科学院研究員らも視察に訪れた。後にこれらの一部は一級文物（国宝に相当）に指定された。

翌月、北京で本年調査の王侯貴族墓地の発見・発掘に関する記者発表が国家文物局と新疆文化庁の主催でおこなわれ、張徳勤局長・吾甫尓・阿不都拉新疆副主席・宿白・厳文

68

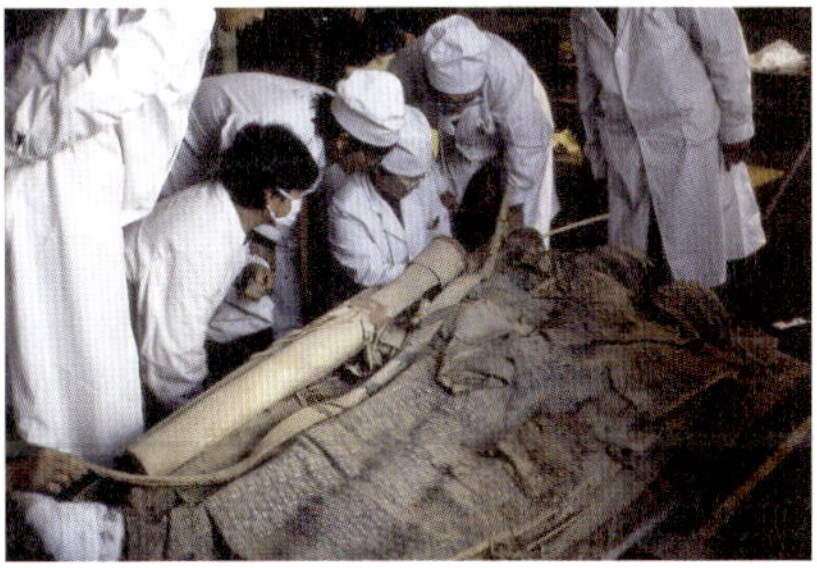

69

70

68　大発見のミイラを覗き込む筆者ら。撮影：日本側隊員

69　男女合葬棺の開棺調査。

70　国宝中の国宝に指定された「五星出東方利中国」錦。撮影：杉本和樹隊員

明・王中俊新疆文化庁書記・王炳華・筆者・田辺昭三・真田康道らが参加した。この発見は内外で大きく報道された。71

中国十大考古新発見　一九九六年二月、ニヤ調査は国家文物局・中国文物報により「一九九五年中国十大考古新発見」に選ばれた。

四月、新疆政府は貴重文物の発見が報じられたことによる無許可の「考古」・「探検」・「踏査」発生を受け、ニヤ・楼蘭などの古代遺跡への無許可進入厳禁を重ねて通知した。但し国家文物局が許可した筆者らの中日共同調査隊は進入しても良いと報道された。

日本経済新聞　1995年（平成7年）12月23日

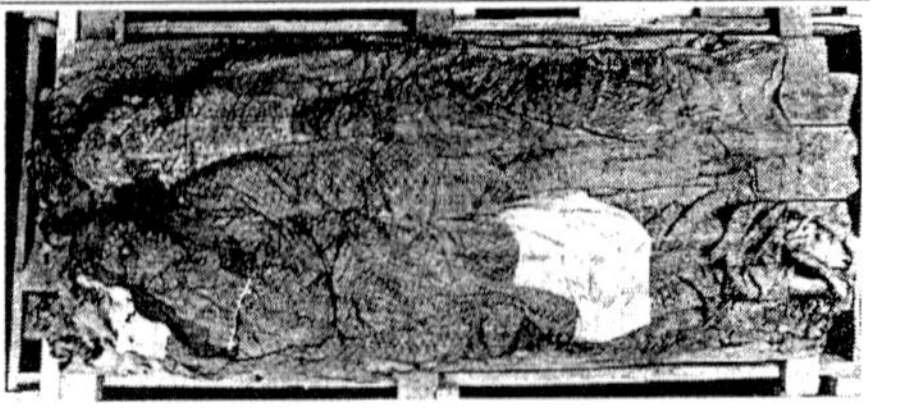

王族夫婦？合葬ミイラ　中国ニヤ遺跡

中国の国家文物局は二十二日、日本からの資金援助で進めていた新疆ウイグル自治区のニヤ遺跡の日中共同調査で、シルクロードで栄えた都市国家「精絶」の王族と推定できる合葬した夫婦のミイラなどを発掘したと発表した。

ミイラを納めた棺には「王侯合昏千秋萬歳宜子孫」と書かれた紺色の錦（にしき）が掛かっていた。死者のめい福と子孫の繁栄を祈った文言だ。夫のミイラは刺しゅうのある帽子をかぶり、刀や弓などが添えられていた。妻はイヤリングと髪飾りも着け、竜の紋を描いた銅鏡が傍らにあった。保存状態は良好で、副葬品の色も鮮明という。

「精絶」はチャドータの別名を持ち、紀元前一世紀から紀元後四世紀にかけて栄えた。古代の歴史書である「漢書」などにも崑崙山のふもとにあった三千三百六十人が住むオアシス都市国家として伝えられている。

このため出土品は前漢から晋にかけての当時の中央王朝と西域の都市国家との関係をうかがわせる貴重な資料という。現在、分析を進めており、年代の特定も急ぎたいとしている。

一方、発掘した地点の付近からは晋の年号で二六九年に当たる「泰始五年」と書かれた多くの札が出土。サンスクリット文字の一つであるカロシュティ文字が書かれた文物も発掘された。国家文物局は当時の東西交流の模様をしのばせる今年の最大の発見と強調している。（北京支局）

ニヤ遺跡から発掘された2体の合葬ミイラ。下側が夫とみられる（中国国家文物局提供）＝共同

毎日新聞　1995年（平成7年）12月23日

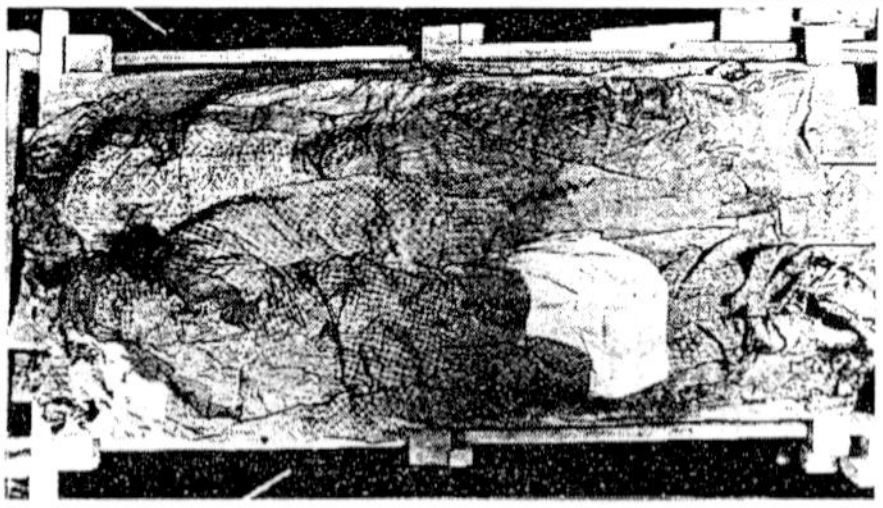

中国・新疆ウイグル自治区で発掘された男女のミイラ。白っぽい履物が見える方が足＝日中共同ニヤ遺跡学術調査隊提供（時事）

シルクロードに王侯貴族の夫婦合葬ミイラ

【北京22日時事】中国西北部・新疆ウイグル自治区にあるシルクロード最大のニヤ遺跡の発掘を進めている日中共同の学術調査隊は二十二日、北京で記者会見し、同遺跡内で初めて王侯貴族のものとみられる墓地を発見、夫婦合葬のミイラを発掘したと発表した。

二体のミイラには色鮮やかなにしきがかぶせられ、男性は同じ模様の衣服を着用。女性はイヤリングと髪飾りを着け、男性は弓、矢などが添えられていた。

ニヤ遺跡はタクラマカン砂漠の中に位置し、紀元前一世紀から約五百年間栄えた。中国の新疆自治区文化庁と日本の佛教大学が中心となって、今年十月に現地調査を行っていた。

人民日报

新疆尼雅考古有重大发现

掘出古墓葬八座　殉葬品丰富完好

95年12月22日　国家文物局　張德勤主持，召开新闻发布会，新疆政府吾甫尔副主席，宿白，徐苹芳，严文明　中国考古学权威人士，新疆文化厅王仲俊书记，小岛康誉等出席。　中央电视台，日本NHK等ノ播送。

新疆日报　1995年12月22日　星期五

尼雅考古获重大发现

71　王侯貴族墓地の発見・発掘を報じる各紙。

第一次報告書　五月、日中双方は八八～九三年度調査の成果を多くの方々の尽力と文部省科学研究費補助研究成果公開促進費（申請者＝井ノ口泰淳先生）をえて『日中・中日共同ニヤ遺跡学術調査報告書』（第一巻　日中両文　英文サマリー　法蔵館）として刊行した。

六月、興した企業の創業三十周年を機に社長を退任した。この三年前に株式上場を果たし経営は順調であったが時代の激変期には従来の発想では更なる発展はできないと考えたからである、結果的に新疆での活動により多くの時間をとれるようになった、それまでは休暇をためて出かけていた。

八月には海部俊樹名誉会長・水谷幸正代表・中井真孝佛大事務局長（後に学長・現佛教教育学園理事長）らをウルムチ・北京に案内し、王楽泉中共新疆委員会書記・阿不来提・阿不都熱西提新疆主席・張柏国家文物局副局長らと共同調査への一層の支援と、九七年佛大で開催予定のシンポジウム・文物展への協力を要請し、同意をえた。同月、九六年度調査の詳細協議書を王中俊と交した。同月、ウルムチで遺物研究と写真撮影は前年採集の王族木棺や織物中心に行った。

九月、ウルムチ訪問中の李鉄映国務委員と呉邦国副総理にニヤ調査を紹介した。李鉄映国務委員から日本語で「中国人民の古い友人、ありがとう」と言われて驚いた。

第八次調査　九六年調査（総勢五八名）では分布調査と住居址模式図作成を継続。またGPS専門技師の参加と大型GPSの導入により、地形図作成を開始した。住居址や周辺生産工房址の測量も開始し、仏教寺院の発掘をおこない、壁画を検出した。ニヤ遺跡北方約四〇km地帯におよそ三千年前のものと推測される遺構・遺物を発見した。また遺

72　新疆考古研で新疆政府副主席同行のもと、発掘したミイラを参観する海部俊樹元首相ら。撮影：不明

跡南端地区にサークル状土塁を発見し、地表散布遺物も採集した。現地調査とは別に九五年検出の木棺の木質調査・毛絹織物の調査をおこなった。また筆者など数人は楼蘭遺跡を参観し、過去の探検隊などのゴミ約一〇〇kgを回収した。

全国重点文物保護単位　十一月、海部名誉会長と筆者が張文彬国家文物局局長と会談し、共同保護研究事業の一層の強化とシンポジウム・文物展開催で合意した。

同月、国務院によりニヤ遺跡全体が「全国重点文物保護単位」に格上げ指定された。長年の日中共同調査が評価された結果ともいえよう。

翌月には、佛大ニヤ機構はこれまでの調査成果を記者発表、日本側学術隊長の田辺昭三教授は「五星」錦について「埋葬された男女が結婚したとき、中国王朝から贈られた

73

74

75

76

ものでは」とコメントした。各紙に大きく報道された。

一九九七年三月、新疆政府の決定により新疆文化庁より文物処が分離され、文物行政管理全般を掌握する新疆ウイグル自治区文物事業管理局（略称＝新疆ウイグル自治区文物局・新疆文物局）が成立したのにともない、これ以降は新疆文物局が中国側窓口となった。同月、克尤木・巴吾東中共新疆委員会副書記、米吉提・納斯尔新疆副主席列席のもと、岳峰局長と九七年以降の詳細協議書に調印した。五月には筆者・真田康道教授・艾尔肯新疆文物局副局長が文物展協議書に調印した。八月・九月には遺物研究と写真撮影をおこなった。

73　日中隊員による砂が舞う中での発掘。

74　成果は報告書・シンポジウムで公開。これらにも多額の費用が……。

75　楼蘭でのゴミ回収。撮影：楊新才記者

76　四頭目に騎乗する田辺昭三教授、その前が杉本和樹カメラマン、先頭が孫躍新隊員。撮影：不明

77 78　佛大ニヤ機構の調査成果発表を報じる読売・産経新聞（部分）。

77

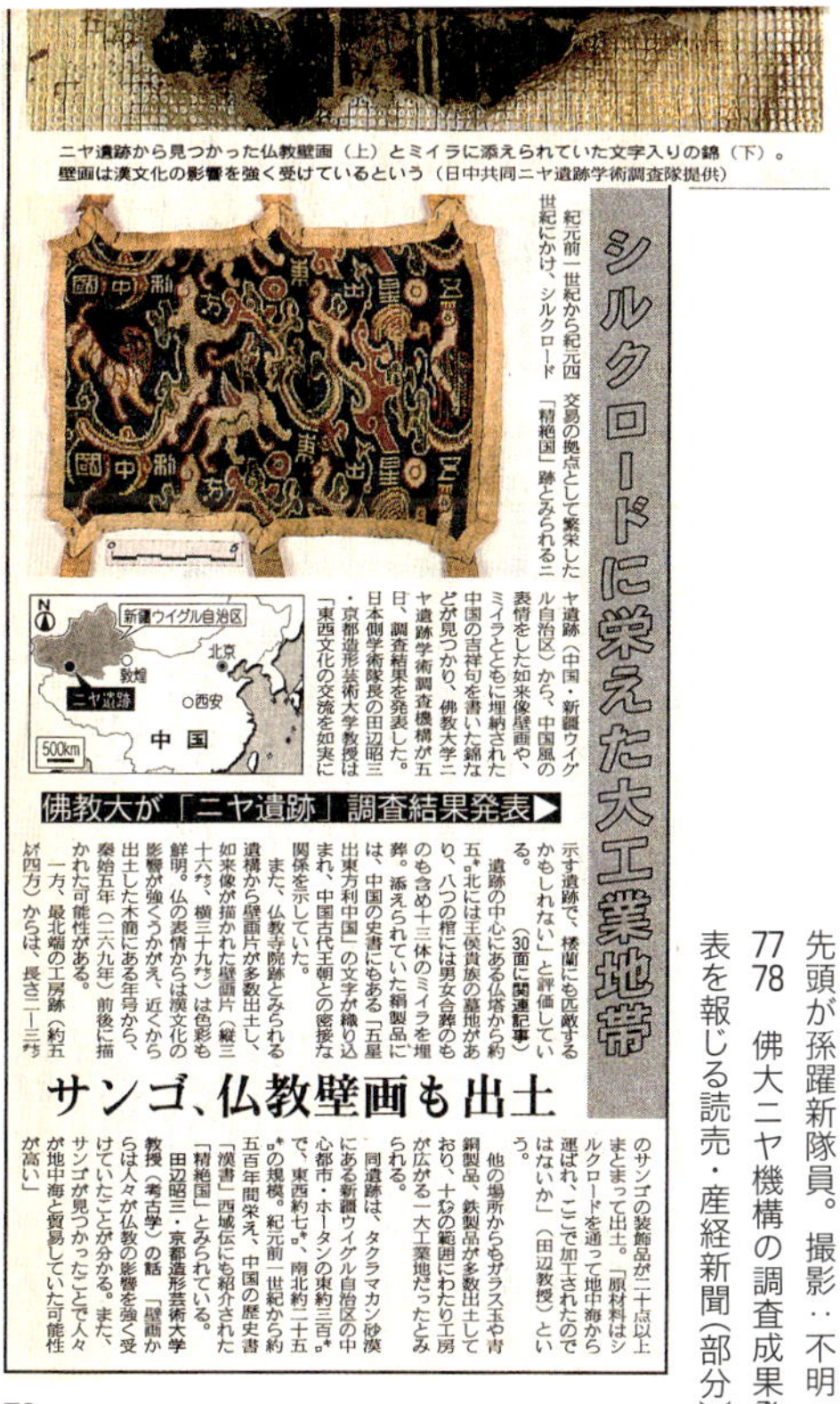

78

国際シンポジウム・文物展　九月、佛大にて新図書館開館記念「日中共同ニヤ遺跡学術研究国際シンポジウム・出土文物展」が開催された。海部俊樹名誉会長はじめ水谷幸正・高橋弘次・中井真孝各氏ら佛大関係者、中国側から買買提新疆文化庁庁長・宋新潮国家文物局考古管理処処長（現副局長）、日中両国の著名研究者多数が挨拶や発表をおこない、筆者はじめのべ約五〇〇人が参加した。中国側代表団らは海部俊樹名誉会長、伊藤宗一郎衆議院議長らと会見した。

九月から十二月まで、中国歴史博物館で「全国近年考古新発見精品展」が開催され、我々が発掘した「五星出東方利中国」錦や「王侯合昏千秋萬歳宜子孫」錦なども出陳された。

第九次調査　九七年調査（総勢四五名）は遺跡北端部に墓地を発見し、九五年発見の九五MN一墓地と合わせて清理発掘。寺院遺構周辺の測量も継続。南部土塁も調査し、地質調査もおこなった。またトルファン各遺跡参観し新疆文物考古研究所で遺物研究もおこなった。北京で「全国考古新発見精品展」を参観した。調査を安田暎胤佛大ニヤ機構顧問夫人と清田伶子氏が参観した。

現地調査一区切り　九七年以降の協議書も調印済みであったが、国家文物局を交えての数度の打合せの結果、現地調査に一区切りつけ、研究や報告書出版などを継続することで日中双方は合意し、日本側は本年調査終了時に測量機器など全装備を中国側へ贈呈した。

一九九八年四月から十月まで、上海博物館で「シルクロード考古珍品展」が開催され、

79

79　佛教大学新図書館開館記念シンポジウム。

本調査隊収集の文物多数が展示され、五〇万人が参観、大きな反響を呼んだ。買買提明・扎克尓新疆副主席・筆者や日中双方隊員が開会式に出席した。六月には日中友好協会と筆者の招きで阿不来提・阿不都熱西提新疆主席一行が訪日し、海部俊樹名誉会長・小渕恵三外務大臣・平山郁夫氏らと会見し、日本と新疆の文化・経済交流の一層の推進で一致した。

調査報告会　一九九九年十一月には日中双方は佛大四条センターで、真田康道・徐華田新疆文化庁書記・伊弟利斯・于志勇各氏や筆者など約一〇〇人が参加し、調査報告会を開催した。

第二次報告書　二〇〇〇年一月には日中双方は九七年度調査までの成果を水谷幸正・田辺昭三・真田康道・吉崎伸・孫躍新・周培彦各氏ら日中双方多数の方の尽力をえて『日中・中日共同ニヤ遺跡学術調査報告書』（第二巻　日中両文　英文サマリー　中村印刷）として刊行した。厚さ七cm・重さ約四kgの大部で、支払いにも苦労した。

ウルムチで国際シンポジウム　三月、ウルムチの環球ホテルで「中日共同ニヤ遺跡学術調査シンポジウム・報告書（第二巻）発行式」を開催した。買買提明・扎克尓新疆副主席・新疆文化庁書記・庁長・新疆政府外事弁公室主任はじめ田辺昭三・真田康道・筆者・吉崎伸・伊東隆夫・韓翔・岳峰・王炳華・于志勇・張玉忠・孟凡人・林梅村など日中双方隊員や新疆博物館の李遇春（一九五九年にニヤ遺跡を調査）・兪偉超中国歴史博物館館長（中国考古学界第一人者）・楊志軍国家文物局司長ら約一五〇人が参加した。

一〇月には杭州の中国絲綢博物館でニヤ調査隊検出の文物展「絲綢之路沙漠王子遺宝

80　佛大新図書館開館記念文物展を参観する海部俊樹名誉会長。撮影：佛大職員

展」とシンポジウムが開催され筆者も参加しニヤ調査概要を発表した。

両岸文化交流促進　二〇〇一年二月、北京サイドの求めに応じて、筆者は水谷幸正先生と台湾を訪問し、水谷師の紹介で呉伯雄国民党副主席（後に主席・現名誉主席）・星雲大師（世界各地で仏教伝道に努める僧侶で社会活動家、日本にも佛光山寺がある）と会見、ニヤ文物展開催など両岸文化交流について協議し、協力するとの回答をえた。

81

人民日报　2000年3月25日
中日尼雅遗址考察研究取得成果
新疆经济报
历经十二年努力 联合考察九次
中日尼雅遗址考察成果丰硕
新疆日报　2000年3月21日
中日尼雅遗址考察成果公布
12年努力不寻常　沙海古国露峥嵘
乌鲁木齐晚报
尼雅遗址研讨会在我市举行
都市消费晨报
中日尼雅遗址考察新书首发

82

83

81 82 ウルムチでの国際シンポジウム開会式風景と報道各紙（部分）。撮影：楊新才記者

83 兪偉超館長と。撮影：楊新才記者

中国二十世紀考古大発見　三月、ニヤ調査は国家文物局・『考古』雑誌社より「中国二十世紀考古大発見一〇〇」に選ばれた。四月、林梅村北京大学教授が関係者の尽力で認められ、「日本学術振興会外国人招聘研究者」として来日、翌年一月まで佛大でカローシュティー文書関係の研究をおこなった。五月、水谷幸正・稲岡誓純佛大助教授らとともに釣魚台国賓館で北京サイドに台湾側協力表明を伝えた。後述するようにこの数年後に台湾でシルクロード文物展が開催されたが、我々の事前活動が活かされたかは聞いていない。

【脱線】　この時、水谷先生らは中国仏教協会の招きで北京に滞在していた。筆者が北京サイド手配の車でホテルへ迎えにいった。仏教協会の人は驚いた。かつて鄧小平氏が愛用していた車であったから。

【さらに脱線】　この頃、北京サイドの要請で中国大陸側の「海峡両岸関係協会」の汪道涵会長と会見する予定であったが、氏の健康状態などで中止になった。政治的活動に巻き込まれるところであった。

新疆来訪二十周年記念大会　六月には長年の新疆への貢献が評価され、阿不来提・阿不都熱西提新疆主席の提案により「日本友人小島康誉氏新疆来訪二十周年記念大会」がウルムチの人民劇場で阿不来提主席や杉本信行日本国公使・司馬義・鉄尓瓦力地新疆副主席（後に主席）・呉敦夫中共新疆委員会宣伝部長・尹志良中国文化部主任・日本と北京の代表

84

85

84　呉伯雄氏と。
85　星雲大師・水谷先生と。
84 85とも撮影：佛光山寺

人民剧场充满了欢乐的气氛。

阿不来提主席颁发国家文化部的荣誉奖牌。

表示衷心的感谢！

尹志良主任颁发文化部的"文化交流贡献奖"。

自治区领导、日本国公使、小岛等在主席台。

新疆维吾尔自治区召开
"小岛康誉先生来新疆 20 周年纪念大会"

2001 年 6 月 20 日，新疆首府乌鲁木齐市阳光明媚，人民剧场充满了欢乐的气氛，自治区人民政府隆重举行"20 周年纪念大会"。大会是阿不来提·阿不都热西提主席提议召开的。在中国首次为一个外国人开这样的纪念大会。

阿不来提主席发表讲话，对小岛先生 20 年来 80 多次来疆，为促进中日人民友谊，为中日经济文化教育交流、为人才培养，为文物保护、扶贫等各项事业的发展作出了辉煌的成果，表示衷心的感谢，新疆各族人民将铭记在心。

小岛康誉先生一席妙语连珠，幽默风趣的汉语发言了他对新疆各族人民的祝福，博得了在场观众的热烈掌声，人们被感动的热泪盈眶。

大会上，文化部弁公厅主任尹志良为小岛先生领发了我国政府文化部"文化交流贡献奖"。

自治区领导司马义·铁力瓦尔地、吴敦夫、买买提明·扎克尔及日本驻华公使杉本信行、日本代表团 27 人等 800 多人出席纪念大会。

大会和表扬以外的纪念活动有：出版了纪念画册；举办了纪念图片展；植纪念树；举办了纪念演出。整个纪念活动充满了热烈、友好、活跃的气氛。

新疆ウイグル自治区開催
「小島康誉氏新疆訪問20周年記念大会」

2001年6月20日、新疆の省都ウルムチは光り輝き、人民劇場は熱気に溢れていた。大会は阿不来提·阿不都熱西提主席の提案で開催された。中国でこのような外国人の顕彰大会が開かれるのは初めての事である。

阿不来提主席は、小島氏は20年間に80数回新疆へ来て、中日人民の友誼促進、中日経済·文化·教育交流、人材育成、文化財保護、貧困脱出など各事業発展に輝かしい業績をあげた事に、心より感謝し、新疆各民族は心に刻むだろうと挨拶した。

小島康誉氏は軽妙でユーモア溢れた中国語で、新疆各民族の幸福を祈念し、観衆は熱烈な拍手をおくり、人々は感動して涙をながした。

大会で、文化部弁公庁主任尹志良は小島氏へ中国政府文化部「文化交流貢献賞」を授与した。

自治区指導者司馬義·鉄力瓦爾地、呉敦夫、買買提明·扎克爾、日本公使杉本信行、日本代表団27人など800余人が記念大会に出席した。

大会と表彰以外の顕彰活動として、記念写真集出版、記念写真展、記念植樹、記念公演が行われた。
いずれも熱烈、友好、躍動的雰囲気が充満していた。

86

86　二十周年記念活動を特集した「特報」より。撮影：楊新才記者団・地元関係者ら約八〇〇人が参加して開催され、文化部「文化交流貢献賞」が授与された。

杉本信行公使（後に上海総領事として総領事館通信担当官自殺事件に対応・故人）は「合わせると十年余り中国で仕事しているが、こんなに対日感情が良いのは新疆だけだ。戦争がなかったのと小島氏の活動のおかげだ」などと挨拶された。王楽泉中共新疆委員会書記との会見では、「貢献を高く評価し三十周年四十周年への活動も期待する」との表明があった。大規模な歓迎宴や記念植樹・記念写真展などが開催され、記念誌『外国友人中国情』が出版された。筆者は答礼宴を開催し感謝を表した。

阿南惟茂日本大使夫妻の祝宴が北京の大使公邸で催された。

同月、王兆国中国共産党統一戦線部部長と人民大会堂で会見し、ニヤ調査などを報告した。

エレベーター寄贈　収集した大量の遺物は新疆考古研にすべて保管している。手狭なうえに研究設備も十分でなかったが、この年、日本政府援助で建物などが拡充され、筆者援助でミイラなど大型遺物運搬用エレベーターなど設備が充実し、研究環境が改善された。当然のことながら日本側は遺物を一点たりとも持ち出していない。同月、中国側学術隊長である于志勇氏の「新疆ニヤ集落遺跡考古学研究」が国家文物局の「重点研究課題」に選ばれた。

国宝中の国宝・五星出東方利中国　二〇〇二年一月には、「五星出東方利中国」錦が国家文物局により中国の膨大な全文物から「出国展覧禁止文物」六十四点のひとつに選出された、対外展示による劣化の可能性を防ぐためで、いわば「国宝中の国宝」に選ばれたともいえる。

文物展　同年八月から十二月にかけ、東京国立博物館と大阪歴史博物館で「シルクロード・絹と黄金の道展」が開催され、「王侯合昏千秋萬歳宜子孫」錦など本調査隊検出文物が多数出陳され、大きな反響を呼んだ。東博での開会式には買買提明・扎克尔新疆副主席らが出席し、海部俊樹名誉会長と会見した。東京・札幌・小樽・奈良などの参観に同行した。長年なにかと尽力たまわった塩川正十郎財務大臣（当時）に大阪展を参観いただいた。

十月にはダンダンウイリク遺跡を踏査した。同調査関連については、後述する。

写真集『シルクロード・ニヤ遺跡の謎』　十一月には多くの方に調査研究を理解いただくために、中井真孝・井ノ口泰淳・田辺昭三・真田康道・兪偉超・盛春寿・林梅村・于志勇・趙豊各氏らの尽力をえて写真を主とした『シルクロード・ニヤ遺跡の謎』（東方出版）を出版した。

二〇〇三年一月には中国歴史博物館でニヤ・ダンダンウイリク両調査について講演し、呂家伝新疆文化庁書記・盛春寿局長・張玉忠新疆考古研副所長・孫躍新氏・筆者らは北京サイドと釣魚台国賓で打ち合わせた。

【脱線】　この時の迎えの車は前述以上の特殊車。一台は「甲A」（後述）、もう一台には無線装置などが満載されていた（所属は記載しない）。新疆側にとっては初体験、車内では無言であった。そして着いたのが釣魚台国賓館。新疆側は驚きの声もなかった。

二〇〇四年十月、各遺構の変化状況を観察するために、ニヤ遺跡へ入った。日本側にとって七年ぶりのことである。石油開発にともない沙漠公路からカパクアスカンまで簡易舗装されていて、驚かされた。各遺構に大きな変化はなかったが、若干の盗掘跡が見受けられた。また部分崩壊した仏塔の修復が新疆文物局・新疆文物考古研究所により進行中であった。この踏査にはＮＨＫ「新シルクロード」取材班が同行した。

二〇〇五年一月、『絲綢之路・尼雅遺址之謎』（『シルクロード・ニヤ遺跡の謎』の中国語版　天津人民美術出版社）を孫躍新・周培彦夫妻の尽力をえて出版した。

【さらに脱線】この本の出版には、兪偉超中国歴史博物館館長との故事がある。兪先生玉稿「二代の精絶国王」で華をそえていただいた『シルクロード・ニヤ遺跡の謎』を病院へお届けすると、「写真が多くて一般の人に文化財保護研究を知ってもらうに良い本だが、自分は日本語が読めない、中国語版があったらなお良い」と。次に見舞うと病状重く、出版を急いだが間に合わず、自宅弔問時に遺影に捧げた。

テレビ放映　この年、ほぼ一年間にわたって、「新シルクロード」がＮＨＫ放送開始八十周年記念事業番組として放送され、一部番組でニヤ遺跡やダンダンウイリク遺跡が紹介された。その後も度々再放送された。キジル千仏洞とダンダンウイリク遺跡を含む「シルクロード絶景五〇」も制作された。

「新シルクロード展」　四月から十月にかけて江戸東京博物館・兵庫県立美術館・岡山デジタルミュージアムで「新シルクロード展」（ＮＨＫ・産経新聞ほか主催）が開催され、本調査隊検出の錦やダンダンウイリク隊検出壁画が出陳された。東京展当時は「靖国問題」で日中関係が冷え込んでいたため、王毅駐日大使は厳戒態勢のなか開会式に出席。十二月から翌年三月まで、香港で「絲路珍宝―新疆文物大展」が開催され調査隊検出のカローシュティー木簡や錦などが出陳された。

二〇〇六年には報告書第二巻以降の研究成果を公開すべく、報告書第三巻の準備を中国側と開始した。調査資料収集の一環として、テント・ＧＰＳ・生活用品など提供済み装備の返却を中国側からうけた。

八月、塩川正十郎元財務大臣とともに官邸を訪れ、小泉純一郎総理に調査概要を報告し、「五星出東方利中国」錦の盾を贈呈した。

第三次報告書　二〇〇七年十月には日中双方は第二巻以降の研究成果を、浅岡俊夫・安藤佳香・盛春寿・于志勇ら各氏、和田博物館・民豊文物管理所の尽力もえて『日中共同ニヤ遺跡学術調査報告書』（第三巻　日本語版　英文サマリー　真陽社）としてまとめ文部科学省オープン・リサーチ・センター整備事業関連刊行物として刊行した。

ニヤ遺跡学術調査に多大な貢献をされた田辺昭三先生・李遇春先生・兪偉超先生は本書の刊行を待たずに旅立たれた。三先生の遺徳を偲び、生前に先生方がニヤ遺跡について書かれた高論を掲載し、謹んでご霊前に捧げた。いつの間にか「隊歌」となった春のうららで始まる「花」を指揮されたのも田辺御大であり、その巨腹は懐かしい思い出である。故人宅を訪れ、仏前に捧げた。

これ以降については、ダンダンウイリクの項で記述する。

調査組織 以上の調査の責任者（隊長）を日本側は筆者（八八年〜）が、中国側は韓翔（八八年〜九四年）・岳峰（九五年〜〇一年）・盛春寿（〇一年〜）各氏がつとめ、学術隊長を井ノ口泰淳（九〇年〜九四年）・田辺昭三（九五年〜〇六年）、王炳華（九一年〜九六年）・于志勇（九七年〜）各氏が、学術副隊長を真田康道教授（九〇年〜）がつとめた。

研究領域が多岐にわたることもあり、多くの機関の研究者・カメラマン・測量技師などが参加した。

日本側は佛教大学・龍谷大学・京都造形芸術大学・国立歴史民俗博物館・奈良国立文化財研究所・科学技術庁・早稲田大学・京都大学・国学院大学・関西大学・関西外国語大学・京都市埋蔵文化財研究所・大阪市文化財協会・長岡京市埋蔵文化財センター・橿原考古学研究所・古代オリエント博物館・六甲山麓遺跡調査会・大手前大学・寺尾商会・ツルカメコーポレーションなどである。

中国側は、新疆政府・新疆文化庁・新疆文物局・新疆文物考古研究所・新疆博物館・和田地区文物管理所・国家文物局・北京大学・華東師範大学・中国科学院・中国社会科学院・中国文物研究所などである。

専門分野は外事管理・文化財管理・国際協力・考古学・仏教学・西域文献学・東西交渉史・建築学・地理学・地質学・木質科学・染織学・撮影・測量など多領域にわたる。

西域考古学史に輝くであろう調査研究成果　これら多くの方々の努力により、次のような成果をあげることができた。

○仏塔・寺院・墓地・住居・生産工房・土塁・家畜小屋・果樹園・貯水池・並木・建築部材や遺物散布地など約二百五十カ所の遺構を発見し、GPSで経緯度を登録し、遺構分布図を作成した。
○大型GPSを活用し、周辺地形図を作成、遺跡全容を明らかにした。
○遺跡北方約四〇㎞に更に古い遺構・遺物を発見し、生活拠点の南下を明らかにした。
○関連都市の住居を測量調査し、遺跡住居構造を明らかにした。
○いくつかの住居を発掘し、生活状況を明らかにした。
○いくつかの住居群や生産工房を測量調査し、都市構造を明らかにした。
○寺院を発掘調査し、壁画などを検出し、西域仏教解明の手がかりをえた。
○王族の墓地を発見発掘し、国宝級遺物多数を検出し、精絶国が当時の中原王朝と政治経済文化面で密接な関係があったことを明らかにした。
○各種の墓地を発掘し、埋葬方法に新しい知見をえた。
○住居の柱材などをC14法により測定し、遺跡年代確定の大きな手がかりをえた。
○カローシュティーおよび漢文木簡をふくむ大量の貴重文物を検出し、新しい知見をえた。
○カローシュティーおよび漢文文書を解読し、新しい知見をえた。
○三趾馬とおもわれる化石を検出し、遺跡一帯の地質形成で新しい知見をえた。

90

87

91

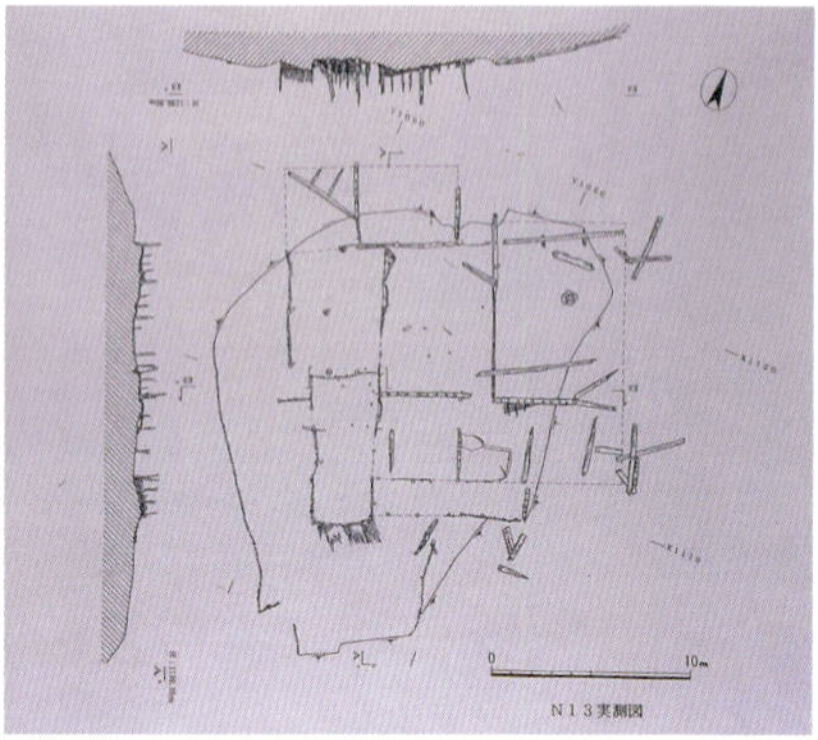

88

92

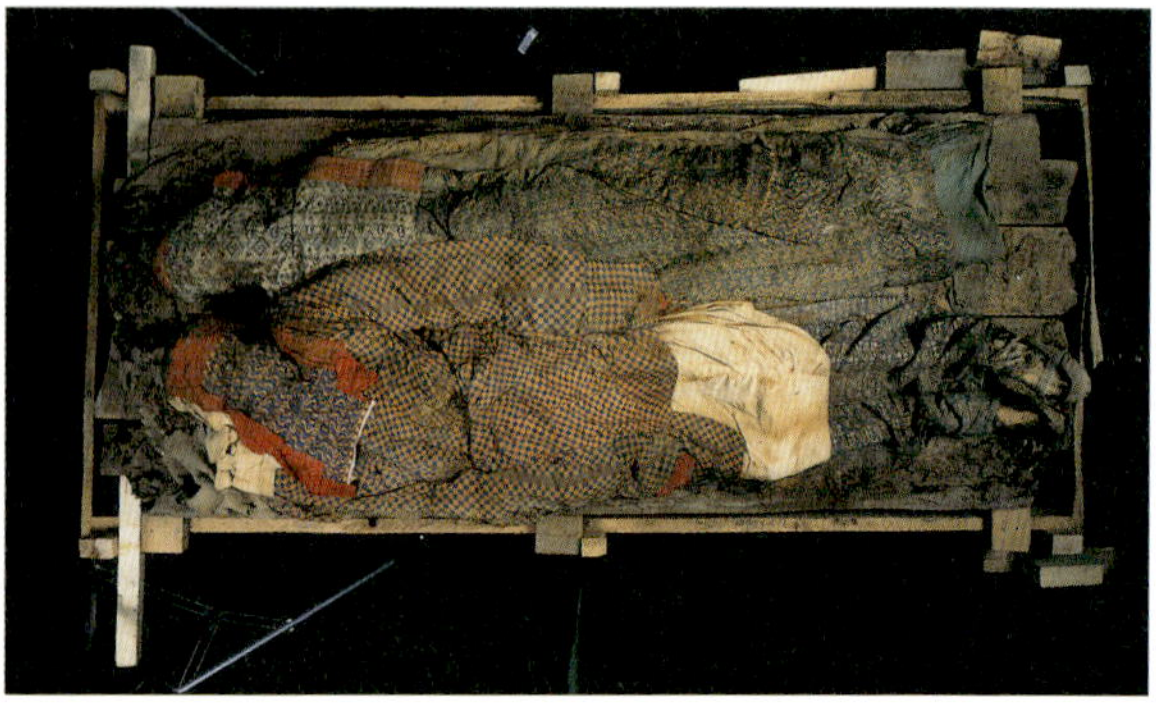
89

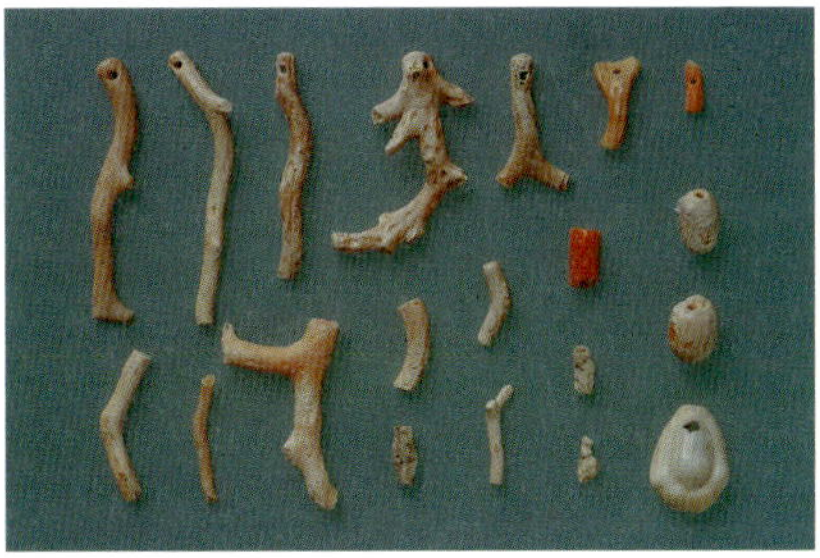

93

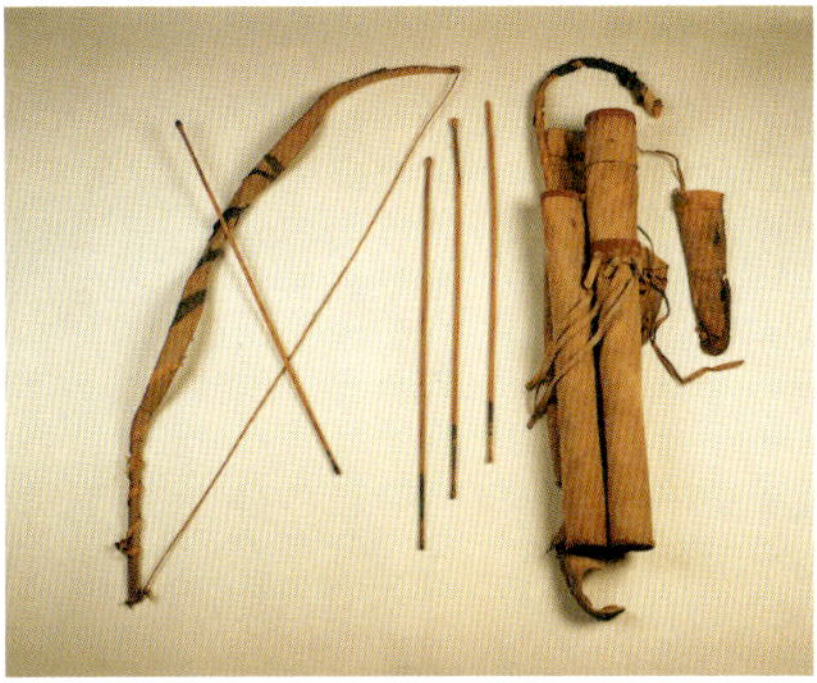

94

95

沙漠での大規模調査の困難さ　このように書いてくると調査は順調に推移したように思われるだろうが、実態は多くの困難がともなっている。

まず遺跡がタクラマカン沙漠へ約一〇〇kmも入った無人の地に所在し、そこに到達し物資を運び込むだけでも困難である。例えば、約六〇人が三週間野営するのに必要な水六トンや大量の食糧や調査器材などを運び込まねばならない。

しかも遺跡の規模が前述のように広大である。航空測量は制限されており、タマリックス堆や砂丘が連続するなかでの遺構の発見は困難である。

夏には地表温度が七十度を超え、冬は零下五十度となり、春には砂嵐が吹き、天候上現地調査期間が限られる。調査は天候の安定する十～十一月に実施したが、それでも一

87　破壊につながる発掘は最小限にとどめた。永年にわたって堆積した砂を除いたのみ。中央の発掘跡はスタインによるものと思われる。本遺構よりスタイン隊の遺物番号を記した木製品を採集した。

88　測量図。

89　「精絶国王・王妃」と思われる男性と女性のミイラ。

90 91 92 93 94 95　カローシュティー木簡・壁画・貴石類・珊瑚・弓矢・壺。87～95の撮影：真田康道教授・杉本和樹隊員

日の温度差は四十度近くになる。

調査分野が多領域にわたるため、多くの機関の研究者が参加し、その調整が必要である。更に日中双方の社会体制・調査手法・生活習慣などの違いもある。

そして大金を必要とする。これらは後述するダンダンウイリク調査でも同様である。

小括　ふりかえってみれば、このような困難な条件の下で、よくぞここまでの成果をあげ得たものであると言える。諸外国とくに国家管理の厳しい中国での共同調査、さらには沙漠での大規模調査を体験された方であれば、その困難さを理解いただけるものと思う。

日中間最大級かつ最も順調に進行している共同調査のひとつとなった。調査にあたっては過去の「西域探検」の教訓のうえに、ニヤ遺跡の主権は中国にあるという原点に立つのは当然として、「百年単位のニヤ調査」からみれば「日中共同ニヤ遺跡学術調査」は基礎調査であるべきであるとの基本方針のもと、分布調査・各遺構の撮影と測量・地表散布遺物の収集を中心におこない、破壊につながるともいえる発掘は最小限にとどめた。

更にたんに学術事業でなく、地域発展事業として、周辺地区の人々に測量発掘の補助作業などを割当て、教育と現金収入の道も考慮し、ゴミの全て持ち帰りは当然実施し、現地の枯木は燃料として極力使用せず、プロパンガスや石炭を遠路運びこみ利用した。

ニヤ調査を歴史的に総括すれば、第一段階は二十世紀初頭のスタイン隊などの外国隊による発見と文物持ち出しであり、第二段階は新疆ウイグル自治区成立直後の新疆博物館隊による食料もままならないなかでの決死の調査であり、第三段階が改革開放時代の日中共同隊による大規模調査である。日中共同調査は期間も規模も最大であり、顕著な成果を獲得した。しかもまだ報告書刊行などがつづいている。

今後　およそ二〇〇〇年前の住居の柱が林立して残るなど、これほどの価値と規模の遺跡は世界でも稀である。さらに遺跡南部には何万本もの枯れた胡楊が残り、古環境の復原にかけがえのない自然の一大遺産となっている。中国有数の文化遺産であり、人類共通の文化遺産ともいえるニヤ遺跡の保護は我々の共同責務であり、出来るかぎりの努力をしてゆきたい。出土遺物の保護と研究も充実させねばならない。それらの成果は今後も報告書や国際シンポジウムで公開していきたい。分布調査の補足（おそらく更に多くの遺構発見が期待できる）・北方遺跡の調査（沙漠化進展による生活拠点の南下を明確にできるとともに多くの遺構発見の可能性がある）・南部土塁の調査（役割・時代などが解明できる）など未完了の現地調査も機会があればと思っている。

残念なことは真田康道学術副隊長が病魔で離脱され、佛大教授も退任されたことである。ご快癒を祈る。筆者の能力不足により、学術面のまとめも充分とはいえず、記録や写真などが一部隊員に散逸している点であり、佛大ニヤ機構の研究会から正式機関への昇格が見送られ成果の次世代への継承に不安を感じる点も残念なことである。

文字による記録は、二〇一一年三月に「新疆での世界的文化遺産保護研究事業と国際協力の意義」（『佛教大学宗教文化ミュージアム研究紀要』第七号掲載）としてまとめた。

写真記録は、浅岡俊夫隊員の協力をえてデータとして再整理中である。報告書第三巻の中国語版と遺物図録は二〇一三年上期に出版すべく、于志勇所長が奮戦している。

四、日中共同ダンダンウイリク遺跡学術調査とその概要

ダンダンウイリク（丹丹烏里克）遺跡は一八九六年一月にスウェーデンの探検家で地理学者のスウェン・ヘディンが発見した。その情報に触発されたスタインが一九〇〇年十二月に大規模発掘をおこない大量の壁画や「桑種西漸伝説」の板絵などを収集、『大唐西域記』記載の伝説がこうして確認された。彼はその足で東へとりニヤ遺跡を発見し大規模な発掘をおこない大量の貴重遺物を収集した。ロンドンへ帰った彼は予備報告書などで概要を発表し、これがこの頃ロンドン遊学中であった大谷光瑞師による大谷探検隊実施のひとつの契機になったとも考えられる。

このようにダンダンウイリクは「シルクロード学」の原点ともなった著名な遺跡である。一九〇五年に米国の地理学者ハンティントンが踏査し、一九二八年にはドイツのトリンクル隊隊員でスイスの植物学者ボスハートが踏査した。

【脱線】 歴史は面白いもので、ボスハートが遺跡に残した名刺・新聞などが日中共同調査の過程で発見された。名刺裏には "To the poor fellow who believed to find someone here we leave this papers with our kindest regards. E.Trinkler, W. Bosshart. 25-3-28"（ここで何かを見つけることを信じた哀れな人に心をこめてこの紙を残す。トリンクル、ボスハート。一九二八・三・二八）と記されていた。

それ以来、その所在は定かでなくなったが一九九六年・九七年、石油探査隊に同行した新疆考古研究隊が再発見し遺跡の位置が明確となった。その情報をもとに翌年にはスイスのバウマーが非正規調査をおこなった。このように世界中の探検家や考古学者の興味をひいてきたが、大沙漠の奥深く位置することと、未開放地域に位置することなどの理由から、本格的調査はおこなわれていなかった。

本遺跡は、北緯三十七度四十六分・東経八十一度四分一帯に寺院址・住居址など七十カ所の遺構が東西約二km・南北約一〇km（周辺をふくむ）に分布し、スタインは収集遺物から八世紀に廃棄されたと推測している。本遺跡の東方に位置するニヤ遺跡とは約一四五km隔てている。海抜一二五〇m前後である。名称は「象牙の家」を意味するという。な

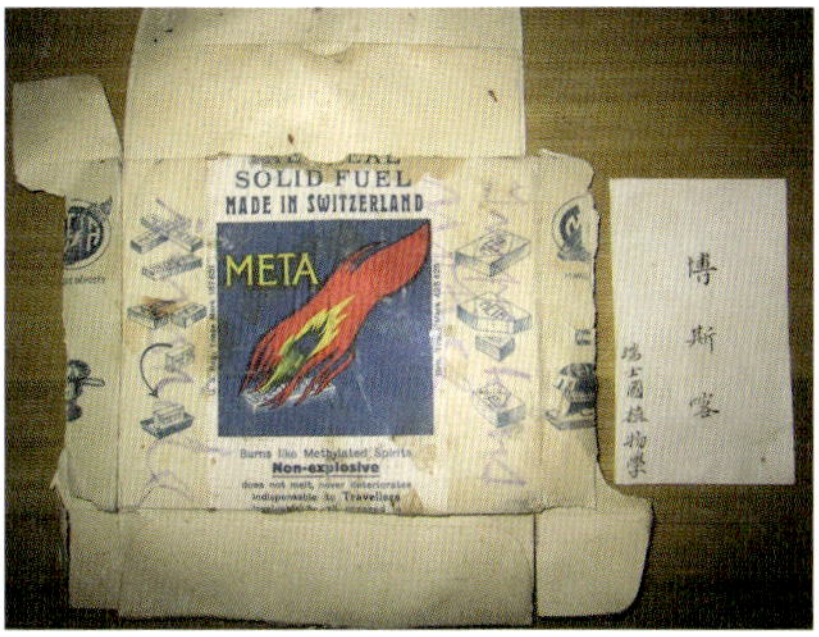

96

97

96 97　ボスハートが遺跡に残した中国語の名刺と固形燃料の箱・新聞など。

ぜ象牙なのかは今後の研究に期待したい。表記は中国語・日本語・英語ともそれぞれに数種類ある。唐代には「傑謝」と称されたようだ。今後の調査で更に多くの遺構が発見されることだろう。

調査の経緯　日中双方は一九八八年七月十九日に交したニヤ遺跡やダンダンウイリク遺跡などをふくむ西域南道の遺跡群調査に関する覚書と同年十一月十四日調印の覚書をベースに、玄奘三蔵のインドからの帰路を研究テーマとしている安田順惠奈良女子大学大学院博士課程の踏査希望が「日中共同ダンダンウイリク遺跡学術調査」（佛大ニヤ機構・新疆文物局・新疆考古研主催、佛大アジア宗教文化情報研究所助成）開始の縁となった。

第一次調査・「西域のモナリザ」の発見　タクラマカン沙漠は日本国土の約九割に相当する面積。広大な沙漠での調査は困難を極める。百年前も今も殆ど変わりない。まさに「探検」である。現在の西域南道である国道三一五号線の小都市ユテン（于田）よりケリヤ河沿いに北上、四輪駆動車も悪路に度々スッタグ。約一二〇㎞に約六時間を要した。バッカクエギリと称される小集落でラクダに乗り換え。トラックなどの発達でラクダキャラバンもへり、荷物を運ぶのになれないラクダに大量の装備・食料を積むのは一仕事である。三時間かけてようやく出発。四十一頭のラクダ隊が水量ゆたかなケリヤ河を渡河するのは壮観であった。

ＧＰＳに入力した一九九七年新疆考古研隊測位の遺跡位置を目指していくつもの大砂丘を越えて進む。二日目も西へ西へと前進した。ラクダの歩行距離は砂丘を迂回するため、直線距離の一・五倍ほどになる。大沙漠の地平線に太陽がおちると急速に寒くなる。

98　二〇〇四年隊。♪月の沙漠を～とは大違いで長時間騎乗は苦行。

99 100 101　千数百年の悠久の時をへて今なお残る遺構の数々。

限られた日程のため暗くなっても進んだ。ラクダに乗りつづけると身体中が痛くなる。三日目の十四時すぎにようやく遺跡東端に到達。一同から歓声があがった。到達の喜びとラクダに乗らなくてもよいという安堵感からだ。ラクダ歩行距離で約五〇km、二〇〇二年十月三十日、日本人としては初の公式到達だった（〇一年に無許可で入った日本人がいると後日、聞いた。困った人たちがい

98

99

101

100

るものだ)。

目的であった到達が達成できた喜びにひたる間もなく、数隊に分かれて初歩的分布調査を開始。茫々とした大沙漠の砂丘の間に点々と遺構が残存している。ある遺構は大きく、ある遺構は小さく。

建築構造を観察していると、前方で大きな叫び声。中国側隊員が露出した壁画を発見。風のいたずらか仏様のお顔が地表に。盛春寿局長と張玉忠新疆考古研副所長の指揮により保護のために緊急試掘を実施。寺院の東壁が外側へ倒れていた。慎重に砂を取り除くと次々と壁画が現れた。千数百年ぶりにお出ましになった御仏のご尊顔を拝しおもわず合掌。

一同は不思議なご縁に驚いた。前年に予備調査を予定、実施直前にアフガニスタンで戦闘が始まり、隣接している新疆政府の勧告により延期した経緯があり、もし二〇〇一年に実施していたら、おそらくこの仏様にはお会いできなかったことであろう。日本側は略式法要をおこない悠久の時をへて般若心経がこの地にひびき一同は感涙にむせんだ。

この予備調査では壁画発見・保護試掘のほか遺跡概要を把握し、GPS登録し地表散布遺物を収集した。隊員は筆者・安田順惠・岸田善三郎・岸田晃子・清田伶子・中造和夫・高田和行・高田洋子・盛春寿・張玉忠・李軍新疆文物局弁公室主任・佟文康・張鉄男・托呼提・卡斯木各隊員とサポート隊(ラクダ使い・運転手)含めて総計三一名であった。

ウルムチ帰着後、中国側による壁画発掘の打合せをおこなった。筆者は杭州でのシンポジウムでニヤ遺跡調査概要を発表し、北京で阿不来提・阿不都熱西提全国政治協商会議副主席（前新疆ウイグル自治区主席）に壁画発見を報告し、入院中の兪偉超館長を見舞って帰国した。

この予備調査時は発掘の準備をしておらず、張玉忠副所長率いる新疆考古研隊が急ぎ態勢を整え、十一月中旬ウルムチを再出発し約二週間にわたって発掘し、十二月上旬ウルムチへ帰着した。大沙漠奥深くで発掘し、ラクダと車で、大型の壁画を破損させぬよう約一四〇〇km離れたウルムチの研究所まで運ぶことはたいへんなことである。

十二月、筆者は新疆考古研で壁画を観察した。如来が描かれた壁画を目にした私たちは、その眼差しと微笑みを拝し、思わず「西域のモナリザ」と叫んでいた。

また鉄木尓・達瓦買提全人代副主席に壁画発見を報告するとともに長年の支持への感謝

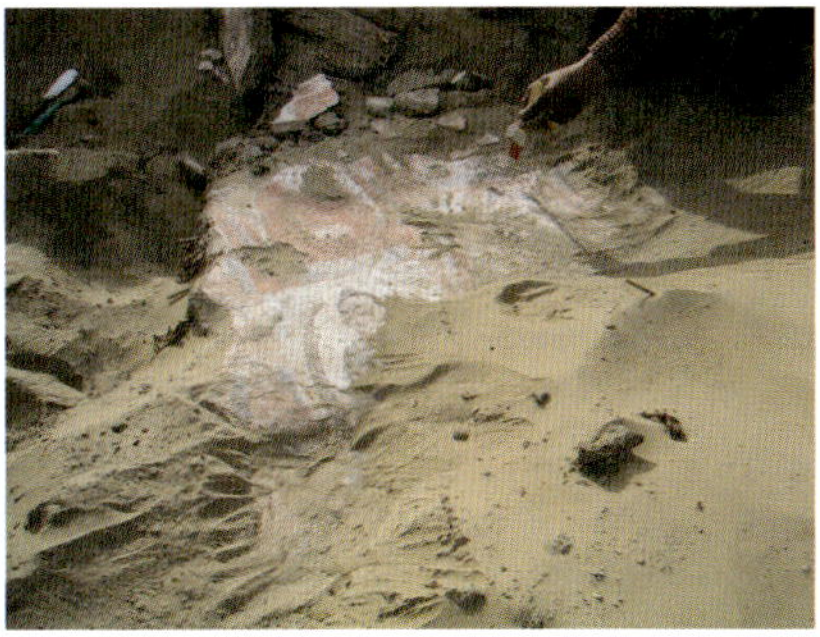

102

103

104

102　この御仏のお顔の部分が現れていた。
103　保護のため緊急試掘。
104　お出ましになった御仏。

108

105

109

106

107

105　小仏像残片。

107　「西域のモナリザ」とも称されるこの眼差しと微笑み。

106 108 109 110　ウルムチの考古研へ運び込まれた壁画の数々。

を表した。

調査本格化　予備調査段階では踏査が目的であったが、貴重な壁画を発掘したため、本格的に取り組むことになった。二〇〇三年一月、佛大ニヤ機構会議で、壁画は内容（仏・菩薩・供養者・動物などと豊富）・量（約一〇㎡と広大なもの）・質（高度の洗練された表現力をもつ）ともに優れており、「西域仏教はもとよりアジア古代仏教絵画史の研究に欠かせない」との判断から、この調査研究プロジェクトを「日中共同ニヤ遺跡学術調査」の関連事業として実施することが承認された。同月、上記方針に対して新疆文物局より同意するとの回答をえた。

壁画研究開始　四月には、新疆考古研で張玉忠副所長らとともに壁画の予備研究を開始。井上正京都造形芸術大学教授（前佛大教授）は「内容は豊富、西域壁画の最高傑作のひとつ、文献にある『用筆緊勁にして屈鉄盤絲の如し』そのものを見ているようだ」と最高水準の評価を与えた。司馬義・鉄力瓦尓地新疆主席へ保護研究について報告した。調査後、井上正・安藤佳香佛教大学教授らはトルファンの石窟壁画も参観した。

この時は中国で「サーズ」が流行中で、関空から北京への乗客は我々四人の日本人と帰国する中国人三人だけだった。北京空港は閑散としていた。

七月、王楽泉中央政治局委員・中共新疆委員会書記に一層の協力を要望した。七〜八月、盛春寿局長一行が訪日し、打合せをおこなった。九月二十二日、保護研究協議書に筆者と艾尓肯・米吉提新疆文物局副局長が調印し、十月には国家文物局より正式許可を取得した。

110

114

111

新疆日报 2004年3月12日

丹丹乌衣里克壁画研究保护项目正式启动

库热西·买合苏提会见小岛康誉

本报乌鲁木齐3月11日讯 记者李行报道：今天下午，自治区副主席库热西·买合苏提会见了日本友人、自治区人民政府文化顾问小岛康誉先生以及随行5位专家。

小岛康誉先生携日本壁画研究保护专家一行6人于3月10日至16日来疆访问。小岛康誉此行特为研究保护新疆丹丹乌衣里克壁画而来。

丹丹乌衣里克遗址位于和田以北塔克拉玛干沙漠中。2002年小岛康誉先生一行与中方组成的联合考察团赴丹丹乌衣里克遗址考察时，发现了一批精美的壁画，后经中方抢救清理运抵乌鲁木齐。这批壁画十分珍贵，对研究新疆古代佛教文化在丝绸之路上的传播以及东西文明的交流有着极为重要的意义。为了使这批壁画尽早得到保护，同时在研究保护壁画方面为新疆培养相关的人才，自治区文物局与以小岛康誉为代表的日本佛教大学尼雅遗址学术研究机构签订了协议。双方聘请各自国家的壁画研究保护专家，成立中日合作项目组，对丹丹乌衣里克遗址出土的部分壁画进行保护研究。此次小岛康誉率日方专家前来新疆，中方北京大学教授马世长等3人参与研究活动，标志着丹丹乌衣里克壁画研究保护项目正式启动。

库热西·买合苏提在会见时说，中日携手进行丹丹乌衣里克遗址的发现、挖掘、保护和研究工作，非常有意义。自治区党委、政府高度重视对遗址的保护工作，会尽全力支持中日专家的研究工作，预祝中日专家会取得好的研究成果。

115

112

113

111 二〇〇三年四月二十九日、関空～北京NH159便飛行中の機内。

112 二〇〇三年五月五日午後四時の北京空港。

113 114 壁画保護計画策定会議。撮影：新疆考古研

115 保護プロジェクト開始を報じる「新疆日報」。

十二月には艾尓肯・米吉提・張玉忠各氏らと打合せ、中国側許可のもと壁画残片を持ち帰り、奈良国立文化財研究所の協力により分析をおこなった。同月、宋新潮国家文物局副司長へ壁画保護研究許可の感謝と今後の協力を要請した。またNHKの依頼で盛春寿局長に、ニヤ・ダンダンウイリク両遺跡をふくむ「新シルクロード」撮影と「同文物展」への文物出陳の協力要請をおこなった。

二〇〇四年二月、ウルムチで「新シルクロード」撮影許可協議をNHK・中央テレビ・新疆政府外事弁公室・新疆文物局と筆者で行ったが、思惑が錯綜し難航、議事録のサインのみとなった。

壁画保護計画決定　三月、日中双方は我が国の文化財保護技術の第一人者である岡岩太郎岡墨光堂社長（国宝修理装潢師連盟理事長）・辻本与志一氏を加え、馬世長北京大学教授・鉄付徳中国国家博物館教授らと新疆考古研で保護研究原案を策定、双方は柔軟な考えと先進技術により保護をおこなうことで一致し、庫熱西・買合蘇提新疆副主席と会見した。

同月、「新シルクロード」撮影交渉は難航したが筆者誕生日を理由に各方面に譲歩を求め調印の運びとなった。四月には「新シルクロード展」の交渉を促進した。

壁画保護計画承認　五月、艾尓肯・米吉提・張玉忠・鉄付徳・井上正各氏・沢田正昭国士舘大学教授（前奈良国立文化財研究所埋蔵文化財センター長・筑波大学教授）・筆者などが北京科技大学での国家文物局専門家委員会の王丹華・潘路ら六委員との審議会合に出席し保護原案を説明した。これは国家文物局の規定により計画が適正か科学的かを審査するもので、承認された。これにもとづき材料・薬剤などの準備を開始した。一部については、岡岩太郎・辻本与志一両氏より無償提供をうけた。

【脱線】考え方の異なる外国との交渉は時として厳しい。右記の審議会では中国側が主として計画を説明したが、初対面の人も多く午前中は厳しい雰囲気。午後、筆者が「中華人民共和国の丹丹烏里克（ダンダンウイリク）の女王である王丹華委員長から審査を受けることは光栄である」と発言し流れが変わった。

十月には、ＮＨＫと筆者の招きで来日した庫熱西・買合蘇提新疆副主席・盛春寿局長らがＮＨＫと「新シルクロード展」の最終調印をおこなった。一行は水谷幸正佛大理事長・中井真孝学長らと会談し、ダンダンウイリク遺跡調査・壁画保護を更に協力推進することで合意した。また奈良では、柿本善也奈良県知事・久米健次奈良女子大学学長・安田暎胤薬師寺管主とも会見した。

第二次調査　同月、浅岡俊夫六甲山麓遺跡調査会代表・安藤佳香教授らも加えた第二次調査（総計三四名・ＮＨＫほか取材班ふくむ）を敢行し、スタインが貴重遺物を発掘した南部遺構群など二十六カ所の遺構をＧＰＳ登録し模式図を作成し、同遺跡が〝仏教聖地〟と思われる古代仏教都市であることを確認した。ＮＨＫと中国中央テレビが「新シルクロード」制作のため同行取材した。

ラクダ乗換地点までに車の火災事故で水などを失い、帰路は車両故障続出し、筆者のユテン帰着は午前三時半であった。体制を整えた後、沙漠車四台でニヤ遺跡へ向かい遺跡北部で未登録と思われる墓地三カ所を登録した。カパクアスカンの児童へ学用品を贈呈した。

壁画保護開始　同年十一月、各種準備がととのい、日中双方の技術を活かし壁画保護処置を開始した。また富澤千砂子六法美術社長が模写もおこなった。岡岩太郎氏は「新疆側は充分な技術水準にある。汚れを完全に取り除くことなく、表面の凹凸も残し千数百年前の風格がしのばれるようにしよう」と提案し、張玉忠・鉄付徳各氏も同意した。

一年に十四回訪中　十二月、「楼蘭展」以来、中国外展示が禁止されていたミイラの「新シルクロード展」への展示交渉でようやく基本的許可を取得した。筆者はこの年十四

116

117

118

116　満天の星を眺めながら眠りに。
117　専門技師による光波測量。
118　夕陽が沙漠に沈むと一気に冷え込む。

121

122

123

124

119

120

119 120　永年にわたる付着物の除去には揮発性薬品を使用、頭が痛くなる。

121　まずは試験、そして本番。

122　国宝『源氏物語絵巻』も模写した専門家による模写。

123　鉄教授から説明をうける筆者。撮影：張玉忠氏

124　小河墓遺跡に眠る人達へ小僧ながらの回向。撮影：孫躍新隊員

回も中国を訪問した。調査保護研究に「新シルクロード」・「新シルクロード展」の交渉協力が重なったためである。

二〇〇五年一月には日中双方は保護処置の進展確認と研究をおこなった。

世界的名画　安藤教授は「新出壁画に見られる法隆寺金堂旧壁画の源流を思わせる鉄線描には、ホータンの王族に出自をもつ名画家尉遅乙僧の画風をしのばせるものがある。精彩に富む瞳の動きは、拝者の眼と心に深く訴えかけてくる。世界的名画の出現であるといっても過言ではない」とコメントしている。

筆者は盛局長らとともにその足で小河墓遺跡を視察し発掘隊員を慰問した。新疆文物局許可のもと外国人として公式初到達とのことであった。

壁画展示　壁画のうち保護処置をおえた「西域のモナリザ」を含む四点やニヤ隊検出の「花卉文綴織袋」などが二〇〇五年四月から十二月まで、「新シルクロード展」の会場である東京・神戸・岡山で公開され、「楼蘭の美女」以来のミイラも展示された。四月と八月には展示準備中の上記会場で安藤教授が研究をおこなった。

テレビ放送　同年一月から十二月まで、ＮＨＫ「新シルクロード」が各チャンネルで度々放送され、壁画や前年調査の一部が紹介された。

シンポジウム・写真展　八月、日中双方は佛大四条センターで「日中共同ダンダンウイリク遺跡学術研究プロジェクト国際シンポジウム」を開催し、福原隆善佛大学長・中井真孝・安藤佳香・岡岩太郎・呂家伝・張玉忠・鉄付徳・栄新江各氏らや筆者が挨拶や発表をおこない、約二〇〇人が参加した。同センターと佛大アジア宗教文化情報研究所

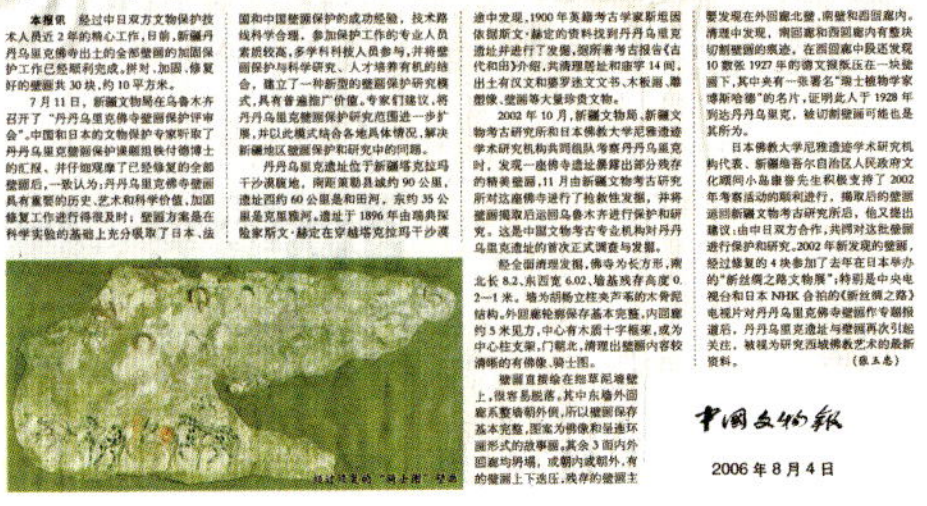

中日合作完成丹丹乌里克佛寺壁画保护项目

本报讯　经过中日双方文物保护技术人员近2年的精心工作，目前，新疆丹丹乌里克佛寺出土的全部壁画的加固保护工作已经顺利完成。拼对、加固、修复好的壁画共30块，约10平方米。

7月11日，新疆文物局在乌鲁木齐召开了“丹丹乌里克佛寺壁画保护评审会”。中国和日本的文物保护专家听取了丹丹乌里克壁画保护课题组铁付德博士的汇报、并仔细观摩了已经修复的全部壁画后，一致认为：丹丹乌里克佛寺壁画具有重要的历史、艺术和科学价值，加固修复工作进行得很及时；壁画方案是在科学实验的基础上充分吸取了日本、法国和中国壁画保护的成功经验，技术路线科学合理，参加保护工作的专业人员素质较高，多学科科技人员参与，并将壁画保护与科学研究、人才培养有机的结合，建立了一种新型的壁画保护研究模式，具有普遍推广价值。专家们建议，将丹丹乌里克壁画保护研究范围进一步扩展，并以此模式结合各地具体情况，解决新疆地区壁画保护和研究中的问题。

丹丹乌里克遗址位于新疆塔克拉玛干沙漠腹地，南距策勒县城约90公里，遗址西约60公里是和田河，东约35公里是克里雅河。遗址于1896年由瑞典探险家斯文·赫定在穿越塔克拉玛干沙漠途中发现，1900年英籍考古学家斯坦因依据斯文·赫定的资料找到丹丹乌里克遗址并进行了发掘，据所著考古报告《古代和田》介绍，共清理房址和庙宇14间，出土有汉文和婆罗迷文文书、木板画、雕塑像、壁画等大量珍贵文物。

2002年10月，新疆文物局、新疆文物考古研究所和日本佛教大学尼雅遗迹学术研究机构共同组队考察丹丹乌里克时，发现一座佛寺遗址暴露出部分残存的精美壁画，11月由新疆文物考古研究所对这座佛寺进行了抢救性发掘，并将壁画揭取后运回乌鲁木齐进行保护和研究。这是中国文物考古专业机构对丹丹乌里克遗址的首次正式调查与发掘。

经全面清理发掘，佛寺为长方形，南北长8.2、东西宽6.02、墙基残存高度0.2—1米。墙为胡杨立柱夹芦苇的木骨泥结构。外回廊轮廓保存基本完整，内回廊约5米见方，中心有木质十字框架，或为中心柱支架，门朝北，清理出壁画内容较清晰的有佛像、骑士图。

壁画直接绘在细草泥墙壁上，很容易脱落。其中东墙外回廊系整墙朝外倒，所以壁画保存基本完整，图案为佛像和是连环画形式的故事画，其余3面内外回廊均坍塌，或朝内或朝外，有的壁画上下迭压，残存的壁画主要发现在外回廊北壁，南壁和西回廊内。清理中发现，南回廊和西回廊内有整块切割壁画的痕迹，在西回廊中段还发现10数张1927年的德文报纸压在一块壁画下，其中夹有一张署名“瑞士植物学家博斯哈德”的名片，证明此人于1928年到达丹丹乌里克，被切割壁画可能也是其所为。

日本佛教大学尼雅遗迹学术研究机构代表、新疆维吾尔自治区人民政府文化顾问小岛康誉先生积极支持了2002年考察活动的顺利进行，揭取后的壁画运回新疆文物考古研究所后，他又提出建议：由中日双方合作，共同对这批壁画进行保护和研究。2002年新发现的壁画，经过修复的4块参加了去年在日本举办的“新丝绸之路文物展”；特别是中央电视台和日本NHK合拍的《新丝绸之路》电视片对丹丹乌里克佛寺壁画作专题报道后，丹丹乌里克遗址与壁画再次引起关注，被视为研究西域佛教艺术的最新资料。　（张玉忠）

中国文物报

2006年8月4日

125　壁画保護完了を報じる「中国文物報」。

126

129

127

130

128

（現宗教文化ミュージアム）でプロジェクト概要を紹介する写真展も開催した。同展はＮＨＫ神戸放送局・岡山市デジタルミュージアムへ巡回した。九月二十五日、日中双方は〇五・〇六年分調査協議書に筆者と張玉忠氏が調印した。

十月には司馬義・鉄力瓦尔地新疆主席と会見し新疆ウイグル自治区成立五十周年への祝賀を表明するとともに保護研究への一層の協力を要請し、文化参観団とともに成立五十周年記念写真展などを参観した。

第三次調査　十〜十一月の調査（総計二四名）南北約一二㎞・東西約五㎞の範囲を調査、新たに円形遺構など約六十カ所を登録するとともに、測量技師の参加をえて、七四八七ポイントを測量し地形図を作成、遺跡北方も探査し仏寺らしき建物址や遺物散布地を発見、登録するなど大きな成果をえた。地表散布遺物収集。筆者と数名は疲労度を確かめるため遺跡からラクダ乗り換え地点まで徒歩で帰った。行脚でなれているせいかそれほどの疲れは感じなかった。ラクダを率いての念仏行脚は楽しかった。

調査終了後にタマゴゥ仏寺を参観し、資金提供から十年かかったホータン博物館の開館式に出席した。

調査終了後、出田和久奈良女子大学教授・安田順恵氏らを新疆側とともに小河墓遺跡へ案内した。その後、王楽泉中央政治局委員・中共新疆委員会書記に調査報告をおこない遺跡の更なる保護について提案した。十二月にも安藤教授・筆者が新疆考古研で壁画研究をおこなった。

新疆政府幹部へ講演　二〇〇六年一月、新疆政府の幹部約一〇〇人へ文化財保護研究

126 127　保護処置をおえた壁画。仏の肩「三角形の形象」にご注目。

128　保護処置完了した壁画を共同研究。井上・安藤教授と佟研究員。新疆考古研にて。

129　情報早期公開の原則により壁画を展示。東京江戸博物館にて。

130　国際シンポジウムで挨拶する福原隆善佛大学長。

134

131

135

132

136

133

131　茫漠たる大沙漠で遺構の発見は容易ではない。撮影：劉国瑞氏

132　水がないと思われている沙漠も部分的に地下水は豊富。ダンダンウイリク遺跡周辺で石油探査隊が掘った穴に湧き出た地下水。塩分濃度が高く飲めない。名づけて「ダンダン富士とウイリク池」（笑）。

133　二〇〇五年隊。撮影：中国側隊員

134　「沙漠の舟」とたとえられるラクダで帰路に着く。

135　タマゴゥ仏寺にて。

136　出田教授・安田氏ら小河墓遺跡参観隊を案内して。撮影：中国側隊員の重要性を講演した。このような広報活動については後述する。三月には司馬義・鉄力瓦尓地新疆主席一行がNHKと筆者の招きで訪日、東京・名古屋・奈良などを案内した。五月より佛大ニヤ機構の研究発表会を安藤教授中心で開始した。

全国重点文物保護単位　六月、国家文物局により本遺跡は「全国重点文物保護単位」に昇格した。私たちの日中共同調査が評価された結果ともいえよう。七月、全ての壁画の保護処置が完了したことにともない、岡岩太郎・沢田正昭と潘路・馬家郁（ともに国家文物局専門家委員）・盛春寿局長・鉄付徳・張玉忠・劉国瑞各氏と筆者らが参加し新疆考古研で保護完了審査会が開催され、保護処置は承認された。承認報告書は国家文物局へ提出された。司馬義・鉄力瓦尓地新疆主席と会見し成果を報告した。

第四次調査・発掘　十～十一月、第四次調査（総計一九名）を実施した。途中から沙漠車で一気に遺跡到着、調査時はラクダも使用。分布調査ではスタイン報告書に記載されている遺跡北方遺構の探査を試みたが発見できず、その北に倒壊建物址や窯跡・遺物散布地を新たに発見し登録した。合わせて遺構・遺物散布地など約二十カ所をあらたに登録し、国家文物局の正式許可をえて中国側が数カ所の遺構を発掘し、日本側はその補助をおこなった。寺院址も状況確認をおこない内容豊富な壁画を撮影し、保護のため埋め戻した。地表散布遺物収集。測量では砂丘の移動による変化地点を補足するとともに発掘遺構を測量し、これらの結果、西域における「仏教聖地」としての本遺跡の全容をほぼ把握することができた。

二〇〇七年三月、筆者・安藤佳香氏は新疆考古研で盛局長・于志勇・張玉忠各氏らと

140

141

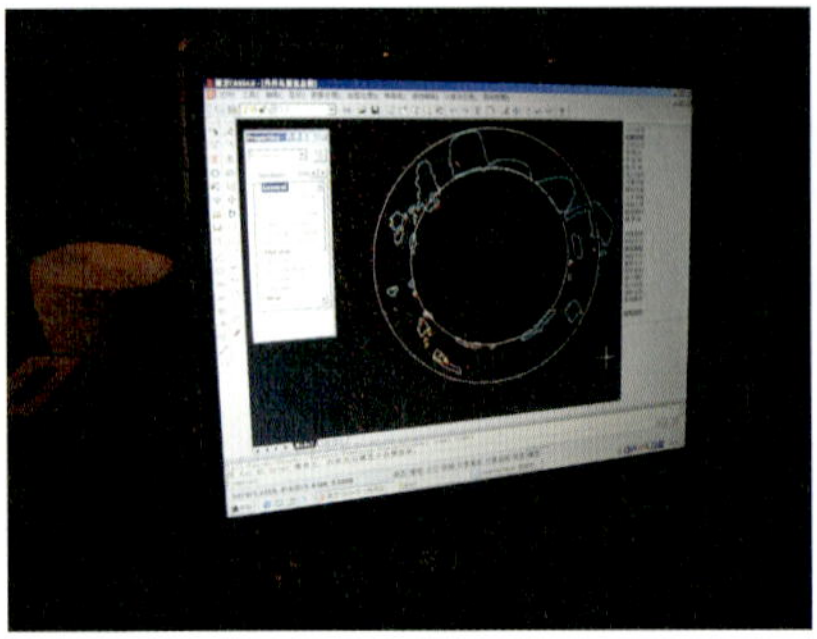

142

137

138

139

137　BC近くの砂丘に日中共同調査隊旗を立てる。安全確保のため。沙漠では赤が識別しやすい。
138　発掘、砂は腰にくる。撮影：不明
139　現れた壁画、撮影し保護のために埋め戻した。
140　デジカメによる記録。
141 142　夕食後に疲れた身体で遺物実測やパソコン取り込み。

ニヤ報告書第三巻やダンダンウイリク報告書の打合せをおこない、壁画研究後、チラ県ダマゴゥ仏寺壁画を調査するとともに、ラワック遺跡も参観した。同月、浅岡俊夫氏らは新疆考古研で出土遺物約百点を実測した。

北京大学シンポジウム計画　同月、盛春寿・于志勇各氏一行が佛大ニヤ機構の招きで訪日し、福原隆善学長・筆者らと佛大でのシンポジウムを十一月開催に同意するとともに、〇八年に北京大学で開催しようと合意した。一行は筆者とユネスコ親善大使（文化財保護担当）でもある平山郁夫氏宅を表敬訪問し、「シルクロード」世界遺産申請について貴重な示唆を得た。本件関連については後述する。

四月、新疆での無許可測量で取り調べられ調査器材・資料没収と罰金刑を科せられた日本の某大学・研究所教授側代表者と訪問し、新疆政府外事弁公室・新疆測量局・新疆文物局へのお詫びの仲介をおこなった。新疆側から「許可取得して実行するのは当然のこと、不愉快なことは二度と起こさないように」などとの発言があり関係法規が代表者に手渡された。新聞には教授らの実名入りで報道された。

六月、王楽泉中央政治局委員と会見。その後、浅岡俊夫隊員とともに新疆側と報告書・シンポジウムについて打ち合わせた。八月にはダマゴゥ仏寺博物館の開館式に文化参観団とともに参列し、建設資金を贈呈した。

シンポジウム　十一月、日中双方は前述の「日中共同シルクロード学術研究国際シンポジウム」を佛大四条センターで開催し、福原隆善学長・杉本憲司・八木透・安藤佳香各佛大教授・浅岡俊夫隊員・片山章雄東海大学教授・艾尓肯・米吉提副局長・張玉忠・于

朝日（大阪本社版）2008.5.9

タクラマカン遺跡　日中共同調査

息の長い交流で信頼築く

単眼複眼

中国・新疆ウイグル自治区で、佛教大学の「ニヤ遺跡学術研究機構」などが進める発掘調査の報告書が出た。タクラマカン砂漠の南部に埋もれた二つの古代都市から出た仏教関連の壁画や装身具、住居、工房、墓地跡などが紹介されている。

『尼雅《ニヤ》遺跡学術調査報告書・第3巻』は96、99年に続く3冊目。紀元前1世紀〜紀元5世紀に栄えた都市国家「精絶国」だった尼雅遺跡の調査は、故田辺昭三氏らが参加した88年からで、これまでに約250カ所の遺構が確認された。今回は、新しく見つかった仏像・天人像の壁画、行政文書の一部らしい木簡などがあった古代仏教寺院の遺構が明らかにされた。ガラス工房跡をはじめ、遠く地中海、イランなどから運ばれたらしいサンゴ、貝、トルコ石など広域交易の遺物も紹介されている。

尼雅の西、約150㌔で02年に始まった調査は『丹丹烏里克《ダンダンウイリク》遺跡学術調査報告書』にまとまった。1896年にスウェーデンの地理学者ヘディンが紹介して有名になった5〜8世紀を中心とする遺跡群。高さ約3㍍の粘土づくりの壁が残る円形城壁遺構（直径約100㍍）や寺院、住居、果樹園跡など計70カ所の分布が分かった。

多くの仏教壁画の中には、砂に埋もれて極彩色をとどめたものもある。ヒンドゥー教系の神々に囲まれた仏や、笑みをたたえた如来の図などが注目される。同遺跡の南方で00年に発見された達瑪溝《ダマゴウ》仏寺遺跡も付録で紹介されている。中国社会科学院考古研究所新疆考古隊が調査中の大規模な仏教遺跡で、珍しい7世紀の壁画の図版もある。

同遺跡の調査は、同自治区のキジル千仏洞の修復保存などに佛教大の小島康誉氏が寄金や技術面で貢献した縁で始まった。中国西端の奥地で、息の長い交流で中国側と信頼関係を築いてきた意義を、2冊の報告書は語ってもいる。問い合わせは佛教大宗教文化ミュージアム（電話075・873・3115）へ。

（天野幸弘）

「西域のモナリザ」とも呼ばれる中国・丹丹烏里克（ダンダンウイリク）遺跡出土の壁画＝同遺跡報告書から

143

志勇各隊員・栄新江北京大学教授・巫新華中国社会科学院考古研究所新疆隊隊長・筆者らが挨拶・発表をおこなった。

報告書　同時に調査研究保護の成果を、浅岡俊夫・安藤佳香・岡岩太郎・沢田正昭・盛春寿・張玉忠・栄新江・劉国瑞・阮秋栄・巫新華各氏らの尽力をえて『日中共同ダンダンウイリク遺跡調査学術報告書』（日本語版　英文サマリー　真陽社）としてまとめ文部科学省オープン・リサーチ・センター整備事業関連刊行物として出版した。中国側代表団を九州国立博物館などへ案内した。

北京大学へシンポジウム申請　十二月、日中双方はウルムチでの協議、北京での北京大学との協議を経て、新疆側が北京大学へ「漢唐西域考古―ニヤ・ダンダンウイリク国

143　報告書出版を報じる朝日新聞。「息の長い交流で信頼築く」との重要さ、困難さを理解いただき感謝。

際シンポジウム」を申請した。

二〇〇八年四月、ウルムチ市長時代からなにかと支持いただいた努尓・白克力新疆主席と会見し主席就任を祝うとともに、ニヤ・ダンダンウイリク調査を報告し、報告書を贈呈した。努尓・白克力主席から「貴方は新疆の改革開放三十年の見証人だ」と言われ、後記出版につながった。十一月には新疆政府外事弁公室主催「改革開放三十周年記念―新疆対外友好交流回顧展望大会」がウルムチで開催され、筆者は両調査を含む国際協力活動を発表するとともに、同時出版した『見証新疆変迁』写真集を日本国自治体国際化協会はじめ近隣諸国政府代表団をふくむ内外参加者約二〇〇人へ贈呈した。この年、申請していた右記シンポジウムは、北京オリンピックなどの関係から許可されなかったが、双方は継続努力することで一致した。

台湾展　十二月から二〇〇九年三月にかけて、台北の国立歴史博物館で、日中共同隊が発掘した「王侯合昏千秋萬歳宜子孫」錦や「西域のモナリザ」など多数の貴重文物をふくむ「絲路伝奇・新疆文物大展」が開催された。

シンポジウム許可取得　六月、北京大学の許可をへて中国教育部（文科省相当）へ送られていた前述シンポジウムは政府許可を取得し、具体的準備を開始した。同月、楊剛新疆常務副主席と会見し長年の支持に感謝を表明した。七月、ウルムチから北京経由で帰国した日にウルムチ騒乱が発生した。

七月から翌年十二月にかけて、北京とローマで「秦漢―ローマ文明展」が開催され、ニヤ調査隊発掘の錦が出陳された。

九月、騒乱後の状況視察のため訪問し、鉄力瓦尓迪・阿不都熱西提新疆副主席と会見し、死傷者へのお悔みと見舞いを表明し、副主席からその後は安定していると説明を受けるとともに、ウルムチ市内を視察した。当日から数日間にわたり大規模デモが発生し、厳戒態勢であった。

その帰路、清華大学「ソフトパワーと政府コミュニケーション国際シンポジウム」レセプションで新疆の発展ぶりとニヤ・ダンダンウイリク両調査をはじめとする長年の国際協力を映像で発表した。騒乱につづく大規模デモ直後であったので、大きな反響があった。席上、「公共外交突出貢献賞」が授与された。同月、オックスフォード大学と大英博物館を訪問し、スタイン資料（スタイン直筆日記・往復書簡など）を調査し、史料を入手した。

北京大学でシンポジウム開催　十一月、北京大学で「漢唐西域考古―ニヤ・ダンダンウイリク国際シンポジウム」（主催：北京大学考古文博学院・新疆文物局・北京大学中古史研究中心・佛大・中国社会科学院考古研究所）を開催した。日本側からは、山極伸之佛大学長・中原健二佛大文学部長・安藤佳香・浅岡俊夫・吉崎伸・岡岩太郎・伊東隆夫・吉田恵二・孫躍新・周培彦・田中清美・市川良文・冨澤千砂子各氏と筆者ら一八人、中国側からは、呉志攀北京大学副書記・童明康国家文物局副局長・孫華北京大学考古文博学院副院長・白雲翔中国社会科学院考古研究所副所長・盛春寿局長・林梅村・栄新江・王子今中国人民大学教授・李希光清華大学副院長・巫新華・鉄付徳・朱泓吉林大学教授・魏堅中国人民大学教授・王衛東新疆考古研所長・于志勇・張玉忠・張鉄男・李軍・甘偉各氏ら多領域の研究者が両日とも約一〇〇人参加し、二日間にわたって挨拶・発表・討議が熱心におこなわれ大成功であった。

閉会式で、盛局長の「新疆は内地に比べて厳しいところだ、現地調査の条件は厳しく、待遇面の問題もあり、人材の流出も多い。新疆の皆さんはがんばってほしい。内地の人は応援してほしい」をうけて、筆者は「**日中双方の一流専門家の幅広い発表はたいへん嬉しい。二十年前に新疆で共同事業を始めるのは至難であった。二十年余りの調査研究保護事業の成果も大きいが、多くの方に研究テーマを提供できたことも大きな成果であり、それは末長く提供し続けるだろう。今後も微力を尽くす**」と挨拶した。同時に『丹丹烏里克遺址―中日共同考察研究報告』が出版された。本書は二〇〇七年に刊行した日本語版の中国語版であるが、一部に欠落（筆者・竹下繭子執筆部分）と追加があった。

この模様は中国文物報などで大きく報道された。日本側参加者はシンポジウムに先立ち盛春寿同行のもとニヤ隊員でもある李季故宮博物院常務副院長の配慮で、同博物院非開放部分を参観した。十二月、筆者と盛春寿・王衛東・于志勇・張玉忠・李軍・甘偉各氏らとウルムチでシンポジウム総括をおこない、成功確認とともに正式論文集発行と再び開催することで一致した。

二〇一〇年三月、浅岡俊夫・孫躍新・周培彦各氏の協力をえて上記シンポジウム発表要旨を日訳し関係報道を含めた『漢唐西域考古―ニヤ・ダンダンウイリク国際学術シンポジウム発表要旨要約資料集』を刊行した。

同月より十二月にかけて、ボワーズとヒューストン（共にアメリカ）で、“SECRETS OF

144

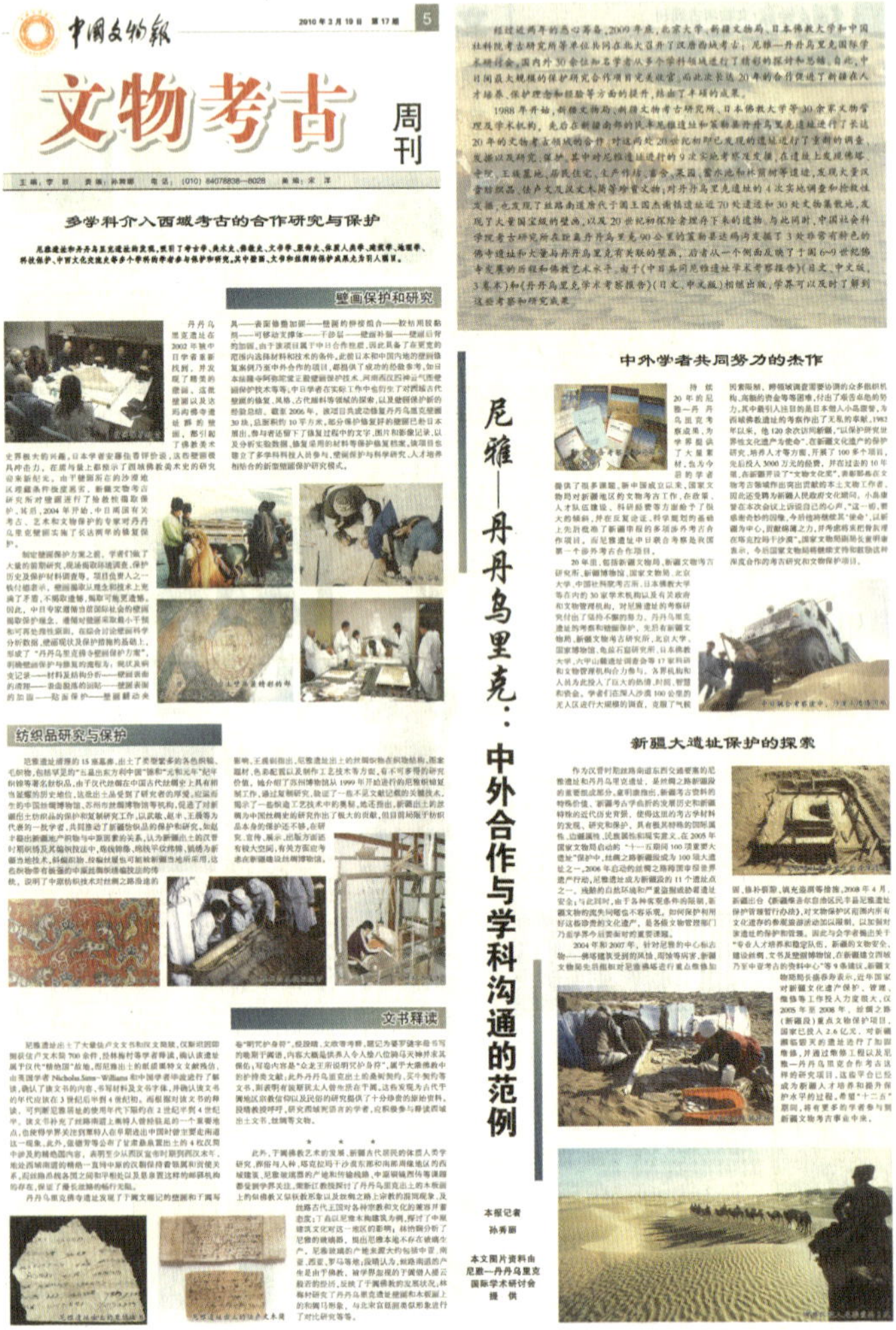
中国文物報　2010年3月19日　第17期　5

文物考古 周刊

主编：李　政　责编：孙秀丽　电话：(010) 84078838—8028　美编：宋　洋

多学科介入西域考古的合作研究与保护

尼雅遗址和丹丹乌里克遗址的发现，吸引了考古学、美术史、佛教史、文书学、服饰史、体质人类学、建筑学、地理学、科技保护、中西文化交流史等多个学科的学者参与保护和研究。其中壁画、文书和丝绸的保护成果尤为引人瞩目。

经过近两年的悉心筹备，2009年底，北京大学、新疆文物局、日本佛教大学和中国社科院考古研究所等单位共同在北大召开了汉唐西域考古：尼雅—丹丹乌里克国际学术研讨会。国内外30余位知名学者从多个学科领域进行了精彩的探讨和思辨。自此，中日间最大规模的保护研究合作项目完美收官，而此次长达20年的合作促进了新疆在人才培养、保护理念和经验等方面的提升，结出了丰硕的成果。

1988年开始，新疆文物局、新疆文物考古研究所、日本佛教大学等30余家文物管理及学术机构，先后在新疆南部的民丰尼雅遗址和策勒县丹丹乌里克遗址进行了长达20年的文物考古领域的合作，对这两处20世纪初即已发现的遗址进行了重新的调查、发掘以及研究、保护。其中对尼雅遗址进行的9次实地考察及发掘，在遗址上发现佛塔、寺院、王族墓地、居民住宅、生产作坊、畜舍、果园、蓄水池和林荫树等遗迹，发现大量汉晋纺织品、佉卢文及汉文木简等珍贵文物；对丹丹乌里克遗址的4次实地调查和抢救性发掘，也发现了丝路南道唐代于阗王国杰谢镇遗址近70处遗迹和30处文物集散地，发现了大量国宝级的壁画，以及20世纪初探险者埋存下来的遗物。与此同时，中国社会科学院考古研究所在距离丹丹乌里克90公里的策勒县达玛沟发掘了3处非常有特色的佛寺遗址和大量与丹丹乌里克有关联的壁画，后者从一个侧面反映了于阗6~9世纪佛寺发展的历程和佛教艺术水平。由于《中日共同尼雅遗址学术考察报告》(日文、中文版，3卷本)和《丹丹乌里克学术考察报告》(日文、中文版)相继出版，学界可以及时了解到这些考察和研究成果。

尼雅—丹丹乌里克：中外合作与学科沟通的范例

壁画保护和研究

纺织品研究与保护

文书释读

中外学者共同努力的杰作

新疆大遗址保护的探索

本报记者　孙秀丽

本文图片资料由尼雅—丹丹乌里克国际学术研讨会提供

145

144　熱心に発表・討議された二日間。

145　シンポジウムを一頁特集で報じる「中国文物報」(国家文物局機関紙)。中国と外国との合作の模範例、共同努力の傑出事業、多領域学問で西域考古の研究保護をおこなった…などと。殆どの写真は筆者提供。

146

9 2009年12月9日 星期三·第145期

文化周刊·事件 新疆日报

·本期视点

编者的话

11月21日至22日，"汉唐西域考古——尼雅·丹丹乌里克"国际研讨会在北京举行。来自北京大学、新疆文物局、日本佛教大学尼雅机构及国内60多位知名文物考古专家，围绕尼雅遗址和丹丹乌里克遗址，就佛教美术考古、汉唐西域史、丝绸之路考古、人类学研究、科技考古等领域的专题进行了学术研讨，同时发布的一些新发现和新科研成果引起与会专家学者的高度关注。

研讨会由新疆文物局、北京大学考古文博学院、北京大学中古史研究中心、日本佛教大学、中国社会科学院考古研究所主办，新疆文物考古研究所等单位承办。此次会议是新疆文物系统首次在北京举行的最高规格的国际学术研讨会。参加人数之众、权威专家学者之多均为历年最高。其中最为显著的成果是《丹丹乌里克遗址中日共同考察研究报告》汉文版出版，这个报告集纳了中日学者对丹丹乌里克遗址考察的成果，具有极高的学术和研究价值。本报记者陈丰从北京发回独家深度报道，以飨读者。

（左图为丹丹乌里克遗址）

•这里珍藏的佛教经典，竟比玄奘历经千辛万苦从印度取回的"真经"还要早几百年

•从这里发掘出来的木板画、壁画、雕塑、各种古老文字的文书，仿佛打开了古代于阗社会生活的一幅幅画卷，讲述着华夏文明、古印度文明、古希腊罗马文明等几大文明是如何在这里不期而遇

•最美的是一个佛的脸部形象，被称为"西域的蒙娜丽莎"，一张如满月一般的脸，神秘温柔地微笑……

丹丹乌里克故事——

历史尘埃中的繁华佐证

□本报记者 陈 丰

《大唐西域记》与丹丹乌里克神秘画像

百年探险沧海桑田

丹丹乌里克如来像壁画 （本版图片由自治区文物局提供）

"西域的蒙娜丽莎"

奇妙丹青中的五花马

·声 音

建言新疆文物的研究和保护

□本报记者 陈 丰

新疆自古至今引人注目，作为亚欧大陆的地理中心，这里孕育和埋藏了丰富多彩的古代文化遗存。在近日结束的"汉唐西域考古——尼雅·丹丹乌里克国际研讨会"上，来自中国和日本的考古专家学者，对如何进一步研究保护开发新疆丰富的文化遗产提出了建议。

加强合作

人才培训

丹丹乌里克如来佛头壁画

147

146 シンポジウム日本側出席者（一部）。

147 このシンポジウムに関連してダンダンウイリク調査を一頁特集で報じる「新疆日報」。最高水準の国際シンポジウム、砂に埋もれた歴史は繁栄の証し…などと。

THE SILK ROAD"が開催され、「王侯合昏千秋萬歳宜子孫」錦などが出陳された。五月、これまでの文化遺産保護研究事業を含む国際貢献に対して中国人民対外友好協会から「人民友好使者」称号が与えられた。

中国文化遺産保護年度傑出人物　六月にはこれまでの文化遺産保護研究への尽力が評価され、中国文物保護基金会第三回「薪火相伝—中国文化遺産保護年度傑出人物」に選ばれ、賞金も頂戴した。無錫で盛大に開かれた授与式で、担当者が準備した中国文化財関係指導者前列着席・受賞者後列立席での記念撮影のあと、單霽翔国家文物局局長が「受賞者前列でもう一枚撮ろう、報道機関はこちらを使って」と発言、さすが膨大な中国文化遺産の総責任者で保護関係の著書や各国での講演も多い指導者と感じた。

【脱線】この選出にはネット投票が導入された。各地政府などが一〇〇人近くを推薦し（筆者は新疆文物局の推薦）、審査委員会が二〇人に絞り込み、中国中央テレビのネットなどでの投票。刻々とパソコン画面に。せっかくの機会、落ちてはならじと友人に投票を依頼した。ネット投票では十二位（六三万九七七〇票）であったが、右記基金会理事長や故宮博物院常務副院長ら有識者一一人の投票で、傑出人物に選出された。日本人初であった（ネット投票一・三〜六・八・十は選外。全委員から投票されたのは筆者のみとか。外国人ではほかにドイツ人女性）。

張春賢中国共産党新疆ウイグル自治区委員会書記　八月、新疆トップの張春賢中共新疆委員会書記と会見した。張書記より「四月末就任以来、新疆党委員会で外国人と会見するのは初めて、それほど評価している、今後も協力する、提案があれば遠慮なく」との発言があり、「文化財保護は経済活動にも結びつくので更に強化を」と提言し、ニヤ・ダンダンウイリク調査の両報告書を贈呈した。また丹羽宇一郎駐中国大使の「機会あれば新疆も訪問したい」との言葉を伝えるとともに、「新新疆」を広報するための訪日を招聘した。丹羽大使は翌年六月、新疆を訪問し、張春賢書記と会見された。

張書記は二〇一二年十一月、中国共産党中央政治局委員に選任された。約八〇〇〇万党員中、政治局委員は二五人にすぎない。その中の一人が習近平総書記である。新疆重

148

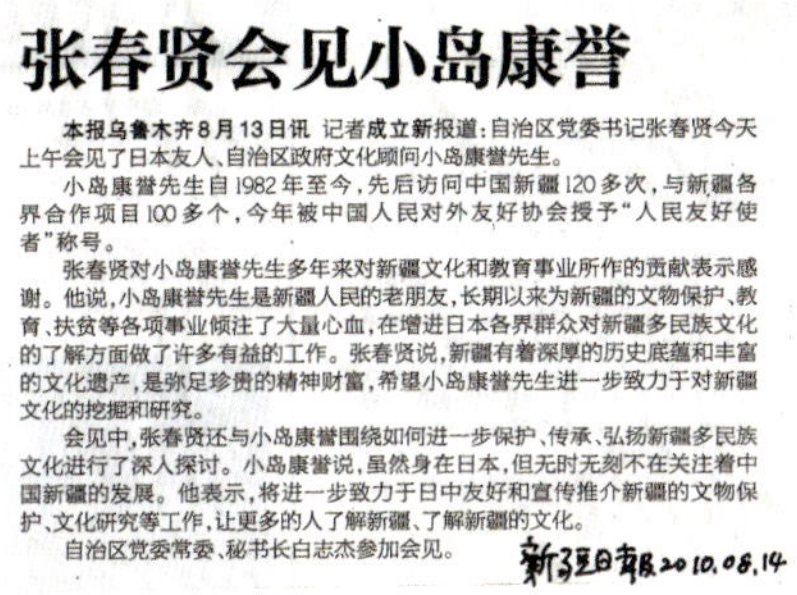

张春贤会见小岛康誉

本报乌鲁木齐8月13日讯　记者成立新报道：自治区党委书记张春贤今天上午会见了日本友人、自治区政府文化顾问小岛康誉先生。

小岛康誉先生自1982年至今，先后访问中国新疆120多次，与新疆各界合作项目100多个，今年被中国人民对外友好协会授予“人民友好使者”称号。

张春贤对小岛康誉先生多年来对新疆文化和教育事业所作的贡献表示感谢。他说，小岛康誉先生是新疆人民的老朋友，长期以来为新疆的文物保护、教育、扶贫等各项事业倾注了大量心血，在增进日本各界群众对新疆多民族文化的了解方面做了许多有益的工作。张春贤说，新疆有着深厚的历史底蕴和丰富的文化遗产，是弥足珍贵的精神财富，希望小岛康誉先生进一步致力于对新疆文化的挖掘和研究。

会见中，张春贤还与小岛康誉围绕如何进一步保护、传承、弘扬新疆多民族文化进行了深入探讨。小岛康誉说，虽然身在日本，但无时无刻不在关注着中国新疆的发展。他表示，将进一步致力于日中友好和宣传推介新疆的文物保护、文化研究等工作，让更多的人了解新疆、了解新疆的文化。

自治区党委常委、秘书长白志杰参加会见。

新疆日報 2010.08.14

149

148 149 張春賢新疆党書記との会見と報道。撮影：李佳圓新疆政府外弁職員

視と張書記の政治力が評価された結果であろう。ニューヨークで知りお祝いのＦＡＸを流した。帰国すると「渡した。丹羽前大使によろしくと伝言」とのＦＡＸが入っていた。

【脱線】二〇一〇年七月、丹羽宇一郎駐中国大使は、東京での新旧大使歓送レセプションで「『愛国親中』、『愛国親日』の立場で新しい日中関係構築に身命を賭したい」と挨拶され満場の拍手を呼んだ。伊藤忠商事社長・会長と功なり名を遂げられた方が新たに歩みだされる使命観に胸をうたれた。筆者後継の松本孝作社長社葬では弔辞を奉読いただくなど各段の厚情を賜った方でもある。赴任直後の尖閣諸島沖での漁船衝突などでご苦労されている。ご健闘を祈るばかりである（一二年十一月大任をおえ帰国された）。

十二月、北京の清華大学国際伝播研究センターで「公共外交二十九年―相互理解困難、相互理解重要」を講演、九月以来の「日中間波高し」のなか、微妙な質問が多く出された。体制や文化などの異なる外国間の相互理解は困難、だからこそ相互理解の努力が重要と訴えた。李希光副院長より二〇一一年四月の同大学創立百周年行事に合わせて「ガンダーラからニヤ」（仮題）写真展を開催したいと提案があり、基本同意した。

同月からソウルの国立中央博物館で「シルクロードと敦煌展」が開催され、日中隊が発掘したニヤ遺跡出土のカローシュティー文書や壁画・弓矢、ダンダンウイリク遺跡出土の壁画など多数が出陳され、二〇一一年三月に訪韓し参観した。

郵便はがき

恐れ入りますが
郵便切手を
お貼りください

5430062

大阪市天王寺区逢阪二の三の二

（受取人）

東方出版 愛読者係 行

〒

●ご住所

TEL

●ご氏名《ふりがな》

FAX

●**購入申込書**（小社へ直接ご注文の場合は送料が必要です）

書名	本体価格	部数
書名	本体価格	部数

ご指定書店名	取次
住所	

愛読者カード

●ご購読ありがとうございます。このハガキにご記入いただきました個人情報は、ご愛読者名簿として長く保存し、またご注文品の配送、確認のための連絡、小社の出版案内のために使用し、他の目的のための利用はいたしません。

●お買上いただいた書籍名

●お買上書店名

県　　郡市　　書店

●お買い求めの動機（○をおつけください）

1. 新聞・雑誌広告（　　　）　2. 新聞・雑誌記事（　　　）

3. 内容見本を見て　4. 書店で見て

5. ネットで見て（　　　）　6. 人にすすめられて

7. 執筆者に関心があるから　8. タイトルに関心があるから

9. その他（　　　）

●ご自身のことを少し教えてください

ご職業　　年齢　　歳　　男・女

ご購読の新聞・雑誌名

メールアドレス（Eメールによる新刊案内をご希望の方はご記入ください）

通信欄（本書に関するご意見、ご感想、今後出版してほしいテーマ、著者名など）

写真データまとめ　四月、浅岡俊夫氏の尽力により、大量の映像記録をデータ化しまとめあげた。さらに大量のニヤ関係も推進中である。尽力に感謝するばかり。

研究保護事業活動まとめ　同年三月付で（実際は六月）、これまでの活動をまとめ「新疆での世界的文化遺産保護研究事業と国際協力の意義」として、『佛教大学宗教文化ミュージアム研究紀要』（第七号）に発表した。

ガンダーラからニヤ写真展　四月、清華大学と写真展「ガンダーラからニヤ」（ガンダーラ関係はパキスタン大使館提供）を開催した。パキスタン大使・李希光副院長・宋新潮国家文物局副局長・侯漢敏新疆党宣伝部副部長・盛春寿新疆文物局長・王衛東新疆考古研所長・于志勇副所長・張玉忠副所長や筆者など多数が参加し開幕式が行われた。

150

151

152

150　「ガンダーラからニヤ」写真展、開幕式。
151　パキスタン大使・宋新潮国家文物局副局長へ調査紹介。
152　清華大学の学生らから質問ぜめに。150 151 152とも撮影：趙新利氏

反日ムード下での訪問・発表　二〇一二年十月、ウルムチで開催された「漢代西域考古と漢文化国際シンポジウム」に浅岡俊夫六甲山麓遺跡調査会代表・伊東隆夫京都大学名誉教授・田中清美大阪博物館協会総括研究員・孫躍新・周培彦各氏と筆者が参加し、ニヤ・ダンダンウイリク調査研究の発表を行った。

筆者は「西域文化遺産保護研究と国際協力の意義」を発表。こんな時こそと「国際協力の重要性」を訴求した。

この時は前月の尖閣諸島国有化にともなう反日デモの影響で、フライトキャンセルが相次ぐなど参加者への連絡に追われた。外事弁公室からは訪問見合わせ要請があったが、あえて訪問した。日本側予定者数名が参加を取り消した。羽田～北京間は往復とも三割程度の客であった。北京～ウルムチ便の日本人客室乗務員、国際線からまわされたと小声で。発表後、ティムサールとトルファンの遺跡を参観した。

大英図書館での発表　翌十一月、ロンドンで開催された「ヘディン・スタインの業績と新しい探検国際会議」で筆者は「ニヤ・ダンダンウイリク調査概要―世界的文化遺産保護研究を使命として」を発表した。キジル修復保護からニヤ調査研究、ダンダンウイリク調査研究保護、関連事業（後述）の映像に、イギリス・アメリカ・フランス・スウェーデン・ドイツ・香港・韓国などから参加した約一〇〇人から度々の拍手があった。各国教授二〇人の発表は文献による研究が主であったためである。彼らの発表には日中隊の報告書からの引用も多数あった。日本人五人も参加していた。筆者以外の日本人発表は京大教授。

主催者代表のMs. Susan Whitfieldにはお世話になった。骨折の早期回復を祈る。会議の前日には大英博物館特別収蔵庫に保管されているニヤやダンダンウイリクからスタインが持ち帰った遺物を特別参観した。

【脱線】この国際会議は大英図書館・ロンドン大学オリエンタルアフリカ研究院と新疆文物考古研究所の共催。新疆から五人が参加・発表するとされていたが、何故か直前に参加取り消しとなり、伊弟利斯新疆考古研名誉所長（ニヤ第一次隊隊員）の小河墓遺跡調査を主催者側が代理発表した。会議名「新しい探検」の発表は筆者だけとなり、主催者より「おかげでタイトルの面目を保つことができた」と喜ばれた。

153

154

155

153　大英図書館での発表風景。撮影：小島聡子

154　参加者（一部）記念撮影。撮影：小島聡子

155　スタインが一九〇〇年にダンダンウイリクで発掘した板絵。大英博物館Dr. Clarissa von Speeの許可を得て撮影。

同年十二月、新疆考古研で筆者は王衛東新疆文物局常務副局長や于志勇考古研所長らと『ニヤ調査報告書第三巻』（中国語版）・『ニヤ調査図録』（中国語版）の打合せをおこなった。遅れているが二〇一三年上期には出版すると確約をえた。また『ダンダンウイリク調査報告書』（中国語版）が「新疆ウイグル自治区第九回哲学社会科学賞」二等賞を受賞し表彰式（受賞決定は七月）がおこなわれ、張玉忠中国側隊長らが出席した。

調査の組織と成果　以上の調査の責任者（隊長）を日本側は筆者が、中国側は盛春寿・張玉忠各氏がつとめ、日本側副隊長を浅岡俊夫氏がつとめた。

研究領域が多岐にわたることもあり、後述のように多くの機関の研究者が参加した。専門分野は文化財管理・国際協力・考古学・建築学・仏教美術史・文化財保護・模写・測量などである。これら多くの方々の努力により、次のような成果をあげることができた。

○寺院・住居・円形城壁・炉・窯・果樹園など七十カ所の遺構と遺物散布地約三十カ所を確認し、GPSなどで経緯度を登録し、遺跡分布図を作成した。

○光波測量により、各遺構・周辺地形図を作成した。

○大量の国宝級壁画を発見し保護のために緊急発掘し、保護と研究をおこなった。

○銅貨など多くの遺物を収集し研究を開始した。

○中国側は国家文物局の許可をえて数カ所の寺院址を試掘し状況確認をおこない内容豊富な壁画を撮影し、保護のため埋め戻した。

総括と今後　以上のように、西域における「仏教聖地」としての本遺跡の基礎調査を完了した。しかし、まだまだ取り組まねばならない事は多い。ニヤ・ダンダンウイリク両遺跡出土遺物などのさらなる研究を日中双方で進めたいと考えている。そのような成果は報告書やシンポジウムなどで公開したい。

それ以外にも脳裏に浮かぶ項目は多いが、「健康寿命」をすぎ研究者でもない筆者には荷が重い。例えば、タマゴゥ仏寺・キジルやクムトラなどクチャ周辺の千仏洞壁画群などの総合的研究、仏教東漸と西漸、盛衰時期、沙漠形成、西域探検史、ダンダンウイリクを時代の異なる「扜弥国」と比定する説もあるが妥当なのか、ニヤやダンダンウイリクを結んで古代西域南道とする説もあるが妥当なのかなどである。内外の多くの方が取り組まれることを期待したい。

筆者個人としては、スタインの屈辱的失敗に終わった「新疆第四次探検」の史料読み込みを、「東日本大震災微力応援」（後述）と並行して進めている。それらの関係もあり、二〇一二年は三回しか新疆を訪問していない。

五、そのほかの活動

博物館建設・研究所拡充協力活動　世界的文化財を保護・研究するには施設が必要。多くの人に見てもらうにも施設が必要。一九九五年以来、和田・民豊・策勒各博物館建設や新疆考古研拡充に資金協力している。

新疆文化・文物事業優秀賞活動　文化遺産の調査・保護・研究・継承を実践するのは、最終的には人である。その育成こそ重要と考え、一九九九年より新疆政府外事弁公室・新疆文化庁・新疆文物局と「小島康誉新疆文化文物優秀賞」を設立し、毎年二〇人・団体を表彰し、鼓舞している。累計二八〇人・団体。

毎年の授与式は庫熱西・買合蘇提や鉄力瓦尓迪・阿不都熱西提など時の新疆副主席、呂家伝や韓子勇など時の文化庁書記、祖農・庫提魯克・阿不力孜・阿不都熱依木・穆合塔尓・買合蘇提など時の新疆文化庁庁長、岳峰や盛春寿など時の新疆文物局局長、劉宇生や劉暁慶・康秀英など時の新疆政府幹部などが出席し盛大に開かれ、文化文物管理や研究者ばかりでなく歌舞継承者やニヤ遺跡の保護管理人といった第一線の人たちの受賞業績が映像で紹介され、大きな励みになっている。現時点の契約は二〇一三年までである。

これ以外にも中国文物保護基金会に一九九三年から五年間、毎年研究者二名の日本の専門機関での研修制度を設けた。

中国歴史文化遺産保護ネット活動　中国では経済急発展の一方で、文化財の破壊もすすんでいる。文化遺産保護意識を啓蒙するために啓蒙活動を展開している。二〇〇〇年十月、友人と「中国歴史文化遺産保護网」（www.wenbao.net）の開設式を鉄木尓・達瓦買提全人代副委員長列席のもと、人民大会堂で行った。当時はネット開設には複雑な手続きなどあり、消えた資金も多くあった。現在は孫躍新（ニヤ調査日本側隊員・京都大学建築学博士）・周培彦夫妻が運営し、運営費も負担いただいている。一部は友人の寄付。文化財保護方面の公益性ネットであるが、高い評価をえている。是非ともご訪問を。ニヤやダンダンウイリク調査なども公開している。

歴史档案史料出版活動　閲覧しにくい史料を研究者に提供することを目的に、二〇〇一年より新疆ウイグル自治区档案局（館）と共同で、同館収蔵の史料を刊行している。こ

156

157

158

156 157　資金贈呈から十年かかった和田博物館の開館式。撮影：浅岡俊夫氏
158　タマゴゥ博物館は、現地の小仏寺をそのまま保存するかたちで建設された。

159

162

160

161

159 第一線の演奏者や遺跡管理人なども表彰し鼓舞している。撮影：楊新才記者

160 感涙する人も多い文化文物優秀賞授与式。撮影：楊新才記者

161 本賞は張玉忠新疆考古研副所長（右）の示唆を受けて設立した。撮影：不明

162 中国歴史文化遺産保護ネット業務風景。撮影：孫躍新氏

中国档案报 2004年5月17日 星期一

档案牵手日本尼雅

——新疆档案馆再次与日本尼雅学术研究机构合作出版档案史料

郭红霞

小岛康誉先生是新疆维吾尔自治区人民政府文化顾问，作为日本佛教大学尼雅学术研究机构的总代表，中日尼雅考察队的资助人暨日方队长，自1982年以来，先后近百次来新疆，为新疆的经济、文化、教育做了很多工作，尤其是对新疆的考古和文物保护事业倾注了极大的热情并给予了大力的资助。2001年，在小岛康誉先生的资助下，自治区档案馆组织人力，挖掘馆藏，编辑出版了《近代外国探险家新疆考古档案史料》，并成为中日尼雅考察活动的一个组成部分。书中收录的467份档案资料均选自自治区档案馆馆藏，且均属首次公布，全面、系统地反映了自1893年至1931年俄、英、法、德、瑞（瑞典）、日及芬兰等国的探险家及其考察队在新疆考古、考察活动的概貌。真实的内容，精美的装帧，使该书在国内外引起极大的反响。

在双方愉快合作的基础上，自治区档案馆近日再次与日本佛教大学尼雅学术研究机构联手合作，编辑出版《中瑞西北科学考察团档案史料》一书，该书集中收录自治区档案馆保管的反映1927年至1935年由中国、瑞典等国的科学家组成，著名学者徐炳昶和斯文·赫定分任中外团长的"中瑞西北科学考察团"在新疆进行的包括地质学、气象学、地磁学、天文学、人类学、考古学、民俗学等在内的多项考察活动的材料。整理出版这部图书史料对当前正在进行的"西部大开发"具有积极的推动意义。

图为小岛康誉先生（右二）正在浏览"中国历史文化遗产保护网"上的信息。 魏玉顺 摄影

163

これまでに出版したのは『近代外国探検家新疆考古档案史料』・『中瑞西北科学考察档案史料』・『スタイン第四次新疆探検档案史料』・『清代新疆建置档案史料』である。なお一部はほかの档案館収蔵史料も含んでいる。

（本章は「新疆での世界的文化遺産保護研究事業と国際協力の意義」『佛教大学宗教文化ミュージアム研究紀要・第七号』の一部を読みやすく修正し、後発事項を追加したものである。そのため報道の大半や注・石窟番号・遺構番号・参考文献などは省略している。右小論は「佛教大学宗教文化ミュージアム」より近日、単行本として出版される予定である。本章の研究保護関係の写真は佛大ニヤ遺跡学術研究機構提供。一部は古い写真やスキャンなどのため画質が劣っている。必ずしも当該年度に掲載していない。）

163 日中共同での貴重な歴史史料出版を報じる「中国档案報」。

第五章　国際貢献手弁当長期実践

一民間人ではあるが、国際協力を実践してきた。新疆で一定の成果をあげたことは紛れもない事実。外向き日本人増加を願うばかり。

一、人材育成

人生は分かちあい。人生はボランティア。

改革開放三十年で中国、新疆は大発展を遂げた。筆者は一九七二年中国を初訪問し、八二年から百三十回以上（おそらく百五十回位。一部パスポートなく確認できず残念）新疆を訪問し、発展を見てきた。新疆各族の人たちの友人としてたいへん嬉しいことだ。この三十年間に世界的文化遺産保護研究・人材育成・日中間相互理解促進の三方面で大小百項目以上を実践し、日中間の民間外交上それなりの実績をあげた。

長年にわたり支持・指導・協力・合作をいただいた日本文部科学省・佛教大学・ニヤ調査隊員・ダンダンウイリク調査隊員や中国国家文物局・新疆党政指導者・外事弁公室・文化庁・文物局・档案局・教育庁・測量測絵局・文物考古研究所・新疆大学・各地方政府などの関係各位に心から感謝を表したい。

活動の特徴　筆者の国際貢献の特徴は、①組織の長としてではなく個人の力で、②長年にわたり、③辺境の地で、④自ら参加し、⑤大部分は私財を投じておこなってきた、点であろう。そして最大の特徴は、骨はタクラマカン沙漠に撒くという精神を投入したことであろう。

世界的文化遺産保護研究事業については既に述べたので、それ以外の国際貢献について簡述したい。

新疆大学奨学金提供

全ての基礎は人材にある。中国重点大学のひとつである新疆大学学生・院生育成のために、一九八六年より「小島康誉新疆大学奨学金」を贈呈している。毎年の授与式には劉怡や庫熱西・買合蘇提など時の新疆副主席、阿克木・加帕尓や伊布拉音・哈力克・阿扎提・蘇里旦・安尼瓦尓・阿木提・塔西甫拉提・特依拝（東京理科大学工学博士）など時の学長・副学長、劉宇生や劉暁慶・康秀英・穆巴拉克・木盖提など時の新疆政府幹部らが出席し、学生たちにとって栄えの日である。

新疆で最も早く設立された奨学金で、当初は一年分の生活費に相当したほどで金額に意味があったが、生活が向上し奨学金制度も増えた最近ではその受賞名誉が意味を持っ

京都新聞　2003年（平成15年）9月29日

現代のことば

日中交流の行者

水《みず》谷《たに》幸《こう》正《しょう》

今月二十四日、北京で中国仏教協会創立五十周年行事。三年前、五月逝去の前会長趙樸初先生は現代中国を代表する文化人、偉大な人格者であった。五十年間にわたる日中仏教交流の立役者であり、ここ十年来は日中韓三国仏教交流の中心であった。

日本にとって国際交流の大黒柱は対中国ではないか。中国四千年の歴史、そして日本文化の主流をみれば当然のこと。昨年九月、日中国交正常化三十周年を記念して、日本人一万三千人による北京大交流に、京都府は荒巻禎一前知事を団長に七百三十人が参加したことは記憶に新しい。

考えてもみよ。聖徳太子以来現在に至るまで、千四百年間、日中交流は文化交流そのものではなかったか。蒙古襲来は論外。日清戦争以後、政治渦中に惑わされて迷惑をかけた不幸な時期もあったが、日中文化大河の滔々《とうとう》たる流れの一部の濁流であったとさえいえる。政治的経済的交流は文化交流の支流なのだ。政治家はこのことをわきまえているはず。靖国神社問題もさることながら、文化に目を注いでほしい。

その日中文化交流に数多くの団体や人々が携わっているが、とくに身命財を抛っている凄いわが畏友を紹介したい。その名は小島康誉。中国・新疆ウイグル自治区での献身的な文化財保護、教育援助活動に対し、一昨年中国から「文化交流貢献賞」を受けた。この賞がいかに偉大な賞であるかは中国通のよく知るところ。この七日に「少数民族教育事業貢献賞」受賞。そのほか日中両国政府からの表彰も多い。受賞や表彰が多いから偉いというものではない。あの手この手で欲しがって貰《もら》う人も多いのだから。小島さんはそうではない。新疆自治区政府の文化顧問であり、新疆大学の名誉教授でもある。肩書も人を測る尺度ではあるまい。日本では知る人ぞ知る、キジル千仏洞の修復事業への貢献をはじめとして、私財を抛ってタクラマカンの古代都市ニヤの遺跡発掘に携わること十五年（ニヤ学術調査機構は佛教大学）。この事業への中国の評価は絶大。文化交流の大きな流れからいえば、些少《さしょう》なことかもしれない。しかし、政治・経済問題が重要話題になっている陰で、人と人との心をつなぐ最も大切な文化交流の歩みを続けているのだ。

実は彼はもともと経済人であり、企業上場のあと社長を引退。インド旅行を機に仏教学を学び、僧侶となった。日中文化交流は僧侶としての仕事でもあった。しかも、念仏行者として、北は北海道から南は九州まで念仏行脚を完遂した。名前の康誉は親がつけた本名。わが浄土宗では念仏者の戒名に「誉」がつく。僧侶になることが生まれながらの親の願いだったのか。希代の念仏者によって文化交流が明るく照らされてゆく。趙樸初先生には及ぶべくもないが、小島さんは秀でたまさに日中交流の行者。

（浄土宗宗務総長）

長谷川　昇

1

1　水谷幸正先生からのありがたい評価。京都新聞より

6

學2009年度暨第24次小島康譽獎學金頒獎
2

日本丝绸之路儿童就学育英会
第五次捐款
发放仪式
7

3

8

4

9

中日友好希望小学签字仪式
5

ている。歴代学長の「小島精神に学ぼう」挨拶には毎年拍手が鳴りやまず、授与式後のサインに殺到するほどである。累計四二九〇人が受賞し、新疆各分野で指導者・幹部となっている人も多い。李中耀新疆大学現書記や塔西甫拉提現学長も学生時代に受賞している。現時点での契約は二〇一五年までである。一時期、ツルカメコーポレーションの支援もうけた。

希望小学校建設活動

学習条件改善のために、一九九八年より新疆政府外事弁公室・新疆青少年発展基金会と僻地に日中友好希望小学校五校舎を建設した。多民族地区であるので、漢・ウイグル・モンゴル・ハザフ族など民族バランスも考慮している。一部は上岡長作・喜多野高行・涂善祥・遠藤さち子各氏ら友人や安田暎胤師も資金拠出。その後も友人らと訪問するたびに学用品を贈呈している。

シルクロード児童就学育英金提供

急成長してはいるが貧困地区では学用品など買えない家庭もまだまだ多く、学習条件改善のために、一九九九年よりウルムチ市政府と貧困児童に育英金を提供している。累計一三五〇人に達している。一部は友人からの寄付をえた。

2　新疆大学奨学金。世界の未来を担う若人に幸あれ。撮影：楊新才記者

3　サインを求められ。撮影：楊新才記者

4　クチャ希望小学校。当初建設した校舎は老朽化し改築された。撮影：楊新才記者

5　西山希望小学校調印式。その後、移転増築された。撮影：楊新才記者

6　カナス希望小学校。撮影：現地政府

7　児童就学育英金を各地の児童・生徒へ贈呈。撮影：ウルムチ市政府

8　子供たちの笑顔は人類の宝。

9　ウルムチ市第五十四小学校児童手作りの感謝状。ありがとう！がんばろう！

二、日中間相互理解促進

各種寄付・贈呈

仏教寺院建設・ウルムチ福祉施設・南疆地震・和田福祉施設・新疆図書館・新疆日報・四川大地震・学習機材・通信機材・パソコン設備・大学研究項目など多方面への寄付・寄贈を一九八六年からおこなっている。一部は友人・知人からの募金も含んでいる。

各界代表団派遣活動

日本人にはあまり馴染みのない新疆。一九八八年以来、海部俊樹元首相・佐藤観樹元自治大臣・自治体国際化協会・日中友好協会・伊藤忠商事・中堅企業・観光客など約三十の代表団を組織・派遣してきた。ウルムチ対外交易会には第一回から度々視察団を派遣し、人民劇場で日本側の中国琵琶・日本舞踊・三味線・民謡・ピアノなどと新疆交響楽団・歌舞団との日中音楽会も開催した。一部は各団体との共同である。

各種講演・写真展・出版活動

相互理解促進のために、文化財保護研究活動や日本・新疆の紹介を日中両国で、一九八九年よりおこなっている。中国では新疆政府・新疆生産建設兵団・新疆文化庁・新疆文物局・新疆博物館・新疆大学・新疆師範大学・新疆財経大学・新疆医科大学・ウルムチ市政府・北京大学・清華大学・南開大学・同済大学・天津美術大学・大連大学・北京工業大学・中国歴史博物館などにおいてである。中国の大学では「自分自身のために努力し、故郷のために中国のために、そして世界のために尽力できる人材に成長して欲しい」と締めくくっている。

日本でも浄土宗・臨済宗・佛大・京都大学・奈良女子大学などでの各種行事やＮＨＫ「新シルクロード展」会場・東京中国文化センター・南無の会・日本僑報社などでの講演、「李学亮」写真展開催など。

出版では考古調査報告書以外に、『王恩茂日記』（日本語版　全五巻）・『鉄木尓・達瓦買提詩集』（日本語版）・『シルクロードの点と線』・『シルクロード新疆の旅』など、また「新疆紹介ハガキセット」などの製作といった形で数多くおこなっている。出版に協力した『新疆・シルクロード　李学亮写真集』（東方出版）は「二〇〇八年アジア太平洋出版連合金賞」を受賞した。

各種仲介活動

外国との交渉はなにかと煩雑、一九九〇年から日中双方の経済・教育・メディアなど多方面からの要請に応じて仲介をおこなっている。伊藤忠商事と新疆政府との総合契約、野村證券と新疆政府との合作促進、奈良女子大学と新疆大学との学術交流協定、芝浦工業大学と新疆工学院（現新疆大学）との自然エネルギー活用実験・登山項目、守口東高校とウルムチ第一高中学との姉妹提携、東海テレビ・テレビ東京と新疆政府外事弁公室・新疆文物局との撮影契約、ＮＨＫと新疆政府外事弁公室・新疆文物局との「新シルクロード」や「新シルクロード展」の契約、総合地球環境学研究所と新疆考古研との共同研究契約など多数である。

10

11

12

13

14

15

16

20

17

21

18

22

19

10 11 12　福祉施設へテレビなど、児童へ学用品など寄贈。撮影：各地方政府
13　海部俊樹元首相を案内し、王楽泉書記と相互理解促進で合意。撮影：新疆政府
14　佐藤観樹元自治大臣を案内し、交易会などを視察。撮影：ウルムチ市政府
15　奥村文洋名古屋市議一行を案内し、阿不来提主席らと名古屋の友好往来を話し合う。撮影：新疆政府
16 17 18　各種代表団。撮影：各代表団員
19　日本紹介、新疆での文化財保護研究重要性の講演を各地で。大連大学にて。撮影：喜多野高行氏
20　新疆博物館での日中間相互理解促進活動を講演。撮影：新疆文物局
21　日本での新疆紹介写真展。
22　出版に協力した『新疆・シルクロード　李学亮写真集』（東方出版）。

二〇〇九年六月、撮影許可取得を促進したテレビ東京「封印された三蔵法師の謎」の新疆部分アスターナ古墳・新疆博物館・ベデル峠などの撮影（旅人：役所広司氏）にも立ち会った。ベデル峠はキルギスタンとの国境で軍事管理区のため、日本のテレビ撮影が認められたのは初めてのことであった。

日本の某国立研究所・某国立大学の教授らが新疆において違法測量容疑で拘束され、日中双方からの要請をうけ、日本側の遺憾表明を仲介……などもおこなった。

このような際の国際運賃はじめ諸費用も自己負担し、謝礼なども一切辞退した。ビジネスでなくボランティアであるからだ。

23

24

25

23 中澤忠義伊藤忠商事副社長（中央スーツ姿）らを新疆政府へ紹介。李東輝副主席（赤シャツの右）の案内でコルラの石油基地を視察。

24 芝浦工業大学遠征隊。提供：新疆大学

25 役所広司氏をベデル峠へ案内。ここからは歩いて。撮影：新疆政府

26 努尔主席の「新疆は日本の都市と実務的合作を希望する」を報じる「新疆日報」。野田首相との会見、筆者との面談は後半部分に。

鬼頭春樹
Kito Haruki
禁断
二・二六事件
蜃気楼のごとく浮かび上がる
事件の新たなる相貌《そうぼう》
『プロジェクトX』を生んだ元NHKプロデューサーが、
蹶起の知られざる「禁断の空白」を精査追及――。
河出書房新社　定価 本体2400円(税別)

29

努尔·白克力出席首届中日省长知事论坛时表示

中国新疆愿与日本地方政府开展务实合作

新疆日報 2012.04.19

本报东京4月18日讯 记者王新红报道：18日下午，首届中日省长知事论坛在东京举行。自治区党委副书记、自治区主席努尔·白克力出席论坛并作发言。他表示，中国新疆真诚希望与日本地方政府及相关部门增强沟通，密切协作，在更广领域、更高层次开展更多务实有效的交流合作，为中日友好作出贡献。

为进一步提升两国地方政府交流层次，丰富交流内涵，今年起，中国人民对外友好协会与日本全国知事会共同举办中日省长知事论坛。日本全国知事会是日本最重要的全国地方自治体联合组织；成员为全国47个都、道、府、县知事（相当于省长）。

中国新疆、宁夏、安徽、吉林、广西等5省区主要领导与日本10位地方知事、副知事就"地区间观光交流及产业合作"作了专题发言，并进行了富有成效的交流。

论坛由中国人民对外友好协会会长李小林和日本全国知事会会长、京都府知事山田启二主持。中国驻日大使程永华、日本外务副大臣山口壮出席论坛。会后，双方举行新闻发布会，共同发表了《首届中日省长知事论坛东京宣言》。

努尔·白克力在论坛上向与会者推介大美、壮美新疆。他说，中国新疆汇聚了古丝绸之路璀璨夺目的文化，不同文化交流碰撞交融，留下了弥足珍贵的文化遗产。同时，新疆还是中国的资源大区、向西开放的桥头堡。西部大开发特别是近两年来，新疆呈现出大建设大开放大发展的良好局面。相信中国的发展、中国新疆的发展必将为我国与包括日本在内的周边国家的睦邻友好合作带来重大机遇和广阔前景。

努尔·白克力说，中日友好源远流长，值得代代相传、发扬光大。中国新疆高度重视开展对外交往，近年来对日友好交往发展良好，双方交流合作不断扩大和深入。日本NHK数次派人赴中国新疆拍摄制作介绍丝绸之路文物古迹和风土人情影片，吸引不少日本游客慕名到中国新疆踏访观光；被聘为自治区政府文化顾问的日本友人小岛康誉先生30年间上百次到中国新疆，为中国新疆文化遗产的研究与保护作出积极贡献等，这些都是中日友好的生动体现，也凝结着中日两国人民的深厚情谊。

努尔·白克力说，目前，新疆正致力推进新型工业化，加快建设喀什、霍尔果斯两个国家级经济开发区，并将于今年9月举办第二届中国—亚欧博览会，着力发展旅游业，努力把新疆建成中国最重要的旅游目的地，大力传承和弘扬各民族优秀传统文化，让新疆瑰丽多姿的文化走向世界。展望未来，中国新疆与日本在诸多领域有着巨大的合作潜力。希望能与日本的县级地方政府建立友好关系，在互利共赢的原则上，推进双方合作迈上新台阶。

在日本期间，努尔·白克力与其他各省区领导一起，与中国驻日本大使程永华见面，并拜会了日本首相野田佳彦、总务大臣川端达夫、外务副大臣山口壮等，就加强中国新疆与日本经贸、教育、文化等各领域合作进行了深入探讨。

努尔·白克力还会见了日本友人小岛康誉，希望他能继续关注中国新疆，为中国新疆与日本的民间交往牵线搭桥。小岛康誉表示，将进一步加强与中国新疆教育、文化等领域的合作交流，为加深中日两国人民的了解和友谊作出努力。

26

27

30

28

27 佐藤自治大臣・横路知事へ北海道と新疆の姉妹提携を働きかけ。撮影：自治大臣秘書

28 努尓主席に朝食をおよばれして。三十周年記念誌『大愛無疆』(後述)にサインしていただく。ニューオータニにて。撮影：新疆政府

29 脱線情報。前述の「新シルクロード」のプロデューサー鬼頭春樹氏がNHK退社後、膨大にして複雑な資料を「ピンセットで丁寧に拾い上げた」七年間の労作を出版。ご苦労を慰問すべく小祝宴を、本書に登場する伏見宮邸跡で開いた。鬼頭氏の知人が居合わせた。事件の影の主人公ともいうべき○○陸軍大将の孫であった。まことに不思議な縁。二・二六事件はいまだ霧の中。この本は賞をとるのでは？

30 七十六年前の当日は雪。ここ半蔵門から中橋基明中尉は兵を率いて宮城に入ったとか。多くの人たちを偲ぶかのように、昭和八十七年二月二十九日は雪。半蔵門を写してきた。

【脱線】仲介などもすべてが順調だったわけではない。新疆ウイグル自治区政府より要請を受け、北海道へ新疆との姉妹提携も働きかけた。佐藤観樹自治大臣、横路孝弘北海道知事（後に衆議院議長）と大臣室で。後援会の会長を務めていた奥村文洋名古屋市議（後に議長）に設営いただいた。

しかし遠い、すでに黒竜江省と提携している、新疆と特段の縁がないなどで実現しなかった。

【また脱線】その新疆ウイグル自治区は二〇一二年四月、アメリカミズリー州と友好都市提携、調印式を終えた努尓・白克力主席は日中知事フォーラム（日本側十県・中国側五省区）のため訪日。努尓主席から朝食に招かれた。

フォーラムでは筆者が百数十回の訪問と各種活動を行ったことにも触れた挨拶をしたと報道。ありがたいことである。ＰＰＴ映像で坊主を見た出席者の殆どは「小島康誉、何者？」と思ったことだろう。努尓主席ら中国側省長は野田総理と会見し翌日帰国した。

各界代表団招聘活動

なにかと理解されていない日本を知ってもらうには、「百聞は一見にしかず」と、一九九三年から新疆政府の三代にわたる主席代表団やウルムチ市書記団・市長代表団・外弁書記団・文化庁書記団・文物局長団など政治・行政・文化・経済・教育など各方面の代表団二十以上を招聘し、大きな効果をあげている。一部は関係団体と共同での招聘。以

31

31　鉄木尔・達瓦買提新疆主席（左）・金雲輝新疆生産建設兵団司令員（右）一行が伊藤忠商事と筆者の招きで訪日し、伊藤忠と新疆兵団は総合協定を調印、平山郁夫日中友好協会会長（中央）と会見し、奈良などで日本文化への理解促進をはかった。

35

32

36

33

37

34

32　李東輝新疆副主席（前列右）一行が伊藤忠商事と筆者の招きで訪日し、米倉功伊藤忠商事会長（前列中央）・中澤忠義副社長（後列左から四人目）と会見。松本孝作非鉄部長（後列左二人目・後に取締役）は第二章で記した筆者後継社長。この時の宴会は歌あり踊りありで大盛り上がり。撮影：伊藤忠社員

33　阿不来提・阿不都熱西提新疆主席夫妻（中央）一行を招聘して。名古屋城にて。撮影：不明

34　呉敦夫ウルムチ市書記（中央）一行を招聘して。安田暎胤薬師寺現長老と。撮影：薬師寺職員

35　徐華田新疆文化庁書記（筆者左）一行を招聘して。国会見学をおえて。撮影：不明

36　李季現故宮博物院常務副院長（右から三人目）らを招聘して。熱海でのカラオケ。撮影：ホテル社員

37　劉暁慶新疆政府処長（後列右二人目）を団長とする新疆青少年交流団も招聘団のひとつ。上野にて。撮影：不明

41

38

42

39

40

38 努尔・白克力主席との会見。撮影：楊新才記者

39 新疆の発展をまとめ出版した写真集。

40 41 42 各都市での「万里行」活動。41の筆者左が孔多孜・玉素甫現中国駐大阪副総領事。40〜42撮影：新疆政府上五項目が相互理解促進関連である。

【脱線】努尓・白克力主席と二〇〇八年四月会見した際、「貴方は新疆の改革開放三十年の見証人だ」と言われ、出版した『見証新疆変迁』写真集を新疆政府外事弁公室主催「改革開放三十周年記念―新疆対外友好交流回顧展望大会」で日本国自治体国際化協会はじめ近隣諸国政府代表団をふくむ内外参加者約二〇〇人へ贈呈した、と前述したが、二〇〇九年五月には『見証新疆変迁』第二巻を出版し、七月にかけて新疆政府外事弁公室の呉憲書記・穆扎帕尓・米吉提主任・孔多孜・玉素甫副主任（現駐大阪副総領事）・康秀英処長らと「新疆改革開放成就広報万里行」をウルムチ・トルファン・アルタイ・アクス・ホータンなど八都市でおこなった。これも相互理解促進の一部といえなくもないだろう。十五都市の予定であったが、諸事情で繰り上げ帰国した日にウルムチ騒乱が発生した。

三、国際協力の意義

国際協力の必要性

世界には約二百の国家があり、それ以上の民族がいる。それぞれの歴史・体制・制度・文化・言語などは異なる。国益は異なり主張はぶつかり合う。相互理解はたいへん困難であり、だからこそ相互理解の努力が必要である。

さらに日本は世界トップレベルの国家として、筆者が微力を捧げてきた文化遺産調査保護研究・人材育成のほか、貧困・医療・環境・人口・ジェンダー・文化・教育・研究・資源・科学・工業・農業・漁業・経済・政治・紛争など多分野で世界に貢献、リードする立場にある。相互理解促進と多分野貢献（資金のみでなく人的・技術面なども含めて）に国際協力の必要性がある。国家のみならず企業や個人レベルでも必要な「共生」・「共育」・「循環型」活動である。

二十一世紀　は国際協力の世紀ともいえる。文明が急速に発展し、各国の相互依存が日に日に濃密になった結果である。いまや世界七〇億人は運命共同体になったのである。

二〇一一年三月十一日、「東日本大震災」が発生、大惨事は瞬時に世界各国で報道され、同盟国アメリカの大部隊や中国など百三十以上の国・地域・機関から支援の手がさしのべられた。日本のこれまでの国際貢献への「恩返し」と明言した国も多い。原発からの放射性物質は気流にのって地球をまわり、各国の原発政策に大きな影響を与え、多くの

43

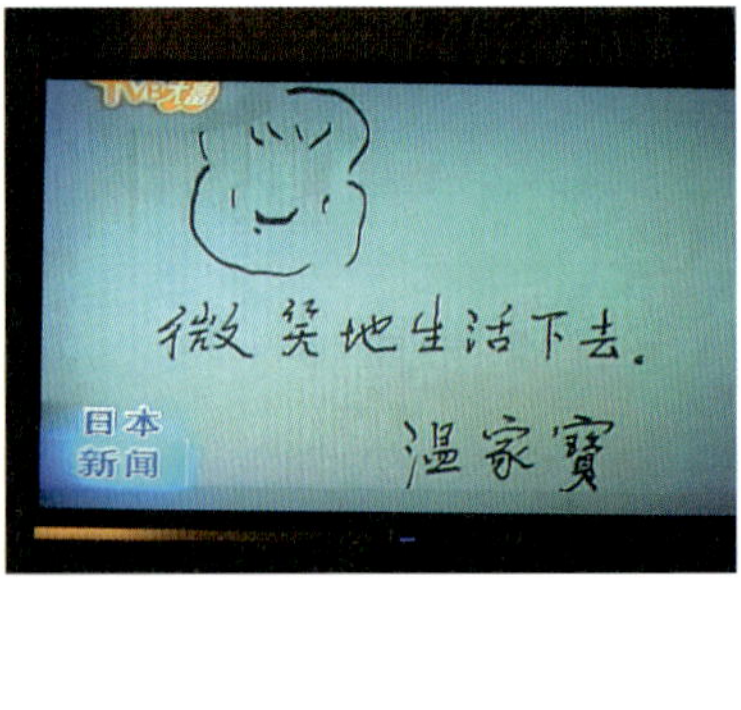

44

外国人が帰国した。また日本製部品不足により各国で生産ラインが停止するなどの影響が出た。これらも世界が運命共同体であることを示している。

国際協力は二十世紀中葉から言われ始めた。筆者も一九八二年初めて新疆を訪れたころは、国際協力といった概念は乏しかったが、各種貢献を続けるうちに徐々に公共外交・国際ボランティアといった考えが形成されてきた。

国際貢献を続けていると、おのずと国力の影響を受けていると実感する。海洋大国として、先輩たちが世界に飛躍した時代が何度もあった。しかし、「江戸時代鎖国ＤＮＡ」上の大戦後呪縛、この約二十年の各種停滞などにより、日本人が内向きになりつつある。国家の存続と繁栄によって支えられている国民の生活向上のため、そして本人の心豊かな人生のためにも外向きになり、世界で活躍する人がさらに増えることを望むひとりである。多くの人々に「外向き」にと訴えているが、反応はうすい。残念なことだ。

第四・五章で事実を淡々と長々と記録してきたのは、国際協力実践に少しでも参考になればと願うからでもある。

日本では貢献をかくすことが「美徳」とされる風潮があるが、世界はそうではない。日本国・日本人が世界各国で実践しつづけている国際貢献は世界の人々にどれだけ知られているであろうか。いや日本人でさえ殆ど知らない。国も団体も個人も、もっと堂々と発信してこそ、世界から信頼をえることが出来るといえよう。

我が国は国際協力面でも先進的地位を占めている。税金からの政府開発援助（ＯＤＡ）といった資金面ばかりでなく、国際協力機構（ＪＩＣＡ）や国際協力銀行・青年海外協力

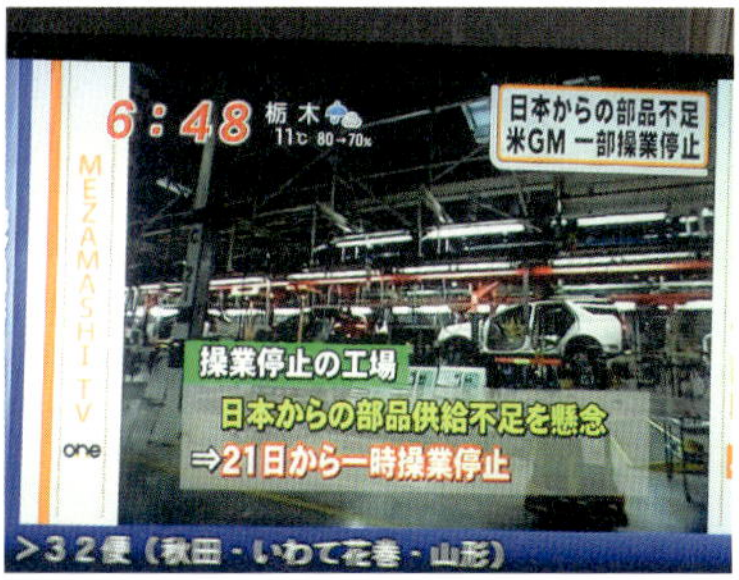

45

43　アメリカの被災地救援「トモダチ作戦」に向かう空母ジョージ・ワシントン。NHKテレビより

44　中国の温家宝首相が東北の避難所で被災者に書いた「笑って生活して」。TVB大富テレビより

45　日本製部品不足でGM一部生産中止。フジテレビより

隊・シニア海外ボランティアなど組織や制度も整っている。また多くのＮＧＯや企業・個人が活動されていることは嬉しいかぎりだ。「国際協力学」あるいは「国際ボランティア学」も認知されつつある。

個人としても、概念や常識・前例・人の目といったものに囚われることなく、オリジナリティーあふれた生き方、自分の人生を自分色に染め上げることが幸せの源泉といえよう。

成熟期にはいった日本が「成熟成長」をつづけていくためにも、国際協力が求められている。国家や外交官だけでなく、政治家・公務員はもとより観光客・ビジネスパーソン・研究者・留学生・一般市民などすべての人が公共外交の一翼を担っていることを意識し自覚ある言動が必要とされるのが二十一世紀であろう。

国際協力　は日本力を高め、国益に直結する活動であり、平和を維持し戦争を抑止し、人類の安寧に寄与する活動である。明治維新、戦後復興で一大発展をとげた我が国が、昨今の混濁を脱し、さらに飛躍するためのひとつのキーワードが国際協力ではないだろうか。国力は地政力・面積力（海洋をふくも）・歴史力・人口力・人材力・資源力・政治力・外交力・経済力・軍事力・文化力・広報力などの総合力であるが、「公共外交力」・「国際協力力」といった概念も提起したい。ＯＤＡが減りつづけていることは残念でならない。増額を期待したい。当然ながら、時代の変化におうじて、戦略的対応が必要なことは言をまたない。

民族・体制・文化・思想・言語などの壁を乗り越えて

日中間では言語が異なる。その壁を乗り越えて、国際貢献を続けてきたが、考えてみれば日中双方は言語だけでなく、民族・体制・文化・思想などの壁を乗り越えてきたといえる。第一ステップは立場の違いを認めあったことであり、第二ステップは敬いあい感謝しあったことである。

筆者が英領香港（当時）と中国を隔てる鉄橋を歩いて渡り、着剣した人民解放軍兵士に監視されながら中国を初訪問した一九七二年以来、度々反日デモがあった。二〇一〇年九月には沖縄県尖閣諸島沖での中国漁船と海上保安庁巡視船の衝突事件が発生。「日中間波高し」である。さらに二〇一二年九月には尖閣諸島の国有化をめぐり、中国百都市以上で反日デモ。「日中間荒波」である。

そのようなたび毎に日中関係は冷え込んだ。そのような両国関係のなか、国際協力を長年にわたり継続できたのは、日中双方が活動の意義・目的・目標を明確化したからであり、基本理念を明確化したからであり、困難をどうにか克服したからであり、外交力と人間力をそれなりに持ちえたからであろう。

意義・目的・目標の明確化

生態系や環境・文化遺産の調査保護研究は、人類そのものの保護につながる重要項目でもあり、当然の責務である。特に保護は研究に優先する。研究は後世ほど進むが、消失した文化財は二度と戻らない。

日中間でいえば、「日中友好」というスローガンが度々登場すること自体が、日中関係が成熟していないことを示している。世界中の国々が友好的であるのは当然のことであり、あえて日中友好をうたわねばならないのはある意味では悲しいことといえよう。また日中友好を冠した団体が各地に多数存在することも同様だ。「日中友好」を基礎として、第二段階「日中相互理解」へ、そして第三段階「日中共同」への進化を双方が努力する時期であろう。

筆者がおこなってきた活動において、日中双方はその意義・目的・目標を覚書や協議書に明記するなどの方法を通じて明確化してきた。

基本理念の明確化―友好・共同・安全・高質・節約

国際活動に衝突はつきもの、その時にもどる原点が必要である。それが基本理念。日中政府間でも「戦略的互恵関係」が掲げられている。新疆での国際協力の主事業である沙漠での考古活動において、日中双方は「友好・共同・安全・高質・節約」の五大精神を掲げた。友好と共同は説明を要しない。沙漠活動は危険がともなう、死に至った例も記録されている。我々もルート開発不能による緊急露営、砂嵐に遭遇、ラクダからの落下による脳震盪や骨折、病人発生、車両火災といった突発事故を度々経験している。普段は各自の判断で行動していても緊急時はリーダーの指揮に従う命令系統の一本化が安全確保の要点である。

世界的文化遺産に相応しい高水準の保護研究が必要であり、日中双方の各分野の第一線専門家を組織した。筆者自身が研究者でなく調査保護研究事業の推進者であるので、この点には特に心がけた。それぞれにその分野の一流の方ばかりである。記して感謝したい。

日本側でいえば、井ノ口泰淳・田辺昭三・真田康道・長澤和俊・堀尾寶・米田文孝・古川雅英・貝柄徹・伊東隆夫・浅岡俊夫・田中清美・吉崎伸・近藤知子・孫躍新・高妻洋成・米川仁一・中島皆夫・吉田恵二・加藤里美・高橋照彦・小野田豪介・市川良文・蓮池利隆・中島皆夫・坂本和子・杉本和樹・佐藤右文・石田志朗・内田賢二・井上正・安藤佳香・切畑健・沢田正昭・岡岩太郎・辻本与志一・富澤千砂子各氏をはじめとする方々である。

中国側も同様で、韓翔・岳峰・盛春寿・李軍・王炳華・伊弟利斯・阿不都熱蘇勒・于志勇・張玉忠・劉国瑞・張鉄男・沙比提・阿合買提・阿合買提・熱西提・劉玉生・佟文康・李肖・劉文鎖・劉宇生・伊力・呉勇・阮秋栄・王経奎・李季・王軍・楊林・徐苹芳・林梅村・王邦維・任式楠・孟凡人・王亜蓉・巫新華・斉東方・楊晶・楊逸疇・王守春・王邦維・景愛・劉樹人・鉄付徳・馬世長・呂宗宜各氏をはじめとする方々である。

これらの方々の研究機関はつぎのようである。感謝したい。

日本側：佛教大学・龍谷大学・京都造形芸術大学・国立歴史民俗博物館・奈良国立文化財研究所・科学技術庁・早稲田大学・京都大学・国学院大学・関西大学・関西外国語大学・京都市埋蔵文化財研究所・大阪市文化財協会・長岡京市埋蔵文化財センター・橿原考古学研究所・古代オリエント博物館・六甲山麓遺跡調査会・大手前大学・寺尾商会・ツルカメコーポレーション・飯田市美術博物館・国士舘大学・奈良女子大学・岡墨光堂・アートプリザヴェションサービス・六法美術・奈良大学など。

中国側：新疆政府・新疆文化庁・新疆文物局・新疆考古研・新疆ウイグル自治区博物

館・和田地区文物管理所・国家文物局・北京大学・華東師範大学・中国科学院・中国社会科学院・中国文物研究所・中国国家博物館・亀茲石窟研究院・中国石油東方公司など。

また佛大の水谷幸正・伊藤唯真・高橋弘次・中井真孝・福原隆善・山極伸之・杉本憲司・小野田俊蔵・八木透・門田誠一・斉藤利彦・仁科昌瑞・大北裕生・梅田巧・舘憲雄・高井喜成・小原洋子・樹下隆興・本多廣賢・久米良慶・松村公栄・小幡俊成・津原重久諸氏には格別の尽力をいただいた。日本に長く留学された孫躍新・周培彦夫妻には各種交渉時に貴重な役割を果たしていただいた。感謝するものである。

費用的にも環境的にも節約を心がけた。ただし意思疎通のための潤滑油的部分は削らなかった。大小様々な衝突があった。そのたびごとに日中双方は基本理念にもどり解決してきた。

困難の克服

日中双方の民族・歴史・体制・制度・文化・言語などの違いの乗り越えがまずあった。沙漠という無人地帯での大規模調査であり、食糧や調査機材などを沙漠車やラクダで運び込まねばならない。天候上調査時期が限られ、十～十一月の一カ月ほどしか適しておらず、長年を必要とした。

生活面でいえば、陽が昇るころ起き（時に零下十五度にも）前夜の残りの羊丼やお粥を掻き込み、班ごとに徒歩やラクダで現場へ向かい、分布調査や測量・発掘・研究、炎天下（時に三十数度にも）で硬いナンとソーセージ・リンゴをわずかな水で流しこみ、一休みして夕方まで活動継続、夕食はまた羊丼か羊ラーメン（後半には余裕ができビールやサッカーボール・トランプ・ラジオも持ち込んだ）、その後に打合せと実測・資料整理といった日々。

狭いテントでの雑魚寝、風呂もシャワーもない約三週間……。満天の星をながめつつ、テントに入らず寝るといった楽しいこともあるが、強靱な精神力・体力と協調力がないと耐えられない。

多領域の優れた英知の組織化は一大学では不可能であり、多くの大学・研究機関・専門企業からの参加をえた。その調整にも労力を要した。調査や保護・研究・報告書・シンポジウムなどのために多額の資金が必要であり、日本側費用については文部科学省助成と佛大から援助もいただいたが、殆どは私財と借入金でやりくりした。

46

47

48

49

46　毎夕、日中双方で打合せ。
47　疲れをいやす夕食も立ったまま。
48 49　朝は零下十度にも。昼は三十度を超え。撮影：奥山大石隊員

【脱線】文化財保護研究事業と各種国際貢献、一体いくら使ったの、と訊ねられることも度々。忘れたので言えない。忘れないとやっていられない。金持ちでもないので。

【また脱線】企業などの組織では上司がおのずと権限をもっていて、指揮権を誰が持っているかは言わなくても分かること。しかし、沙漠での調査といった臨時的組織では、その意識はうすい。

あるときこんなことがあった。日中共同調査隊にNHKと中国中央テレビが同行取材。帰路、車が次々と故障などで立ち往生。夜中のこと。NHKの契約カメラマン氏、何を勘違いしたのか、「自分が残るから、この車でこの人たち、あの車で貴方たちが先に帰って」と指揮を始めた。

おいおいちよっと待って。出発前にも言ったはず。「普段はどうぞご自由に。しかし、沙漠という非日常環境、何が起こるか分からない、その時は日本側隊長である私の指揮に従って。生死に関わるような最終判断は、その土地の主権者である中国側に委ねるべきだから、私経由の中国側隊長指示に従って」と。

カメラマン氏、海外での撮影経験で各種トラブル体験のようで、にわかに権限外の事を言い出した。さすがの筆者も「この非常時に」と顔色変えて注意した。万一の判断を同行取材班の外部カメラマンがどうして指揮するのと。NHKの人も彼に注意。

筆者が最後の車でホテルへ帰り着いたのは、午前三時を回っていた。

このような緊急事態、そうでないときにも指揮ルートをこわす人は多い。組織における指揮権あるいは役割分担は非常に重要。組織体の命運を決する。

外交力と人間力

研究者やメディア関係者などが許可も得ず、調査研究や撮影している例を度々見聞きする。あるいは楼蘭やニヤ・ダンダンウイリクなどへ無断侵入する研究者や観光客もいると聞く。その一部は記載したが、彼らの多くは「相手側中国人が許可を取得しているものと思っていた」などと釈明する、しかし結果的に当人や所属機関そして日本の評判を落とすことになる。また研究成果や撮影資料を持ち出すだけの一方的行為では、二十世紀初頭の文化財持ち出しと大差ない。

相互尊重　我々日中双方はそれぞれの主権・法規・文化を相互尊重した。前述のように全ての段階で文書による正式許可を取得し覚書や協議書を交し実施してきた。中でも「中華人民共和国考古渉外工作管理弁法」（通称：国家文物局令第一号）は度々熟読し遵守した。

外交とは「握手しながら主張する」ことであり、実践した。本稿に調査とは一見関係ないと思われる指導者たちとの会見が多く登場するのは、中国は共産党の支持と指示のもとすべてが動いており、指導者とのコミュニケーションは不可欠であり、これも重要と取り組んできたからである。会見は十分な準備とイメージトレーニングをへて臨み、胸を張り笑顔を心がけ、メモを見るようなことはしなかった。細かい交渉以外は未熟なが

50

53

51

52

ら中国語で対応した。会食も外交の重要舞台のひとつであるので、積極的に取り組んだ。

全ての活動は表面的・一時的・資金的な付き合いではなく、人と人との付き合いを重視し、至誠・感謝・縁・義理・人情といった琴線にふれる交流を続けてきた。このような実践が実績を生み出し、継続が信頼へとつながった。口や頭だけでなく、心の交流こそ重要である。約束は必ず守っ

50 53 ニヤ調査一九九五年隊。ダンダンウイリク調査二〇〇四年隊。多くの方々が力を出し合って。測量技師・ラクダ使い・コック・報道さんも。大和民族・漢民族・ウイグル族・シボ族・回族も。

51 沙漠でもたくましく生き抜く胡楊。

52 進入をはばむ大沙漠が遺跡を守っている。

た。小さな口約束でも。新疆での三十年の間に、相手方は幾代かにわたって交代した。トップの中共新疆委員会書記は王恩茂・宋漢良・王楽泉・張春賢へ四代、新疆主席は鉄木尓・達瓦買提・阿不来提・阿不都熱西提・司馬義・鉄力瓦尓地・努尓・白克力へ四代、外事弁公室や文化庁・文物局・考古研・档案局・新疆大学・ウルムチ市政府なども同様である。

このように人が交代しても友情に近いかたちで交流が続けてこられたのは、決してその場限りの「裏交渉」をしなかったからであり、「特殊な」関係にならなかったからである。もしそうなっていたら人事異動したのちその機関との関係は断絶していたことであろう。

交渉は厳しい時がある、そんな場合も笑いを忘れなかった。

一例として、ダンダンウイリク遺跡壁画保護方案審議会での出来事は前述したが、沙漠での現地調査時も「蛙の一、二、一、二」や「ラスベガス」など小話を披露しあった。

使命として　キジル千仏洞修復からニヤ遺跡調査へ、そしてダンダンウイリク遺跡プロジェクトへ。人材育成や相互理解促進などの関連事業を含めて豊富な成果をあげることができた。前述の世界的文化遺産調査保護研究事業には、前述のように多くの方々の膨大な熱意・時間・英知・資金が投入された。これらの文化遺産はやがて「世界遺産」に登録されることであろう。新疆文物局は既に各種活動を開始している。

世界遺産　二〇〇六年八月、中国国家文物局と世界遺産センターは、トルファンで「シ

（3）　2010年（平成22年）8月1日（日曜日）山形新聞

中国文化遺産保護に貢献した10傑に選ばれた
仏教大客員教授の浄土宗僧侶

小島《こじま》　康誉《やすたか》さん

この人

かつてタクラマカン砂漠の周縁に多くのオアシス国家が栄えた。手付かずのまま風化しかけた中国古代遺跡の調査、修復、保護に30年近く尽力する。自称「国際貢献手弁当長期実践家」。

もともとは愛知県で貴金属店をチェーン展開した起業家だった。国交が回復した1972年、宝石の買い付けで初訪中。その後、天山山脈ふもとのキジル千仏洞に巡り合った。絶壁の石窟（せっくつ）に残された壁画群。仏教芸術の美しさに心打たれた。

「何も考えずに突っ走る性格だが、縁を大事にしてきた」。釈迦（しゃか）が説法したというインド・霊鷲山の旅で「釈迦の声の幻聴が聞こえる宗教的体験をし、涙が止まらなかった」。87年に得度し、僧籍に入った。日本列島の南北約3千㌔を念仏行脚した。

「ビジネス、僧侶、国際貢献、学術調査といろいろやってきたが、テーマは同じ。人に役立つのが僕の生きがい」

創業した会社は54歳でためらいなく後進に委ね引退。遺跡調査のために毎年秋、新疆ウイグル自治区で過ごす。シルクロードの真っただ中にあるニヤ遺跡。砂漠に残るダンダンウイリク遺跡。ラクダで移動、寒暖の差が激しい辺境の作業はつらいが、夜空の星の輝きは何物にも替え難い。

私財を惜しげもなく新疆に投入、中国人学生の奨学金制度も創設した。中国人民対外友好協会から「人民友好使者」の称号が授けられ、中国文化遺産保護に貢献した10傑に選ばれた。「骨はタクラマカンに埋める」。68歳。名古屋市出身。

54

ルクロード」申請予備会議を開催した。中国のほかにカザフスタン・キルギスタン・タジクスタン・ウズベクキタンなども参加し、行動計画を決議し、国をまたぐ共同申請活動が開始された。

翌年には国家文物局が六省区四十八カ所の申請を決定。新疆ではキジル千仏洞・ニヤ遺跡をはじめとして、楼蘭遺跡・交河故城・高昌故城とアスターナ墓地・スバシ故城・クムトラ千仏洞・シムセム千仏洞・ベゼクリク千仏洞など十二カ所である。現在、中国各地で保護処置や環境整備・人材育成などの準備活動が順調に進められているが、国によっては遅れもあるようだ。国家文物局の計画では、二〇一二年夏に開催予定の第三十六回世界遺産委員会での承認を目指していたが、数カ国の共同申請のため難航している。

54　共同通信の配信により北から南まで日本各地の新聞で報じられた。これは「山形新聞」。

そのため遺跡も絞り込みが行われ、当初予定のニヤ遺跡などは次段階となり、登録目標も二〇一四年にずれ込んでいる。その保護研究に全力投入してきたキジル千仏洞が世界遺産に登録されれば、まさに至福の時である。

二〇一〇年七月、和田茂樹共同通信次長から「活動の幅がひろくどう表現したらよいのか」と問われて、「国際貢献手弁当長期実践家とでも」と答えた。全国各地の地方紙に掲載された。

小島新疆来訪三十周年記念活動　二〇一一年九月十七日から二十三日にかけて、新疆ウイグル自治区政府主催「小島康誉先生新疆来訪三十周年記念活動」が開催された。新疆政府歓迎宴に始まり、張春賢新疆党委員会書記会見・記念大会・記念誌・記念写真展・記念特別展・キジル千仏洞修復資金記念碑改築式・ウルムチ市政府歓迎昼食会・新疆文物局歓送宴などが繰り広げられた。中国で外国人（まして日本人）の顕彰行事が開催されるのは極めて稀、しかも二十周年につづき。ありがたいことだ。

日本側から「小島和尚を囲む会」諸氏など三〇人が参加（団長・白石三十三氏）。筆者夫婦は「小島康誉新疆訪問三十周年記念感謝宴」を催し、日中双方約一八〇人が一夜を楽しんだ。日本側全員による「ソーラン節」（深田理恵嬢振付け）は拍手と笑いの渦。東北被災地を思いつつの「北国の春」は呂家伝前新疆文化庁書記や盛春寿文物局長らの飛び入り参加で大盛り上がり。

手土産は新疆政府が三十周年活動の一環で発行した『大愛無疆』（韓子勇新疆文化庁書記主編　新疆美術撮影出版社）と広重の「赤富士凱風快晴」扇子、当初は「神奈川沖浪裏」を発注したが、大津波を連想させるかもと変更、二百本に「大愛無疆」とサインし準備した。永年にわたって共同活動をしてきた各機関へは「大美新疆大愛無疆」・「文化無界大愛無疆」・「大愛無疆人材無價」など相手先にあった言葉を趙新利博士に考えてもらい、洪競春先生の手本で練習して十数本を軸装贈呈した。活動は『新疆画報』（二〇一一年十月号）が十二頁にわたって特集、テレビ・新聞・ネットでも盛んに報じられた。参加した小野知久画伯が記念活動絵巻物を制作中。楽しみだ。

三十年の友情につつまれた楽しい一週間であった。この三十間、提供しつづけてきたのは「至誠」である。新疆各族の皆さんにはささやかな喜びを提供したにすぎないが、筆者は大きな幸せを頂戴した。輝かしい成果をともにあげてきた日中双方の方々を誇りに思う。

不思議なご縁に心から感謝している。後半生の殆どを国際ボランティアへ物心両面にわたって投じたが、悔いはない。今後も「使命」として新疆ウイグル自治区で、文化遺産保護研究、日中間相互理解促進と人材育成に老残微力をささげる決意である。関係各位の更なるご指導ご協力をお願いする次第である。

三十周年記念活動を自慢するかのように記し多くの写真を掲載するのは、たえずギクシャクつづく日中間にあって中国の辺境で相互理解促進活動を実践しつづけ、それが政府指導者のみならず一般の人々からもかくも高く評価されている日本人がいることを知っていただきたいから。地に着いた実践こそが重要であろう。

57

55

56

58

59

55～77　三十周年記念活動あれこれ。撮影：楊新才記者

55 56 57 58　張春賢書記との会見。

59　新疆政府歓迎宴。

60

64

61

62

65

63

69

72

70

73

71

74

66

67

68

60 記念大会。
61 記念写真展を参観する鉄力瓦尓迪・阿不都熱西提副主席（筆者右）。
62 文化文物界座談会。
63 キジル千仏洞で人々の平安を願う。
64 紅山公園でのお遊び。
65 66 キジル千仏洞修復資金贈呈記念碑移築式、居合わせたベルリン国家博物館の研究者たちも。
67 大像窟前で。
68 希望小学校へ育英金・学用品を贈呈、抱きつかれビックリ。

二〇一二年六月、『人民中国』（日本語版）が「国交正常化から　感動と知恵四十年の歩み」を四十頁にわたって特集。その冒頭に昭和天皇・皇后両陛下と鄧小平夫妻との会見写真、田中角栄首相と毛沢東主席・周恩来総理との写真などとともに、一九九一年の「小島康誉先生新疆来訪二十周年記念活動」での記念植樹の写真が掲載された。驚いた。

75

76

77

78

69 70 71 72 73　二十年、三十年前の指導者たちも参加。70は馮大真元新疆党委宣伝部長。71は金雲輝元新疆建設兵団司令。72は克尤木・巴吾東元新疆党委副書記。73は呉敦夫元ウルムチ市書記。
74　感謝宴で挨拶する鉄力瓦尔迪副主席。
75　カザフ族の踊り子たち。
76　日本側によるソーラン節。
77　日中混合で「北国の春」。
78　二十周年記念活動での植樹式。撮影：楊新才記者

四、最づくし

三十年間にわたり、新疆を百三十回以上も訪れているといろんな体験をする。日本人初ということもいくつか。前述した新疆政府発行の『大愛無疆』掲載の十七項目を紹介したい。自慢めいて恐縮だが、我慢してご笑覧のほどを。

・新疆訪問最多の外国人。仕事での方を除いてであろう。
・新疆への寄付が最も早く最長の外国人。金持ちとはいえないのに。
・新疆で最初に奨学金を設立した外国人。各方面で指導者として活躍中の人も多い。
・新疆の指導者と会見最多の外国人。書記・主席・副主席クラスだけで百回以上。
・ニヤ遺跡調査を正規に開始した外国人。二十数年前に辺境での許可取得は至難だった。
・小河墓遺跡へ正式許可をえて到達した最初の外国人。ミイラの多さには驚いた。
・ベデル峠へ正式許可をえて到達した最初の外国人。喘ぎあえぎ登った。
・ダンダンウイリク遺跡へ正式許可をえて到達した最初の外国人。無許可の人はいる。
・メディアから取材最多の一般外国人。一般としてあるのは企業家などと区別のため？
・講演最多の外国人。広報、広報また広報。それでこそ相互理解が。
・国家文物局の発掘許可を獲得した最初の外国人。ありがたいことだ。
・最も勇敢な外国人の一人。サーズ時訪問や原発決死隊志願（相手にされず）のことか。
・受賞最多の外国人。中国各地からの名誉称号ならもっと多い人がいる。

・新疆ＰＲ最多の外国人。新疆は中国でもあまり知られていない。まして日本では。
・新疆と日本との仲介最多の外国人。いろいろお手伝いしましたなぁ～。
・新疆各界の訪日団を招聘・接待最多の日本人。好印象をもって帰国いただいた。
・日本各界の新疆訪問団を組織・派遣最多の日本人。あの方この人が新疆ファンに。

掲載されているのは以上である。「キジル千仏洞修復保存に協力した最初の外国人」が載っていないのは独立して記述があるからだろう。

陽はのぼり陽はしずみ花がさき花がちり夏がきて冬がきて
嗚呼新疆三十年迷い迷いときに悟りすべてのすべてありがとう

（本章は前章同様「新疆での世界的文化遺産保護研究事業と国際協力の意義」の一部を読みやすく修正したものであり、参考文献などは略した。第四・五章関係の報道は大量にあるが、殆どは割愛した。）

第六章　日本と中国

日本と中国の関係はたえずギクシャクしている。おりしも尖閣諸島の国有化を巡って激しい反日デモ。一部は暴徒化。政経文とも交流は冷え切っている。

永年にわたり中国で民間外交を実践してきて親中派と目されている筆者へは友人たちから度々の連絡。「デモは仕方ないとしても破壊や放火・略奪は理解できない。今まで好きだったが嫌いになった。小島さんも中国に貢献するのをもう止めたら」などと。筆者に言われても困ってしまう。

また中国の友人たちの態度もどこかよそよそしくなり、直後の来訪は延期して欲しいとの連絡も。それでもこんな時こそと行ったが。

そこで日中の相互理解を少しでも促進できればと急遽この章を追加した。

一、近くて遠い外国

人生は厳しい。

日本と中国は距離的には近い。しかし民族・体制・文化・思想などは遠い。お互いが「外国」であることを認識することが重要だと思う。「外国」である事例をあげよう。筆者のわずかな体験ではあるが。ランダムに記した。

成熟国と成長国　現在の日本と中国の摩擦を考えるとき両国の歴史的位置付けを把握することが肝要と思う。

日本はすでに成熟期、しかも成熟中期に入り、中国は成長期、しかも成長真っ只中。人でいえば、壮年期の日本と青年期の中国といえようか。この差はいかんともし難い。あらゆる局面でこの差が表れる。それを踏まえつつ対応することが必要では。

日本は「中国は成長期だからあのように考えるのだろう」と、中国は「日本は成熟期だからあのように考えるのだろう」と。

複数政党と一党独裁　政治体制の違いを理解することも重要だろう。日本は複数政党、そして権力の一部。中国は共産党の一党独裁、しかもすべての権力を掌握している。この差はすべての局面に反映される。日本では意思決定は遅くバラバラ。中国では早く一枚岩。それぞれに強みと弱みがある。

昨年は中国共産党結党九十周年。一大キャンペーンが展開された。「結党は称えられるが、結党はできない。革命は称えられるが、革命はできない」と、ネットに流れたとか。

またある人は「中国も豊かになったから、革命など起きない」と。

党員は約八四〇〇万人。家族含めると約二億五〇〇〇万人、親族親友まで広げると五億と計算できる。すると総人口の三分の一を超える。絶大な影響力だ。「外国人がいうほど強くない」、「金属疲労が出ている」、「腐敗がその何よりの証拠」と中国友人たちは言っているが。

【脱線】その共産党九十周年に際して、「人民日報」日本支社の取材を受けた。「新疆で国際貢献を三十年おこなってきた。政府指導者から庶民まで老人から子供まで友達がいる。だから一般の外国人に比べて中国の困難さはよく知っている。これらの困難を克服し、人々の幸せと繁栄を実現するのが中国共産党の重大な使命であろう。中国はいまや大国だ。この大国を多方面から理解する必要がある。例えば人口大国・歴史大国・政治大国・外交大国・軍事大国・経済大国・文化大国などだ。一面だけとらえて中国を理解するのは難しい。今日の大国になったのと共産党の努力とは切り離せない。今後も改革開放を継続いただきたい。新疆も大発展した。これからも微力を尽くし灰はタクラマカン沙漠へまく」と答えた。
著名人へ取材を申し込んだが、結党記念紙への取材で断られたようだ。「人民日報」結党九十周年特別号（二〇一一・六・二五）にロシア・イタリアなどの政治家らのインタビュー記事とともに大きく掲載された。中国はさらに大きく変わるだろう。

【また脱線】 中国の人口は一三億四〇〇〇万といわれている。それ以外に「一人っ子政策」のため未登録の人もいるとか。あちこちの友人に「正確な人口は」と質問すると一五億ぐらいではとの答え。その差が一億以上。そんなに違うのと質問を続けると、別に問題はないし、自分には関係ないと、悠然たる返事。

ほかの政党　共産党が支配する中国にも小さい政党がいくつか存在する。友人が入党しようとしたら、共産党への届出がいるといわれて止めた、と。

政治家育成システム　昨今の日本の政治家の体たらくぶりは日本人として恥ずかしいかぎり。中国でこの話題になると、「日本は毎年のように首相が変わっても大問題が起きないほど、安定している」と強がりをいっている。日本の政治家は人気投票と大差ない選挙で選ばれている。なにほどの実績もないのに当選し、大臣にさえなる場合も多い。そんな中から総理大臣が党内多数決で選ばれるから、とんでもない人が首相になっているのが昨今の日本政治。失われた二十年。

共産党が選ぶ中国では、「党校」などで鍛えられ、各地各職位での選抜を通り抜けて昇進してくる。日本の官僚育成システムと似通っている。党校は北京だけでなく、各地方にもある。新疆の党校を見学したこともある。

直接選挙と間接選挙　この差も大きい。日本では民意がすぐ反映される。中国では共産党の考えが反映される。政府にも大学や企業にも共産党組織があり、国家主席より党総書記が上、学長より党書記が上といった具合だ。その中国でも村レベルでは直接選挙が導入され始めたようだ。

島国と大陸　日本は海に囲まれて外国からの侵略は少なかった。中国は大陸で外国からの侵略も多かった。

列強中国侵略　この外国から侵略された歴史は彼らのＤＮＡにすり込まれている。中国人の思考を理解するには列強中国侵略の歴史を忘れてはならない。

侵略した列強のなかでイギリスやフランスなどは遠く西洋人。日本は近く同じ東洋人。自分たちは戦勝国。敗戦国である日本が自分たちより豊かな生活をしている。そして愛国教育が若者の脳裏に刻み込まれている。反日感情の背景はこんなところにも。

天皇の処刑　拙著に着手した直後に強烈な新聞広告が目にはいった。『最終目標は天皇の処刑』とある。副題は「中国『日本解放工作』の恐るべき全貌」（飛鳥新社　読売新聞二〇一二・二・五）。著者のペマ・ギャルボ氏（日本国籍）は数度テレビで見たことがある。チベット出身でダライラマのアジア太平洋地区担当初代代表・桐蔭横浜大学法学部教授と広告。急いで購入した。

そこには「国民新聞が『日本解放第二期工作要綱』をスクープ掲載したのは一九七二年八月五日」、その内容として「第一期目標・我が国との国交正常化、第二期目標・民主連合政府の形成、第三期目標・日本人民民主共和国の樹立―天皇を戦犯の首魁として処刑」が具体的に記載されていた。また「中国外務省から流出したとされる二〇五〇年の極東マップ」も掲載されていて、「日本の人口は減少するので、西半分に中国人を移住させて「東海省」として、少数民族になった日本人を東半分に強制移住させて日本自治区にする」とある。韓国と北朝鮮は朝鮮省となっていた。ネットでも話題になったという。
恐怖の内容だ。戦慄が走った。これらはとても本物とは思えないが、書いてあることが部分的にそのようになりつつあり、妙に信憑性がある。「自民党を解体し多数の小党に分裂せしめる」や議員招聘対策、マスコミ対策、在日華僑対策などが現実に起きていることと符合している。誰が何の目的で作成したものかは知り得ないが、四十年前に報道された点は注目に値する。
わが国の存立に関わること、政治家はじめ多くの方に一読ねがいたい。いや既に読んでおられよう。

中国地図二〇一三年版　尖閣国有化前の八月にも反日デモ、一部は暴徒化。香港活動家の尖閣・魚釣島上陸逮捕をうけて、中国の三十近い都市でおこなわれた。上海の日本総領事館前でのデモでは、日本全体を「中国・琉球省」とした「中国地図二〇一三年版」まで登場。「琉球を返せ、中国を統一しよう」とデモ行進したと、テレビ放送。確認のためウェブを検索すると、時事通信電子版に載っていた。その地図もはっきりと。前項と相通じると感じた。

【脱線】この香港の活動家が二〇一一年に中国の国旗を燃やす映像がネットに流れている。わけが分からない。去年は中国国旗を燃やし、今年は（二〇一二）国旗を尖閣に立て、来年はどうするのだろう。

逆転　二〇一〇年の名目国内総生産（GDP）で中国は日本を追い越し世界第二の経済大国になった。これが彼らの強烈な自信につながっている。それが発表された二〇一一年から中国人の立ち位置が変わった。

尖閣国有化への反日デモは小泉首相の靖国神社参拝時の反日デモを大きく上回る規模。彼らの日本を追い抜いた自負心が傷つけられたとの思いが大きく影響しているのでは。

百以上の都市で反日デモ。日本大使館前では八日連続。テレビが映し出す各地での暴徒化した模様、大規模な破壊・放火・略奪……。日本車に載っていた中国人も襲われ「日本車を買ったのは間違いだった。もう買わない」と訴えたにもかかわらず暴行を受け半身不随になったと朝日新聞（二〇一二・九・二二）。アメリカ大使車も襲われた。

1

2

3

1　一一〇を超える都市で反日デモと報じるNHKテレビ。二〇一二年九月十九日

2　日本大使館前で繰り広げられた反日デモ。二〇一二年九月十六日　撮影：段躍中日本僑報社長

3　プラカードには激しい言葉が。二〇一二年九月十五日　撮影：段躍中氏

7

4

8

5

9

6

4 破壊される日系デパート。テレビ朝日より。二〇一二年九月十七日

5 破壊される日系商店。NHKテレビより。二〇一二年九月十八日

6 放火されたトヨタ販売店。東京MXテレビより。二〇一二年九月十八日

7 破壊を防ぐためマークを中国旗で隠した日産車。新疆の田舎ティムサールにて。二〇一二年十月十七日

8 破壊を防ぐため「車は日本車、心は中国心」シールを貼ったホンダ車。北京にて。二〇一二年十月十九日

9 「釣魚島…」（尖閣の中国呼称）シールを貼った中国車。北京にて。二〇一二年十月二十日　撮影：浅岡俊夫氏

「中国リスク」を日本はじめ多くの国が意識せざるをえない状況がうまれた。

一番有名な日本人は？ と中国友人に質問されたのは二〇一二年四月。故平山郁夫氏（敦煌の保護などに尽力）か池田大作氏（中国から大量の名誉称号受賞）かと答えた。彼曰く「小島さんは中国のことを知っているようで、知らない。いま有名なのは名古屋市長と東京都知事だ」と。そして「中国で有名になりたかったら、『南京大虐殺はなかった』とか『尖閣を買う』と発言することだ。名古屋市長など誰も知らなかったのに、テレビや新聞で大量に報道され、一日で有名になった。彼らは右翼だ」と続けた。この二人が右翼なら、本当の右翼は怒るのでは？

もうひとりは「中国で人気者になるには『南京大虐殺はあった。尖閣は中国領だ』と発言することだ。そんな日本人記者や大学教授もいる」と。

記者はいそうだが、そんな教授がいるのかと、帰国後ウェブで検索したら、確かに国立大学の教授が「尖閣は中国領だった」という本を出版していた。発言自由の日本らしい。

【脱線】 左折しかできない交差点で、右折しようとした右翼の街宣車。パトカー「この交差点は右折できません」と警告。街宣車「我々は左折できない」と。

塩爺の見識 塩川正十郎先生からさきほど拙著の序文を頂いてきた。塩川先生からは二十数年間ご指導をうけ、資料もたくさん頂いた。ここでは『佳き凡人をめざせ』（生活

10

10 「南京大虐殺七五周年式典」を生中継する新疆人民会堂前の大型画面。この日ウルムチは小雪零下十三度。二〇一二年十二月十三日

情報センター）の一節を紹介したい。

「中国に関しては『ほっとけ、ほっとけ』でええんと違いますか。中国は中華思想の国であり、共産党という一党独裁の政党が支配していますからね。何を言うても、歴史認識の問題という自己主張になります。反日アピールを政治的に使っているのではないでしょうか、従って日本が我慢するだけのことで解決しません。日中関係の修復やと言うても、簡単じゃないですよ。たとえば小泉総理に靖国へ行くなという。靖国参拝をせいへんなんだら、国連の常任理事国問題や東シナ海のガス田の問題をまともに話しするかというと、そうならへんでしょう。中国共産党は政権を強固に維持していきたいんです。そのためには、どこかに仮想の敵をつくるね。それが日本なんです」と。二〇〇五年十月出版直後に贈呈をうけた本だ。七年前と日中関係がなんら変わっていないと思った。

弟と兄　二位と三位が逆転する前には何人かの中国人から次のような話を聞いた。中国人としては、アメリカは兄でも良いが、日本は弟であって欲しい。アメリカが無理難題を言っても「今」はじっと耐えるが、日本から少しでも注意されると腹が立つと。

日本を追い抜き世界第二位の経済大国となった今では日本は弟でも歳のはなれた末っ子であるべきと思っているのだろうか。アメリカの背中も見えてきた今では兄でも明日は弟にするぞと思っているのだろうか。

復興・唐時代　中国の友人と「中国歴史文化遺産保護ネット」（www.wenbao.net）を立ち上げた時、趣旨に「復興」とある。日本で復興といえば、今が良くないから復興させようといった意味あいがある。復興を使うと中国の今が良くないと言っていることにな

11　人民服を着たOBA MAO（オバマ大統領のオバと毛沢東主席のマオ）さん「毛主席に僕はカッコイイってほめられたよ」と。その意味するところは…。北京の市場にて。二〇一二年十月十九日

るのでは、と質問した。彼曰く「中国人にとって唐の大帝国を復興することが国家的な夢だから、復興を使ってもまったくおかしくないし、むしろ喜ばれる言葉だ」と。中国の最近の多方面での海外拡張がわかったように思えた。

海外拡張　そんな事例の番組「大地は誰のものか～ロシアを耕す中国人～」がＮＨＫ・ＢＳで放送された（二〇一二・七・二二）。昨年「小島新疆来訪三十周年記念活動」を同行取材した永野浩史氏（アジアドキュメンタリーセンター社長）や何祖傑氏が二カ月ロシアと中国で撮影したドキュメンタリー。「三十周年活動」に参加した友人らに知らせるため、ＮＨＫのホームページを開いた。次のような番組紹介が。

「極東ロシアに膨大な中国人が進出し、広大な大地を耕している。食糧純輸入国に転じた中国は、世界各地で農地を獲得し、食糧確保に奔走。こうした動きに、ロシアは警戒を募らせている。中国農民の労働力はのどから手が出るほどほしいが、中国資本の進出がこれ以上続けば、流通ルートや価格決定だけでなく、土地売買の主導権までも奪われかねないからだ。極東ロシアに出現した、巨大中国パワーがもたらす波紋を見つめる」と。鑑賞した。告知どおりの内容だった。

あふれる移住者・観光客　イギリスでの発表を機に親戚や友人たちへの「お別れ」のため、フランス・ドイツ・アメリカ・カナダの町々を巡った。二十、三十年前の訪問時には殆ど見かけなかった中国人観光客があふれていた。いや数年前でもこれほどは見かけなかった。それに合わせるかのように中国人経営の中国語の看板を掲げた店がいたるところに。幾つかの都市では文化が壊れるからと英語も併記する条例も出来たとか。シスコでは六人に一人が中国系、市長も最近中国系が当選したとか。

一方で、日系人は減りつつあると。留学生も減っている。


次期指導者　に内定している習近平国家副主席（来日時のレセプションでお会いしたことも）が「中華民族の復興を強調した演説が話題を呼んでいる」と『日経ヴェリタス』（二〇一二・八・二六）。それによると七月末に全国の幹部を集めた会合で「我々は中華民族の偉大な復興実現という目標に向け、着実に一歩一歩進んでいる」などと演説をおこない、「中華民族」という表現を三回も使って強調した、と報道。

記事は「中華復興が来る習政権を読み解くキーワードになるのではないか。駐北京の外交筋は一様に、経済力を背景とした大国意識や自信が中国の海洋進出などに拍車をかけると懸念する」と続いている。

重病情報も流れしばらく動静不明であったが、米国パネッタ国防長官との会見に現れ、尖閣問題への不介入を要求した（二〇一二・九・一九）。

習副主席は十一月、中国共産党総書記と中国共産党軍事委員会主席に就任し、翌月には広州軍区を人民服姿で視察。巨大な軍隊の建設に努力すると強調した。二〇一三年春の全人代（国会に相当）で国家主席就任が予定されている。

【脱線】　この記事はウルムチから北京への機中で配布された「解放軍報」（二〇一二・一二・一三）で読んだ。民間機で人民解放軍の機関紙が配布され中国と、自衛隊の機関紙などを殆どの人が見たこともない日本。こんなところにも両国の違いが……。

毛沢東だけの紙幣　日中国交正常化四十周年の二〇一二年、日本への中国人観光客は二〇〇万人、中国への日本人観光客は年間四〇〇万人、合計六〇〇万人が目標とか。そんな日本人観光客が手にする中国の紙幣、肖像は殆どが毛沢東。ほかは特定の個人ではない農民・労働者・少数民族といった人たち。どうして他の有名人はないのと、聞いたら「毛主席以外では必ず問題が出る、誰であっても。ほかの人が登場してこそ改革開放は本物だろう」と中国友人。この交流目標も反日デモの影響で達成は？

そういえば、連続反日デモにも毛主席の写真が盛んに登場した。テレビで中国人教授が「これには昔は良かったという政権批判が込められている、中国人なら誰でも分かる」と発言していた。

改革開放　中国をここまで急発展させたのは、改革開放政策。一九七八年、鄧小平中国共産党中央委員会副主席の日本視察をひとつの契機として開始された改革開放政策は、文化大革命などで疲弊していた中国を大発展へと導いた。「中国青年報」(二〇〇八・一二・二三)などは「日本がなかったら改革開放は違ったものに」と報じた。

鄧小平副主席は松下電器(現パナソニック)を視察し、松下幸之助翁に近代化への協力を要請、その協力に応じて中国へ進出した松下電器。それに続いた日本企業。その松下をも襲撃破壊した今回の反日デモ。「井戸を掘った人は忘れない」は中国人の常套句なのに。

北京オリンピック聖火リレー　愛国心の激しさで思い出した。四年前の日本での北京オリンピック聖火リレーは、普通なら無事といえないなかに終了した。しかし、チベット問題をうけての採火会場・ロンドン・パリ・サンフランシスコなどでの混乱状態からすれば、無事終了の部類だった。事故が起きなければと、テレビを見ていた。

二〇〇〇人と報道された在日中国人の「中国加油（ガンバレ）、中国加油」の絶えることない大合唱、聖火走者とともに歩道を疾走する彼ら。打ち振られる巨大な中国旗。中国旗とともに多くのチベットの旗。雪山獅子旗というのだそうだ。そして、別の青いイスラーム独立派少数民族の旗。日本の国旗もあるにはあったがごく少し。世界は関連していると頭では理解していても実感をもっていなかった多くの人たち。日本も確かに世界の中にいると実感したであろう。

国旗極少と多数　日本で国旗を見かけることは珍しい。いつも掲揚している友人は近所から妙な目で見られるとか。おかしな国である。

一方の中国ではあちこちで掲げられている。いや中国だけでなく、アメリカでもユーロ各国でも。

内向きと外向き　日本は守りが得意。中国は攻撃が得意。それぞれの位置や歴史がそうさせたのだろう。尖閣諸島をめぐる問題での両国の発言にも表れている。日本は官房長官が「緊張感をもって情報収集につとめる」。中国は報道官が「すべての責任は日本にある」。日本のメディアの一部には「国有化が良かったのかどうか」、「時期が悪かった」の論調も。中国のメディアは「中国のものだ」で一枚岩。

外交下手と外交上手　江戸時代二百六十余年の鎖国ＤＮＡがしみ込んだ日本人は外交が上手とは言い難い。一例をあげよう。橋下氏が「東京都の所有という形で落ち着かせ、秩序を作り直したほうがいい。都所有なら、日本にとっては民間所有から一歩前進し、中国にとっても国有から一段下げさせた形になる」と主張したと各紙報道（二〇一二・九・二二）。こんなことで中国が領有権を引き下げるはずもなく、日本政府の足を引っ張るだけの発言。あるいは「周辺国と共同管理」と国益を害するだけの発言（二〇一二・九・二七）。これが政党を立ち上げた人の見識とは。驚くばかりの外交音痴。

一方の中国は自らを時に応じて、発展途上国と称し、時に先進国と称している。この使い分けは外交上手の中国らしい。

持久力と突破力　日本は幕末の列強の攻勢を乗り切り、焦土と化した国土を経済大国に成長させた。各種の外圧にグダグダしながらも果たし得た。この粘り強さに世界は一目おいている。

中国は押せ押せで強気一本。反日デモでも分かるように集中力はすごい。中華思想と称される独自の行動パターンは世界中から注目されている。

日中友好七団体　筆者自身、日中友好協会の会員であり、中国の新疆ウイグル自治区政府顧問であるので、中国の要人が来日する際のレセプションなどには度々招かれる。日本側は日中友好七団体主催のことが多い。日中友好協会や日本国際貿易促進協会・日中文化交流協会・日中友好議員連盟・日中経済協会・日中協会と日中友好会館である。なかでも日中友好協会の支部的存在として、日中友好をうたった団体が各地にある。

世界中の国々が友好であるのは当然のこと。日米協会や日独協会といった各国との協会も種々あるが、都道府県レベルから町レベルにまであるのは日中友好協会ぐらいだろう。さらには各業界にもある。例えば日中友好浄土宗協会とか。

では中国ではどうだろうか。中日友好協会はあるものの、中国人民対外友好協会の一部といった感じで、各地には殆どない（省レベルで初の「中日友好協会」が遼寧省人民対外友好協会直属組織として発足したと『人民中国』二〇一二年七月号）。このアンバランス、なにかおかしいと思うのは筆者だけだろうか。

現体制持続は困難　これは日中文化交流協会の会長・辻井喬氏（堤清二）の見かたである。辻井氏は中国側主催の中日国交正常化四十周年記念式典が中止された中、日中友好七団体の代表の一人として賈慶林中国政治協商会議主席と会見した。その前後のインタビューが読売新聞に掲載された（二〇一二・九・二九）。

尾崎真理子編集委員の「四十年積み上げたはずの中国との関係だが、『反日愛国』の激しいデモと破壊行動に失望した日本人は多い」に対して、辻井会長は「反日デモでガス抜きをする、そんなきわどい手法で局面を糊塗するのは、中国国内を混乱させるだけだ。想定を超えて拡大したのは、中国共産党一党独裁のシステムが永遠に続くという神話が、成り立たない時代を迎えた証明でもある。現在の国家体制が持ちこたえられるかというと、それは難しいだろう。大動乱が起こらずに体制が移行するのを願っている」と答えている。

日中友好団体の長の発言かと二回三回読み返した。

【脱線】前述した昭和史研究の第一人者である保阪正康氏が中日新聞（二〇一二・九・

一九）「日中関係悪化―保阪正康氏に聞く」で「お互いの友好団体や政治家がこれ以上の過熱を食い止めるような声明を出すべきだ」と提言。

友好団体などからそのような明確な声明は九月末時点で出されていない。残念なことだ。ちなみにこの「中日新聞」主催講演会で中国大使の「日本では日中といわれるが、今日は中日と中国が先で喜んでいる」を聞いたのは筆者社長時代のこと。

【また脱線】『人民中国』（日本版　二〇一二年十月号）が緊急特集「中国領土・主権の侵犯を許さず、中日友好関係は共同維持が必要」を一〇頁にわたって掲載。「中国の釣魚島、他人による勝手な『売買』は断じて許さない」、「日本の『購入』茶番劇、中国の立場は揺るがず」などと中国側の立場による内容である。十二月には増刊号が同様内容を四二頁にわたって掲載。

中国側の広報誌が、そのような意見表明することは別に不思議に思わないが、この本を贈呈してきたのは、なんと「日中友好協会」。しかも何のコメントもつけずに。毎月のことだからと事務的に送ってきたのであろうが、どの国の協会かと思った。

関係ない　制裁措置の一環であろうか日本への中国人観光客激減。それでも銀座ホコテンで幾つかのグループに遭遇した。下手な中国語で反日デモについて訊ねると、初めは警戒していたが、新疆政府顧問の名刺をだし、百数十回行っているなどと話すと、「ウルムチで噂を聞いたことがある、貴方がそうか」という人が現れた。皆が安心して答えてくれた。

「政府のことで関係ない」、「ヒマ人がやっていること」、「日本人も考えて欲しい」、「何回も来ているので安心している」、「友人から危険だから止めよと言われた」、「まったく何もなく拍子抜けだ」、「国旗が見当たらないのは破られるのを恐れてか」、「こんな時期でも百貨店や地下鉄で中国語の表示や放送があり驚いた」、「デモもなくテレビで中国や韓国のドラマを見た、日本人は何を考えているのか」、「土産は何の心配もなかったことだが、喜ばれないから話さない」、「テレビで破壊や放火を初めて見た、日本人はなぜ怒らないのか」、「暴力は良くないがムードで仕方ない」、「これから京都へ行く」、「俺たちは北海道へ行く」などなどと口々に。握手して別れた。

日中友好と中日友好　よく使われる常套句だが、日本人が使う「日中友好」と中国人が使う「中日友好」には含まれている意味あいが異なるよう思う。「一衣帯水」も同様だ。日本側の「日中友好」には「日本側は日中友好しよう」、中国側の「中日友好」には「日本側は中日友好であるべきだ」と感じているのは筆者だけだろうか。

中日国交正常化四十周年記念式典　が中止になったと書いた。ジックリ考えると、少々おかしなこと。中止でなく主催者のこと。中国側が毎年開催している。北京で。日本側は小さなものは別として大々的には開催していない。中国側だけが大規模に開催するのはなぜだろう。

東京では中国大使館が、各地では各地の中国領事館が毎年開催している。筆者にも招待状が来る。今年の当初タイトルは「中華人民共和国成立六十三年・中国日本国交正常化四十周年祝賀レセプション」であったが、東京では看板が取り外されて開催されたとか。

奈良での出来事　古都・奈良をアメリカ軍の空襲から守ったという人の銅像を県文化会館敷地に建てる計画が持ち上がったことがある。建都千三百年の記念行事の一環で。ところがそんな事実は確認できないとの反対意見が殺到し中止になったとか。ネット（産経新聞二〇一〇・八・三　石川論説委員）で確認すると麻田貞雄同志社大名誉教授（日米関係史）のコメント「今回の寄贈は完全に中国側のペースに乗せられたもの。歴史的な検証がなされていない人物の銅像を国内に建てることなどはあってはならない」があった。

中国側から持ち込まれた話で、基本的な確認もないままに募金も開始し副知事らが北京まで出掛け、公式行事に組み込まれたとか。少々おかしい。

日中双方の国民性の一端が垣間見える。主張する中国人、外圧に弱い日本人。知人友人らも巻き込まれたようだ。日中友好というのは簡単だけど、日中理解は難しい一例でもあろう。

希薄と強烈　両国民の国益意識の差には大差がある。愛国教育ゼロの日本と濃密な中国の差でもある。

在中華人民共和国日本国大使館特命全権大使　手許に数代の日本の駐中国大使の名刺がある。佐藤嘉恭・阿南惟茂・宮本雄二・丹羽宇一郎の各氏。「在中華人民共和国日本国大使館特命全権大使」とある。中国の大使の名刺もある。武大偉・王毅・崔天凱・程永華の各氏。その肩書きは「中華人民共和国駐日本国特命全権大使」。相手国を前に書く日本。自国を前に書く中国。ここにも両国民の特性の一端が現れているようだ。

【脱線】 北京から羽田への機中で「環球時報」（二〇一二・一二・一五）を読んだ。丹羽前大使後任の木寺昌人新大使へのインタビュー記事が掲載されていた。「日中関係が氷河期に入った現在、氷を薄くし溶かす努力をしたい。喜んで中国大使になる」と。ベテラン外交官に期待したい。

丹羽前大使は前述したように縁ある方。民主党政権の脱官僚路線で就任、尖閣問題で苦労された。誠にご苦労さまでした。新旧大使の歓送迎会が今週開催される。労をねぎらうとともに、張新疆書記の伝言（前述）を伝えよう。

法治と人治　言われて久しい中国を捉えた言葉「人治」。中国にももちろん法律はある。上に方針あれば下に対策ありと言われるように「コネ社会」。そんな場面を度々見てきた。日本でもコネは重要。中国のコネは比較にならないほど超重要。

老朋友　「コネ社会」の中国では友人が重要。彼らは日常的に「老朋友」という。親友と訳されるが、日本での「親友」とはかなり違う。「老朋友」と呼ばれて「親友」扱いされたと思わないほうが。

先生　もそうだ。中国で先生と呼ばれて喜ぶ日本人も多いが、中国語の先生は「さん」や「氏」に相当。日本語の先生は「老師」だ。

宴会上手　一人ひとりが外交官ともいえる中国では、誰もが宴会が上手い。美辞麗句を駆使した挨拶に始まり、乾杯へと続き、土産が。そんな宴会でコロッと中国好きになる日本人も多い。

ケンカ　何度か出くわした。それはそれは凄い。ああ言えばこう言う……延々と続く。絶対に謝らない。たとえ自分に非があっても相手の弱点を見つけまくしたてる。見事としか言いようがない。日本人はすぐに謝る。というより謝りつづけている歴史問題。

四川大地震　写真12をご記憶だろうか。四川大地震へ駆けつけた日本の救援隊が、ご遺体に黙祷を捧げている情景を「国際先駆導報」の李濤記者が撮影したもの。

写真説明は「日本救援隊六十時間大捜索、このような惨状は見たことがない、黙祷。五月十七日朝七時三十分。日本救援隊全員が探し出したばかりの遭難者の遺体を前に粛立」、とある。日本の新聞にも転載されたので憶えておられる方も多いだろう。筆者は新疆ウイグル自治区政府のネット「天山网」でみた。本文は次のよう。少し長いが引用する。

一%の希望があれば百%の努力をしなければならない　これは中国人を震撼させた一幕である。五月十七日朝七時三十分頃、四川省青川県喬庄鎮の倒壊した六階建ビルの廃墟横で、三一名の日本救援隊員は二列に並び二名の中国遭難者に黙祷した。十四時間努力したが、彼らはついに二名の若い命を救いだすことが出来なかった。二人は二十七歳の女性宋雪梅と生まれて七十五日の女児である。

当然ながら宋雪梅の母親五十五歳の張香玲は再三にわたり「日本隊員の労苦に大変ありがとう」と述べた。彼らのおかげで娘の最後の顔を見ることができたからだ。しかし日本救援隊は失望を隠しきれない。「遺憾だ。生存者を見つけたかった。一人でも」と、海上保安庁の大川雅史の顔は厳しかった。彼らは四川大地震で現地へはいった最初の外国救援隊であり、新中国が迎えた初の国際救援隊である。記者は救援隊と忘れられない

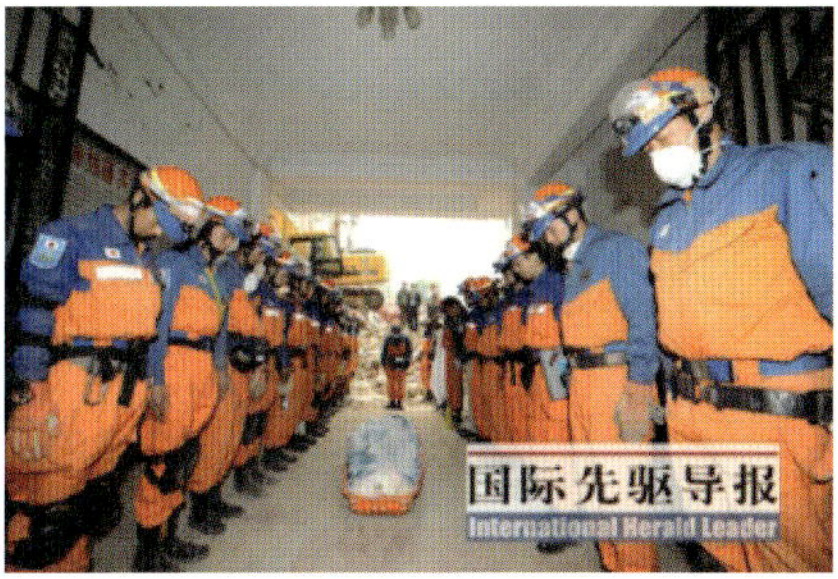

12

12　ご冥福を祈って。「天山网」より

六十時間を過ごした。

記事はつづくがこのあたりで。

東日本大震災　が中国でどのように捉えられているかとネットサーフィンしていたら、四川大地震と比較した投稿に出くわした。友人の何祖傑さんに訳していただいた。

「君は彼らが何故報いないのかを知っているか。今日は四川汶川大地震（四川大地震）の三周年だ、汶川地震の死傷者は日本地震（東日本大震災）よりはるかに多い。善因善果、悪因悪果という。報いがないのでなく報いの時がまだ来ないということだ。日本民族は不義なことを沢山やっているのに、自己の犯した罪を認めないし、過去の汚れた歴史を否定している。また大自然の生物に危害を加え、隣国を虎視眈々と狙っている。つまり、日本人が考えを改めない限り、いくら災難で死者が出ても誰も同情なんてしない」

このような人は決して多くないだろう。しかし、一部とはいえ彼らの心に深く刻み込まれている現実を忘れてはならない。この二つの情報から中国人の複雑な心情を理解する必要があろう。

悪人はいない？　中国初渡航で広州賓館に着き、部屋の鍵がないので尋ねると「我が中華人民共和国では鍵は必要ありません。資本主義の国のように悪い人はいません」と説教されたと書いたが、昨今は大違いで度々報道されているとおり。あれから四十年、この面でも大発展？

中国での日本関係小話　友人たちからおりにふれて聞いたいくつかを紹介しよう。彼らの日本人観・世界観・自国人観の一端がうかがえる。

百台用駐車場　マニュアル好きのアメリカ人は百台停める。細かい仕事が得意の日本人は二百台停める。自己中心の中国人は二台しか停められない、入口と出口に一台が停まるから。

沈みつつある客船から乗客を海に飛び込ませるには　フランス人には海中に美女がいると勧める。日本人には皆飛び込んだと勧める。中国人には旨い魚がいると勧める。

すべての弾丸が使われた　アメリカ兵＝迫撃砲を用意する。フランス兵＝中立を表明する。日本兵＝自決する。韓国兵＝敵に向かって弾がなくなったのはお前らのせいだと叫ぶ。ロシア兵＝敵に寝返る。中国兵＝仲間の兵を殺し弾を奪う。

新製品　ドイツ人＝発明。アメリカ人＝製品化。イギリス人＝投資。フランス人＝ブランド化。イタリア人＝デザイン化。日本人＝高性能化・小型化。韓国人＝発祥は韓国と主張。中国人＝大量生産。

世界一幸せな男　アメリカの家に住み、イギリスの給料をもらい、中国料理を食べ、日本女性を妻にする。

世界一不幸な男　日本の家に住み、中国の給料をもらい、イギリス料理を食べ、アメリカ人女性を妻とする。

レストランのスープに蝿　イギリス人はビールに換えてと頼む。フランス人は恋人に蝿が泳いでいるよと言う。日本人はこんな商売をしているのかと叱る。アメリカ人は弁護士に告訴の準備をさせる。ドイツ人は顕微鏡でバイキンを調べる。中国人は蝿を取り出し半分飲んでから弁償させる。

航空母艦　中国が空母「遼寧」をもったと話題になった。ソ連時代に建造開始され、ソ連崩壊後はウクライナ海軍に編入となり、未完成のまま中国が購入。試験航海をへて、胡錦濤主席も参加して就役式が行われた。解放軍の戦力拡充は着々とすすんでいる。

　在日中国人とこの話題になったら、日本も持っていると。持っていないはずというと、ヘリ搭載護衛艦「22DDH」の建造が始まっている、「現代型小空母だ」と。すでにこれより小型の「ひゅうが」なども保有していると。仮番号まで教えてくれた。詳しい人もいるものだ。ウェブで確認した。海自も着々と進んでいるようだ。

　ちなみに日本の軍事費はGDPの一％弱、中国は一・三％（国防部二〇一二年三月発表・ほかに隠れた軍事費が存在するともいわれている、中国側は否定）。

13

14

15

13　二〇〇七年十一月、初来日した解放軍ミサイル駆逐艦「深圳」艦上で。撮影：解放軍兵士

14　海自護衛艦「いかづち」が出迎えた（後方）。〇八年六月には海自護衛艦「さざなみ」が広東湛江へ寄港。自衛隊部隊の訪中は初めて。四川大地震被災者への慰問品が贈られた。その後も相互寄港は断続的に行われている。

15　運転手さんの帽子を借りて、甲A車中で。撮影：解放軍某氏秘書この「ひゅうが」（戦艦大和より一五m短い）は被災地への物資輸送と入浴支援のため、3・11の五日後には三陸沖に進出した、と大震災の写真集に載っている。

人民解放軍　その解放軍が中国共産党の軍隊で、国そのものの軍でないことはよく知られている。国軍化も論議されているようだが、解放軍機関紙「解放軍報」は「わが軍は共産党の軍、国軍化は不可」と度々論説を発表。国防費は党費でなく政府予算で賄われていることも知られている。

自衛隊が憲法上、「曖昧な地位」にあるのと、なにかしら似ている。

日本が国防力を強化する時　と題するジェームス・ホームズ米海軍大学准教授の小論が『ニューズウィーク』（日本版　二〇一二・一〇・三）に掲載されている。そこには「監視船を常駐させ相手の根負けを期待する中国、日本は軍事費を増やし粘り強く対抗すべきだ」とある。どうなって行くのか。国土は守らねばならない。戦争は避けねばならない。

甲A　中央の高官が乗る車のナンバーは甲Aで始まる。特権を与えられている。友人に勧められるまま、北京での移動に利用していた。便利この上ないが、人々の暮らしぶりが分からなくなるので止めた。

忙しい素晴らしい良くない　中国の報道には三大特徴があると度々聞いた。指導者は国民のために忙しく活動している。中国は素晴らしい国家だ。外国は良くない部分が多い。この三点が強調されていると。確かにそのような報道が多い。そして指導者の演説はすべて「重要講話」と報道される。

では日本の報道はどうだろう。指導者のあら探し、日本の問題探し、外国にはあまり興味がない。こんな特徴だろうか。

自由報道と制限報道　日本の報道はまったくの自由で、いろんな意見が飛び交う。中国は各種制限があり、重要事項は統一的報道。双方に良い点と悪い点が。

時差　中国は東西に約五〇〇〇km、最東端の南は兵庫県高砂市あたり、最西端の南はパキスタンのイスラマバードあたり。その間には時差（経度十五度で一時間差）が四時間ある。それほど広い中国でも時差はない。新疆の西の町・カシュ（旧カシュガル）へ夏に旅行された人は夜の十一時頃（中国時間）でも明るいのに驚く。新疆の一部の人たちは「中国時間」より二時間遅れの「新疆時間」で生活している。そのために、各種案内などに、「北京時間」と付記してある場合も多い。

田紀雲副首相の時代に「新疆時間」が採用されたことがある。北京時間から一時間戻した時間であった。一カ月もすると廃止された。

小康　畏友喜多野高行氏から「病状も小康状態、ご安心を」と便り。胡錦濤主席がかつて「小康（ややゆとりのある）社会」を掲げた。一部階級は超金持ちになったが、一部はいまだ超極貧とか。格差拡大が社会問題に。「小康」は小島康誉の略ではありません（笑）。

二、双方が相互理解へ努力を

尖閣巡り武力行使　とショッキングな記事（読売新聞　二〇一二・七・二二）。中国「環球時報」と台湾「中国時報」の共同世論調査で「軍事行使を含む各種手段による主権保持を支持するか」との設問に「支持が中国で九〇・八％、台湾で四一・二％。不支持は中国五・二％、台湾三一・六％」、「主権を巡る争議がいずれ軍事衝突に発展するとした人は中国五二・一％、台湾四〇・〇％」と。

日中再度交戦、避けたいのは当然だが有りえないことではない。起きないことを祈るばかり。『ニューズウィーク』（日本版　二〇一二・九・一二）をパラパラしていたら「対日宣戦」を掲げた青年の写真。「中国ナルシスト愛国心の暴走」（ロバート・サッター米ジョージ・ワシントン大学教授）には尖閣だけでなく南シナ海問題にもふれ「南シナ海や東シナ海の問題は近い将来の解決は難しい」と。丹羽大使が乗った車から国旗を奪った男たちもいる。反日デモでも日本大使館前で「対日宣戦」がくりかえし叫ばれた。

きな臭くなってきている。今日も尖閣沖では海上保安庁と中国公船が対峙している。中国側は海洋局所属機が領空侵犯するなど一段と強硬になっている。自衛隊も解放軍もすでに作戦想定は完了しているだろう。そして「尖閣は日米安保条約の範囲内」の米軍はすでに空母部隊を展開し、最新鋭のステルス戦闘機Ｆ22も嘉手納基地に飛来済み。戦争が起きないことを念じている。なお尖閣諸島の久場島（個人所有）と大正島（国有地）は一九七二年から「射爆撃場」として米軍に提供されている。武力衝突はさけねばならない。友好を増進させねばならない。そのためにも次項を提案したい。

日中友好から日中理解へ、日中共同へ　もうそろそろ「日中友好」という言葉を多用するのは卒業しませんか。そこには戦争の影がある。まもなく戦後七十年。いつまで戦争を引きずるのだろう。その友好をいかに実現するか。それには相互理解を促進すること。日中友好をベースに、第二段階である日中相互理解へ進化すべき、さらに第三段階である日中共同事業を展開すべき今日。

時代の変化で、日中友好を冠にする協会の会員が減少していると聞く。日中理解促進を名乗る協会に、あるいは日中親善協会へ衣替えする会がそろそろ現れるのでは。すでに存在しているかも。

筆者は、この日中共同事業として文化財保護研究などを微力ながら実践してきた。

日本なら、中国なら　相手国でなにか問題にぶちあたると、「日本なら」という日本人、「中国なら」という中国人がいる。民族や歴史・文化・考え方・制度・体制などが異なる外国では、自国のことが通用しないのはごく普通のこと。これを理解して活動すれば、比較的順調に進むのでは。

箸　日本は横に置く。中国は縦に置く。その違いや善し悪しを詮索するより、相手の文化を重視することが大切では。箸のおき方はその一例にすぎない。

義理と人情　友人たちから「よくも中国で三十年も。中国人は金中心で大変でしょう」

と言われること度々。日本人の精神根幹を築いてきた武士道、それは「義・勇・仁・礼・誠」につきるが、金中心といわれる中国人でも、真の友人になれば、義理と人情が通じる人も少なくない。

愛人　中国では配偶者を意味する。日本で「愛人」を指すと伝わってからは、夫人・先生・丈夫……と言うようになった。では「愛人」はどう言うか。情人と。手紙はトイレットペーパーであり、汽車は自動車、花子は乞食、脚気は水虫、便宜は安価、百姓は人民、老婆は妻、麻雀は雀、猪は豚……。文化の違い。

漢字・髪・瞳・肌　両国は漢字を使っている。しかし、右のように意味の異なることも多い。髪も瞳も肌も同じ色。つい「同じように考えるのでは」と思い勝ち。これが金髪で、白色か茶色肌だったら、「異なる考え方をするのだろう」、とトラブルも減るのでは。

良い点を学びあう　国交回復から四十年、日中関係いまだ不惑に達せず。時にお互いのあら探し。日本人は中国人の良いところに着目し、中国人は日本人の良いところに着目する、といった姿勢が必要だろう。国民一人ひとりが、政府が、メディアが。欠点を指摘するのも良いことだが、それに終始していては建設的ではない。

述べてきたように　列強による中国侵略の歴史、多くの国々が朝貢に訪れた唐帝国を復興させたいという強烈な目標。世界第二経済大国となり第一も視界にはいってきた現在、この強烈な目標が彼らの世界戦略のベースであろう。

一方で国内問題山積の共産党政権。そのうえに日本と中国の戦争の歴史、日中関係は今後もギクシャクが続くであろう。

歴史問題　としてたえず取り上げられるのは日中間の歴史の戦争部分。それ以前の千年以上の友好往来の部分、そして、戦後のODAを中心とした協力部分にもスポットをあてる必要があろう。

ポピーアピール・乙女の像　二週間ほど前にロンドンからカナダへ来ている。ロンドンでは老若男女多くの人が胸に赤い造花、尋ねると「第一次・第二次大戦の戦没者や負傷者・遺族・退役者をサポートするため。敵味方なしに。大戦が終わったときにポピーがたくさん咲いた」と。The Daily Telegraph紙にはエリザベス女王や首相がポピーをつけた写真。ホテルにも募金箱が置かれていた。記念式典も参観した。

トロントでの中国友人「カナダは多くの国からの移民の国。どの国のことも悪く言わないことが、カナダの文化になっている」と。

日本と中国もこのようになって欲しいものだ。長崎平和公園には中国から贈られた乙女の像がある。石像背面には胡耀邦総書記（当時）の「和平」（平和）が刻まれている。落款は趙樸初中国仏教協会会長の言葉「百折千回心不退」（どんなに挫折しても志は変わらない）とネット情報。仏教者らしい深い言葉だ。趙居士は水谷幸正先生の親友でありお会いしたことも。その縁で『夢幻尼雅』のタイトルも書いていただいた。旅立たれた時、自宅へ弔問した。

この像の原型は北京復興門外大街にある。排気ガスなどで汚れていた。乙女が亡くなられたお嬢さんに瓜ふたつという任房代女史の願いで、洗浄を仲介したのはもう八年前。

16

17

18

19

20

21

16　負傷兵に温かい拍手が。
17　退役軍人夫妻。
18　戦線に散った肉親へ想いをつづって。
19　戦争で亡くなった動物たちへも。
20　長崎の乙女の像。
21　北京の乙女の像、任女史の左右が作者。撮影：林永健氏日中関係もこの乙女のように穏やかであって欲しい。

愛国親中・愛国親日　日本が世界中の国々と共存すべきは当然のことであり、同盟国アメリカはもとより、隣国の中国・韓国・ロシアなどとも友好的でなければならないと思う。

中国はじめそれらの国々からしても日本や世界各国と友好的でなければならないのも当然のことだ。

ひとつの国だけでは生存はできない。日中両国の共通テーマも戦略的互恵関係であり、WINWINを目指そうと各種会議で発言されている。

日本大好き、外国憎しではあまりにも短絡的だ。なかには外国大好き、日本嫌いという日本人もおられるがこれまた妙と思う。

逆も同様で、中国大好き、外国憎しではあまりにも独善的だ。

多くの日本人からいわれた。どうして、中国のために私財をつぎ込むのか。どうして、度々中国へいくのか。

多くの中国友人からもいわれた。貴方は意見をはっきり言うから長く付き合っている。中国大好きは良いけど、中国べったりの日本人を本当の友人とは思わない。中国は好きだが、自国を中心にしている人こそを真の友人にしたいと。

「国益意識を」から始まり、「中国での諸活動」へとつづく拙著に「この人は右か左か」と疑問を感じられる方もおられよう。国益・愛国・憂国＝反中国といった図式で捉えられることも多いからである。戦争後の日中国交回復運動、その後の友好運動に挺身され

22　丹羽駐中国大使「松本がお世話になりまして。北京でお会いしましょう」と。第二章に記したご縁を憶えてくださっていた。二〇一〇年七月二十六日　撮影：段躍中氏

た方々の努力は尊いに違いないが、その段階で留まっておられる職業的日中友好家とは、筆者は違う。仕事で中国と交流しているビジネスパースン・政治家などとも違う。また愛国のあまり中国に戦いを挑めといった人たちとも違う。

筆者は日本人として、当然ながら日本を愛している。しかし反中国ではない。日本を愛するがゆえに中国で微々たるものではあるが公共外交を永年実践してきたともいえる。

前述したように、丹羽宇一郎駐中国大使は二〇一〇年七月東京での新旧大使歓送レセプションで「『愛国親中』、『愛国親日』の立場で新しい日中関係構築に身命を賭したい」と挨拶された。筆者もその「愛国親中」の末端につながっているので、あちこちから矢が飛んでくる昨今は心中複雑、肩はこり、胃は痛む。

民主党の脱官僚路線で大使となられた丹羽氏も複雑な日中関係のなか、わずか二年余りで交代。無念であろう。

新旧大使歓送迎会　が二〇一二年十二月二十日、ニューオータニで約七〇〇人が参加して開催された。

丹羽前大使は「尖閣にはじまり尖閣におわった。どの国家も領土・主権で譲歩はしない。戦争をしない覚悟が必要。日中関係はこれ以上には悪くならないので、木寺大使は頑張って欲しい」と挨拶され、木寺昌人新大使は「第一の任務は日中関係の改善、さまざまな問題があっても経済関係は伸ばしていくべきだ。青少年交流などにも全力をつくす。地道に説明し足で稼ぐ外交をしてゆく」と挨拶された。丹羽前大使には張新疆書記の伝言（前述）を伝え、木寺新大使からは名刺を頂戴し、新疆訪問を要請した。

あと数日で外務大臣でなくなる玄葉氏が丹羽前大使をねぎらい木寺新大使を激励したのちの「立場が替わっても努力する」は失笑をよんだ。

中国の程永華駐日本大使は「大使は国益を守り、国益を拡大するのが仕事。双方の国益として譲れない部分は譲れないが、両国は引っ越しできない隣国であり、現実を踏まえて戦略的互恵関係を続けていかねばならない」と日本語で挨拶された。

どなたの話も「現状の日中関係は最悪であり、改善が必要、そのために努力する」で一致していた。出席者全員の気持ちでもあろう。いや日中両国民の殆どの方の気持ちでもあろう。拙著が刊行される二〇一三年春には氷が融けていて欲しいものだ。

そのためにも日本では減りつつあるという愛国親中派に頑張って欲しい、中国では愛国親日派が増えて欲しいものだ。

日中国際交流実践家委員会　このようなギクシャクした後には、両国間でいわゆる有識者による○○委員会が設置されることが多い。それはそれで結構だが、彼らは理論上での識者。心と足での交流経験は少ない。

筆者の活動舞台は新疆だが、ほかの省区で活動しておられる邦人も多い。そのような中国で永年にわたって心と足での交流を実践してきた人たちと協力してきた中国人たちとで委員会を結成し、シンポジウムや写真展などを中国各地で継続的に展開したらどうであろう。日本で活動している涂善祥・段躍中両氏など中国人国際交流家たちと協力してきた日本人たちとの活動も日本各地で展開。日中両国民の相互理解を大きく促進するものと考えられる。政府で取り上げていただけませんか、この提案。官房長官の時に官邸でお会いした安倍晋三首相に陳情しようか。

政府間の厳しい「官冷」の時こそ、民間で温める「民暖」を！

日本への現代中国戦略　を理解するうえの好著を紹介し本章を終える。『日中戦争期における中国共産党の対日プロパガンダ戦術・戦略─日本兵捕虜対応に見る二分法の意味』（早稲田大学出版部）。趙新利中国傳媒大学講師の早稲田大学での政治学博士論文である。

Ａ４判二六一頁にわたって論考されている。「日軍の友」などの史料も駆使し、「**現在の中国共産党及びその政権を見るには、その『二分法』思考法は重要な側面となる。本研究で解明した『二分法』の形成と日中戦争期の主な『二分法』活動は、現今の中国の対外政策を理解するには非常に有意義である。中国の対日政策設定を見るには、その『二分法』の性格は重要な側面となり、本研究は現実的な意義を持っている**」と強調している。現代中国の対日プロパガンダの原型を読み取ることが出来よう。北京で会食した際いただいた。中国の対日政策に興味のある方はご一読を。

今回も「一部の政治家が国有化」と報道官、四十周年記念式典は中止するが友好団体のトップは招待する、など「二分法」戦略が踏襲されている。

「あれ、この趙博士、前にでてきた」と感づかれた方は超優秀。第一章に登場した。

第七章　忘れないで！　東日本大震災

東日本大震災でお亡くなりになられた方々へ哀悼の誠を捧げ、行方不明の方々の一刻も早い発見を願い、被災された方々に心よりお見舞い申し上げます。皆様に安らぎの日々が一日でも早く訪れますことと、被災地の一日も早い復興を祈念いたします。私たち夫婦も老残微力を尽します。

拙著で「東日本大震災」をあえて取り上げたのは、二年近くなり忘れ始められているから。現地を訪れた方なら、復興どころか復旧も殆ど進んでいないと実感しておられることだろう。未訪問の方は是非とも訪れて頂きたい。観光や被災地産品購入も是非、それ自体が被災地の方々を、街を応援するボランティア。被災者皆様の苦しみをより理解いただくために、写真を多く掲載した。

一、みんなで泣こう　みんなで進もう　みんなで笑おう

人生は支えあい。

二〇一一年三月十一日（金）午後二時四十六分、東日本大震災が発生した。

大津波　ニヤ調査の日本側副隊長を永年務めていただいた真田康道先生を京都亀岡（明智光秀はここから本能寺へ出撃）のお寺で見舞っていた。病魔に襲われ佛教大学教授も退任されたほどであった。子息の帰郷に合わせて、一時帰宅されていた。言葉は不自由ではあったが、穏やかなお顔で、奥様や子息も朗らかで、ホッとした。

同行した浅岡俊夫隊員（六甲山麓遺跡調査会代表）が途中のＪＲ二条駅で下車された直後、若者が携帯で「大津波？　大本営発表だろう！」と話している。何かあったと直感、新幹線へ急いだ。ごった返していた。

休憩室へ飛び込んだ。立錐の余地もない。テレビの映像に驚いた。大津波が内陸深く

まで襲い、家や工場がなぎ倒され車や漁船が流されていた。電話には長蛇の列。携帯はかかりにくいようだ。新幹線は止まったまま。ようやく順番がきて妻に電話するもつながらない。何度も並びなおし、かけてもつながらない。テレビは惨状を流しつづけている。もう今日は東京へ帰れないと判断、定宿へ入った。「最後の一部屋です」と言われた。これが五時すぎのこと。テレビを見ながら涙。妻に電話度々、つながらない。十時すぎにようやく通じた。「震度五強だけど、三十六階は大揺れ、棚など倒れてガタガタ、怖い、今も余震！」と震えた声。新幹線復旧しだい帰るからと励ますしかなかった。

国難　テレビが映し出す被災地の惨状・甚大な被害、そして東京一円の交通網ストップによる帰宅困難者たちの様子などを、ただ観るばかり。ただ念仏するだけ。終戦につ

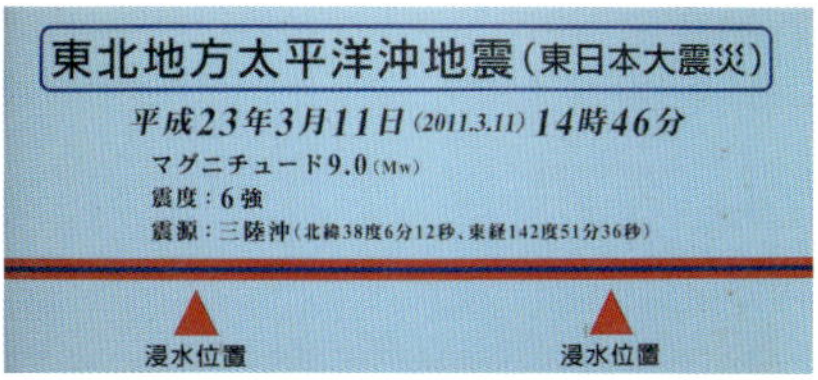

1

2

1　表示の震度6強は、この看板のある石巻市の震度。最大震度は宮城県栗原市の7。6強は宮城・福島・茨城・栃木各県の四十ちかい市町村で観測された。
2　その時、銀座の時計も止まった。

ぐ国難！　老残微力を出そうと決意した。
仙台・郡山など東北にも四十店ぐらい店があるはず。営業時間内の大震災、人的被害は？とも思った。社長を退任してもう二十年近いのに。三時頃に寝た。後日聞いたら、家族が犠牲になった社員がいた。全店が営業休止となり、順次再開し、最後の多賀城店が再開したのは九月。相馬店は原発の影響もあり閉店したと。

伊勢湾台風　高校生の頃の伊勢湾台風（一九五九年　死者・行方不明＝五〇九八人）を思い出した。在学中の向陽高校（戦争中は屋上に高射砲があったとか）は自衛隊の救援基地となり、トラックで隊員とともにご遺体収容や食糧運びを手伝った。泥水に浸りながらパンを求める人たちの向こうに浮いているご遺体を目にした時は身体が震えた。

阪神淡路大震災　社長時代には阪神淡路大震災（一九九五年　死者・行方不明＝六四三七人）があった。東海地方は直接的被害はなかったが、関西の数店は被害が出た。学んでいた佛大の関係者は多数被害にあわれた。小野田先生らを見舞いに行った際の惨状も思いだした。

駆けあがる　翌朝、ホテルの窓から新幹線を確認。飛び乗った。二〇〇〇戸もはいるコンドミニアムへ帰ると、壁面の一部が剥がれ落ちるなどの被害が。エレベーターは一部しか復旧しておらず、階段を三十六階まで駆けあがった。何分かかったでしょう。年齢も考慮してお答えを（笑）。正解は本章の最後に。妻が抱きついてきた。それほど怖かったのだろう。仏具や書類が散乱していた。金曜日は三重にいるはずの妻は病院へ行くため、一日前に上京し診察をうけた後、寝ていたところへ大揺れ、横揺れは数メートル

3

4

5

6

7

3　落下した仏具類。

4　壁面に固定していた書棚は倒れなかったが、移動式書類棚などはこのありさま。前述した「世界的文化遺産保護研究…」の最終校正で出していた資料などが散乱。

5　コンドミニアムの壁面が修理されたのは二カ月後。工事が殺到し業者の手配が出来なかったと。

6　寓居下の運河水門の補強工事が行われたのも五月下旬。

7　同時期に運河周辺の防災状況視察ツアーも。

に感じたと。

【脱線】妻は月~金は三重で母の介護。筆者は月火水は東京で一人、木金は京都で一人。土日は東京で二人。これが私たち遠距離結婚基本パターン。毎日夜十時に妻へ電話し、愛を確かめ合っていま~す（笑）。

南無阿弥陀仏　仏様まわりをざっと片付け、小僧ながらに亡くなられた方々へお経を捧げた。行方不明者の無事を祈った。書斎が元に戻ったのは一カ月ぐらい経ってから。

棚ガラガラ　体調不良の妻に代わって、一階のスーパーへ昼食を買いに行った。食料品の棚は空っぽ。「お一人さま一点限り」表示が寂しげだった。コンビニも回った。同様、殆ど無かった。買いだめが始まっていた。二週間ほどは偏った食事だった。

銀座も真っ暗　夜、品川駅のスーパーへ出掛けた。ここも水・食料品・トイレットペーパーなどは在庫ゼロ。駅の通路はわずかな照明で、見通せないほど。数日後の銀座、華やかに輝いていた中央通りも真っ暗、人もまばらだった。入居している集合住宅も節電、通路などは半年ぐらい暗かった。

帰宅困難者　当日、鉄道網は殆ど運休。入居しているコンドミニアムの管理関係の人たちも帰宅できず、前の東京海洋大学の体育館で寝たと。このような帰宅困難者は関東一円で五一五万人（内閣府インターネット調査による推計）にのぼったとか。帰宅出来た人も通常の三~七倍の時間がかかったようだ。電力不足もあり各鉄道の間引き運転はかなり

8

8　帰宅困難者の模様。フジテレビより。二〇一一年五月二十二日の期間続いた。

ヘルメット　いくつかのテレビのアナウンサーはヘルメット姿。ところがその横や後ろを動き回るスタッフはヘルメット無し。笑えてきた。苦しい時だからせめて「笑いを提供しよう」と考えたのだろうか（笑）。良い顔したがりの人たちだ。丁度、時期になると政治家が「緑の羽根」や「赤い羽根」を付けるようなもの。

パチンコ屋も臨時休業　電気の無駄遣いだと批判が出て、順番に休業した。飲食店などでも客足減少で休業した店も多かった。どの店も悲鳴をあげていた。中には「Z旗」を店頭に掲げた店も。この国難、そして売上減に立ち向かう決意として。

節電徹底　暖房を消した。トイレを節電モードに切り替えた。風呂はしばらく入らなかった。ガスや水道の節約も節電につながる。再開した時も水量を減らし、温度もさげた。洗濯の回数も減らした。冷蔵庫の温度も上げた。初夏からは二重カーテン。クーラーは止め扇風機を購入した。電気・ガス・水道料の十月までの前年同期比は二八％減。友人から贈られたLEDに切り替えた。人間はいいかげんなもので、半年もたつと節電生活も緩んできた。一年経過するころからは前年を上下している。

原発事故　大震災翌日午後三時三十六分、東電福島第一原発1号機で爆発。福島中央テレビが原発から一七㎞に設置していた旧式カメラだけがこの歴史的瞬間を撮影した。四分後に放送。東京キー局の日本テレビがこの映像を全国放送したのは、発生から一時間以上たった後だったという。「何事か」と検討するためだったとか。各新聞はこの映像を十三日朝刊で報じた。十四日には3号機でも爆発、十五日には4号機でも爆発。

9　アナウンサーはヘルメット姿、スタッフはなし。フジテレビより。二〇一一年三月十二日

放射性物質放出により緊急避難が開始された。周辺住民を恐怖のどん底に突き落とし、各地でもミネラルウォーターが品切れになるなどの不安現象が発生。外国大使館の中には自国民へ関東圏からの脱出を呼びかけ、大使館機能を大阪へ移転した国もあった。政府の対応へ各国から不信の声も。

原発問題は難しい。現代社会はエネルギーを「飽食」している。生活を昔に戻すのは容易ではない。水力・火力だけでは難しく、風力・太陽光・波力・地熱・自動車発電などといった新エネルギーの開発・普及もこれからだ。関電大飯原発の再稼働で節電目標が引き下げられた。原発は産業でもある。立地自治体にとっては死活問題でもある。雇用もある。脱原発・減原発・維持原発・増原発、どうするか。安全追求を前提とした戦略的判断をしなければならない。脱原発にしても何時までにどの程度を廃止するか。脱で不足する分をどう賄うか。脱だと電力料金が値上がりするという。さらには放射性廃棄物の最終処分問題もある。もう一度事故が起きたら……。テロの可能性もある。国会周辺では大規模なデモが毎週おこなわれている。原発への各国の判断も分かれている。

発電と送電の完全分離と自由化は絶対必要だ。組織の巨大化はマヒを生じる。かつての国鉄のように。

計画停電　十三日夜遅く、東電は翌日から地域ごとに順番に停電すると突然発表。その発表も間違いだらけ。日本の人口約四割が住む関東はパニック状態に。十四日、ＪＲ東海道線・横須賀線・武蔵野線などは終日運休、山手線や長野新幹線なども大幅に本数を減らして運行。私鉄各線も同様だった。駅は乗り切れない人であふれ、道路は大渋滞。

10

11

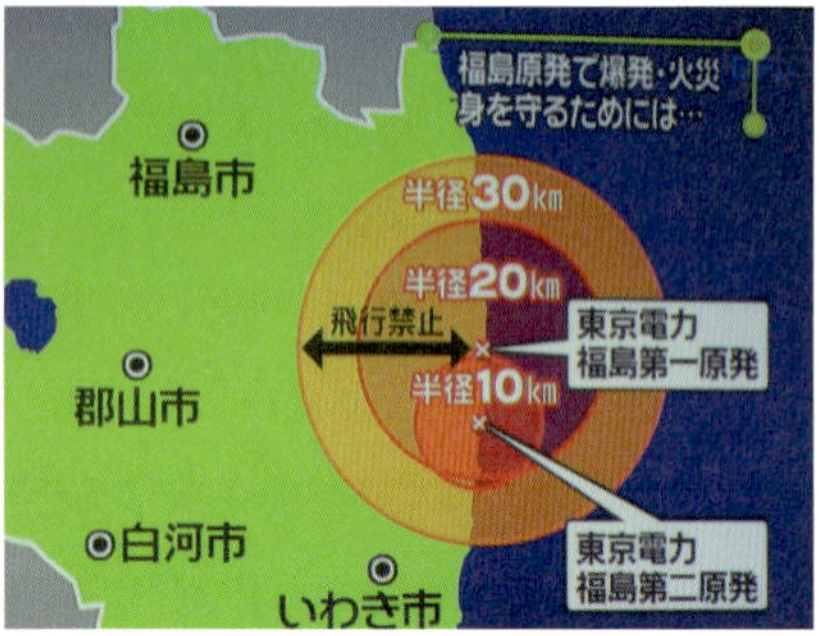

12

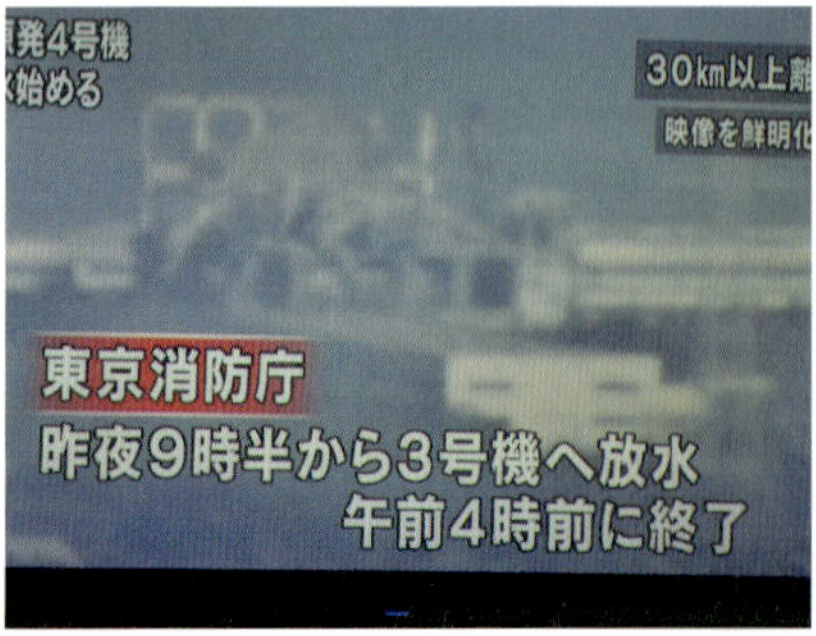

13

14

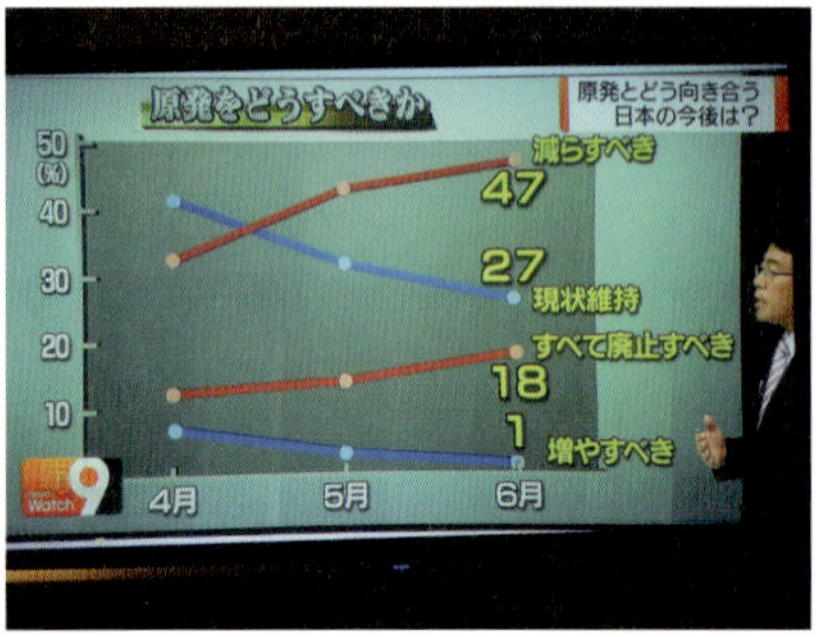

15

10 NHKテレビより。二〇一一年五月二十三日
11 原発二〇km以内避難指示速報。フジテレビより。二〇一一年三月十二日
12 避難指示（二〇km内）・飛行禁止（三〇km内）範囲。日本テレビより。二〇一一年三月十六日
13 14 自衛隊と東京消防庁による放水。NHKテレビより。二〇一一年三月二十一日
15 原発世論調査。NHKテレビより。二〇一一年六月十四日

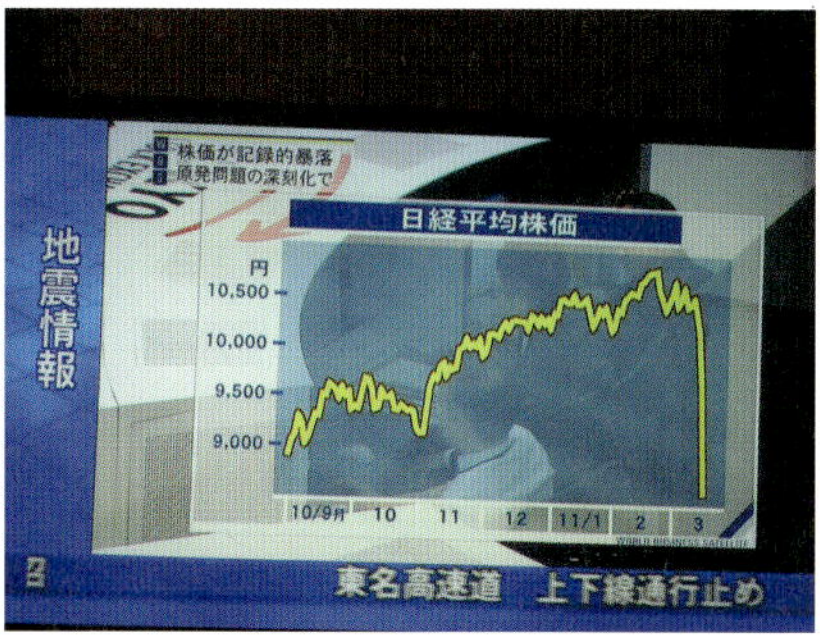

16

17

18

19

20

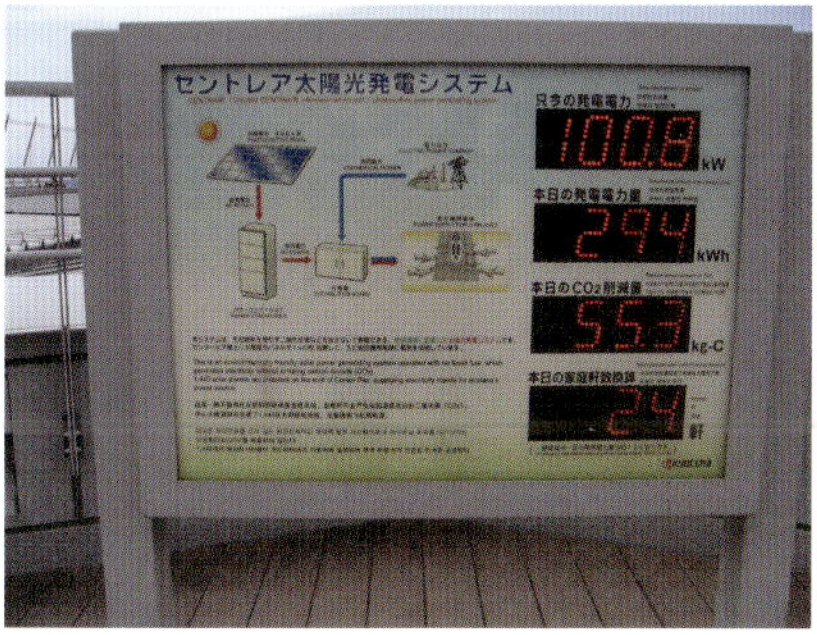

21

16　原発問題深刻化で平均株価暴落。テレビ東京より。二〇一一年三月十六日

17　原発で作業をおえ休憩室にもどる人たち。テレビ東京より。二〇一一年六月十四日

18　世界最大級の柏崎刈羽原発遠望。手前は花火大会の観客。二〇一一年七月二十六日　東電の経営再建計画には一三年四月からの再稼働が織り込まれている。

19　国会正門前での毎週金曜日デモ。親子連れや会社帰りの人たちも参加する「ファッション化」、「レジャー化」したデモ。ふらっと参加する人や見物人も多い。二〇一二年九月七日

20　中部電力「浜岡原発全面停止へ」と伝える各紙。二〇一一年五月七日　中部国際空港にて。

21　太陽光発電は緒についたばかり。中部国際空港デッキにて。二〇一一年五月七日

一部の交差点の信号は止まり、学校も休校、勤務先に寝泊まりする人も多かった。ところが実施されなかった時間帯もあるなど大混乱。十五日には約五〇〇万世帯で実施された。家庭・企業・行政などは徹底節電し、東電も旧設備などを稼働させた。計画停電は二十八日まで続いた。東電は四月八日、計画停電を今後は原則実施しないと発表した。「花まつり」の日の発表、ただの偶然でしょうね（笑）。

東西融通　電力を東日本と西日本間で融通するには、周波数を変換しなければならないことは承知していたが、可能なのは日本全体発電量の一%一〇〇キロワットと知って驚いた。国家としての危機管理欠如も甚だしい。

余震続発　何十回とあった。高層階の揺れは大きい。「またありましたね」と一階のコンシェルジェに言うと、「そうですか、感じませんでしたが」との返事度々。東日本大震災はマグニチュード九、最大震度七。阪神淡路大震災の約千倍のエネルギーとか。それだけに余震も頻発したのか。

エスカレーター　などは止まったまま。故障でなく節電で。殆どすべての駅などで。これ証拠写真。四月二十一日の羽田空港国際線。五月十五日午後の東京駅、人もまばら。

義援金　三日目の月曜日朝九時、郵便局から振り込んだ。どこにしようか、一応考えて購読している読売新聞の「光と愛の事業団」に。当初は一回だけのつもりだったが、あまりの惨状で続けることに。付き合いで飲む機会が多いので、ワインを飲むたびに「義援金袋」へ一枚いれ、十枚たまるごとに、振り込むことにした。首が回らない状態は依然として続いているので、前向きに貯める一策であった。

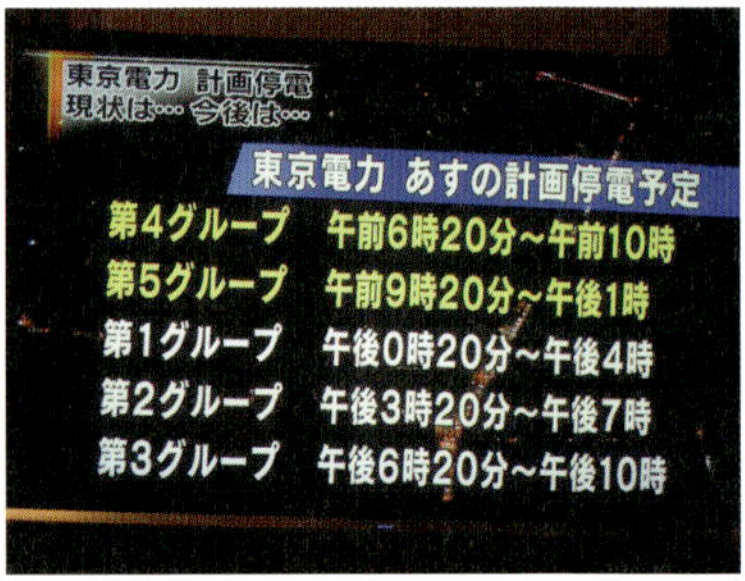

22

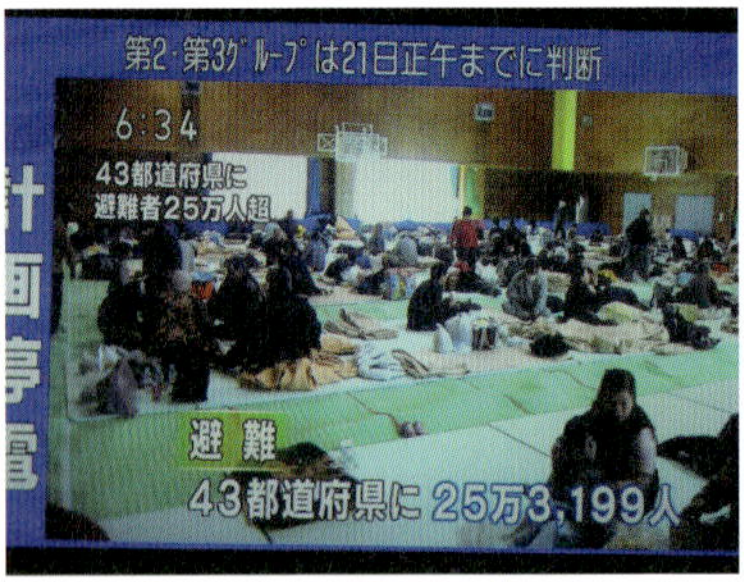

23

六回ほどつづけた頃、集まった義援金の被災者への配布が遅れていると、毎日のように報道された。いや気がさして止めた。

客員教授退任感謝宴　佛教大学の客員は内規により最長五年。三月末で満了、感謝を表すべく、水谷理事長（当時）・山極学長・中井元学長（現理事長）・福原前学長ら十数名を招き三月十七日に小宴を予定していた。この状況では歌舞音曲いりの宴会は開く気になれず、延期と月曜日に連絡。惨状激甚ぶりは時とともに明らかに。結局五月に中止を決め、その料亭の土産つきペアー食事券をお届けした。料亭への義理はこれで一応果たせたが、芸妓さんたちへはまだ。その内に。

見舞い続々　中国はじめ各国の友人たちから「被災者をお見舞いする。東京は大丈夫

24

25

26

22　計画停電予定。NHKテレビより。二〇一一年三月十六日

23　直前にならないと決まらない計画停電の予定。NHKテレビより。二〇一一年三月二十一日

24　動く歩道もストップ、羽田空港。

25　閑散とした東京駅で電力使用状況パネルだけが…。

26　東京駅のエスカレーターも止まったまま。

か」などとの電話やＦＡＸを多数いただいた。「ありがとう。大変な状況だが日本は総合力で優れている、みんなで助け合う、自分も微力を尽くす」と答えた。二〇一二年冬、大英図書館での発表を機に地球一周した際も各地で「お見舞いする、現状は？」と。ありがたいことだ。世界中の人たちに心配していただいたことをお伝えするため、彼らの出身国を記す。英・仏・独・米・カナダ・中・露・韓・ペルー・ソマリア・ブルガリア・カンボジア・ボリビア・オーストラリア・アルメニア・イラク・バハマ・チャド・スウェーデンなど（巡った国は数カ国なのに、こんなに多くの国々の人たちと交流でき、世界は「狭く」なったと改めて実感した）。

円急騰　十六日のシドニー市場で七六円二五銭まで急騰。なんと十六年ぶりの最高値という。財政危機に大震災が重なり円安なら分かるが円高とは。この世界は魔物が棲んでいる。Ｇ７が協調介入した。

日本は広い　大震災発生翌週の木曜日も佛大へ出勤した。こんな非常時に出かける用件もないが、被災地へ肉体ボランティアに出掛けようにも一週間後には「古稀」となる老人、迷惑かけるのがオチ。せめて研究を続けようとの思いから。

いつもガラガラの朝六時品川始発「のぞみ」自由席は子供連れの母親などで満席。東電原発事故での放射性物質の影響をさけるため、西へ避難する人たちだった。車中での読売募金欄に私たち夫婦名と金額。「しまった」と思ったが、情報公開は良いことだ。

京都へ着いて、驚いた。照明は煌々と輝き、自販機も通常どおり点灯している。列車も間引き運転されていない。人々の表情や話題も東京とは全く別。大学でも落胆、不要な電気が明々と。暖房もしっかりと。自分の研究室では照明や暖房を使用しなかった。日本は広い。寂しいことだが、全員が沈み込むよりは良いともいえる。

夜、感謝宴を予約していた「京都吉兆」へ延期の詫びに行き、せめてもと某氏と食事。「キャンセル続出」と女将。こんな時の手土産は「切腹最中」と思ったが、多くの方が旅立たれた時期には相応しくないと、別物に。ホテルで一週間ぶりに風呂へ入った。節電一色の東京では、止めていた。ガスもエネルギー。沙漠生活では一カ月近く入らないので慣れたもの。

一年余りたった二〇一二年夏から、関電管内も電力不足で節電要請、照明も間引きされ、大学や地下街などの冷房範囲も縮小された。やはり人間は遠くのことは「他人事」。大震災関連報道も同様で、東北三県で見るより関東では少なく、妻の住む東海や毎週のように通う関西ではさらに少ない。やはり遠くのことは。

危機管理　戦後六十有余年の平和ボケで「水と安全はタダ」と思いこんでいる我々日本人。テレビに写しだされる右往左往する政府首脳や官僚たちの姿がそれを物語っていた。もっとも最近はミネラルウォーターを購入する人も増えたから、「安全はタダ」と思いこんでいるに変更したほうが良いかも。

想定外　と平然と発言する人たち。想定する能力が私には有りませんでした、と言って欲しいものだ。

京都駅を通るたびに、こんな設計で大丈夫かと思っているのは「JR京都駅中央口」。写真をとくとご覧あれ。非常時に人が殺到するこの場所、デザイン優先でわざわざ狭く

27　至急改善をと叫んでも、事故が起きないと直さない？

してメイン通路が確保されておらず、折り重なって圧死する人が続出することだろう。至急改善されたい。大震災後の撮影でなく、二〇一〇年二月の撮影！

ラジオで呼びかけ　翌日も研究室へ出勤。北京の清華大学でのニヤ遺跡写真展（前述）の準備などをして、名古屋泊。大震災前から決まっていたCBCラジオ出演のため。春日井以久子女史の依頼。余震が続いていたので、新幹線ストップにそなえての前泊。この慎重さは、登山・経営・沙漠調査・公共外交で身に着いた慎重すぎる「悪い」癖（笑）。

名古屋駅西のホテルから念仏しつつ放送局までテクテク。京都同様に大震災の影響はあまり感じられなかったがコンビニの棚は空きが目立った。

司会者と対談しつつ「節電と義援金をしよう。買いだめはしないで」と訴えた。

その後も講演の度に東北応援を訴えた。例えば、愛知県社会教育委員会の講演（加古栄元校長依頼・故人）では「修学旅行は東北へ」、東京憂士会では「今こそ前進」、女性経営者そふいあ会（深田理恵会長）では「社員旅行は東北へ」、シェーネル・ヴォーネン会（梅村勲メーワ会長依頼）では「奇跡の一本松に学ぼう」、大阪チャレンジ会では「非常事態に挑戦を」、名古屋東法人会女性部会（纐纈睦子会長）では「復旧いまだ」、佛大ニヤ機構研究会では安藤教授のゼミ生たちに「外向きになり被災地へ行こう」と……。被災地を歩き見ることは、良い「学び」になり、訪問は支援になるからだ。

【脱線】「佛教大学ニヤ遺跡学術研究機構」の研究室は愛宕山のふもと広沢池横の佛大宗教文化ミュージアムに。附近には嵐山など観光地多く、春秋は渋滞。昔、公達たちが遊んだ嵯峨野には天皇の陵墓や神社仏閣も多い。小僧受戒の清涼寺もそのひとつ。芭蕉の「名月や池をめぐりて夜もすがら」は広沢池で詠まれた。時代劇の撮影地として登場多数。研究室前には佛大付属幼稚園があり、幼児たちの元気な歓声が絶えることはない。頼むぞ！日本を、世界を。

【また脱線】 妻が「古稀」祝いの席で「今日は私が払うから好きなシャンパン飲んで」と。谷宣英シェフソムリエが「大震災のとき、貯蔵庫でワインの整理をしていた。三万五〇〇〇本のなか、一本だけが落下、受け止めた」と。その強運の「ルイ・ロデレール・クリスタル・二〇〇二」を抜栓いただいた。芳醇な香りが広がった。遭難者の方々へ献杯した。

谷ソムリエはそれから七カ月後、第六回全日本最優秀ソムリエに輝いた。第五回では同じトゥールダルジャンの森覚ソムリエが全日本最優秀ソムリエの栄冠を手にしている。クリスチャン・ボラー日本代表はじめ皆さん、フレンチやワインのことなど何も知らない老夫婦にも優しい。二〇一三年春東京で開催される世界大会には森ソムリエが出場、期待が高まる。

「東日本大震災の奇跡のボトル」と谷さんがサインした空瓶を一年ぶりに引っ張り出した。甘い香りが微かに残っていた。リンゴのような。

二、一人ひとりが出来ることを

中国銀行　へ振り込みに出かけた。岡山・広島を地盤とする中国銀行でなく、中国の中国銀行東京支店。中国への送金のため。大混雑。行員は多数帰国し、中国人客が引出しに殺到していた。人民元振り込みも、しばらく停止していたようだ。

続々帰国　中国人の大量帰国で、中国便はどれも満席、料金も割高。「席を取って。お金貸して」と何人かから電話。「自分は怖くないが、親が帰国せよと連絡してくる」と。「自分で決めた帰国、自分でやるべき」と返事。それでも数人は手助けした。

応援消費　三月下旬、東京駅近く福島県アンテナショップへ出掛けた。その後も度々訪れ、知人友人へ大量に発送した。四月中旬には入店待ちの長蛇の列。皆さんの暖かい心に涙が出た。四月の売り上げは前年同月比約十倍、来客数は約四・六倍になったとか。岩手ワイン臨時販売会などからも度々発送した。また被災地へ出かけるたびにも大量に贈呈した。応援になり、贈呈先に関心をもってもらえる一石二鳥。中元・歳暮や手土産も被災地産品に切り替えた。現在も。

羽田便取り消し　三月末、清華大学とニヤ遺跡写真展最終打合せのため、中国国際航空（CA）で北京へ。帰国する中国人で満席。李希光副院長と打合せ。塩が放射性物質に効くとうわさが流れ買いだめで品薄とも。打合せを済ませ翌日、北京空港CAカウンターで驚きの発言。「この羽田便は取り消しになった」、「何故？」、「今、東京へ行く客はいない」。予約したのはつい暫く前なのに。話にならないので関空便で帰国した。この時の土産は福島の煎餅を持参。安全を強調するために。「謝謝」とは言ったが食べたかどうか？

静岡震度六強　大震災から四日後、静岡一帯でも強い地震。寓居も横揺れ。NHKテレビの陸前高田の子供たち「ガンバロー」画面に速報。予約していた西伊豆「戸田温泉」へ妻や友人たちと出かけたのは四月初め。憂国の士からの「がんばろう日本。応援消費が復興支える、過度の自粛は止めよう。節電、余った電力を生産現場へ」が後押ししてくれた。このビラは今も玄関で、迎えてくれる。

キャンセル続出のなか大歓迎された。「いさば」での高足蟹は絶品だった。大震災被災者のご苦労を語り合った。戸田には海風に耐えた「ド根性松」（小僧命名）が見事な松並木を形成している。彼らは強い。富士山も堂々としている。正にパワースポット、是非お出かけあれ。ここにも津波注意の看板があった。

招待した「松フェチ」たちが「お礼」と貧乏小僧を気遣ってくれた。全額を「戸田ド根性松」名義で読売事業団へ義援金として振り込んだ。

桜咲く　春に桜が咲くのは、例年のことだが、大震災から一カ月後の桜は皆喜んだ。被災地では咲かなかった桜も多数。真知子と春樹「君の名は」の舞台のひとつ銀座周辺四月十日。デパート屋上に半旗、桜さんが「心に希望の花を、みんなで進もう」と言ったとか、募金活動、いたる所に地盤沈下など。

四月十一日、大震災から一カ月。まだ余震が続発していた。

32

28

33

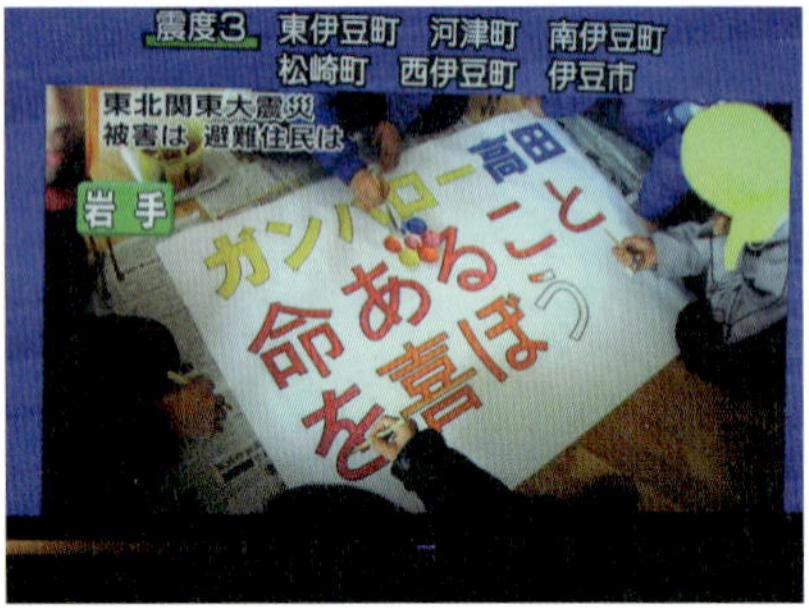

29

34

30

31

28 福島県アンテナショップは長蛇の列。二〇一一年四月十六日
29 静岡での地震を伝えるＮＨＫテレビ。二〇一一年三月十五日
30 憂国の士からいただいた「がんばろう日本」。
31 33 伊豆西海岸・戸田温泉「ド根性松」。風雪にたえ頑張っている。
32 富士のお山は日本晴れ。
34 地震・津波注意看板。漁業と観光の戸田村は合併して現在は沼津市。

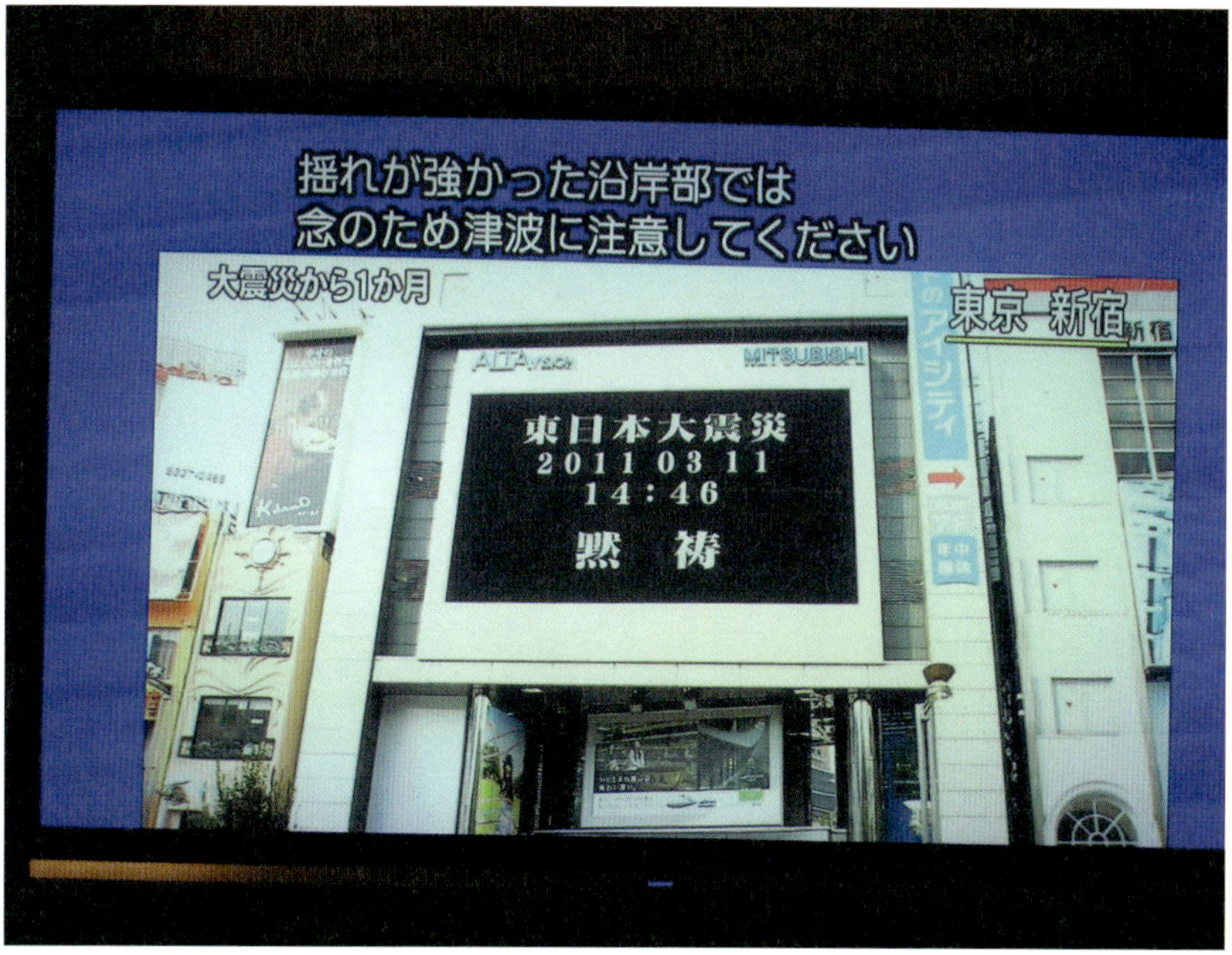
揺れが強かった沿岸部では
念のため津波に注意してください
大震災から1か月
東京　新宿
MITSUBISHI
東日本大震災
2011 03 11
14:46
黙　祷

35

38

36

ONE FOR ALL, ALL FOR ONE
早稲田・慶應・明治
大学ラグビー連合
MURFC

37

慰霊　報道で被害状況を見聞きするたび、現地で回向させていただきたいと思った。しかし、交通網は寸断され、食糧・生活物資やガソリンも不足し郵便や宅急便も止まっている。身体を使った直接的復旧活動は出来ない老体、現地いりは緊急救援の邪魔になると控えていた。車が無いので移動手段も限られている。仙台・いわき・郡山の知人たちと連絡がつき、お見舞いを郵送できたのは四月中旬のこと。

妻が名古屋から仙台への臨時便が飛ぶと教えてくれた。すぐ申し込んでくれたがキャンセル待ちばかり。仙台空港も津波が押し寄せ、ターミナル一階は水没するなど大きな被害を受け、二、三階で約一〇〇〇人が数日間救援を待った。自衛隊と米軍などの協力で、四月十三日に一部運航を再開、東北の拠点空港再開はその後の復旧に大きく役立った。ようやく取れた便も満席、笑顔の客は一人もいなかった。殆どが復旧支援の人たち。私たちは慰問品をいっぱい持ち込んだ。これが五月七日。

着陸直前の亘理・岩沼・名取の海岸側数㎞は全滅状態だった。羽田空港から送られた「がんばろうニッポン！」と空港被災状況の写真が出迎えてくれた。ロビーのＮＨＫテレビは余震を伝えていた。

仙台空港ターミナル東南角の津波浸水高は五・三一ｍと『東日本大震災・津波詳細地図』（原口強・岩松暉両氏　古今書院　全二巻　仙台空港は上巻七六図）に記載されている。本書は今回の津波を正確に記録し、今後の防災に役立てるために、八〇〇〇㎞を現地踏査した労作。世の中には凄い人もいるものだ。自治体関係者などはすでに熟読されておられるだろう。以下、各地点の津波高は本書によった。

39

35　一カ月、黙祷を伝える画面に津波注意のテロップ。ＮＨＫテレビより

36　桜さん咲いてくれてありがとう。

37　心をつなげよう、ボールをつなごう。

38　半旗に悲しみをこめ。

39　東京でも地盤沈下はあちこちで。

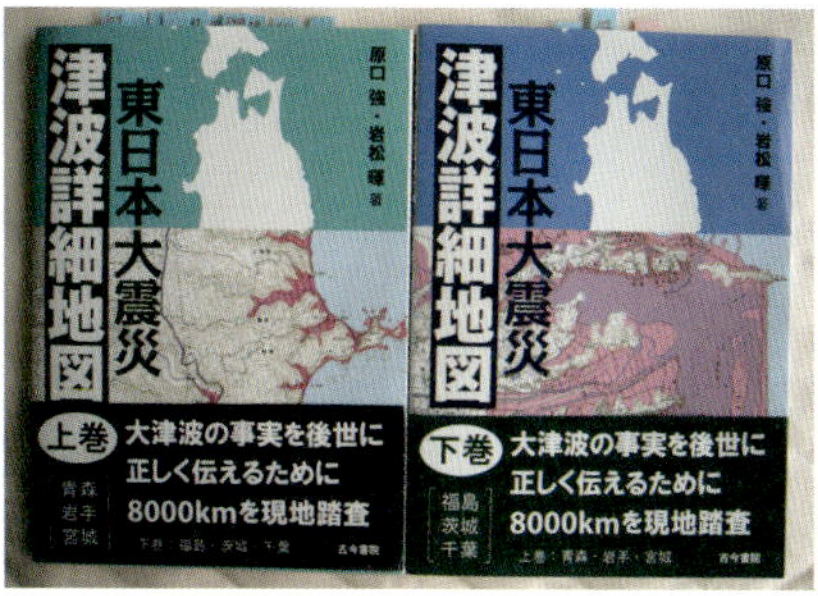

44

40

45

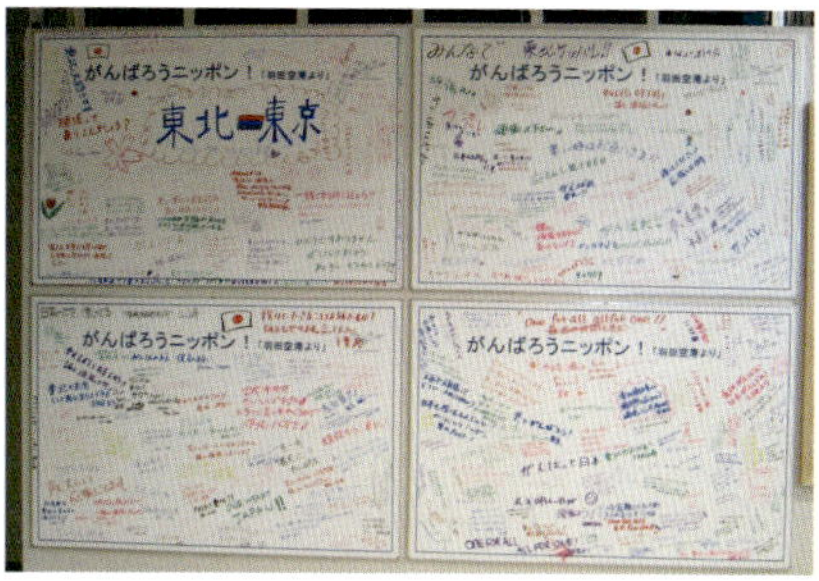

41

46

42

43

40　宮城県亘理町上空。
41　激励の言葉の数々。
42　仙台空港被害状況。
43　余震が続発していた。
44　原口強・岩松暉両氏『東日本大震災・津波詳細地図』（古今書院）
45 46 47 48 49 50 51 52 53 54　名取市・岩沼市の惨状。40～54すべて二〇一一年五月七日　45～52のみ撮影：小島聡子

47

48

49

50

51

52

55

53

56

54

55 56 57 58 59 60 61 62　仙台市の惨状。二〇一一年五月七日

60

61

62

57

58

59

宮城県名取市・岩沼市・仙台市を回った。海側三、四kmは全滅状態だった。仙台東部道路の土手が大津波の浸入を押しとどめたようだ。むかし念仏行脚した国道4号線附近も地震の被害を受けていた。

廃墟となった家々や工場で回向させていただいた。一カ月前まで一家団欒があった家々町々。涙なしではお経は唱えられなかった。堤防は破壊されたままだった。楽しかった写真が……。

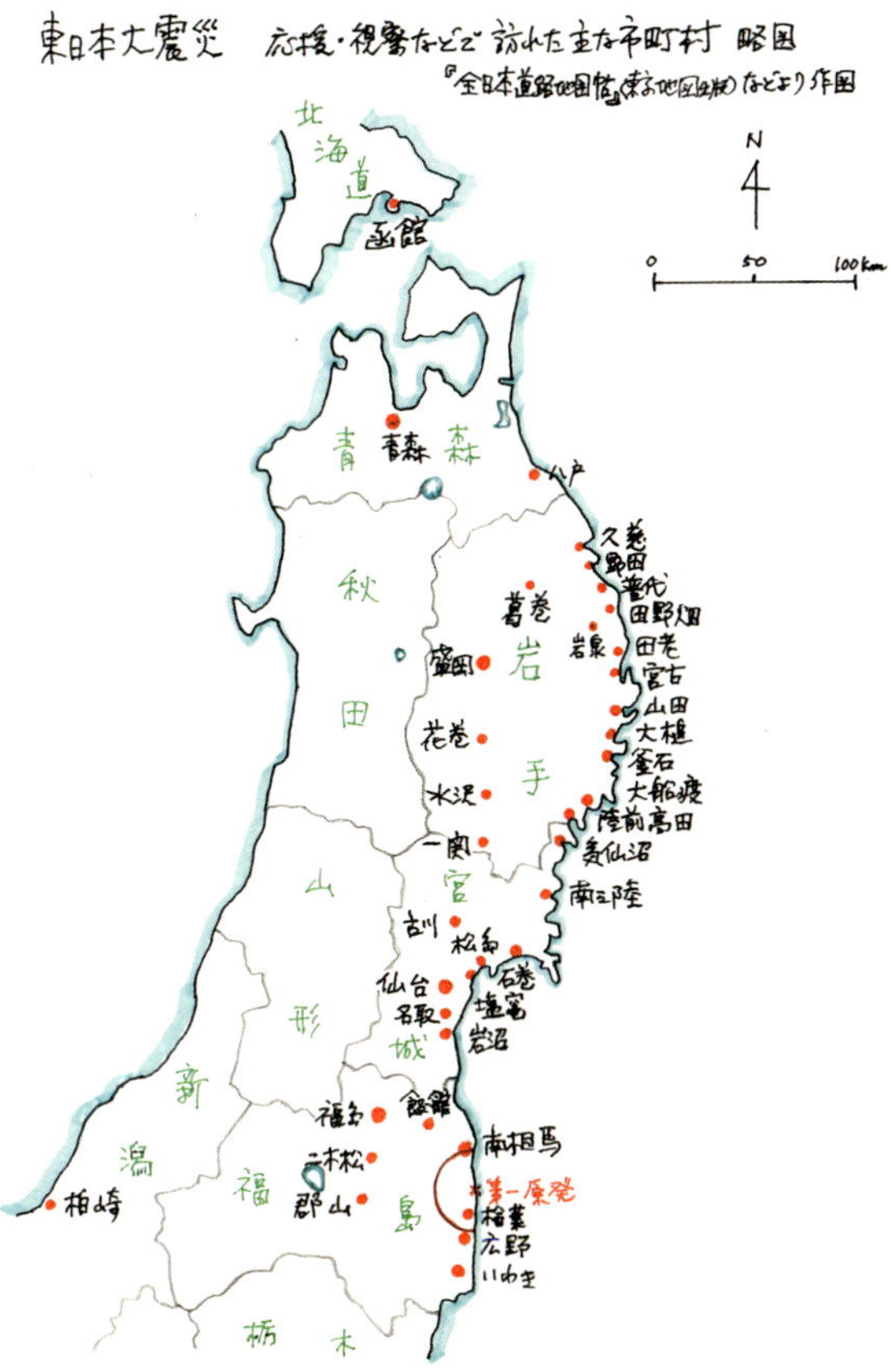

63

63 本章に登場する市町村の位置を理解いただくための略図。

瓦礫でおおわれた川で肉親を探す人たち。写真を撮るのも憚られたが、悲しみを伝えるためとお願いして許していただいた。自衛隊が方々で活動していた。交差点では警察が手信号で誘導していた。工場から流れ出たビール缶が山となり道路を塞いでいた。車は何十何百と無残な姿のままだった。腐った魚や瓦礫の臭いと埃で妻はのどを痛めた。

南無阿弥陀仏　南無阿弥陀仏　南無阿弥陀仏　南無阿弥陀仏　南無阿弥陀仏
南無阿弥陀仏　南無阿弥陀仏　南無阿弥陀仏　南無阿弥陀仏　南無阿弥陀仏

東北新幹線　仙台から福島県郡山経由いわきへ。仙台駅はまだ仮復旧だった。郡山駅のトイレは仮設。乗り換えた磐越東線の一部の駅のホームも仮設だった。乗客は殆ど無く、いわきまで横になって疲れをいやした。

原発事故二〇km立入禁止　地点でも経を捧げた。いわきから広野町をタクシーで北上、自衛隊と警察車両が殆どで人影はなかった。両側の店舗や会社はすべて閉まっていた。なんども止められたが、「慰霊に」と通してもらった。覗き込む警備員は僧侶姿に納得していた。この山の向こうに福島第一原発が。家を追われ職を奪われ生活を破壊された人たちの無念さを想うと……。この交差点を右へ入ると原発事故対応基地となっている「Jビレッジ」（本来はサッカーなどのトレーニング施設）。

警官が敬礼してくれた。原発がれき撤去のため待機していた戦車はしばらく前に撤収したと運転手さん。その夜ホテルのテレビが立入り禁止範囲を映していた。

塩屋の岬　泊まったビジネスホテルも救援隊で満室。エレベーターに余震注意の掲示。このホテルも被害を受け休業、四月中旬に一部の営業を再開した。ホテル近くでも復旧

64　修復工事中の仙台駅外観。
65　東北新幹線再開を伝えるポスター。
66　仙台駅ホーム天井はむき出しのまま。
67　郡山駅仮設トイレ。
68　磐越東線の駅のホーム。
69　腰を伸ばして一息つく。撮影：小島聡子
64～69すべて二〇一一年五月八日
70　国道六号線いわきから北上、自衛隊車両ばかり。
71　立入禁止地点で早期収束を願いお経を唱える。撮影：小島聡子

64

65

66

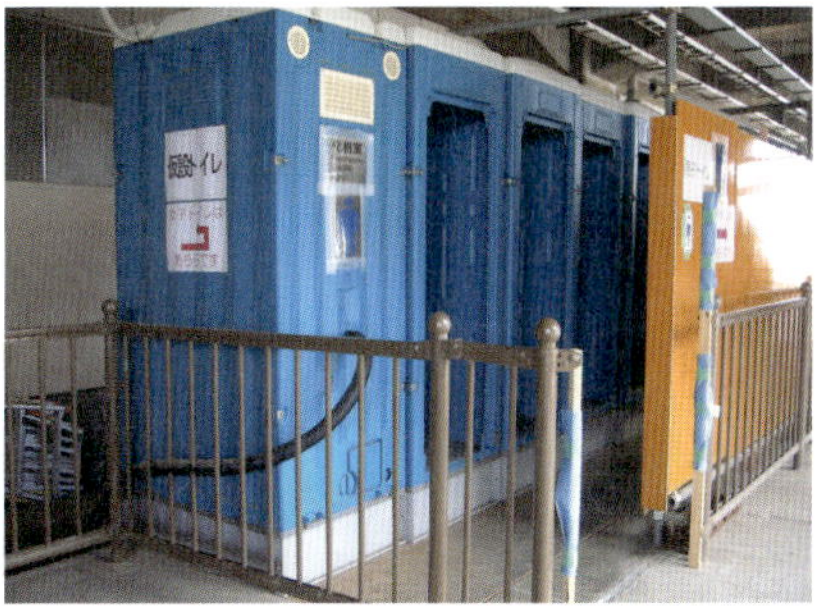

67

68

69

70

71

工事が行われていた。

故美空ひばりの「みだれ髪」に登場する塩屋崎はいわき市平薄磯地区（中心地の津波浸水高八・五〇m　前掲『東日本大震災・津波詳細地図』下巻八九図）の先にある。ここも被害甚大と聞いていたので、慰霊に回った。ここでも止められたが、特別に入れてもらった。津波の破壊力の凄さに呆然としつつお経を唱えつづけた。

次に訪れると、家々を覆っていた瓦礫は片付けられていた。瓦礫が無くなった街。ここに人々の生活があったと思えない不気味さだった。瓦礫は中学校のプール横に山積みされていた。塩屋崎への道路も通れた。灯台への登り口は通行止めのまま。「喜びも悲しみも幾年月」の歌碑が寂しげだった。「みだれ髪」歌碑前には募金箱。

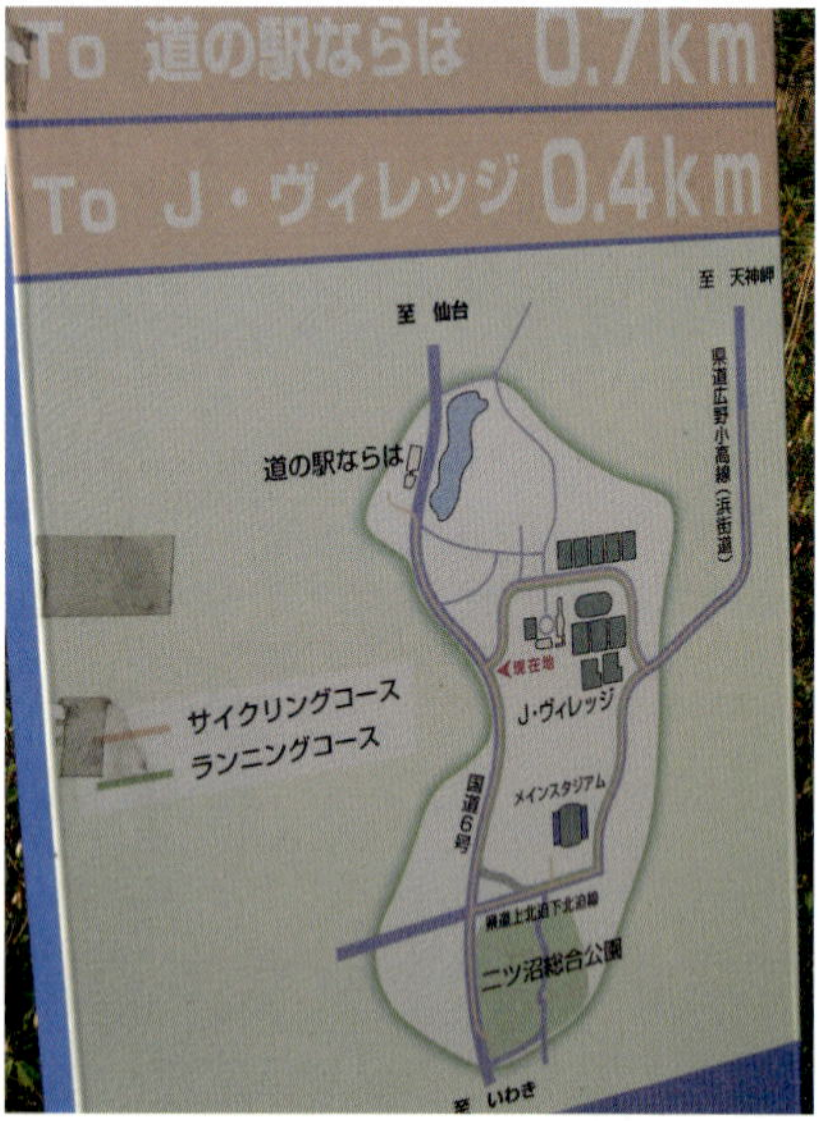

72

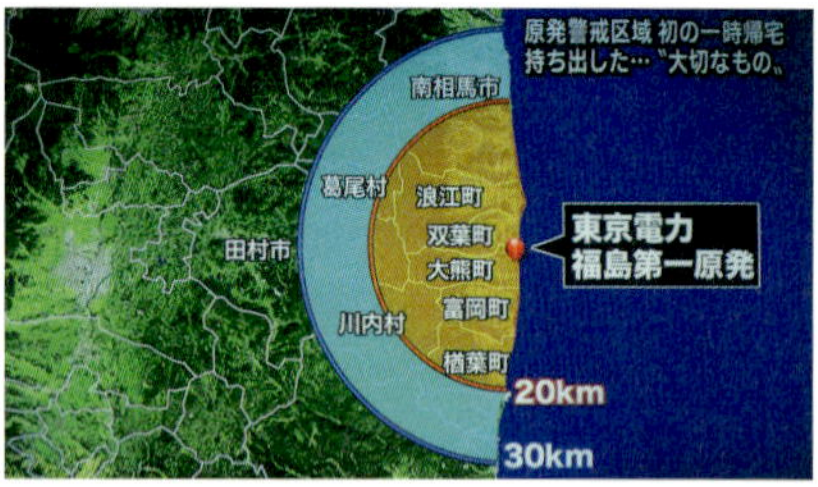

73

72　Jビレッジ略図。
73　立入禁止範囲。テレビ朝日より。
70～73すべて二〇一一年五月八日

また行くと、若者が「ガレ花」プロジェクトと称して、破壊された防波堤や家の土台に絵を描いていた。地区の方が丹精込めた花に心なごんだ。

そして二年目の夏には楽しかった家々に草が生い茂っていた。南無阿弥陀仏

慰問　岩沼市民会館や四倉高校体育館などあちこちの避難所へ菓子類を届けた。報道されている避難所は規模の大きな所が中心。狭いところでは正視できないような状態で、「頑張ってください」と声をかけるのが精一杯だった。氏名などの記入を求められる所もあった。後日、礼状が来た所もあった。

わざわざの礼状に義援金を送ったら、岩沼市からは井口經明市長名で礼状が。「感謝……市域の半分が浸水するなど、東部地区は甚大な被害……お蔭様で一歩一歩前進……

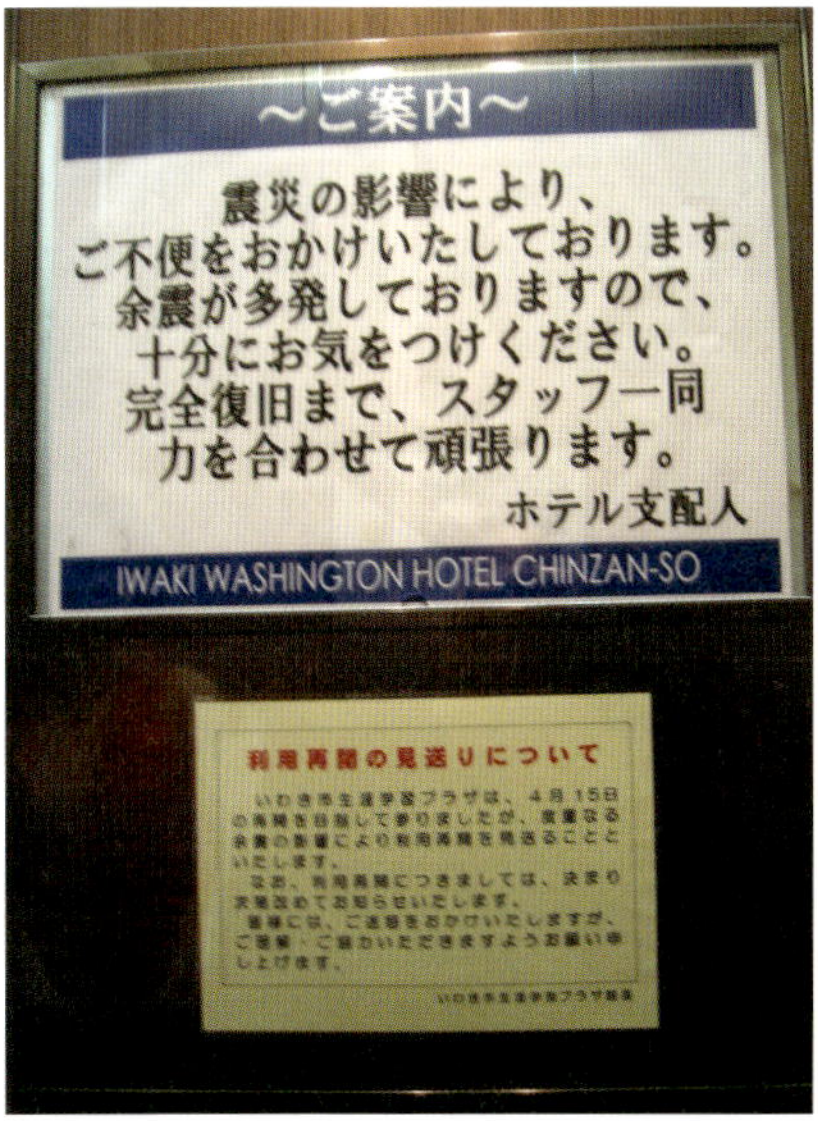

74　ホテルエレベーターにも注意喚起表示が。二〇一一年五月八日

75　いわき駅近くの工事現場。二〇一一年五月九日

80

76

81

77

78

79

76　平薄磯地区へも通行止め。二〇一一年五月九日

77 78 79 80 81 82 83 84 85　平薄磯地区の惨状。堤防は破壊され、車が埋まり、生活用品が散乱。二〇一一年五月九日　85のみ撮影：小島聡子

86 87　瓦礫が片付けられ、ここに人が住んでいたのかと不気味な感じ。二〇一一年十二月二十八日

82

85

83

86

84

87

88

91

89

92

90

道は厳しく険しくとも知恵と力を集め、一日も早く復旧復興の道筋をつけることをここに誓いたい……がんばろう岩沼。決してあきらめません。ふるさと岩沼。」（二〇一一・七・八）と。

富岡町青年　と出会った。夕食に入ったいわき駅前ビルの食堂街。料理を持ってきた若者にイタリアワインを勧められた。これも支援とお願いすると、ボソボソと口を開いた。――原発の南でビストロを経営していた。退去を命ぜられ閉店した。母親の遺体は自分で発見した。父親は探しまわったが発見できず、三日前（五月五日）にようやく確認できた。今はここでアルバイト。どうしたら良いのか途方にくれている――。

うなずきながら聞くしかなかった。「仏前にお花を」とそっと寸志を渡した。

天皇・皇后両陛下　発生以来、度々被災地を視察・慰問された。避難所では跪き、暖かい言葉をかけられた。被災者はどれほど元気づけられたことだろう。園遊会で「お声がけ」いただいたこともある。分け隔てなく人々を思われる優しい御心。御所では節電生活。

国旗　被災地には多くの日の丸がはためいている。「みんなで頑張ろう」の象徴として。あまりの被害の大きさにともすれば萎えてしまう心を奮い立たせるために。

サッカー国際試合などでうち振られる国旗なのに、普段、掲げると「右」のように見られる敗戦史観。ロンドンオリンピックも近づいた。輝け「日の丸」。

南三陸町　貴方もきっとテレビで見られたであろう。防災庁舎の屋上で襲ってきた津波に耐える人たち。写真97 98 99はＮＨＫテレビとＥテレから。庁舎の向こうは患者ら七

88　哀悼の誠を捧げます。二〇一二年八月十八日　撮影：小島聡子

89　「みだれ髪」歌碑も寂しげ。塩屋崎灯台への道は通行止め。二〇一一年十二月二十八日

90　人々を少しでも慰めようと堤防に絵を描く若者たち。カンパすると「ガンバリマス」。二〇一二年四月十六日

91　小さな花壇から祈る気持ちが伝わってくる。二〇一二年四月十六日

92　夏草におおわれた平薄磯地区。二〇一二年七月二十八日

○人余りが遭難した志津川病院（病院南西約八〇m地点の津波浸水高一四・六九m　前掲『東日本大震災・津波詳細地図』上巻五二図）。

「第一波襲来まで庁舎には約三〇人の職員がいた。しかし、無事が確認されたのはわずか八人。依然行方が分からない職員の多くが防災担当だった。防災無線を使いぎりぎりまで住民に避難を呼びかけた。屋上に避難してフェンスやアンテナにしがみついたが、津波の力は想像をはるかに超えていた。階段の手すりにしがみついて一命を取り留めた佐藤徳憲総務課長は、第一波の後、多くの仲間が消えていることに気付いた。『何とも言えない失望感。ただそれだけだった』」と「河北新報」（電子版　二〇一一・三・一六）が伝えている。

津波は三階建て庁舎屋上を二mも上回ったという。ここだけで四〇人を超える方が犠

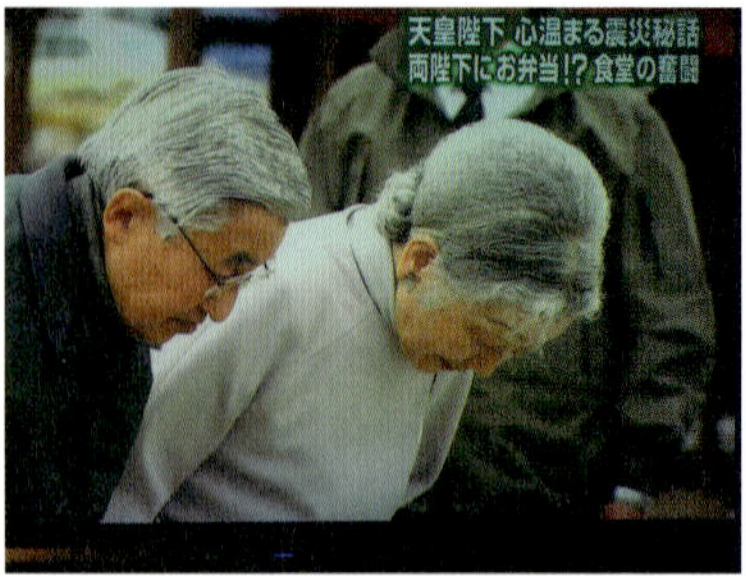

93　テレビ朝日より。二〇一一年十二月二十三日

94　松島湾遊覧船乗り場、観光客はまばらだった。この時は「はとバス・昭和のバスガイドと歌で励まそう」に参加し、被災者の方々と「故郷」や「北国の春」を熱唱。すすり泣きがアチコチで。二〇一一年七月十三日

95　いわき市久之浜地区。二〇一一年五月八日

牲になった。防災の記憶を風化させないため保存も検討されたようだが、遺族の感情「見るたびに思い出す」を尊重して夏には解体されることが決まったようだ。

「河北新報」（電子版　二〇一一・四・一二）はまた「防災無線　声の主　姿なく」と次のように伝えている。

「『大津波警報が発令されました。高台に避難して下さい』。防災無線の呼びかけが多くの命を救った。だが、声の主の行方は震災から一カ月たった今も知れない。三月十一日午後二時四十六分、南三陸町の防災対策庁舎二階にある危機管理課。町職員遠藤未希さん（二十四）は放送室に駆け込み、防災無線のマイクを握った。

『六mの津波が予想されます』、『異常な潮の引き方です』、『逃げて下さい』。防災無線が三十分も続いたころ、津波は庁舎に迫りつつあった。『もう駄目だ。避難しよう』、上司の指示で遠藤さんたちは一斉に席を離れた。同僚は遠藤さんが放送室から飛び出す姿を見ている。屋上へ逃げ出すはずだった。が、津波の後、屋上で生存が確認された一〇人の中に遠藤さんはいなかった。

宮城県南三陸町の住民約一万七七〇〇人のうち、半数近くが避難して命拾いした。遠藤さんは多くの同僚とともに果たすべき職責を全うした」

そして「遠藤さんは志津川病院で生まれた」とも伝えている。

遠藤さんのご遺体は四月二十三日、志津川湾沖合で発見された。

遠藤未希さんらの命がけの活動を埼玉県が教材化し、小中高約千二百五十校で使われるようだ。遠藤さんはじめ多くの方々のことを忘れてはならない。町では一時、安否不

96

96　陸前高田市役所近くの瓦礫処理現場。二〇一二年六月一日

97

98

99

明は一万人を超えるとしていた（宮城県発表二〇一二・六・八時点での死者・行方不明者は八五七人。一二年末で約三分の一の町民が仮設住宅に）。訪れるたびに回向させていただいている。

自宅も写真館も失った地元の写真屋・佐藤信一さんが南三陸町の震災前の美しい風景、大災害当日以降の惨状、負けずに復旧に取り組む人々を記録した『南三陸から2011.3.11～2011.9.11』（日本文芸社）を出版。一冊一五〇〇円のうち、三〇〇円が南三陸町へ義援金として寄付される。是非お買い上げを。勝手宣伝隊、いやこの場合は「買って宣伝隊」（笑）。この写真集は「講談社出版文化賞」写真賞を受賞した。

このほかにも大量の写真集が出版されている。手元にあるだけでも三十冊以上。是非お求めいただき、大震災を脳裏に。

97 98 99 気象庁が地震直後に発表した津波警報。宮城県六mと。これにより、防災無線は「六m」と放送。実際はその二倍三倍の巨大津波が襲った。NHKテレビより。二〇一一年五月七日

100 そぼ降る雨の中、病院前で黙祷する自衛隊員。二〇一一年六月二十六日

101 102 103 この時点での行方不明は約八〇〇〇人と。NHKテレビより。二〇一一年三月二十日

104 志津川病院仮設診療所。

105 志津川病院一帯の惨状。

104 105 とも二〇一一年六月二十六日

100

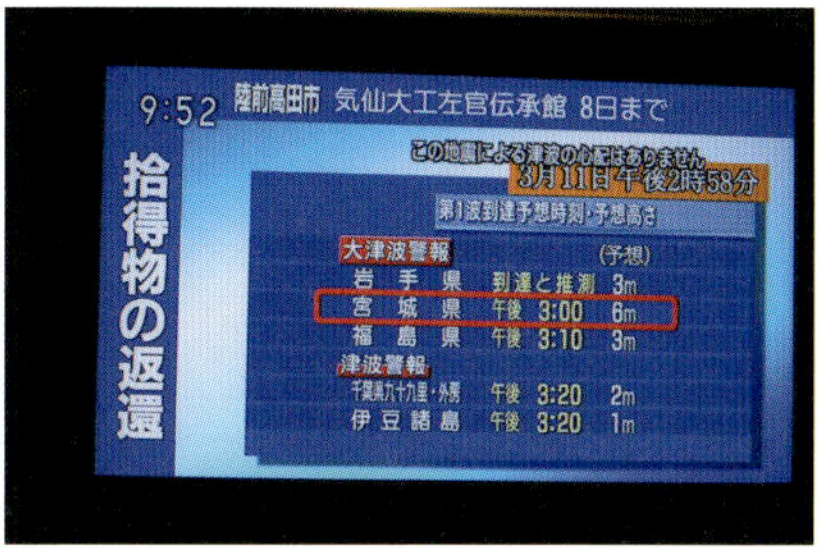

101

102

103

104

105

109

106

110

107

111

108

106 107 108　志津川地区の惨状。

109 110　ご遺体身元未確認者の特徴掲示板で身内を探す方。DNA鑑定案内。

111　家族を喪われた方から当日の様子を話していただいた。

112 113　会場一角に「暴力団は人災」のポスター。「大震災・原発事故の一部は人災では」と言いながら写した。撮影：小島聡子　一二年七月、国会原発事故調査委員会は「明らかに人災」と最終報告。

115

112

116

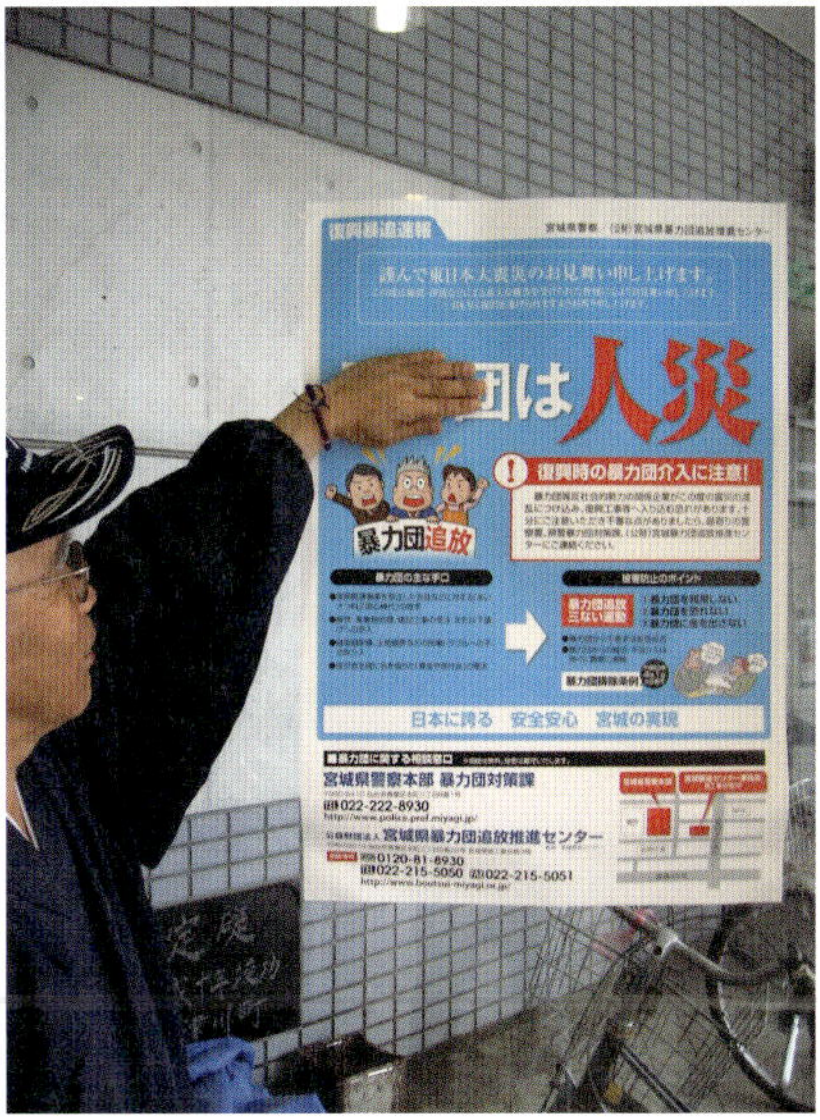

113

117

114

114　この時は〇泊二日の「近ツリ・福興市応援バスツアー」で出かけ、町職員から説明を受けた。

106～114すべて二〇一一年六月二十六日

115　一年たっても船が乗り上げたままの志津川病院。二〇一二年三月八日

116　鉄骨だけの防災庁舎には献花台が設けられ、参拝する人も多い。

117　工事も手づかずの建物前ではコンテナで売り出し中。

116 117とも二〇一二年六月二日

118

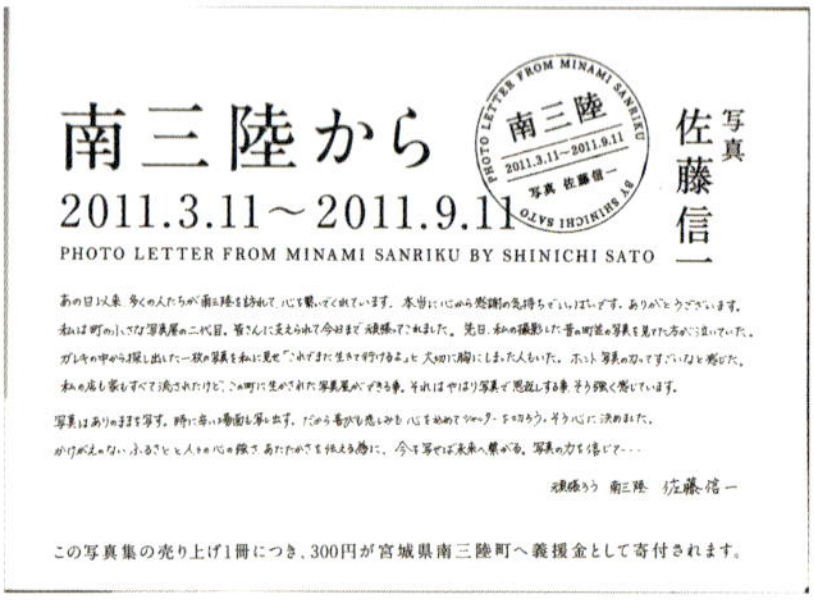

南三陸から
2011.3.11〜2011.9.11
PHOTO LETTER FROM MINAMI SANRIKU BY SHINICHI SATO

写真
佐藤信一

南三陸
2011.3.11〜2011.9.11
写真 佐藤信一
PHOTO LETTER FROM MINAMI SANRIKU BY SHINICHI SATO

あの日以来、多くの人たちが南三陸を訪れて、心を繋いでくれています。本当に心から感謝の気持ちでいっぱいです。ありがとうございます。

私は町の小さな写真屋の二代目。皆さんに支えられて今日まで頑張ってこれました。先日、私の撮影した昔の町並の写真を見た方が泣いていた。

ガレキの中から探し出した一枚の写真を私に見せ「これでまた生きて行けるよ」と大切に胸にしまった人もいた。ホント写真の力ってすごいなと感じた。

私の店も家もすべて流されたけど、この町に生かされた写真屋ができる事。それはやはり写真で恩返しする事、そう強く感じています。

写真はありのままを写す。時に辛い場面も写し出す。だから喜びも悲しみも心をこめてシャッターを切ろう。そう心に決めました。

かけがえのないふるさとと人々の心の強さ、あたたかさを伝える為に。今を写せば未来へ繋がる。写真の力を信じて…

頑張ろう 南三陸 佐藤信一

この写真集の売り上げ1冊につき、300円が宮城県南三陸町へ義援金として寄付されます。

121

122

119

120

118　漆黒の防災庁舎。「光明摂取和讃」が闇に吸いこまれていく。二〇一二年八月十一日　撮影：小島聡子

119　その近くの海苔屋さんの仮店舗。左の「少しの間、休みます」告知が厳しさを…。二〇一二年六月二日

120　ＪＲ志津川駅ホームからの駅前風景。中央奥が防災庁舎。積み上げられた枕木が悲しい現実。右手の志津川病院は解体され瓦礫化していた。二〇一二年八月十二日

ボランティア活動　志願兵を原義とするvolunteerは自発的に無償で人々に役立とうとする人のこと。スコップ片手での肉体的奉仕を思い浮かべるが、金銭援助や精神的励まし・慰霊・応援購入も広義のボランティア活動といえよう。天災大国ともいえる日本では昔から助け合いが日常的に行われてきた。ボランティアと言葉が変わってもその精神は変わらない。相互扶助活動が着実に広がっていることは嬉しいかぎり。

浜○《まる》かふぇ　義援金・食料品など生活物資支援から始まり散乱した家財の片付け・道路清掃・安らぎ提供とボランティア活動も時間の経過とともに、被災者のニーズの変化に対応して展開された。

浄土宗福島教区浜どおり組青年会が展開している「浜○かふぇ」もそのひとつ。毎週

123

124

125

121　佐藤信一氏『南三陸から 2011.3.11～2011.9.11』（日本文芸社）

122　被災地写真集の一部。

123　被災された方々もボランティア活動を展開。ボランティアガイドから釜石市の被災状況を聴く。二〇一二年三月九日

124　いわき市仮設住宅での「浜○かふぇ」にて。二〇一二年六月六日　撮影：本多廣賢師

125　気仙沼市の空き地で雑草抜きするボランティア諸氏。「半月もすれば生い茂るのに。もっと前向きなことがしたい」と。二〇一二年八月十一日

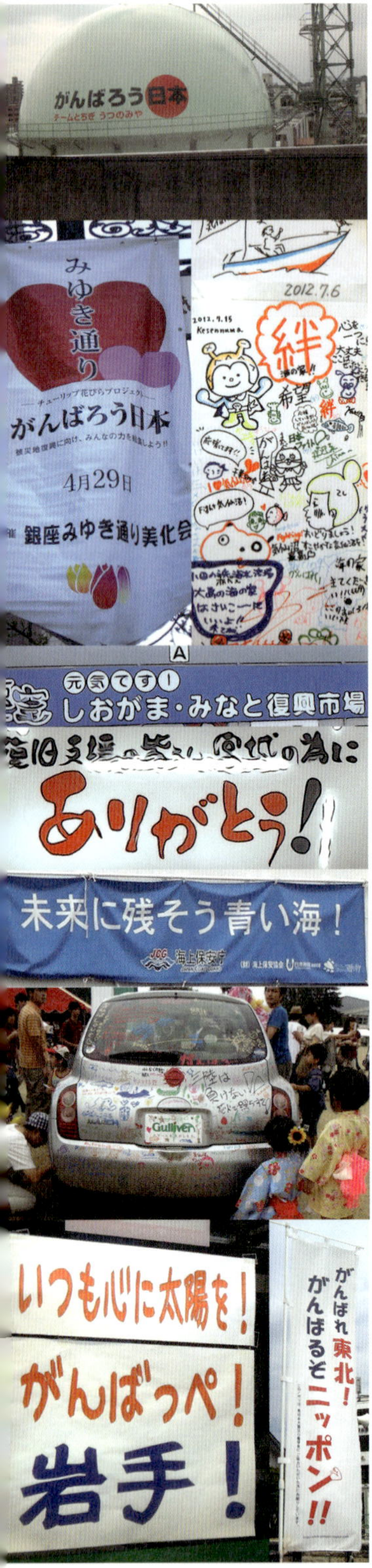

水曜日に仮設住宅の集会場で臨時カフェを開設、飲み物や菓子を出し、ワイワイガヤガヤと語り合い、心の安らぎを提供。佛大社会連携課の本多廣賢師から電話をもらい急遽、見学した日は東京・京都などの青年僧やビワ灸グループなどが応援参加していた。仮設住宅でお暮らしの方々と話し笑いあった。加行仲間の滋賀・正福寺の関正見住職から「檀家さんから協力いただいた米を届けた」と聞いていた先はここだった。

がんばろう　誰かがテレビで「がんばっている人に、がんばろうというのは酷だ。自分は言わない」と発言。分からないことはないが、筆者は「がんばって下さい。私もがんばります」と言っている。

ともすれば後ろ向きになってしまう心を奮い立たせる言葉「がんばろう」の一部の一部。被災された方々の悲痛な叫び、生活再建への悲壮な決意。それが「がんばろう」。じっくり見て欲しい。人々の心の奥底を感じ取っていただきたい（これらの「作品」に知的所有権があることは承知しているが、「被災地復興」の趣旨から無断掲載ご理解いただけるものと）。

がんばるぞ！日本!!
decorate は子どもたちの笑顔を応援しています。
わけあって日本
全国に笑顔を!!
東北に笑顔を!!
2012.9.15
復興はこの手で!!
東日本大震災
呑んで応援東北の酒
宮城県人会銀座支部
¥500-
がんばろう!!
東北
GANBARO!TOHOKU
がんばれ東北!! ガンバレ函館!! 頑張れ日本!!
気仙沼を元気に!!
がんばるぞ！日本!!
忘れてはならないことがある
2011.3.11
東日本復興応援プロジェクト from 銀座
日本に笑顔を
今こそみんながひとつになる時
SHOTARO ISHINOMORI
がんばっぺ
石巻
ISHINOMAKI
石巻商工会議所
おそうじ中です
がんばるぞ！
日本
がんばろう!!
東北
GANBARO!TOHOKU
「がんばろう日本」
ともに見せましょう、
宮城・石巻の底力を!
食べて応援しよう!
FOOD ACTION NIPPON
僕らは負けない
頑張ろう
石巻！
東北福幸
がんばれ東北! がんばろう南三陸!
宮城
One for all. All for one.
がんばろう!
東北
がんばろう福島!!
応援フェア 開催中!!
地元の商品を買って、
福島を応援しませんか?
福島県には美味しいものが
沢山あります。この機会にぜひ!!
希望あふれる未来へ一歩ずつ
新しい東北へ。

がんばろう 石巻
がんばろう、日本!!
がんばろう、福島!!
明日は必ず来る 南三陸!
心はひとつ・がんばろう東北
気持ちはひとつ
がんばろう 石巻
(社)米沢観光物産協会
がんばろう 東北!!
義と愛のまち
ともに前へ!
東北魂
THE TOHOKU SPIRIT
復興元年 石巻
ともに見せましょう、宮城・石巻の底力を!
祈復興
営業中
がんばろう東北
がんばろう宮城
がんばろう松島
東北地方太平洋沖地震により被災された皆様に心よりお見舞い申し上げます
仲見世商店街
IWATE
がんばるぞ! 岩手
「地旅」で出会う 日本の笑顔
がんばろう 東北!
がんばろう 東日本!
三陸復興
がんばろう!!
東北

TOHOKU-DAMASHII
東北魂
復活
がんばろう！日本。
1日限定 200食 岩手県 大槌町
食べて!!飲んで!!しゃべって!
復興食堂
一歩一歩！
ともに！
気仙沼
希望
気仙沼
みんなの願い　ふるさと三陸復興!!
東北
雷門一之宮商店会
ドリーム大島　平和に
みんなの夢を乗せて
活躍祈る
がんばろう東北
がんばろう！東北
国有林治山
施工地
事業主体 林 野 庁 東北森林管理局
がんばろう！日本!!!
LOVE
SAVE
JAPAN
がんばれ日本
3.11東日本大震災
助けあいがんばろう
南三陸
REBORN!
気仙沼
RECONSTRUCTION
気仙沼
みんなで
つなぎあおう
がんばろう日本
がんばろう
銀座！
がんばろう
ニッポン!!
POWER!
RIKUZEN
TAKATA
がんばろう
三陸鉄道
東北を
明るく元気に！

がんばろう日本！
がんばろう東北！
復興
感謝祭
がんばろう大槌
心は皆と共に
復興はオールジャパンで
まけるな
がんばってください。
日本の力は強い
"気持ちをかたちに"
手製の看板
がんばろう！
たすけ合い
市民一丸
気仙沼
駅前通り商和会
SOUL
OF
R.T.
がんばろう！東北
がんばろう！福島
がんばろう！
郡山
郡山駅2階 びゅうプラザ郡山駅
がんばろう
宮古
営業時間
8：00～17：30
がんばろう！日本。
Fight!
Fukushima!
がんばろう
ふくしま！
「がんばろう ふくしま！」
首都圏スタートイベント!! 運動
観光PR 県産品販売
日本一丸
作業半径内
立入禁止
祈復興
負けるな！日本
支えあおう！日本
ガンバロウ福島!!
アリガトウ!!福島
福島県
応援続けます!!
がんばろう!! 岩手
前へ
平三町目商店会
がんばれ東北！ガンバレ函館！
どんぶり横丁市場
Nippon
ともに歩もう気仙沼
明日へ進もう日本
踏み出す一歩、支える手。
分かち合う勇気がそこにある。
東京メトロ 本数を減らして運転→
26日 鉄道情報
がんばろう！日本

支援の皆様
お疲れ様でした。
ありがとうございます。
松島
宮城
東日本
にっぽん
がんばろう!宮城
がんばろう!松島
REBORN!
ふっこう気仙沼
みんなと共に
がんばろう!
東北
復興元年
浄土ヶ浜(イメージ)
三陸海岸
青く澄んだ入り江と白い砂浜、
海に突き出した奇岩が
絶妙のコントラストを生み出しています。
運行しています!
がんばろう日本!
がんばろう東北!
がんばろう!石巻
がんばろう東北
がんば丸日本
がんばろう!!気仙沼
気仙沼プラザホテル
JAPAN
Ground-Self Defense Force
復興祈願
頑張ろう宮古
がんばろう東北!
がんばろう久慈!
Fight 日本!!
Japan, you CAN Do it!!!
頑張ろう東北!
被災地支援
書籍フェア
開催中!
頑張ろう岩手!頑張ろう日本!!
節電に協力しています。
「がんばってます!福島」
福岡県
787.TSUBAME様
WE ARE FAMILY
RikuzenTakata
第12回
全国新選組サミット
in宮古
一日も早い復興を願っています

ガンバレ！
いわて奥州平泉！
僕たちも応援しています！
笑顔を忘れずに！
私も頑張ります!!
みんなが
しあわせに
なりますように…
がんばろう岩手!!
がんばっぺし気仙!!
がんばっぺ大船渡!!
UCC
がんばろう！
東北
つながろう三陸！
つなげよう三鉄！
三陸鉄道
RIKUZEN TAKATA
がんばっぺし
GANBAPPESHI IWATE
がんばろう！
iwate
結
がんばろう！
岩手
謹んで東日本大震災被害の
お見舞いを申し上げますと共に、
被災地の皆様の安全と一日も早い復興を
心よりお祈り申し上げます
がんばろう三陸!! 復興支援ありがとうございます
甦れ故郷
ふんばれ
南三陸町
アリガトウ
がんばろう！南三陸
がんばろう南三陸町
ENEOS
志津川ＳＳ
(株)三興石油
四国村移築プロジェクト
「がんばろう 東北！」
鹿島
うだっこやんべ
COME BACK GEESE
がんばれ日本の家族
ふんばろう！
南三陸町
路面段差有 走行注意
がんばろう 東北
道路情報
国土交通省
仙台河川国道事務所
東日本復興支援住宅
秋田杉の家モデルハウス
まけるな東北がんばれ東北
日本の
畳

がんばろう
東北
がんばろう!! 気仙沼
絆
前進松島
がんばろう日本!
がんばろう東北!
がんばろう!宮城
東北
ファイト
がんばれ福島
負けねえぞ
気仙沼
三陸産
わかめ
がんばるぞ!
気仙沼
俺達は
東北魂
必ず立ち直る!!
TOHOKU SPIRITS
OFUNATO
「みんなで力をあわせて」
がんばっぺ!
大船渡
みんなと共に
がんばろう!
東北
がんばろう
東北
がんばろう!東日本
がんばろう!!福島
わたしたちは福島を忘れません
北九州市立天籟寺小学校児童教職員一同
絆
Kizuna
つなげよう、
日本。
がんばれ
東北
未来前進
一日も早い被災地の復興を応援しています
みんなと共に
がんばろう!
東北

がんばろう
東北!!
JNN
Japan News Network
節電中の日本を明るく照らすのは、
あなたの笑顔。
頑張ろう、日本。
To everyone that supports Japan...
"Thank you"
東北六県
頑張ってます!
いらっしゃいませ
がんばろう気仙沼
ガンバレ東北!!
東北魂
がんばっぺ東北!
おだづなよ津波!
まげねぇぞ!
がんばろう
東北
Don't give up, Tohoku
店内で
支援物資
無料配布中
負けるな!
東北魂
力を合わせ乗り越えよう。
311
Pray for
TOHOKU
Pray for
TOHOKU
がんばろう
岩手
がんばろう日本!
がんばろう東北!
がんばろう
東北
絆
きずな
JNN
Japan News Network
三陸臨時支局
復旧復興祈願タオル
航海安全 復旧復興
気仙沼
がんばろう
気仙沼!
絆
がんばろう東北
KIZUNA GANBARO TOHOKU
被災地で踏ん張る生産者の方々と
復興を願う皆さまをつなぐお店です。
東北応援
東北応援
絆 がんばろう
東北
GANBAROU TOHOKU!!
おだづなよ
津波!!
忘れない。
支援と希望を
ありがとう。
5:29
OPERATION TOMODACHI
友
NEXT
"まだ余力"米軍支援の現実
LOVE FOR NIPPON!!
復興支援チャリティグッズ
がんばろう東北!!
復興芸能祭り
本陣前三行政区
とき 平成24年8月5日(日)
がんばろう!
海と共に生きる
ABEKO GROUP

ドラ得
復興応援！ハイウェイドライブチャンス2012
NEVER GIVE UP
Japan
南三陸
T-SHIRTS GUY! X SUZUKI-KIKAKU
つながれ日本！
がんばろうふくしま！
〜ふくしまの農林水産業を応援してください〜
がんばろう日本
いわき再建！
がんばろう!!東北
GANBARO!TOHOKU
がんばろう相馬！
興復
TOHOKU revives without fail some time.
がんばれ！三陸鉄道！
CAN BADGE
東北魂
Don't give up! TOHOKU!
絆
がんばろう東北
KIZUNA GANBARO TOHOKU
被災地で踏ん張る生産者の方々と復興を願う皆さまをつなぐお店です。
がんばろう
日本電子株式会社
アドバンスト・キャパシタ・テクノ
株式会社因幡電機製作所
がんばろう!! 日本
がんばろう!!福島
TOHOKU
2011.03.11
日本をナメるな！
東北をナメるな！
俺達は強い！！
大丈夫！！
がんばろう！南相馬
東日本大震災復興祈念公演
風の夏祭り
復興へ頑張ろう！みやぎ
まるせい果樹園
百姓魂
一生懸命
元気いっぱい！！
がんばります！！
東北復興観光支援キャンペーン
みなさまとともに、元気に一歩前へ！
がんばろう！東北!!
がんばろう東北
KIZUNA GANBARO TOHOKU

東北管区
がんばろう日本
がんばろう唐桑
よみがえれ漁業
頑張れ自衛隊
ご苦労様です
自衛隊の皆さん
果たそう復興
三陸新報社
おそうじ中です
Just Moment Please
がんばるぞ！
日本
希望
私も応援しています。
REBORN!
ふっこう気仙沼
頑張れ！
東北
がんばろう
東北!!
がんばるぞ日本!!
集結
2011.3.11. 14:46:18
DISASTER PREVENTION VOLUNTEER DREAM TEAM
三陸山田復興 かき小屋
おらが大槌 復興食堂
希望の息吹 石巻
愛知学泉大学・安城学園高校
オーケストラコンサート
～東日本と愛知をつなぐ～
未来へ一歩 石巻
復興へ示せ
みやぎの志！
がんばろう！東北
東亜リース
絆
KIZUNA
がんばろう
日本！
がんばっぺ！
大船渡
がんばっぺし！
気仙
がんばろう！
岩手
がんばろう
八戸 青森 東北
がんばろう
いわき
一町目商店会
心ひとつに 世界に誇る 南相馬の再興を
ファイト！
魚《さがな》町《ま》ッつぁ
もどっぺす！
2012.3.10

おそうじ中です
がんばるぞ！
日本
共に創ろう！
東北・気仙沼
NPO法人ネットワークオレンジ
がんばろう相馬！
がんばろう福島！
がんばろう東北！
ひとつひとつの積み重ねで
がんばろう！
東北！！
あなたに出逢えてほんとによかった
ありがとう
負けねっちゃ
REBORN!
ふっこう気仙沼
東日本大震災本復旧工事 昼夜連続車線規制
実施中！ 平成24年12月まで
ともに前へ！
KIZUNA
絆
がんばろう気仙沼
海がある限り気仙沼は不滅
希望
負けねぇぞ気仙沼
美しい港町気仙沼はかならず復興します
みなさんありがとう！
がんばってます！石巻
復興
希望
明日は必らずやってくる
だから明日に向かって一歩踏み出そう！
絆
KIZUNA
WE REMEMBER 3.11
食べて応援しよう!!
にっぽん、とうほく
がんばれ。
長く応援します

この静かな海　松島町（観光船乗り場の津波浸水高は二・四一m　前掲『東日本大震災・津波詳細地図』上巻六五図）は二百六十余の島々が自然防潮堤となり、被害は軽微。世話になったホテルは壊滅的被害を受けた石巻や東松島などの救援基地となり、全国からの警察・消防や工事関係者でごった返していた。自衛隊の幹部も出入りしていた。

松島に隣接する東松島市の野蒜地区の惨状を視察した時、わずかな位置や地形の差で被害にこれほど大差がでるものかと唖然とした。

三鉄　の愛称で親しまれている第三セクター三陸鉄道も大きな被害。国鉄時代の盛線・宮古線・久慈線を受け継いで、地元の無くてはならない足として、苦闘中。被災したレールを切断して記念品として売り出すなど、ユニークな会社。申し込んだが売切れだっ

126

127

128

126　松島湾の朝焼け。二〇一一年七月十三日

127　復興応援写真集『つながれソウルトレイン三陸鉄道』（神奈川新聞社）。

128　部分復旧した北リアス線車内で当日の模様を説明する車掌さん。応援を力に走る。二〇一一年十月八日

132

133

129

130

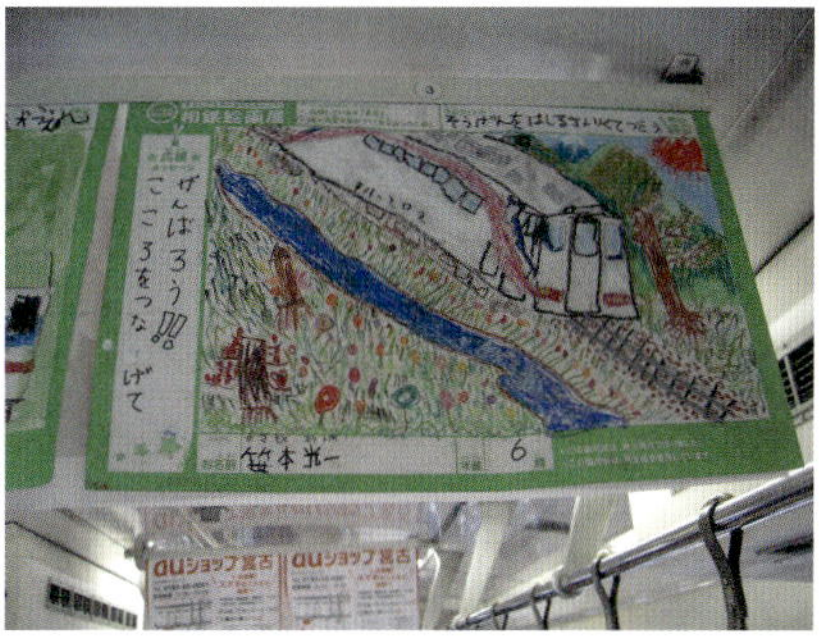

131

た。望月社長以下諸氏の必死の努力で部分復旧。全線復旧は二〇一四年四月を計画、それも国の補助しだいという。無駄飯食い議員を減らし政党助成金も削減して、被災地にこそ使え！

全国の三鉄ファンを代表するかたちで出された復興応援写真集『つながれソウルトレイン三陸鉄道』（神奈川新聞社）。人々にとって鉄道はまさに生きる「足」。それが切れ切れ、この現実を知って欲しいと百人へ贈呈した。本代一三六五円のうち五〇〇円が義援金として三陸鉄道に寄付される。是非ご購入を。

今も運休　JR大船渡線・山田線・石巻線・気仙沼線・仙石線・常磐線の一部分は運休中（一二年八月現在）。地元の方々にとっては大きな痛手。路肩や線路は流されたまま。

134

135

136

129 130 131 132 134　一人でも多くの人が乗ってこそ支援となる。車内風景。車窓からの眺め、雪の残るここに人生があった。その向こうには行き場のいない瓦礫の山。二〇一二年三月九日

133 135　車窓からの眺め、橋落下したままの道路。トンネル出口、希望の輝き。前進しようぜ！　二〇一二年五月三十一日

136　一日も早い全線復旧を！

137

138

139

140

141

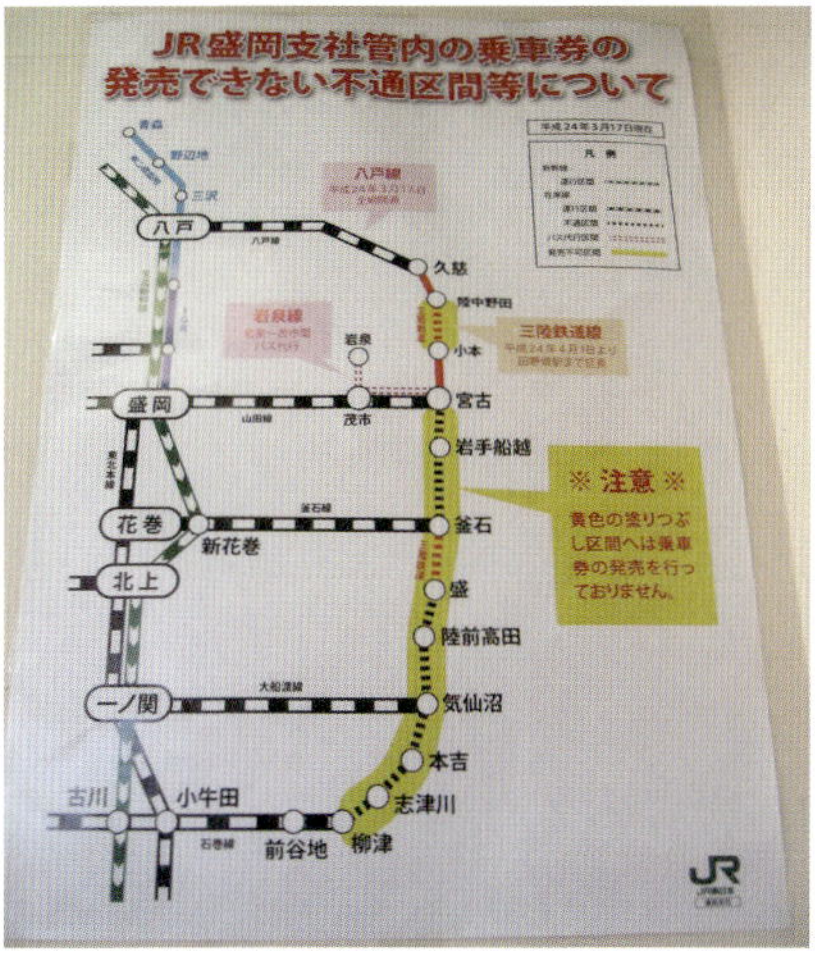

142

143

144

145

運転再開までには数年かかろう。一日も早い再開を望むばかり。「もともと赤字路線、このまま復旧しないのでは？　気仙沼と柳津間でＢＲＴ（専用路を走るバス）が認可された」と地元の人たちは不安を募らせておられる（二〇一二年八月、ＢＲＴの一部運行が開始された）。

常磐線の広野～原ノ町間は原発事故での立入り禁止がらみの不通。おそらく何十年にわたって再開は不可能だろう。

応援訪問　体力に自信のない私たち老夫婦は、せっせと通いお経を唱え、慰問品を届け、方々と話をしている。励まし癒しになるかどうか知らないけれど。また応援消費や企画も提案している。交通費・宿泊費・食費・買物代などは直接的援助となる。回りまわってしかこない義援金よりよほど手っ取り早い。被災された方々の心に近づくことが

137　ＪＲ仙石線・陸前富山～陸前大塚間、殆どの架線柱は傾いたまま。二〇一一年七月十二日

138　大船渡線・大船渡駅（この西約二五〇ｍ地点の津波浸水高一〇・五九ｍ・前掲『東日本大震災津波・津波詳細地図』上巻四〇図）。一年余たってもこのありさま。二〇一二年六月一日

139　気仙沼線・志津川駅近く。表現すべき言葉も出てこない。二〇一二年六月二日

140　大船渡線・気仙沼～鹿折唐桑間のトンネルは閉鎖されたまま。

141　大船渡線・竹駒駅近くの鉄橋も落ちたまま。高田松原の海岸から約五㎞上流（この橋下流二五〇ｍ地点の津波浸水高七・三五ｍ・前掲『東日本大震災津波・津波詳細地図』下巻八八図）。

140 141とも二〇一二年六月二十三日

142　気仙沼駅での不通区間図。二〇一二年六月二十四日

143　石巻駅でのバス代行区間表示（アミかけ部分）。二〇一二年八月十二日

144　鉄道は地元の生命、復活を！

145　岩泉線は大震災以前の土砂崩

出来る。被災地の現状が把握できる。被災者の苦しみが肌で感じられる。被災地産品を発送する先へ「忘れないで」を伝えることも出来る。

おそらく殆どの方が義援金を出されただろう。その一方で、被災地を訪れた方がそれほど多くないだろう。多くの方が「皆さんのことを忘れてはいない」と訪問されたら、大きな励ましとなり、大きな援助となるだろう。

まだ訪れていない方、是非とも訪問を。一回行かれた方、復旧がいかに遅れているか把握のため二回目を。交通機関や宿泊でなにかと制限がある今、個人で行くのは面倒も。JTBや近ツリ・クラブツーリズムなどが募集しているツアーに参加するのも一法。私たち夫婦も数度参加した。

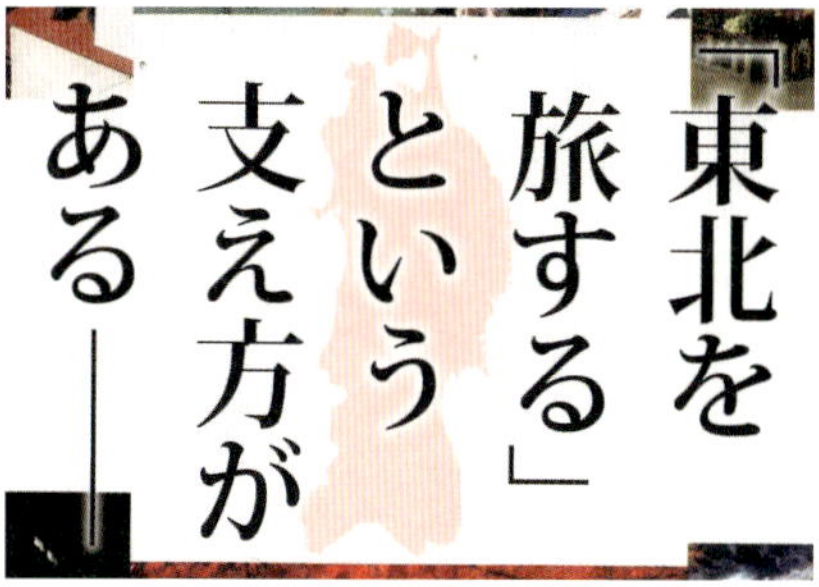

146

147

148

149

壊により運休、バス代行運転中。

146　ＪＲ東日本のＰＲ誌より。

147 148 149　南三陸の福興市では翌日、撤収する自衛隊が太鼓演奏で被災者激励。広報班長と妻。二〇一一年六月二十六日

150

151

152

詳細地図　東北支援の際、活用したのが『東日本大震災・復興支援地図』（昭文社）、青森県から千葉県までの沿岸市町村の津波浸水範囲・災害対策本部・避難所・道路通行規制・鉄道運休状況などが詳しく記載されている。さすが永年にわたって地図・旅行ガイドブックを刊行してきた出版社。大震災まもなくの五月末、関係市町村や報道機関などへ三万部を無償提供。六月より販売。Ｂ４判・カラー一四四頁で一〇〇〇円という破格値。しかも売上の一部を日赤へ寄付と。企業姿勢に惚れた。株主になりた〜い。

福興市　壊滅的被害を受けた被災者の生活再建の一助にと、復興を願って「福興市」が南三陸町などで開催された。平地から離れた山間にあったため助かったという「カネサ海苔」も出店していた。海苔も美味しく、度々発注。お宅へも伺った。夫妻は元気な

150　カネサ海苔の西条社長一家と妻。二〇一二年八月十二日

151 152　塩竈での福興市では元気な肝っ玉母さん一家が声を張り上げていた。若者たちが応援消費。Tシャツの文字にご注目。その意気だ！　二〇一二年六月二日

真緒ちゃん、一翔くんと朗らかにされていた。一年後に再会すると、お子さん二人は一段と「おだづもっこ」（いたずらっ子）ぶりを発揮していた。今も微力応援中。

福興市は現在も各地で開催されている。是非お出かけを。そしてお買い上げを。

仮設商店街　これは難しい。自治体などが壊滅した商店街のために臨時的に開設したもの。オープンの模様はテレビ・新聞で報道され、いかにも繁盛しているような印象をもつ。立地が辺鄙な所、店数が少ない、品揃えも不十分、昔なじみの客にも会えないなどの理由で、商売が上手く行かず数カ月で閉店した店も多々。誰が計画しているかは、各自治体で異なるだろうが、商店経営の専門家を計画段階で導入せず、あの町有地が空いているからといった発想では成功はおぼつかない。

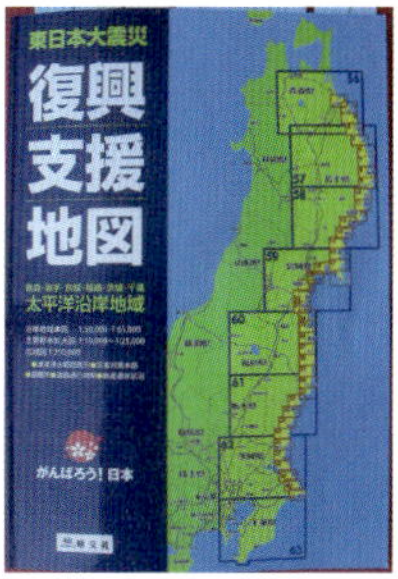

153

153　『東日本大震災・復興支援地図』（昭文社）

154

155

154　気仙沼復興商店街の一角。

155　「あさひ鮨」の大将・村上力男氏。世田谷で修業し、リーマンショック前までシスコでも営業、そこでマギー審司氏もアルバイトしていたとか。仙台・一関・古川でも手広く経営する村上社長をモデルにしたマンガ『花寿司の幸』（双葉社）は子息茂雄氏の作。「本業は絵描き、鮨は趣味」と冗談も出る美味で楽しい店。女将さんも大張りきり。コストパフォーマンス抜群のワインも。

156

157

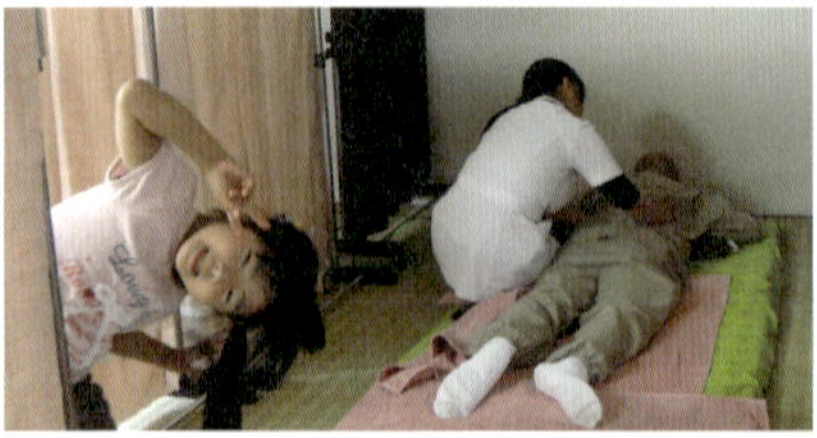

158

159

160

156 板垣退助に命名してもらったという老舗料亭「自由亭」は軽食「交流空間フリーダム」で再出発、一家で元気な呼び声が人気。安さにはビックリ。味も料亭の伝統を守って美味しい。

157 避難所で知り合った高田・高橋両君が奮闘中の「BLUE SKY MARKET みなみまち青空市」。復興オリジナルTシャツが人気。

158 勤めていた船員宿泊施設が全壊し、友人とマッサージ「元気」を始めた及川さん。元気な子が「お手伝い」。撮影：小島聡子

159 人気店「とんかつ勝子」へは何回目かでやっと入れた。激励に訪れた役所広司氏の写真が掲げられていた。前述のように新疆へ案内した、これもご縁。

160 復興屋台村・気仙沼横丁も元気だ。

南町紫市場　そんな仮設商店街が成功する要素のひとつは規模。五軒十軒ではすぐ飽きられる。気仙沼復興商店街（村上力男理事長）の南町紫市場は五十四店。鮨・ラーメン・豚カツ・カフェ・焼き鳥・スナックといった飲食店から八百屋・肉屋・魚屋・生花店・コロッケ・美容院・刃物屋・衣料雑貨・酒店・薬局……学習塾・ピアノ教室・マッサージまである。結束して奮闘しておられる。一一年末に開店。行くたびに繁盛している。是非ご利用を。「日経優秀製品サービス賞２０１２・審査委員特別賞」がもらえると村上理事長。嬉しい限り。

紫会館避難所　気仙沼復興商店街の村上理事長へ受賞祝いを届けたら、すぐ坂本正人副理事が飛んで来られた。すぐ連絡される理事長もさすがならすぐお越しの副理事も立派と感心。紫神社総代でもある坂本副理事から写真集『３・１１東日本大震災紫会館避難所』などをいただいた。拝読し被災者の方々のご苦労に改めて頭を垂れた。坂本氏のご配慮で掲載されている写真を小松愛・斎藤博敏両氏と三陸印刷様より借用したので紹介したい。

162

161

161　「ショット・バー Stray Sheep」で出あった芳賀清成氏から自作の「船」シリーズ十四枚を頂いた。元気な気仙沼は間もなく復活する。戦争も体験した大先輩は、復興プランも各方面から相談を受けていると。

166

163

167

164

165

162〜170以下の写真説明は写真集より引用。

162　平成二十三年三月十一日十五時三十分、気仙沼市南町に津波第一波来る。撮影：小松愛氏

163　三月十一日十五時四十一分、津波が紫神社下まで来る。十一日の夜は寒く小学校の毛布に感謝した。ご近所からの寝具、食料にどれだけ助けられたか。多くの人達にありがとう。三月十三日、市指定避難所認定。一心同体で長い時間が始まった。自治会、若い力で明日に向かう。夕方、初めて市の援助物資二十人分届く。撮影：斉藤博敏氏

164　三月十六日から寒い日が続いた。雪は避難者に厳しい。三月二十日の紫会館避難所避難人数一二七名（五十八家族・三歳〜八十九歳）。米二十日分、ガソリン四日分、灯油九日分。プロパン三カ月分、一日の経費七千円、自治会残金五万円。三

170

168

169

避難所訪問

身を寄せあって 長引く集団生活 ②

適材適所で役割分担

紫会館（南町）

「今日はお刺身つきだよ!。さあ、並んで」。午前8時、威勢の良い掛け声が広場に響き渡る。「おはようさん」。住民たちがあいさつを交わしながら、にぎやかに配食の列をつくる。

気仙沼市南町の紫会館はもともと、市の指定避難所になっていなかった。震災直後、100人を超える地区民の食料などを一刻も早く確保するため、南町一～三区の各自治会が団結して市に指定を要請し、2日後、「避難所」として認められた。

大半が南町とあって、昔から顔馴染み。現在は2才から89才まで60人が会館や隣接する神社の社務所で生活している。

「みんな隠れた才能を持った人ばかり。適材適所で役割分担を決めてるんですよ」と、南町3区自治会長の鈴木武雄さん（73）。炊事係の〝板長〟は地元の居酒屋経営者。限られた食材で豊富なメニューを提供する。「お店の味」が避難者や周辺住民に喜ばれている。

避難所の外でも、「自立」に向けた動きがある。自治会青年会が中心となって、地区内で「青空市」を開催した。かつての繁華街としての賑わいを取り戻そうと、プレハブを活用した「仮設商店街」の建設準備も進めている。

準備作業に奔走する副会長の小野寺一雄さん（40）は「この仲間はみんな南町が好き。どんな状況であっても、再びこの地で商売がしたいんです」と話す。

毎晩、避難所の会館では商店主らによる「南町復活」に向けた熱い議論が繰り広げられている。

……………

鈴木武雄さん（73） 南町

「住む家が見つからないなど、悩みを抱える人も多い。最後の一人になるまで、しっかりとサポートしていきたい」

千葉英貴さん（66） 南町

「とにかく情報がほしいので、地区内外を問わず気軽に避難所に寄っていただければ」

小野寺實雄さん（73） 南町

「夏場を控えて暑さ対策が今後の課題。高齢の方が多いので、体調管理が心配です」

坂本正人さん（53） 南町

「毎年秋に開催してきた南町伝統のかぼちゃ祭を、復興の足がかりとして今年もぜひやりたいと思っています」

昔からの顔馴染みが多い南町の住民たち

東日本大震災 平成23年3月11日午後2時46分

171

月二十七日、水道出る。四月一日、電気灯る。

165 166 167 169 明日を信じて食事した日。四月五日、四月十一日、六月二十五日の食事風景。166は六月一日の食事内容。

168 九月十一日、震災から半年を迎え十二名で黙祷する。

170 十月三十一日午後三時、最後の日を迎えた避難所。七カ月二十日間にわたり、のべ人数一万二千人ほどが利用した紫会館避難所は十月三十一日に終了した。この日、雨がやみ陽光につつまれていた。

171 紫会館避難所の模様をつたえる「三陸新報」五月十三日号。

164～170は提供：三陸印刷株式会社様

第一八共徳丸　ＪＲ大船渡線の鹿折唐桑駅前（駅北角地点の津波浸水高五・九六ｍ　前掲『東日本大震災津波・津波詳細地図』上巻四六図）には気仙沼港から流れされてきた大型漁船が放置されている。全長約六〇ｍ、三三〇トンとか。押しつぶされた車もそのまま。見学に訪れ、手を合わす人も多い。大震災を風化させないためにも、現地で「学ぶ」ことは良いことだと思うが、中には心ない人もいるようで、船の前には写真のような看板も。

再び訪れ、お経を唱えていると、後ですすり泣き。「ありがとうございました。家族が流されました」と当日の様子を説明いただいた。筆者より一歳上のすぐ近くの方。

気仙沼市では第一八共徳丸を震災モニュメントとして保存し、後ろの安波山を鎮魂の森とする「復興祈念公園」を政府に要望しているが、結論は出ていない。共徳丸の保存

172

173

174

172 173 174　こんな大きな船も流される津波の凄さ。162は下敷きになった車。二〇一二年六月二十三日

175　Ｖサインで撮影する人もいるとか。二〇一二年六月二十三日

176　「先輩、がんばって!」。二〇一二年八月十一日　撮影：小島聡子

177　鹿折唐桑駅から見た第一八共徳丸　二〇一二年八月十一日

178 179　南気仙沼方面遠望。179はすがとよ酒店に残る被災前。地形や前後の建物のわずかな違いで被害に大差。

180　鹿折地区遠望。

181　五十九人が犠牲となった介護老人保健施設「リバーサイド春圃」で回向。撮影：地元の方

182　アメリカから届けられた応援寄せ書き、気仙沼プラザホテルロビーに。二〇一二年六月二十三日

175

176

177

178

179

180

181

182

183

184

185

186

187

188

183 土地のかさ上げ待ちで工事できない被災建物。時計は二時四十六分で止まったまま。

184 185 186 桟橋も落ちたまま。185は仮営業を知らせる看板。186は瓦礫に花を、気持ちを思うと合掌せずにはおられない。

187 188 190 191 鹿折地区の惨状。地盤沈下で度々浸水、鴨が泳いでいた。工場でも犠牲者が。191のみ撮影：同行ボランティア

192 僅かな差で被害に差が。二〇一二年六月二十四日

189

193

194

195

190

191

192

196

197

については「震災の象徴として、伝承する価値が高い」と賛成意見の一方で、「見るたびに震災を思い出す」と早期撤去を求める市民の声も根強いようだ。

気仙沼　この船が残るのは宮城県気仙沼市（岩井崎野々下での津波浸水高二七・七五m　前掲『東日本大震災津波・津波詳細地図』上巻四八図）。甚大な被害を受けた自治体のひとつ。

奇跡の一本松　約三百年前から植林され続けてきた高田松原。約二kmにわたった約七万本が一瞬にして消え去った（写真199）。一本だけが生き残りメディアは「奇跡の一本松」（津波浸水高一二・三五m　前掲『東日本大震災津波・津波詳細地図』上巻四二図）と報道し、人々に感動と希望を与えた。樹高は約二七m、樹齢は約二百七十年（日本緑化センター推測）とか（樹齢については次頁下記※参照）。

189 193 194 195　南気仙沼地区の惨状。一帯は水産加工工場などが集中していた。新しい都市計画で再建に着手できず、復興は遅れている。プール右奥は南気仙沼駅のホーム　二〇一二年八月十一日

196　美しい気仙沼はきっとよみがえる。この元気で。二〇一二年六月二十四日

197　「あさひ鮨」の村上力男社長が描いたこの絵のように。

「因縁生起」（全ての物事は因＝原因と縁＝条件で生じ起きる）の原則で「奇跡」にも起こるべき背景があるはず。その原因と条件はと、陸前高田を訪れる度に考えた。

立地①（198ご参照）＝広田湾の正面に位置する高田松原のなかでは西端にあり、沖には白浜崎や真崎が突き出して、一本松（赤○印）への津波は松原中央部より若干なりとも弱かったのでは（一本松より北東約六五〇m「道の駅」の津波浸水高一五・一〇m、東約三km地点の津波浸水高一六・七五mと『前掲書』上巻四二図）。

※奇跡の一本松の樹齢について最終校正中の一三年二月二十八日の読売新聞に「百七十三歳」の記事。伊東隆夫京大名誉教授の協力で吉田生物研究所が分析したと。伊東先生は前述ニヤ調査の隊員でも。

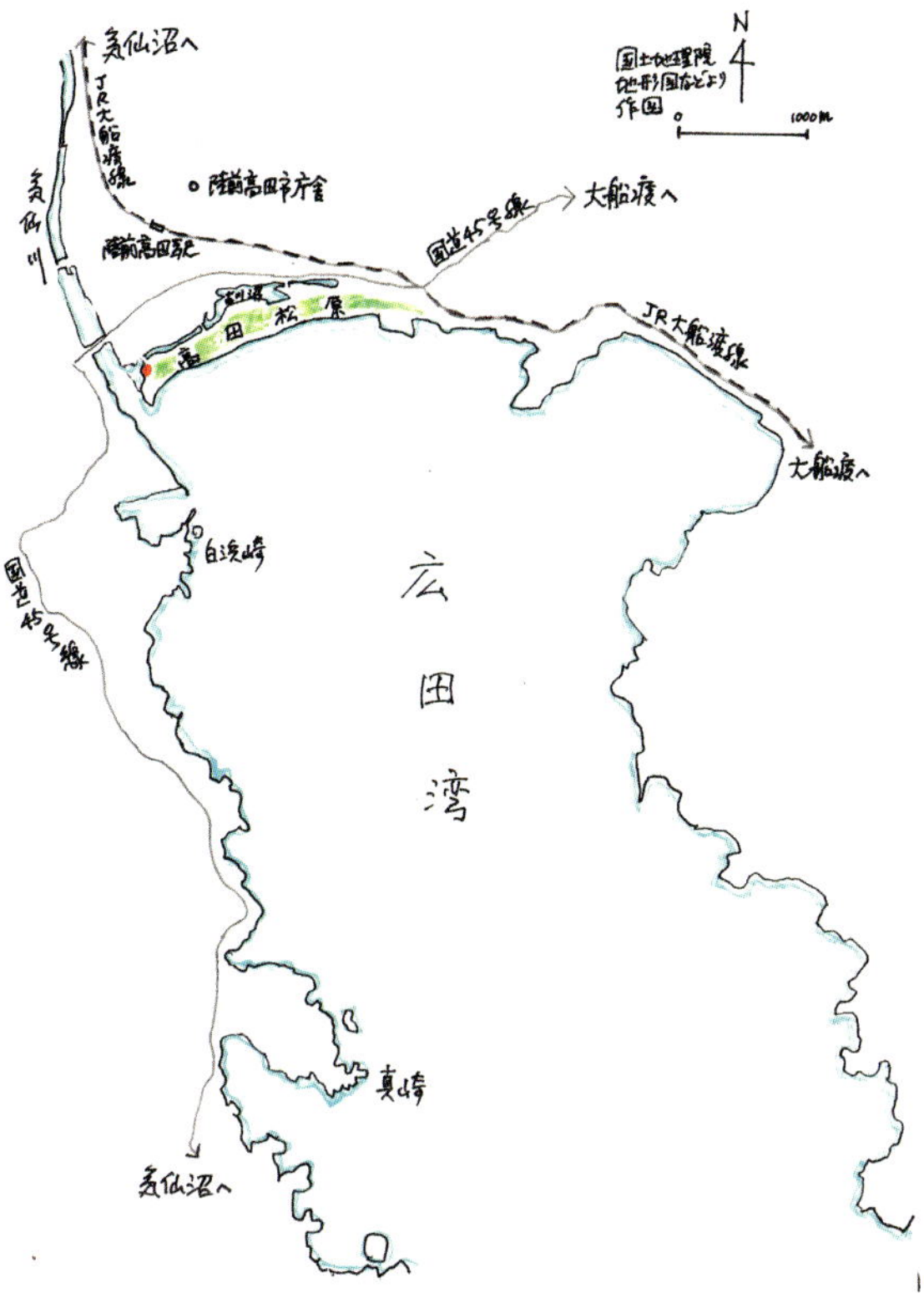

198

199

200

201

202

203

204

205

立地②＝またすぐ西に気仙川（写真200・201）・すぐ北に古川沼（写真202）があり、その岸が寄せ波や引き波の一本松への水圧を減少させた。

立地③（写真203）＝さらに海側四〇mほどに二階建てユースホステル（休業中だったとか）があり防波堤がわりとなった。

枝ぶり（写真204）＝過去の被害で下方四分の三程度は枝が無く、津波の圧力を強く受けなかった。これは素人の考え。どなたか正解を。

その一本松も塩害に耐え切れず立ち枯れが進行。「市が一億円かけて防腐処理し、現地で保存するか、移転するかは後で決める」と地元の方。金額を聞いて驚いた。後日、東京スカイツリーで入手した「奇跡の一本松保存募金」ビラには戸羽太市長自らが名義人となった募金要項が記載されていた。その後、切断され愛知県弥富町や京都で防腐処理が進行中、二〇一三年三月十一日の慰霊祭までに現地に戻す計画。葉の保存は困難でレプリカ、費用は一億五〇〇〇万円とか。

森林総合研究所や住友林業が接ぎ木・バイオ技術で再生に成功し育成中とか。松さんガンバレ！

陸前高田　一本松のある岩手県陸前高田市も壊滅的被害を受けた。市庁舎や市民会館などでも回向させていただいた。

高田高校（同校西約四〇〇mの市民体育館の津波浸水高一五・八〇m　前掲『東日本大震災津波・津波詳細地図』上巻四二図）の玄関横には故阿久悠氏の「甲子園出場」記念碑が誇らしげに、そして悲しげに残っていた。案内の関係者に「貸しがある」の意味を教えていただいた。

199 202 203　二〇一二年六月二十三日
200　二〇一二年三月九日
201　二〇一二年六月一日
204　二〇一二年六月二十三日
205　北京の長富宮ホテルでのNHKテレビより。二〇一二年四月二十二日

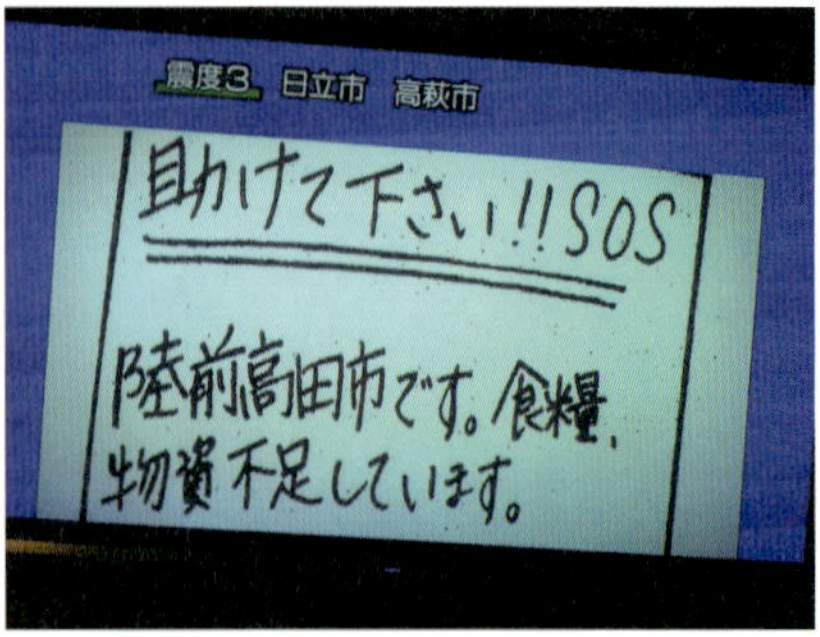

206

207

208

209

210

211

212

206 悲痛な叫び。二〇一一年三月十五日 NHKテレビより。

207 痛ましい死者確認。NHKテレビより。二〇一一年三月二十一日 陸前高田市の二〇一二年六月末での死者・行方不明者は一八〇〇人を超えている。総人口比七・七%。

208 道の駅「高田松原」。二〇一二年三月九日

209 陸前高田市中心部の惨状。右奥が市役所。二〇一二年六月一日

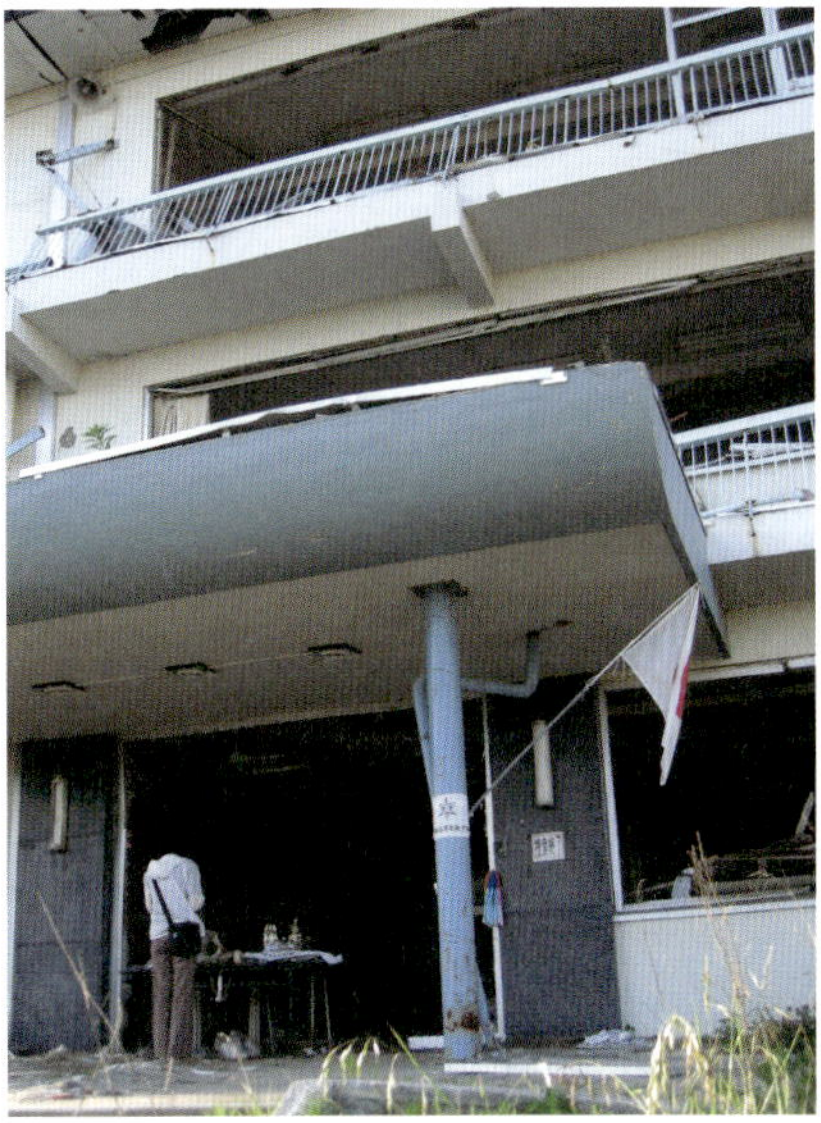

216

213

214

217

215

210　中央奥は当地出身の千昌夫氏が関与した「キャピタルホテル一〇〇〇」。二〇一二年六月一日
211　「捜索終了」が胸に迫る陸前高田市役所。中には飛び込んだ車二台や書類などが散乱。二〇一二年六月一日
212　この窓ひとつひとつに生活があった、人生があった。二〇一二年六月二十三日
213　ここで市民の方々により慰霊祭が行われた。後ろに瓦礫の山。二〇一二年六月二十三日　撮影：小島聡子
214 215 216 217　高田高校の惨状。「絆」を求めてここにも国旗。215は顔写真も散乱。217は記念碑。二〇一二年六月二十三日

「二十年以上前の夏の大会で、高田高校が守備していた八回裏、雨が激しくなりコールド負けした」と。ひょっとしたら勝てたかもしれない無念さを讃えた詩だった。今は大船渡東高校に間借りしているとも。

久之浜第一幼稚園・希望の桜　応援先の一つに福島県いわき市がある。その昔、新疆政府へ日中友好協会を紹介した時の団長・田畑金光副会長（元国会議員・元いわき市長）や佐久間昭氏（元いわき市議）の依頼で、講演し、フラダンスを観賞させていただいたこともある。

久之浜地区を慰霊にまわった際、幼稚園の無残な姿が目に飛び込んできた。そして、桜の幹に「この桜二本とベンチを残してください　園長」の札が。園長さんの悔しさと優しさを読み取った。手を合わせた。憎い海に向かってお経を唱えた。

次に行ったら、幼稚園は取り壊され、桜一本だけが残っていた。今年はこの桜の咲くのが観たいと、いわきでの開花宣言から数日後に行った。まだ蕾だった。横に細い苗木が植えられていた。是非観たいと、その五日後にまた行った。「凝り性和尚」とあだ名の由縁。

咲いていた。あいにくの曇り空だったが。園長さんがパナソニックの人から取材を受けておられた。苗木はパナソニックさんが東北の幼稚園へ贈呈している「桜プロジェクト」だった。前述したＰＨＰ研究所との関係の気安さから「ずいぶん細い苗木ですね、何時になったら咲くのでしょう」と言ってしまった。すみません。「すぐ生長しますよ」とさすが園長さん。また「塩害で今年は花が白っぽい」と。

218

219

220

221

222

218　田畑金光元いわき市長（右から四人目）らを新疆政府へ紹介して。天池にて。一九九六年　撮影：新疆政府

219 220 221　津波の激しさを物語る惨状。220は園舎内、221は園舎裏。園庭の前は海岸。二〇一一年五月八日

222　青木園長の願い。二〇一一年五月八日

225

223

226

224

227

223　残った一本の桜、奥は更地になった幼稚園。二〇一一年十二月二十八日

224　左が苗木。二〇一二年四月十六日

225　青木園長と妻。二〇一二年四月二十一日

226　今年も咲いたぞ。二〇一二年四月二十一日

227　手前は更地になった幼稚園、奥は新築中の家。二〇一二年十月七日

228

この時、いわきでの滞在は一時間一〇分ほど、タクシーでとんぼ返り。運転手さんの孫がこの幼稚園に通っていると。園長さんに会えたことといい、不思議な縁。

ウェブで調べたら、志賀学園平第一幼稚園に仮住まいと。デパートへ出かけ、鯉のぼり図柄の菓子を「オヤツ」にと送った。

園長さんから電話に続いて礼状が来た。お名前を知った。被災以来の様子が写真入りでA4四枚に「皆様からの心温まるお見舞いやご支援に心より感謝。……地震発生時、まだ八〇人の園児が残っていたが、小型・大型バスや駆けつけた父母会長のワゴン車で、全員無事に避難で

228　大震災一カ月後に咲いて人々に勇気をもたらした「希望の桜」。撮影：青木孝子園長　二〇一一年四月十四日

きた。歌や話で園児が不安にかられないようした、保護者に園児を渡したのは夜十時頃だった。……現在地での再開は困難、平第一幼稚園を間借りして合同保育。……東電第一原発（幼稚園北約三二㎞）の放射性物質も気になる中、放射線医学専門家による教育講演会を開催。……七〜十月で園舎解体。……週三日一回三十分の戸外あそびを始めた。安心安全に努めながら、久之浜第一幼稚園の再建に向かって一歩一歩前に進んでいく所存」などとご苦労ぶりが詳細につづられていた。

大震災一カ月後に咲いた桜「希望の桜」や元気な子供たちも紹介されていた。直後に函館へ行ったので、「オヤツ」を送った。すぐお礼の電話があった。さすがと感心。

更に後日談。前述した「浜○かふぇ」見学時、上野駅でせっかくだからと幼稚園用の手土産も購入。浄土宗災害復興福島事務所の馬目一浩師の運転で幼稚園へ。アポなしだったが、志賀理事長夫人や青木孝子園長に歓待いただいた。幼児たちの元気な声に勇気づけられた。

あるとき今後はとお聞きすると、「何時までも間借りしていては申し訳ない。以前の所は緑地帯になるので、別の所を探しているが、農地などの転用許可は時間がかかるし、高台の良いところは値上がりしていて」と。まことにご苦労さま。東京スカイツリーの千分の一の「オヤツ」を送った。すぐお礼の電話があった。なかなか出来ることではない。

十月の日曜日、運動会へでかけた。雨で延期になっていた。どなたもおられなかった。志賀理事長夫人がわざわざお越しになり、青木園長と約束していた保育支援金をお渡しした。元の久之浜第一幼稚園「希望の桜」はすでに葉を落としていた。道路はさんで家

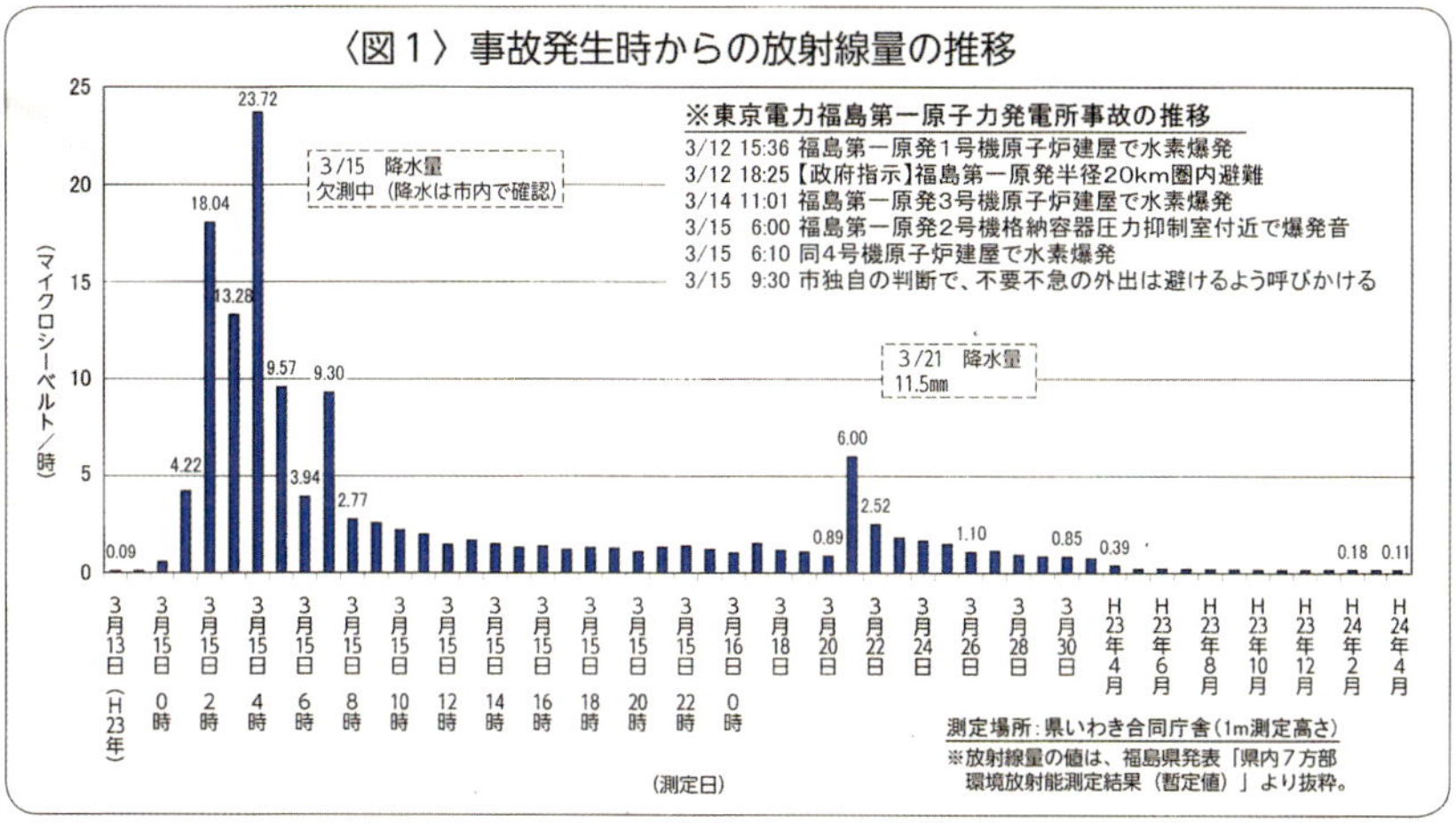

229

231

230

229　いわき市中心部にある福島県いわき合同庁舎前（原発南約四二km）での放射線量の推移。原発事故後に急上昇し、その後、減少している。『広報いわき』（平成二十四年六月号）より。

230　久之浜地区の惨状。このドラえもんで遊んだ子供は無事だったのだろうか。二〇一一年五月八日

231　地震・津波のあとに火事が。その時まで財産だった家々、「解体可」。二〇一一年五月八日

236

232

233

237

234

235

232　わずかな差が明暗を分けた。写真奥の家々は被害なし。二〇一一年十二月二十八日

233　土台だけとなった家々と残った小さな神社（この社南西約一〇〇m地点の津波浸水高七・三五m　前掲『東日本大震災津波・津波詳細地図』下巻八八図）。二〇一二年四月十六日

234　山積みされた瓦礫。いわき市（この豊間中学の津波浸水高六・九三m　前掲『東日本大震災津波・津波詳細地図』下巻八九図）。二〇一一年五月九日

が建設中だった。

【脱線】縁は不思議。運動会へでかけた時の運転手さん「志賀さんは地元の名士、お父さんの葬儀の時、花を届けた。薄磯の豊間中学（写真234）へも届けた。その日は卒業式、午前中に終わり、午後に津波がきた」と。手広く営業していた花屋さん、地震で倉庫がつぶれ、転職。「花屋の頃は正月三日しか休めなかったが、今は二日勤務、二日休み、家内も喜んでいる」と前向きだった。

がれき拒否　被災地へ入られた方が目にするのは至る所に積み上げられた瓦礫の山。金属・木材・コンクリート・繊維・プラスチックなど十数種類に分類中。一部は手作業で。ある方「もう一年やっている。写真や人形などが次々と出てきて、あの日を思い出す辛い作業。しかし収入のため街の再建のため続ける」と。こんな非常時でも分類する几帳面さと環境保護重視は日本人の誇るべき国民性のひとつだろう。中には分類手づかずも。

瓦礫は東北三県だけで約二〇〇〇万トン、全国の年間廃棄物の半分に相当するとか。街中を覆っていた瓦礫は、すでに片付けられ、各所に集められている。家のすぐそばにも。膨大な瓦礫の間での生活を余儀なくされている人々。財産が一瞬にして瓦礫に、笑いの生活が一瞬にして悲しみ苦しみに。

これを処理しないことには本格的復興は出来ない。処理されたのは二〇一二年六月末でまだ約二〇％のみ。仕分けされた瓦礫は埋め立てや焼却を待っている。三県だけで処

235　釜石市。車中より。二〇一二年六月一日
236　南三陸町。二〇一二年六月二日
237　陸前高田市。二〇一二年六月二十三日

理できず、広域処理が必要。
原発事故の福島を除いて、岩手・宮城の瓦礫に含まれる放射性物質は自然界同様のレベルなのに、多くの自治体が受け入れを拒否。現時点（二〇一二・七・一〇）で、青森・秋田・山形・茨城・群馬・埼玉・東京・静岡・福岡のみが受け入れ済み。と寂しい現実。「絆」と言いながら。

風評被害　放射性物質は眼に見えない。どの程度でどのように影響がでるかも実感として分からない。マイクロ・シーベルトという単位も分からない。レントゲンでこうだ、高空を飛行する時の被曝量はこうだ、自然放射線も大量、と説明されてもピンとこない。広島や長崎に落とされた原爆の放射能と福島原発事故の放射能とどう違うのかもメディアは明確に伝えない。

百数十回のシルクロード往復、四十数回核実験が行われたロプノール地区に近いトルファン～コルラ～ルオチャン間も度々通過した。楼蘭や小河墓地へも行った。新疆では合計二、三年は過ごした。筆者もかなり被曝しているのだろうが、すでに老体。何の心配もしていない（前述した松原哲明和尚一行を楼蘭に案内しようとした際、突然の「軍事演習」で立入りが禁止されたこともあった）。

東電原発事故一カ月後に原発正門で防御服も着ないで調査した高田純札幌医科大教授（放射線防護学）らが「安全」と発言しても、メディアの大量報道からは「不安」が伝わってくる。

福島産品は売上激減、福島観光地も大きな影響が出ている。福島県外のお茶や魚など

240

238

241

242

239

238　核実験の行われたロプノール地区楼蘭遺跡。九六年十月。この年七月で地下実験は終了したとか。

239　会津も観光客・修学旅行激減とか。是非とも訪れて。赤瓦に葺き替える前の鶴ヶ城。二〇〇九年正月。

240　桃農園は閑古鳥が鳴いていた。二〇一一年七月十三日

241　二年ぶりにオープンしたいわき忽来海水浴場、真夏の土曜日午後三時でもガラガラ。二〇一二年七月二十八日

242　二年ぶりの「相馬野馬追・神旗争奪戦」（一一年は規模縮小して騎馬行列のみ）も空席が。二〇一二年七月二十九日

もわずかな線量で販売自粛。関係者は泣いている。販売されている食品類には危険性はないはず。どんどん食べよう。海水浴場や温泉地も客は激減。観光地へドンドン行こう。それも支援だ。

京都大文字　その象徴的出来事が京都であった。原発から約二〇〇㎞離れた陸前高田の松で作った薪に犠牲者名や復興の願いを書いてもらい、「京都五山送り火」で燃やし、慰霊しようとの計画。ところが放射性物質が付着していたらと反対の声で中止になった。これが全国で報道されると、京都市は新たに五百本の薪を受け入れ、燃やすよう大文字保存会に打診。が、その薪から微量の放射性物質が検出され再び中止に。最初の薪は陸前高田で盆の迎え火として焚かれた。

「全国からの観光でめしを食っている京都、恥ずかしい」、「料簡の狭さを宣伝した」、「西陣織の宣伝のため『和服』で公務の市長、こんなときこそ、『日本の和』の先頭に立って欲しかった」、「でも子供が心配」、「何事でも反対派は声が大きく、賛成する人はあまり発言しない。行政は声を無視できない。民主主義の弱点」……と飲み会で京都の友人たち。

陸前高田を訪れた際、被災の方々に訊ねたら、「一度は断って、報道されたらまた依頼、結局中止、被災地を自分たちの宣伝に使っている」、「話したくもない」、「俺たちが燃やしたから」、「都会の人はこんなもん」と。

ちなみに筆者撮影のモニタリングポストの数値をご参照あれ。原発北約四三㎞の南相馬市役所前で〇・三八八、北西約六二㎞の福島駅前で〇・五八二、南約四二㎞のいわき駅前で〇・一七六マイクロ・シーベルト。京都の京都府庁前（二〇一一・七・三〇　午後二時十分時点）は〇・〇五四（文科省）。原発被災地の方々は京都の数倍から十数倍の放射性物質の中で毎日生活されておられる（筆者が暮らす東京は新宿で同日同時刻〇・〇四八　文科省）。

体たらく政府　現場は必死　永田町は日々茶番劇　こんな非常時なのに、党利党略自利自略を繰り返しスピード感もって決められない与野党議員ジイサンバァサンオッサンオバサンニイチャンネエチャン。税金泥棒。被災地を回るたびに聞かされた永田町や霞が関への不満。当然だ。昔ゴルフをやっていた頃、ＯＢギリギリセーフ（政府）のことを「自民党！」といった。今（二〇一二年八月現在）は「民主党！」（笑）。

いわきの作業員「岡田幹事長（当時）が相馬と浪江を視察した。工場長は作業服なのに、岡田は防御服を着てマスクしてゴーグルかけていた。頭に来た」と。

243

244

245

243 244 245　モニタリングポスト数値。
243はいわき駅前　二〇一二年四月二十一日、244は南相馬市役所前、
245は福島駅前
244 245とも二〇一二年七月二十九日

岩手の老人たち「こんな時には小沢先生がなんとかしてくれると思っていたが、被災地にも来ない。もう投票しない」と（念のためウェブで調べたら、二〇一二年一月に初めて岩手の被災地を訪問した）。

あの日から一年　たった。寓居のコンドミニアムで防災訓練があった。階段をテクテク下り参加した。丁度一年目の日曜日、さぞ沢山の方が参加されるだろうと思ったが、一割程度だった。

冒頭に紹介した銀座の時計、この日もその時間のままだった。保存して欲しいものだ。有楽町では「岩手日報」・「河北新報」・「福島民報」・「福島民友」の東北三県四紙による大震災翌日の各紙一面を特大紙に再掲載した合同プロジェクト特別紙が配布されていた。そこには「**あの日から一年。時とともに、震災の記憶の風化も進んでいます。**私たち岩手・宮城・福島の四つの新聞社は、被災地の「あの日」と「いま」を、あらためてつたえようと思います。この紙面は三県だけでなく全国地方新聞社のご協力によって、二〇〇万人の手に届けられます。**同じ空の下でくらす一人でも多くの人が、震災を忘れず、震災から学ぶこと。それが一人一人のため、被災地のため、この国のためになる。私たちはそう信じています**」と（太字は筆者加工）。

この日、日本中で黙祷が捧げられた。私たち夫婦は「プラハ・フィルハーモニア管弦楽団」演奏会会場で特別演奏された「新世界・ラルゴ（家路）」につづき観客とともに黙祷した。もう家路につけない方々を偲び。会場入口には半旗が風にそよいでいた。

「宅配便一件につき一〇〇円を寄付」と発表していたクロネコヤマト。一年たって配達

246

246 東北四紙特別版配布現場。

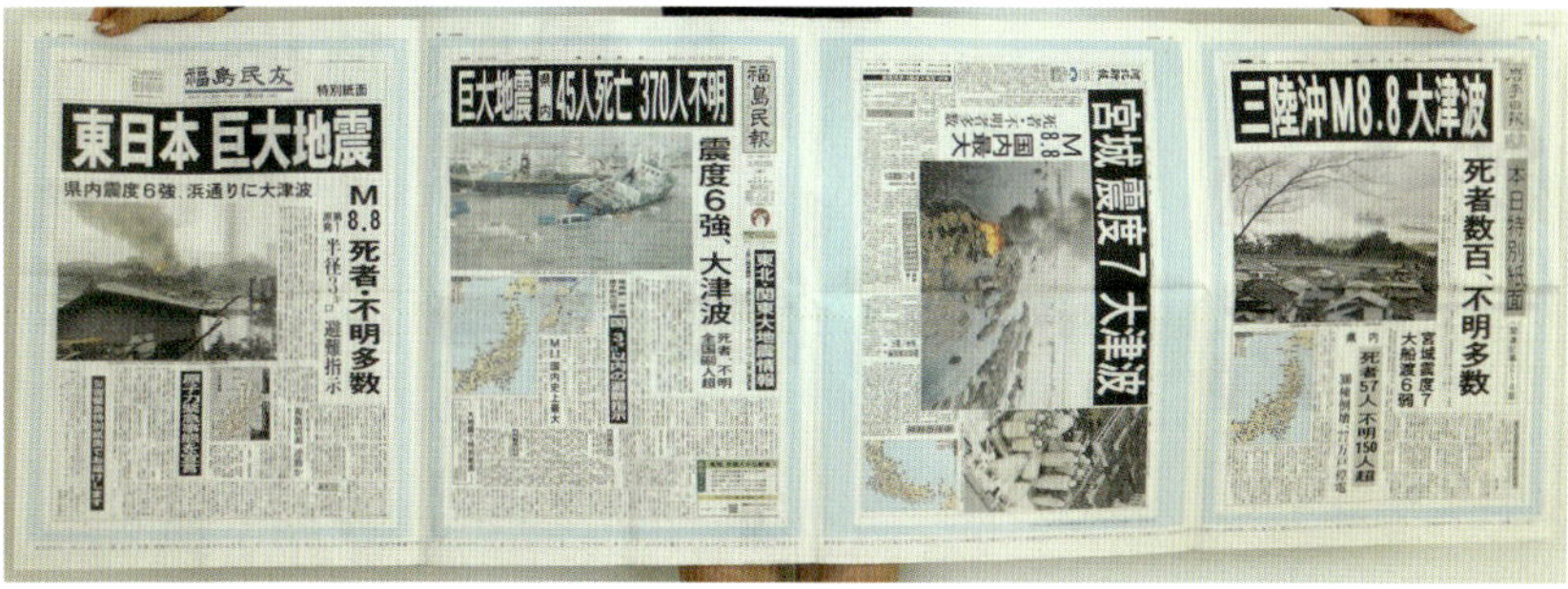

247

249

248

250

247　3・11の生々しい報道。
248　訓練の世話をする人たち、ありがとう。
249　止まったままの銀座の時計、是非保存を。
250　風になびく半旗。
248〜250すべて二〇一二年三月十一日

のお嬢さんに聞いたら「一四二億円」と。ユニクロは一年たって、「つづける服のチカラで」と追加支援を打ち出した。忘れられ始めている中での継続に企業姿勢を感じた。世の中には金持ちもいるもので、一〇億、一〇〇億寄付した個人も。企業では五億、一〇億は目白押し。外国では二〇〇億以上の台湾を筆頭に、一〇〇億余のアメリカ……。と多くの善意が寄せられた。義援金以外にも多くの国々・国際機関から様々な支援の手が。

芸能人ら　が歌や笑い・炊き出しを提供。大いに喜ばれた。一部の被災者「テレビや新聞を連れてこなければもっと良い。営業的ボランティア?」と。それも良いのでは。

心ない人たち　何回も被災地に顔をだしているといろんな話が聞こえてくる。

- 「遠い〇〇から来たから五〇〇円を三〇〇円にしてと言われた」と道の駅のおばさん。
- 「〇〇から来た人、無理やり貸し切り料金に値切った」とタクシー運転手。
- 「奇跡の一本松の前でピースして、撮影する人がいる」とボランティアガイド。
- 「いつもの〇〇のほうが美味いと言われて悔しかった」と仮設食堂のお兄さん。
- 「思い出したくない家族のことを、細かく訊ねられた」とお母さん。
- 「義援金を出した出したと何回も言われた」と仮設住宅の親父さん。

対立　多くの被災者の方々は今も仮設住宅などで生活しておられる。二〇一二年七月五日現在の避難者は三四万四一七一人（復興庁）。

仮設は仮住まい、住民税などは元の市町村へ。被災者には各種の支給が。そんなこんなで被災者と旧住民との意識の違いもチラホラ。あるいは他で生活して戻った人と避難しなかった人と。

前述した南三陸町防災庁舎で多くの職員らが犠牲になったのは、町長が高台へ避難させなかったからだと、職員遺族が業務上過失致死容疑で告訴状を警察に提出したとか。人間社会は難しい。ほかにも各種訴訟が数多く起きている。

バブル　復旧へ十数兆円という巨費が投じられるとか。一部の業種はバブル状態。土木・建設・運送や丸ごと長期借り上げ旅館・ホテル、パチンコ店や風俗店……。技術者や作業員も大幅不足。屋根修理一年余の七月やっとできたと知人。工事殺到で割高と。それらも回りまわって役に立つ。

土地の大幅値上がりは困ったもの。街ぐるみの高台移転などを見越して目ざとい業者が買い占めたとか。

251

252

253

254

251　岩沼市里の杜駐車場仮設住宅。二〇一一年五月七日

252　いわき市高久第一仮設住宅の集会所。二〇一二年六月六日

253　陸前高田市気仙町二日市仮設住宅。二〇一二年六月二十三日

254　各地で計画されている巨大堤防。気仙沼市大谷海岸には九・八m高が計画されている。二〇一二年九月二十三日

アメリカ大陸　へ各種がれきが漂着し始めた。漂流していた漁船がアメリカ沿岸警備隊の砲撃で沈没したとニュース。これから大量に流れ着く。世界の環境保護に尽力している日本である、漂着がれき回収も国家予算でしっかりと取り組んで欲しい。自然災害とはいえ責任がある。世界から尊敬される国家であって欲しい。

尊厳　亡くなられた方々の衝撃的写真を一部の海外メディアは伝えた。ウェブで閲覧したが、これでは人間の尊厳は保たれない、なぜ報道するのかと思った。国情の違いといえばそれまでだが。アメリカから一時帰国した姪っ子、しばらく食事がすすまなかったと。

ヘドロ一掃　津波により一部の地区では海底にたまっていたヘドロが一掃され、綺麗になり、今後の海苔や牡蠣の養殖に期待できると地元の人々。悲しみに沈む中、嬉しいニュース。しかし、そのヘドロは拡散しただけで無くなったわけではないので喜んでばかりはいられない。

全村避難・飯館村　を東西に貫く福島県道一二号線を往復した（二〇一二・七・二九）。川俣町〜飯館村〜南相馬市。ドライバー「ここは本当に可哀想。原発から約四〇km離れた山村、原発建設時に漁業権補償や施設建設などなにもなかった。『ボン！』で全村避難」と。六〇〇〇人が避難し、二〇〇人ぐらい残っているとも。人影皆無、家々・ガソリンスタンド・薬局・食堂・衣料品店・JA・郵便局……すべてが閉まっていた。警察署だけはパトカーが。農地は草茫々だった。となりの川俣町では稲が生長していた。南相馬で伝統の相馬野馬追を見て萱浜や渋佐地区などを視察し、誦経した。

255 256 257 258　全村避難の飯館村を貫く県道の左右、主を失い死んだような街。車中より。

259 260　飯館村の田畑は雑草が伸び放題。隣接する川俣町では稲が生育。

261　津波で三七人が犠牲になった南相馬市の介護老人保健施設。数十m先は何の被害もなかった。

255〜261まで二〇一二年七月二十九日　261のみ撮影：同行の方

262　二〇一一年五月八日時点の南相馬市国道六号線の検問所。ここから南は立入り禁止。

263　同日のカーナビ下方の⊗地点から南（下）へは立入り禁止。各地点に検問所あり。

262 263とも撮影：永野浩史氏

259

260

261

262

263

255

256

257

258

ドライバー「火事場泥棒というけど、あちこちで被害が出ている」とも。同じような話は多くの被災地で耳にした。「火事場泥棒」、拙著のどこかで書いたような。

大川小学校の惨劇　児童一〇八人中、七四人（内四人はいまだ行方不明）と教職員一〇人が犠牲となり、大きく報道された。その避難誘導判断の是非もふくめて。

二度目のお盆を前に哀悼の誠をささげた。前夜お世話になった南三陸ホテル観洋（高台にあり、津波被害は比較的軽く、避難者を受け入れるとともにいち早く営業を再開し、支援基地として大きな役割を果たした）から車で向かった。国道四五号線をはなれ海沿いの三九八号を南下。運転手さんが当時の模様をいろいろと。

北上川（追波川）河口あたりから復旧工事中で旧道を迂回。河口から五〇〇mぐらいで「この吉浜小学校では屋上に逃げた児童は助かった。避難所に指定されている石巻市北上支所に逃げた児童七人は住民約五〇人と一緒に流された。避難所で、ですよ。時計は止まったまま」と。北上支所は小学校（校舎西端地点の津波浸水高一二・〇二m　前掲『東日本大震災津波・津波詳細地図』上巻五五図）の向かい側、すでに解体され更地になっていた。

朝からの雨が激しくなってきた。河口から約四・六km上流の新北上大橋が見えてきた。「昨年十月に復旧。親戚も徹夜状態で働いた」と運転手さん。突貫工事で架けられた仮橋が津波の凄まじさを無言で示していた。

対岸（右岸）の大川小学校は雨にかすんでいた。小学校（校庭南端地点＝壁画写真右端土手あたり＝の津波遡上高九・〇九m　前掲『東日本大震災津波・津波詳細地図』上巻五五図）ではすでに多くの方がお参りされておられた。周辺の家々の瓦礫はすべて片付けられていた。

264

264 吉浜小学校へは一二mの津波が襲った。
265 校庭側から北上川堤防を望む。
266 雨にかすむ新北上大橋遠望。
267 左端が大川小学校。右端は新北上大橋。
268 校庭と裏山。
269 なむあみだぶつあみだぶつ……。
270 世界の子と手をつなぐ。
271 土砂降りの中、お参りはつづく。
264～271まで二〇一二年八月十二日
265 269 270のみ撮影：小島聡子

265

269

266

270

267

271

268

観洋で求めたお花を手向けた。雨脚が激しくなり伽羅香への着火は手間取った。誦経につづき、光明摂取和讃を唱え、哀悼の誠を捧げた。頬をつたわる雨に涙が混じっていた。この惨劇の児童たちとご遺族にとってはむごい和讃だ。運動場のすみにある児童たちが描いた世界の子供が手をつなぐ壁画にも合掌礼拝した。

動画でみた校歌二番「船がゆく太平洋の青い波　寄せてくる波　手をつなぎ世界の友と輪をつくれ　大川小学生　励むわざ鍛えるからだ　心に太陽かがやかせ　われらこそあたらしい未来をひらく」（冨田博作詞・曽我道雄作曲）がうかんだ。青い波は黒い大津波となって襲ってきた。もう世界の子供と手はつなげない。いまなお行方不明の四児童と教員一名を一日も早く家族のもとへ帰してあげたい。

人のこの世は長くして変わらぬ春と思いしに　無常の風はへだてなくはかなき夢となりにけり　あつき涙の真心を御霊のまえに捧げつつ　ありしあの日の思い出に面影しのぶも悲しけれ　されど仏のみ光に摂取されゆく身であれば　思いわずらうこともなく永久かけて安らかん　なむあみだぶつあみだぶつ　なむあみだぶつあみだぶつ

学校を後にする頃には雨はドシャぶりに。お参りはつづいていた。

避難誘導をめぐって対立があるようだ。校庭（海抜一m程度）より六、七m高い新北上大橋（大橋東端地点の津波浸水高七・七二m　前掲『東日本大震災津波・津波詳細地図』上巻五五図）の堤防脇（通称三角地帯・対岸からの遠望写真ご参照）でなく、学校裏山へ速やかに避難していれば助かったのではと。現地を観察してみると確かにそのようだ。コンクリート壁横の裏山は急ではあるが低学年児童でも登れないほどではない。ここへ避難し助かった児童・教員・住民もいた。今なら誰もが、そうするであろう。フィルムを巻き戻すことは容易なことだが……。

河口から約五㎞さかのぼって八ｍもの津波が来るかもしれないと、想定していなかったことが惨劇を生んだのだろう。指揮すべき校長が偶然にも休暇であったことも。運転手さん「先生の意見もまとまらず、駆けつけた父母からも避難先の意見も出たようで」とも。

津波はこの北上川を四九㎞もさかのぼったという（田中仁東北大学教授）。

その後出版された『ひまわりのおか』（岩崎書店）で、愛ちゃんのお母さん、理沙・昌明ちゃんのお母さん、凛寧ちゃんのお母さん、早李・瑠優ちゃんのお母さん、玲奈・湊斗・友梨里ちゃんのお母さん、未空・択海ちゃんのお母さん、小晴ちゃんのお母さん、堅登・巴那ちゃんのお母さんの「お母さんたちからの手紙」を涙ながらに拝読した。

大川小学校の惨劇をよんだ北上川について補足すれば、岩手県岩手町を水源として盛岡市・花巻市・北上市・奥州市・一関市などをへて宮城県登米市で新旧に分かれ、旧北上川は石巻市をへて太平洋石巻湾（仙台湾）に注ぎ、洪水防止のため追波川を活用して開削された新北上川は太平洋追波湾へ注ぐ。流路延長約二五〇㎞、東北最長で、全国でも四番目の長さ。大川小学校わきの北上川は新北上川にあたる。

北上川ゆかりの歌に「北上夜曲」がある。二人の少年により現奥州市で昭和十六年に創られた。北上市などに歌碑があるとか。当初の詩の題は「北上川のささやき―今はなき可憐な乙女に捧げるうた」であったとか。悲しい歌だ。また石川啄木の「やはらかに

272

273

272 『ひまわりのおか』（岩崎書店）
273 嗚呼、この海が。いわき市末続駅付近にて。二〇一一年五月八日 撮影：小島聡子

柳あをめる北上の岸辺目に見ゆ泣けとごとくに」も悲しい歌だ。

石巻　大川小学校のある宮城県石巻市も甚大な被害をうけた自治体のひとつ。誦経してまわった。ここでも若い人が花を供えておられた。半壊の墓地横のラーメン屋には国旗とともに海軍旗が掲げられていた。石巻市立病院（南約三三〇mの海岸地点の津波浸水高七・五三m　前掲『東日本大震災津波・津波詳細地図』上巻六二図）は閉鎖され、近くの薬局は水没したまま。家の向こうには瓦礫の山。この椅子に座っていた人は今どこに。

日和山公園（石巻城跡）から市内を一望した。被災前の写真が展示されていた。案内の方が是非とも各地の人に見て欲しいと。同方向の現状と比較されたい。川は旧北上川。海側は全滅状態。倒壊した墓石と数軒だけが……。

274

275

276

277

274　がんばろう石巻！がんばるぞ！日本。撮影：案内の方
275　ラーメン屋さん、がんばって！
276 277 278 279　石巻市立病院付近の惨状。
280 281 282 283 284 285 286　現状と日和山公園に展示されている同方向の大震災前の写真。

278

279

280

281

282

283

284

285

286

287

288

289

290

287 アメリカシアトルから被災地を「学び」に来たアジア系アメリカ人が楽しんでいた。石巻駅にて。
288 別方向も壊滅状態。
284〜288すべて二〇一二年八月十二日
289 最終校正中の一三年一月に再び回向に伺うと「がんばろう石巻」看板前に被災状況写真が。
290 看板前に掲示されている必死の願い「がんばろう石巻」の季節変化。
289 290ともに二〇一三年一月十三日

三、希望、それがいちばんの力

忘却の彼方　人間は忘れっぽい。同じことが三年続くと、それが常態と思うとか。日本は地理的条件により春夏秋冬花鳥風月を楽しむことができる。一方でその地理的条件により天災大国。今回の東日本大震災後には、「白鳳地震」・「貞観津波」・「宝永地震」などがあったと盛んに報道された。そんな大昔のことでもなく関東大震災（一九二三年　死者・行方不明＝一〇万五三八五人　異説あり）は約九十年前のこと。北海道・奥尻島を津波が襲ったのは約三十年前。書き出せばきりがないほどだ。

大津波記念碑　岩手県浄土ヶ浜に建つ注意喚起の碑を紹介したい。昭和三陸地震（一九三三年　死者・行方不明＝三〇六四人）の翌年建てられた記念碑には「大地震の後には津浪が来る　大地震があったら高い所へ集まれ　大地震の後には津浪が来る　津波に追はれたら何處でも高い所へ　遠くへ逃げては津浪に追い付かる常に逃げ場を用意して置け家を建てるなら津浪の来ぬ安全地帯へ」と刻まれている。この碑も今回の大津波で倒れ、その後再び建てられた。その隣には、チリ地震津波（一九六〇年　死者・行方不明＝一四二人）の記念碑が。このような「津波注意喚起」記念碑は田老（グリーンピア田老東約一㎞地点の津波遡上高三三・三二m　前掲『東日本大震災津波・津波詳細地図』上巻二二図）などにも。

建立時はその気でも、いつの間にか忘れてしまう。忘れることは人間の能力のひとつだろうが。東北各地には「津波浸水想定区域」看板が多数設置されている。今回はこの

291

291 関東大震災各地の惨状。コレクションしている絵葉書より。

295

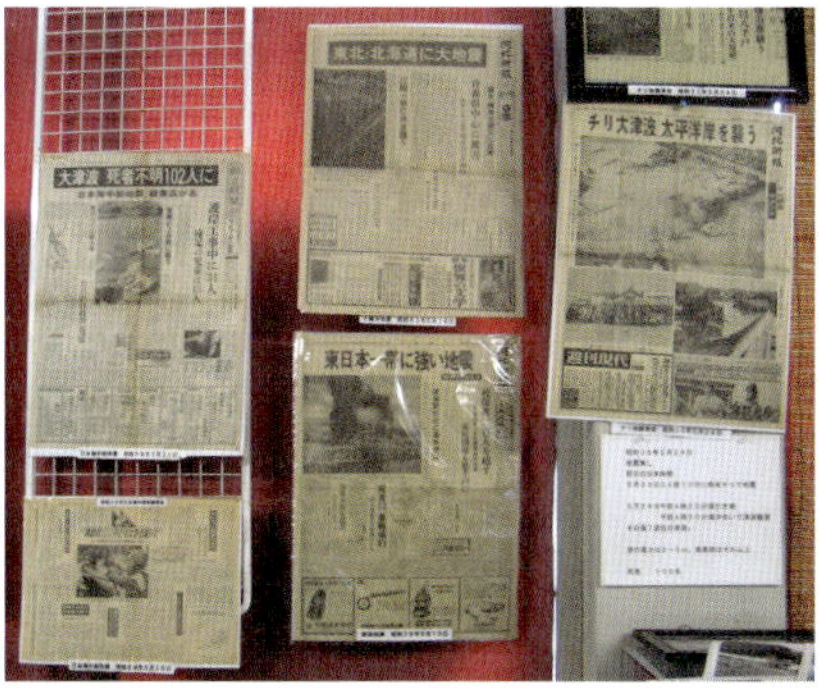

292

296

293

294

292　チリ津波などを報じる新聞。松島レトロ館二階展示場で許可得て撮影。二〇一一年七月十三日

293 294　昭和三陸地震とチリ地震津波の記念碑。二〇一二年六月一日

295　南三陸町志津川地区にて。二〇一二年六月二日

296　函館駅前にて。二〇一二年五月十九日

看板より低いところで大きな被害が発生。看板は「看板倒れ」に終わっている。
今回も数年後に各地に記念碑が建てられ、記念公園が造られるだろう。それはそれで良いことだが、毎年毎年、その場所で「本格的」避難訓練をやって欲しい。

北海道・青森・茨城・千葉…… 大震災では岩手・宮城・福島三県で甚大な被害が発生したが、他県でも大きな被害が。北海道・青森・山形・茨城・千葉・東京・栃木・神奈川・群馬でも死者が。日立・水戸・高萩などでは市役所庁舎の倒壊危険のため仮庁舎で業務中。千葉県では津波被害のほかに浦安市など東京湾岸の埋立て造成地で液状化現象が広範囲に発生した。

死者・行方不明の方々に追悼の誠を 二〇一一年三月二十八日時点の死者は一万一〇〇四人、行方不明は一万七三三九人、合わせて二万八三四三人、負傷者二七七八人、建物全半壊一四万七七三九戸（警察庁）。一時は死者が七万人を超えるのではとのニュースも流れた。ウェブには今もその動画が残っている。一二年八月一日時点では死者一万五八六七人、行方不明二九〇三人、合わせて一万八七七〇人（警察庁）、さらに震災関連死を含めると二万人をこえる。ご冥福をお祈りするばかり。行方不明者の一日も早い発見をお祈りするばかり。これからも各地へ伺い回向を続けさせていただく。小僧ながらに。

次の大震災？ M7クラスの首都圏直下型大地震の発生確率は四年以内に七〇％、三〇年以内に九八％、と東大地震研究所が発表した（二〇一二・一・二三）。「南海トラフ」大地震が発生したら、死者最悪三二万人・全壊焼失二三八万棟と内閣府が被害想定を公表した（二〇一二・八・二九）。

火山列島の日本には活火山も多数。桜島では二〇〇二年から〇八年まで年間百回以下だったのが、〇九年七百五十五回、一〇年千二十六回、一一年千三百五十五回と急増し、一二年は昨日（八・二七）までに八百四十一回も噴火している。鹿児島地方気象台発表。富士山の周辺でも地割れ・地熱上昇・湧水などの異常現象が起きていると報道されている。日本人が愛してやまない富士山が噴火したら……。

3・11の大型余震も必ず来る。東電福島第一4号機も心配だ。千五百三十三本の燃料棒が。万一にも4号機使用済み燃料プールが崩壊したら、日本は壊滅的状態に。いや世界に大影響が。少なくない人が言及している心配事だ。そのわりに政府や人々も軽視しているのでは……。

今回の大震災では東京湾でも最大二・八三mの津波が観測されている（講談社『首都直下地震東京二三区震災避難マップ』二二頁）。千葉県ではコスモ石油や丸善石油化学で石油タンクなどが火災爆発。東京湾は巨大石油タンクで囲まれ、大型船も大量に出入りしている。首都圏直下型大地震が発生したら大災害は必至。他の地方も同様だ。台風もある、集中豪雨も増加している。亜熱帯化も進んでいる。

日本は天災が絶えない。着々対策が必要だ。それには巨費が必要。この地区は津波〇〇mまで、集中豪雨〇〇〇㎜まで、震度〇までは耐えられる対策をとる、それ以上は無理、と分けないことには。数百年に一回の災害に備えるが、千年に一回の災害には備えないと。明確にし、人々が納得しないと。際限なくの対策は不可能。

あれもしてこれもして、しかし税金は払いたくないでは、対策は実施できない。

天災とともに暮らしていく覚悟が必要。天災による被害を減少させる対策が必要。天災を増大させる人災を防ぐ仕組みづくりが必要。防災・減災がこれからの社会テーマ。

悲しみ苦しみ乗り越えて　数回目の気仙沼鹿折地区で「力強い復興の決意」を見させていただいた。「負げねえぞ　気仙沼」の旗を掲げたコンテナに「すがとよ酒店の記憶と記録」が掲示されていた。「気仙沼で酒屋を九十余年。津波で祖父・祖母を亡くし、父親は今も行方不明。ここにあった店舗兼自宅は全壊し、家財も根こそぎ流されたなか、残された家族で酒屋を続ける決心をしました。被災地の人間の務めとして『絶対に風化させない』という意気込みがあります。別の土地で同じような災害が起きた時、被害を少しでも少なくしてもらいたいという『願い』があります。被災地で何か感じていただけたら、そのことを身近な人に話して下さい。お願いします」（要約）と「決意と願い」が記されていた。

　展示されていた写真から被災地の方々の苦闘ぶりを感じ取って頂きたい。各地で微力支援を続けている者として、「身近な人に話して下さい」にそい、紹介させていただく。

　当日は時間の関係でお店へ寄れず、帰京後、電話でお話しし地酒などを友人たちへ発送した。すぐ達筆の礼状をいただいた。

「……あの日以来、息子達と夢中で歩んでまいりました。多くの方々にご支援頂き助けて頂いて、なんてこんなに温かい人達がいるのだろうと感激いたしました。生かされた私達は亡き人達の分も生きてゆかねばと思っています。主人もようやく帰り両親の元に安らかに眠ることが出来ました。私は何があってもこの地で生きていこうと覚悟しております……」（要約）と。行方不明だったご主人は一年三カ月たった一二年六月五日に発見された。

同封されていた「負げねえぞ　気仙沼　すがとよ酒店」には、支援者の勧めで「恋文大賞」（京都・柿本商事企画）に応募し大賞を受賞した「あなたへ」が記されていた。「……あなたはきっと何処かで私たちのことを見守ってくれているでしょう。季節の巡りは早く間もなくすず風が吹いて秋がやってきます。願わくは寒くなる前に、雪の季節が来る前にお帰り下さい。何としても帰ってきて下さい。家族みんなで待っています。私はいつものようにお店で待っています。只々ひたすらあなたのお帰り待っています。平成二十三年八月二十一日　菅原文子」（抜粋）と、ご主人への愛情が。ウェブにも掲載されている。ご覧のほどを。

日本テレビNNNドキュメント「おかえりなさいが言えるまで」も全国放送された。一三年春にはPHPから本も出版されるという。楽しみだ。

旅立たれたご主人の友人マルニシわかめ社長の温かい援助で、その一角を借りて仮営業中の店へ伺うと、大歓迎された。前向きな三代目女将菅原文子氏やご子息・姪子・お孫さんたちとの楽しいひととき。その後も数度お伺いし「ありがとう」貼紙も拝見。「ありがとう一日百回運動」（後述）提唱者としては嬉しい限り。「ありがとう葉書」や「ありがとうスタンド」・『念仏の道ヨチヨチと』もお届けした。お客様への粗品として。

「区画整理・被災建物の基礎撤去・地盤かさ上げが終わるのは、平成二十九年、あと五年も待たねばならない。亡き人たちも想う気持ちを大切にして、この『厳しい寒さ』を

297

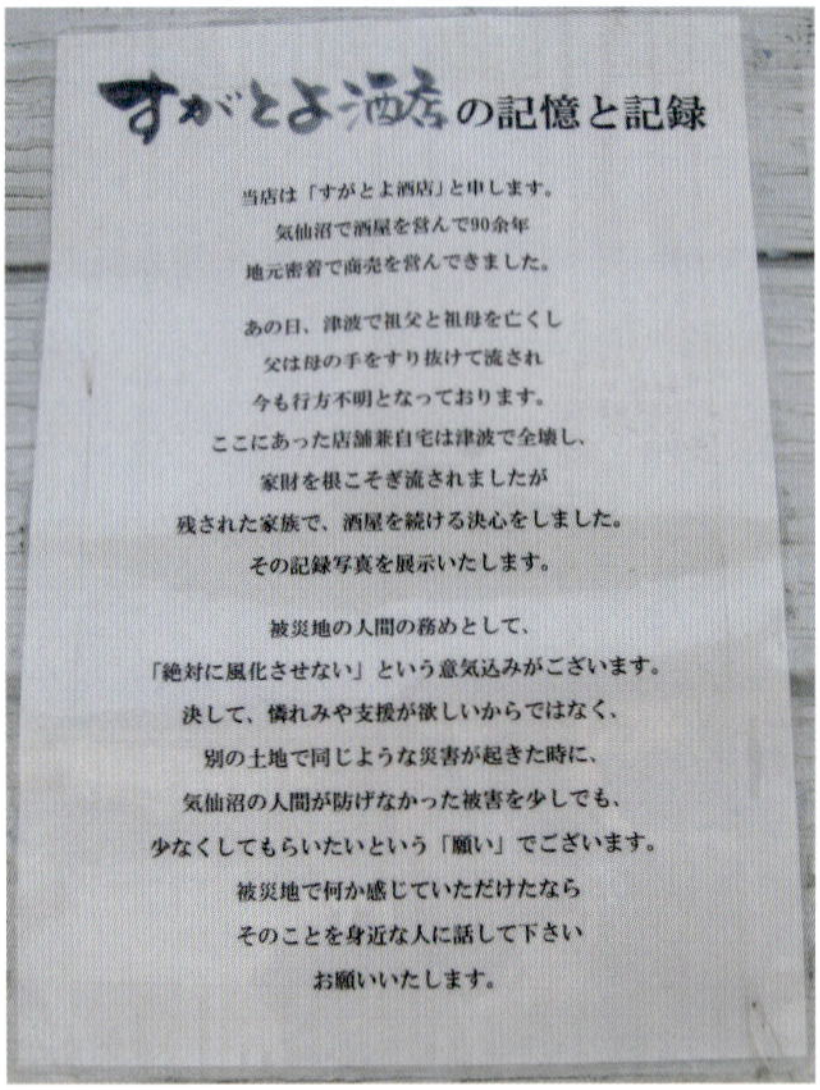
すがとよ酒店の記憶と記録
当店は「すがとよ酒店」と申します。
気仙沼で酒屋を営んで90余年
地元密着で商売を営んできました。
あの日、津波で祖父と祖母を亡くし
父は母の手をすり抜けて流され
今も行方不明となっております。
ここにあった店舗兼自宅は津波で全壊し、
家財を根こそぎ流されましたが
残された家族で、酒屋を続ける決心をしました。
その記録写真を展示いたします。
被災地の人間の務めとして、
「絶対に風化させない」という意気込みがございます。
決して、憐れみや支援が欲しいからではなく、
別の土地で同じような災害が起きた時に、
気仙沼の人間が防げなかった被害を少しでも、
少なくしてもらいたいという「願い」でございます。
被災地で何か感じていただけたなら
そのことを身近な人に話して下さい
お願いいたします。

298

15:38 陣山から撮影 津波がすべてを流していきました

299

15:39

300

16：30 中央に水没した「すがとよ酒店」

301

震災前のすがとよ酒店

302

震災後のすがとよ酒店 津波は屋根付近まで到達しました。

303

2011.2.27日撮影【鹿折歩道橋　次男の息子が通学路を歩く練習をした時に、たまたま撮った写真
304

2011.3.20日撮影【鹿折歩道橋】ガレキをよけたばかりでまだ車は通れなかった。奥に共徳丸が見える
305

父が店を守ろうとシャッターを閉めていたため、割れずに残った酒達。復活の種となってくれました。
306

4月23日　すがとよ酒店 太田店開店　13坪の土地に6畳のプレハブとテントで再出発です
307

すがとよ
営
業
中
8月10日　すがとよ酒店　鹿折バイパス店　開店：流されずに残った店の看板を付けました
308

ご観覧ありがとうございます。
もし当店に興味を持っていただけたなら
ぜひお店にお立ち寄りください。
「写真を見た」と言っていただけたら
「特製ステッカー」と「手作りパンフレット」を
商品お買い上げのお客様に差し上げます。
負けねえぞ気仙沼
現在地
309

297 298 299 300 301 302 303 304 305 306 307 308 309　全滅した被災地に「すがとよ酒店の記憶と記録」。その「決意と願い」・大震災前後の写真の数々。二〇一二年八月十一日

311

310

312

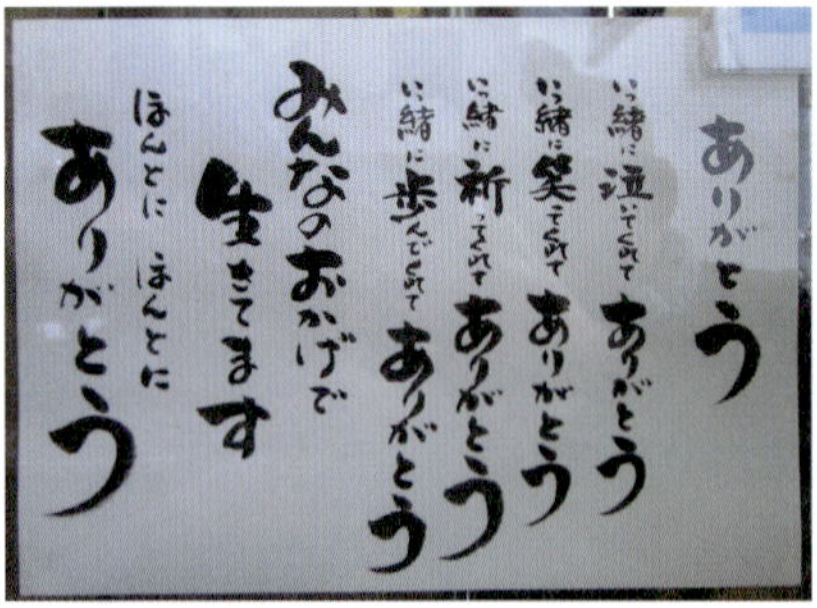
ありがとう
いっ緒に泣いてくれて ありがとう
いっ緒に笑ってくれて ありがとう
いっ緒に祈ってくれて ありがとう
いっ緒に歩んでくれて ありがとう
みんなのおかげで 生きてます
ほんとに ほんとに ありがとう

314

313

仙沼江戸前づくしの会

315

乗り越えたい」と雪の日。

「復興祈願酒・負げねえぞ気仙沼」(伏見男山)は辛口で気にいっている。あちこちへ贈り好評をえている。銀座の名店「鮨からく」に仕入れを開始していただいた。これからも微力応援させていただきま〜す。戸川基成・古今亭志ん輔・佐藤美佐子・松井敏郎各氏やアーバンさんの協力をえて「江戸前づくしの会」もすがとよ酒店と準備中。

さあ〜家を建てるぞ〜　いわき市久之浜地区、ご遺族が手向けたであろう花に手を合わす向こうでは家の建設が始まっている。石巻市大室附近でも津波で立ち枯れした林の横で建築が始まっている。

若者は希望の灯　全滅状態の墓地のとなりは石巻市門脇小学校。津波後の火事の焼け跡も生々しい校舎前では子供たちが野球の練習。この子らの元気な掛け声こそ希望の灯。

船出・水産加工施設・がれき焼却場・港湾施設・BRT……　気仙沼ではサンマ漁安全祈願をおえた船が出港し、南三陸町では瓦礫処理場の建設が始まり、いわき市では港湾施設の建設が急ピッチで進んでいる。気仙沼線のBRTも動き出した。ほかの被災地でも復旧の足音が聞こえはじめた。

政府・行政、頼むぜ！　それらを政策・予算で支えるのは政府や行政。現場は必死、永田町は日々政局茶番劇。と前に書いたが、遅々とはしているが、霞が関とともに動いているのは事実。ただ遅いだけ。スピード上げて「がんばっぺ」。

原発南一二km・楢葉町　は一年五カ月たった八月十日、立入禁止(警戒区域)が解除され、避難指示解除準備区域となり、寝泊まりは出来ないが立ち入りは自由になった。

310 311　陣山から撮影した鹿折地区。気仙沼は一m近く地盤沈下し海水でたえず浸水。二〇一二年九月二十二日

312　陣山から雪の同方向組み写真。津波は右方向から襲ってきた。左端はあれ以来、列車の通らぬ大船渡線。その右に第十八共徳丸。中央は修理された冷蔵倉庫。赤○印がすがとよ酒店跡で頑張る「すがとよコンテナ」。二〇一二年十二月二十八日　撮影：すがとよ酒店様

313　三代目女将菅原文子さんと「負げねえぞ」。二〇一二年九月二十二日　撮影：女将の姪子さん

314　ほんとにほんとにありがとう。菅原文子氏書。二〇一二年十月二十七日

315　最終校正中に、「江戸前づくしの会」を開催し、気仙沼に元気と笑いをお届け。銀座の鮨と落語をふるまい「すがとよ酒店」応援。菅原茂市長ら一〇〇名様拍手の連続。二〇一三年二月九日

316

319

317

320

318

321

316　中央奥、新築中。いわき市にて。二〇一二年四月十六日

317　こちらも新築中。石巻市にて。二〇一二年八月十二日

318　子供たちの元気な掛け声。石巻市にて。二〇一二年八月十二日

319　サンマ漁安全祈願。気仙沼市にて。二〇一二年八月十一日

320　瓦礫処理場の建設。南三陸町にて。二〇一二年八月十二日

321　港湾施設の建設。いわき市にて。二〇一二年八月十二日

322 323　岩の左が元の道路、その左が約一・五mかさ上げされた今の道路。さらに約一mかさあげして加工場建設が始まっている。329のフカヒレ加工も元気を取り戻しつつある。気仙沼市にて。二〇一二年九月二十三日

325

322

323

326

324

327

324 325 製氷工場も復活。お巡りさんも仮設交番で奮闘中。気仙沼市にて。二〇一二年十月二十八日

326 線路跡に造られた専用路を走るBRT。地元は鉄道復旧を熱望されているが、BRTもひとつの前進にはちがいない。JR気仙沼線の最知～陸前階上間。二〇一二年九月二十三日

327 売れ残っていた分譲地は建築ラッシュ。避難してきた人達が多いとか。いわき市にて。二〇一二年十月七日

始まった生活再建、なにかお手伝いできないかと、現地へ伺った。３・１１の二カ月後は近づけなかった原発事故対応基地「Ｊビレッジ」も接近できた。防御服の方々が働き、休憩されておられた。まことにご苦労さま。

閉鎖されたままの道の駅「ならは」から遠望する楢葉の町は静かだった。パトカー以外は行き交う車も殆どなく、国道六号線は閑散としていた。両側の家々店々はすべて閉まったまま。一部には地震の影響も。町役場もまだ稼働していなかった。店や自販機が荒らされていた。楢葉中学改築工事は当日から止まったまま。工事予定表はその週のまま。運動靴は乱れたまま。田畑は草茫々。山側の常磐自動車道は通行止めのまま。

ＪＲ常磐線竜田駅横のトイレは「核燃料税交付金施設」、こども園バスは「電源立地地域対策交付金事業」と記されていた。スクリーニング（放射性物質の付着検査）と食品放射能簡易分析測定の準備が行われていた。原発事故がらみで無人と化した竜田駅ホームから北を眺めると、富岡・大熊・双葉・浪江・南相馬への錆びついたレールが泣いていた。

富岡町へは立入り禁止。一日も早い生活再建を願い誦経していると機動隊員が接近。「ご苦労さん。ここからは行けません。引き返してください」。大阪府警だった。原発からＪビレッジへ戻ってくるのは原発事故対応の工事車両ばかり。運転手以下全員が防御服を着ている。彼らも検問を受けていた。この地点から第一原発まで直線で約一三km。楢葉町の海側（第二原発がある）からは約一二km。しばらく唱えて引き返した。第一では毎日三〇〇〇人が働いていて、廃炉までには三十〜四十年かかるという。福島は地震・津波・原発・風評の四重苦。嗚呼。

328 329　Ｊビレッジの一角。厳しい作業を終えて休憩する人たち。まことにご苦労。三七七頁の写真17とほぼ同じ場所。比べてみると、原発事故現場の変化が感じられる。

331　道の駅「ならは」はしまり、自販機もこのとおり。

332　行きかう車もほとんどない。

333 334 335 336 337 338 339　無人の楢葉町。

328

329

330

331

332

333

334

335

336

337

338

339

340

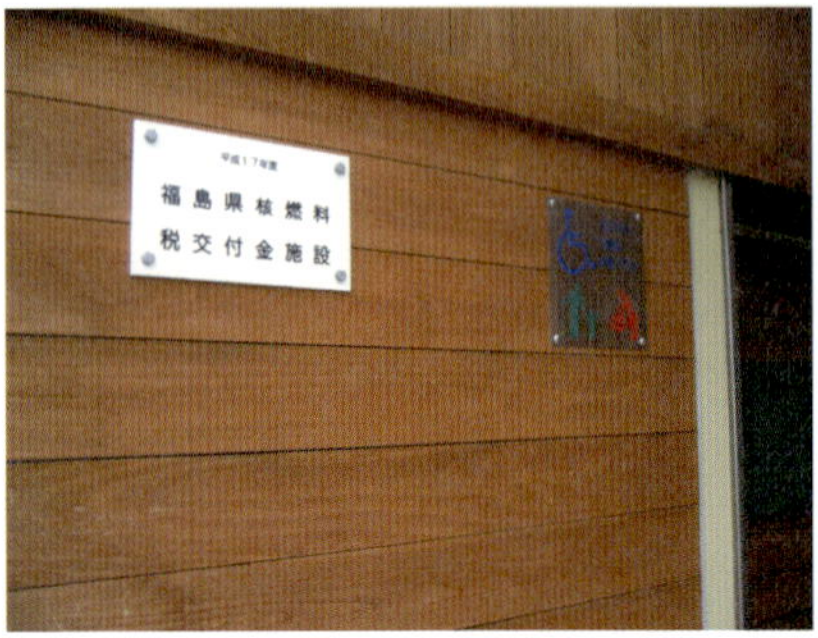

341

342

343

344

347

345

348

349

350

346

351

352

353

340 散乱する靴。

341 342 過疎地にとって原発がらみ交付金は大きい。

343 準備中の放射能測定所。

344 原発からもどってくる車、全員が防御服。

345 346 悲しい駅舎。ここから北への再開はいったい何時になるのだろう。

347 ここから北は立ち入り禁止。撮影：小島聡子

348 349 350 モニタリングポスト。

328～350 すべて二〇一二年八月十八日

351 東電福島第二原発を望む。防波堤は破壊されたまま。

352 タクシーは休業中。

351 352 ともに二〇一二年十月七日

353 除染作業中。広野町にて。二〇一二年八月十八日

この時の放射線モニタリングポストの数値は、道の駅で〇・三九一、町役場で〇・二七三、天神岬で〇・七五七マイクロ・シーベルト（東京新宿　同日午前九時〇・〇四九）。

原発をどう思いますかと問うと、「難しい。感情では廃止でも、原発が無くなったら生活も町もやっていげねぇ。原発ぐらいしか産業がねぇ。原発のない都会とは違う」と作業していた方。この日は雷鳴が鳴りつづけていた。

道にも家の中にも人影は皆無だったが、生コンクリート工場だけは再開の準備をしていた。タクシー運転手さん「再建の第一歩が始まったばかり。今は泊まれないので、家の整理にくるにしても水や食べ物持参しないといけないので殆どいない。自分も解除されてからは初めて。すこしずつ良くなりますよ」と、この言葉で救われた。楢葉町の南の広野町では除染作業が行われていた。

立入り禁止解除から九日目、まだ何も動き出しておらず、結局お手伝いできることは見つけられなかった。

十月にはいって再び訪れた。第二原発ちかくの稲荷神社で第一原発の早期収束を祈願した。堤防は破壊されたままだった。楢葉タクシーではワイパーを「お手上げ」のように広げた車両が厳しさを語っていた。楢葉北小学校のモニタリングポストは、〇・四八六。二宮金次郎さんだけが勉強中だった。八月訪問時には殆ど見かけなかった車も数台走っていた。おじいさんを一人だけ見かけた。道の駅では双葉警察署臨時庁舎の準備中だった。

この日、野田首相が第一原発4号機や楢葉南小学の除染現場・Jビレッジを視察した。

復興支援酒場　あの日から至る所に募金箱が置かれた。それも無くなり、今ではあまり見かけない。大震災は過去のことになりつつある。被災者にとっては昨日のことなのに。

新橋に「店の利益全額を岩手・宮城・福島三県へ寄付します」と宣言して営業を続けている店がある。一部ではなく全額だ。利益の一部といった曖昧表現の店は各地にある。利益全額を寄付すると宣言している店はめったにない。友人たちを誘いもう何回も行った。

ＮＨＫＢＳ放送のため西田敏行や森公美子ら東北出身者が取材に来たと舘岡店長。彼ら秋田県人が威勢良く迎えてくれる。東北の民謡を聞き、東北の地酒・料理を飲み食べ、東北を支援しようと何時も満席。毎月の売上・利益一覧表も明示。九月で一端決算して、

354

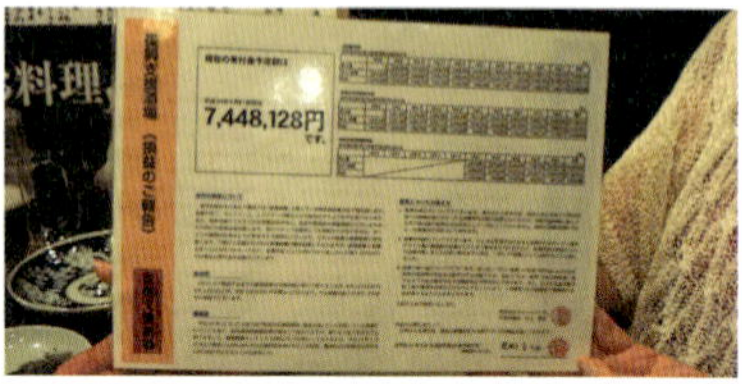

355

356

357

358

354　全額寄付を宣言している復興支援酒場。
355　売上。利益一覧表、税理士のサイン入り。
356　色紙を手にした舘岡店長。
357　みんなで、がんばっぺ！東北。撮影：舘岡店長
358　秋田のドリームリンクが経営している。

社員が三県の県庁へ届けると言う。デトロイト近郊から一時帰国した姪子家族を紹介すると、舘岡店長が記念にと撮ってくれた「がんばっぺ！」。来年末までつづけると男気ある決断。十二月に行くと舘岡店長らが合計千五〇〇万円を岩手・宮城・福島の県知事・副知事へ持参したと。これからも利用するぞ〜。乾杯！

忘れないで　支援時、お世話になった「気仙沼プラザホテル」のホームページの一部をコピーさせていただく。被災地の人々の気持ちおくみとりを（太字は筆者加工）。

「平素は格別のご高配を賜り、厚く御礼申し上げます。昨年は東日本大震災により、私たちの住む三陸・気仙沼地域も甚大な被害を受けましたが、海外・全国各地より心温まる励ましのお言葉やご支援をいただきながら一歩一歩復興へ向け歩むことができております。

しかしながら、日を追うごとに風化していってしまう現状、支援の「輪」「絆」が途切れてしまうのではないかという恐怖感が湧き上がってきております。まだまだ問題は山積しておりますが、一日でも早い地域の復活に向け支援活動にご尽力いただいております皆様方に、心より感謝と御礼を申し上げますとともに、今後とも変わらぬご愛顧を賜りますようお願い申し上げます。

従業員一同、元気に営業をしております！　二〇一二・一・一六　支配人　堺　丈明」

鎮魂と復興の花火　が二度目のお盆を前に八月十一日午後七時から五分間、被災地十三地区で一斉に打ち上げられた。岩手県の野田村・宮古市・山田町・大槌町・釜石市・大船渡市・陸前高田市、宮城県の気仙沼市・石巻市、福島県の南相馬市・会津美里町・

359

362

360

363

361

364

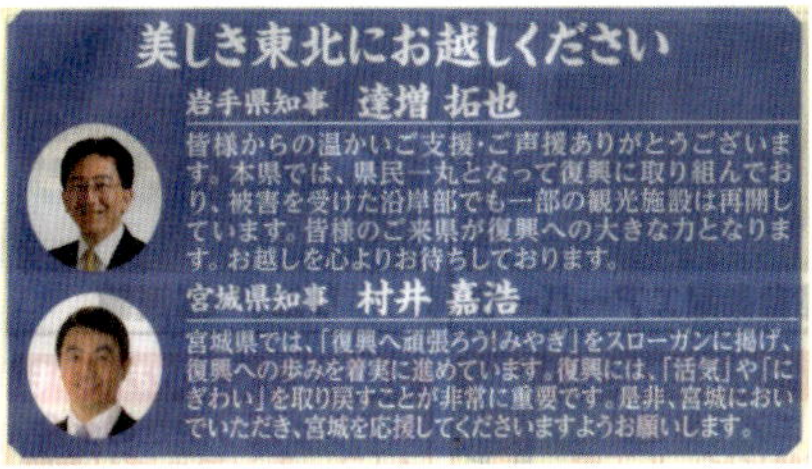

367

365

368

366

359　この老婦人の悲しみを決して忘れない。陸前高田市役所にて。二〇一二年六月一日　撮影：小島聡子

360　来年はもっと元気な花火が上がるだろう。気仙沼にて。二〇一二年八月十一日

361　みんなで、復興元年にしよう！　石巻市ガイドブックより

362　街を元気にとライトアップされた気仙沼内湾地区。中央は大島へのフェリー連絡船。二〇一二年十二月二十二日

363　一年四カ月たった七月、JR品川駅の自由通路は暗いまま。でも、皆さん前へ歩き続ける。

364　ありがとう、ありがとう、ありがとう！　小名浜にて。二〇一二年十月七日

365　東京モノレール浜松町駅にて。

366　希望、それがいちばんの力。NHKテレビより。二〇一一年六月十一日

367　クラブツーリズム『旅の友』二〇一二年七月号より。

368　みんなで、みんなで、みんなで、みんなで、みんなで！

広野町・いわき市。「東北を日本を花火で元気に」、「絶対に忘れない」をテーマに、LIGHT UP NIPPONの呼びかけで。

私たち夫婦は気仙沼で祈る気持ちで「拝観」した。「つらい」花火だった。予算も少ないようで寂しい花火だった。それでも被災地の方々と「希望と勇気」を感じあった。亡くなった家族を思い出し、涙ぐむ人もおられた。がんばるぞ〜。応援つづけるぞ〜。

東北は強い　通うたびに感じることは「東北の人たちは本当に強い」ということ。四一〇頁以降の「がんばろう東北」に如実に表れている。これが他の地方だったら「がんばろう○○」といった声がこれほど強く激しく出てこないのでは。

厳しい風土や歴史に鍛えられた東北魂。美しい東北はきっと復旧し復興し、さらに輝くだろう。励まされるのはこちら、東北から元気をもらおう。

行こうぜ！東北　買おうぜ！東北産品　一人ひとりの力は小さくても、一人ひとりが力を出せば、大きな力になる。被災地では今なお多くの同胞が塗炭の苦しみ受けつづけながら、必死に戦っておられる。それが二年近くたった現実。手を差し伸べるのは当然のこと。それぞれがそれぞれの方法で。

まだ続けるぞ〜　老残微力応援を。一庶民、何も出来ないが、何かはできる。ヤルと決めたことはヤル。もう二十回、行ったけど何回でも通うぞ！東北。年末のキップは購入済み、二〇一三年正月「被災地に学ぼう」で諸氏案内も決定済み。二月の協力企画も提案中。三月・四月の名古屋・京都での被災者講演会も内定している。

みんなで泣こう。みんなで進もう。みんなで笑おう。去年は泣いた。今年来年再来年は進もう。数年後には笑えるように。被災された方々にとっては苦しいことが今もいっぱい。でも力あわせて前進、前進、また前進。

三陸鉄道久慈駅に置いてあった（二〇一二・五・三一）中三女子の体験談をそのままコピーさせていただくとともに、プロカメラマン撮影の写真を借用できたので掲載させていただき、本章を終わりたい。本章はひとまず終えるが東北応援は終わらない。

東日本大震災を体験して・・・中学3年　女子

・・・黒い波。それにのまれていく建物や船。高台で見た光景は、まるで現実ではないようだった。私は思わず泣いてしまい、うつむいていたが、後ろに立っていた姉が、「ちゃんと見てなきゃいけないんだよ」と言った。「友達が…、友達は大丈夫かな？」「大丈夫だから心配すんな」と何度も言ってくれた。

波が引いて、私も落ち着いたので、姉と一緒にさっき見たのとは反対側の方を見に行った。私は言葉を失った。家並みがあった場所はすべて海になってまったく違う景色が広がっていたからだ。私は悪夢を見ているようだった。津波とは大きな波が迫ってくるものだと考えていたが、実際に見たときは、黒い海が盛り上がって来るように見えた。

雪が舞う寒さの中、家に戻る事にした。その後も強い余震が続いた。夜はろうそくをつけ、いつ食糧が手に入るかも分からない状況だったので、おかゆを食べた。夜寝る時は、茶の間で、母と祖母と姉と一緒に寝た。震災の 2 日後までは、茶の間の扉を開け、靴を置いてもしもの時に備えた。連絡が取れなかった父が帰ってきたのは4日後の夜で、ラジオで私の中学校の生徒が23人行方不明だと聞き、心配していたと言っていた。その後も水も電気も来ない生活が続き、給水車が運んでくる水をくむのが日課となった。そして、曜日感覚も日付感覚も無くなった。寝る時、下から地鳴りが聞こえ、眠れない日もあった。水と電気が来たのは 20 日後で、そのときは本当にうれしかった。

東日本大震災を生き延びた者として、後世の人達に伝えたいのは、「ここは大丈夫」という甘い考えは捨て、自分の身を守るために危機意識をしっかり持って行動して欲しいということだ。そして、私が一番強く感じたのは、「自分達は多くの人達に支えられて生きている」ということだ。給水車で毎日水を運んでくれた福井県の方、いつも見回りをして下さった大阪府や北海道の警察の方、その他様々な支援をして下さった国内・国外の沢山の方々。本当に感謝の言葉しかない。

ある日、ラジオでこんな投稿が紹介されているのを聴いた。投稿した方の息子が、災害支援の活動として募金活動をしていたそうだ。その息子がある日、投稿者である親に「今日の募金箱は軽かったよ」と言った。「なんで？」と親が聞くと、「お札が多かったから」と笑顔で答えたという。なんだかとても心が温まったし、心強く感じた。もしまたどこかで大きな震災が起こったら、そのときは被災した方達のために自分にできる事を考え、出来る限りの事をしたいと思う。

369　気仙沼市鹿折地区で捜索中の東京消防庁隊員。2011年3月12日　写真：三陸新報社（スキャン使用）

370　気仙沼市鹿折地区で捜索中の東京消防庁隊員。2011年3月12日　写真：三陸新報社（スキャン使用）

371　捜索中の自衛隊員。撮影地・月日不詳　写真：『自衛隊員が撮った東日本大震災』（マガジンハウス）掲載

372　気仙沼市鹿折唐桑駅前の惨状。2011年3月13日　写真：『浜らいん』編集部

373　大船渡市の惨状。2011年5月3日　撮影：村田プリントサービス

374　陸前高田市の惨状。2011年5月3日　撮影：村田プリントサービス

復興へ

375　気仙沼市波路上瀬向地区にて。2011年4月24日　写真：三陸新報社（スキャン使用）

※三七〇頁の答え。十分でした。
　拙著タイトル中の「人生燃えつき店じまい」は当然ながら拙僧自身に対してであり、他者に言及していないことを付記させていただく。

（衝撃的な写真は掲載を控えた。記載は必ずしも時系列でない）

第八章　ありがとうすべてのすべてありがとう

生きるとは「感謝」。みんなが「ありがとう」と、言える世の中を！

そんな願いをこめて生きてきたアホ小僧のあれこれ。

一、ありがとう一日百回運動

人生は感謝。

旅は道づれ、世は情け。銀河系地球号で旅を続ける七〇億人。敬いあい支えあい助けあうことが必要。感謝しあうことが重要。昔から「駕籠に乗る人担ぐ人そのまた草鞋を作る人」と言う。敬いあい支えあい助けあうことで社会は動いている。

しかし現実は、親が子を殺し、いじめで同級生を自殺させる世相。騙す人があふれる社会。日本のみならず世界中で、次からつぎへ起こる悲しい出来事。暗い出来事が次々と起こる現代。不愉快・不透明・不可解なことがつづく日本そして世界。認めあい敬いあい感謝しあう気持ちが減っているからでは。

希望にみちた地球を子供たちに残すためには助け合いが必要。日本を、世界をより良くするには感謝こそ大切。感謝こそ自分も周りも幸せになる秘訣。ありがとうは幸せの力。

そんな願いをこめて、会社経営も文化財保護研究も国際貢献も……実践してきた。そんな願いの一端として、「ありがとう一日百回運動」を二十年ほど前から提唱している。

ある台風の時、新幹線に閉じ込められ、京都から東京まで通常の約三倍、八時間かかりたどり着いた。これもまた得がたい経験、ありがたいこと。このような「一見ありがたくないことも、ありがたいと受け取ることが幸せになるコツ」では。感謝を無理にでも見つけて元気をいただいている。

「ありがとう」と出来るだけ多く言うようにしている。出来るだけ多くでは、はっきりしないので一日百回運動。店の方なら何百回と言うだろうが、仕事としてではなく一日百回は中々だ。出会う人々・電話・手紙・食事・買物・乗物……。自販機や自動改札にも。

「ありがとう一日百回運動」を推進すべく、「駱駝だより」に続き、「ありがとう葉書」を発行。今は「ありがとう便り」を出している。これまでに皆様から「ありがとう便り」によせられた「ありがとう」のタイトルを紹介したい。

さらに篤志家の浄財をいただき「ありがとうスタンド」を作成。ご自身を〇〇支部長

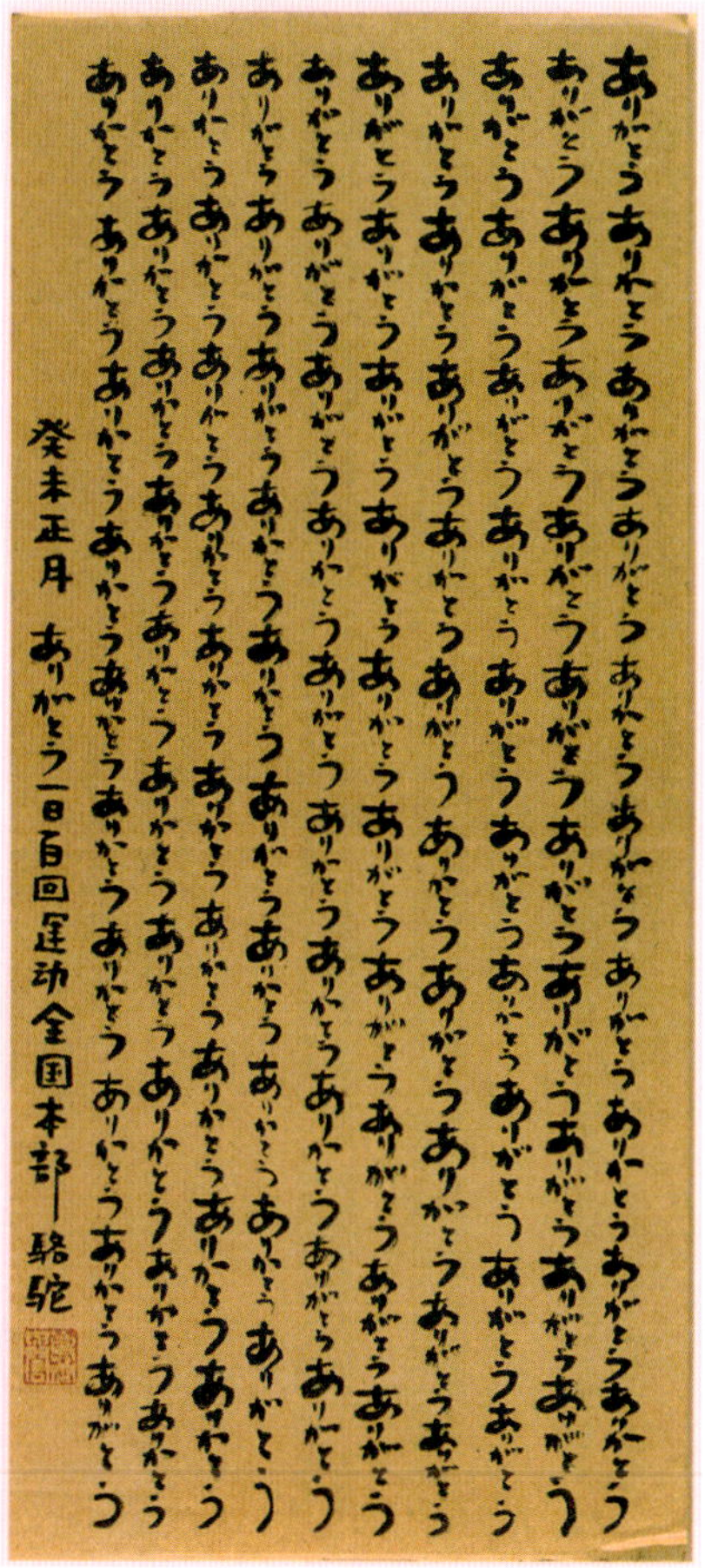

1

1 「ありがとう」百回落書き。

に任命いただき、支部名と芳名を記入。カードは十二枚セットされ、片面三十の「ありがとう」と思った事などが記入できる。楽しい一日にするために活用いただいている。若干在庫あり、ご希望の方は一報くだされば。

ありがとうは魔法の力　ありがとうすべてのすべてありがとう

日本ゆるぱんクラブ　運動といえば「日本ゆるぱんクラブ」も提唱している。身体を締め付けるのは健康に良くないとの考えから。細く見せたいという女子の皆さん（いやいや昨今は男子も）、是非お試しを。小僧は下着も作務衣もゆ～るゆる。寝る時は下着を履かない。マリリン・モンローはシャネルＮＯ５だけで寝たとか。粋ですね。

足を長く見せたいとハイヒール履いて、外反母趾に。鼻を高くしたい、色を白くした

これまでに「ありがとう便り」によせられた「ありがとう」

信長時代の人生50年をとっくに過ぎても生きていることに感謝／暖かい布団ありがとう／お日様も雨降りもありがとう／テレビ・ラジオ・新聞・電気・ガス・水道・ガソリン…ありがとう／明るく元気な孫たちありがとう／不況もありがとう／春に植え夏に生長し秋に実った小さなさつま芋に感謝／12 年間発掘、皆様に蟻×10／ありがとうりくつぬきでがっしょうするとうときすがたうつくしきかな／目が覚めて今日も生きているありがとう／交通整理のおばさんありがとう／物心ついた頃は雨漏りする借家、粗末でも雨漏りしない自宅を所有する現在、感謝の気持ちが溢れ出る／ありがとう！と 100 回、ひらがなで書いたら 3 分 13 秒／足をくじいて歩行困難、2 週間送迎してくれた夫にありがとう／あたりまえのように動いてくれている五体にありがとう／般若心経を唱えてありがとう／夫婦そろって仕事ができてありがとう／1 万歩目標に出歩く楽しい一日ありがとう／走り続けて 3 年目、足に感謝／風呂・ビール・妻のマッサージに感謝／降車する際、運転手さんがありがとう、こちらもありがとう／お互い様おかげ様にありがとう／今日一日にありがとう／両親にありがとう／伊勢神宮初詣で倒れ皆さんに病院へ運んでもらい心筋梗塞の手術、救われた、有難いという言葉の重み／150 万の同胞が命からがら逃げ帰った旧満州、多くの屍の上に成り立つ平和日本ありがとう／桜さんありがとう／咲かせてくれたお寺さんありがとう／42 年間ありがとう社員 17 年役員 25 年、多くの方に感謝感激雨霰／公園に捨てられていた臍の緒がついたままの赤子、発見者の機転で病院へ元気に泣き声、この子の強運に感謝／三隣亡もありがとう／テロの影響でツアー中止、でもありがとう／タイル製造工場は 42 度、一杯の麦茶にありがとう／東海大地震予言ありがとう／ありがとう、サンキュウ、ダンキシェーン、シェーシェー／中学卒業 50 年目の同窓会に出席できたありがとう／喧嘩もありがとう／シルクロード旅行に感謝／自宅火災に学んで感謝／第二の故郷名古屋の皆さんありがとう／ありがとう毎日言うと気持ちいい／お婆さん動物までにもありがとう／鑑真号で来日 20 年、多くの方に謝々／先祖に感謝／母親に心こめて感謝／ニューギニアで戦死された〇さん安らかにお眠りを、ありがとうございました／黄斑円孔になり多くの方にお世話になりありがとう／苔さんありがとう／生物多様性にありがとう／菩提寺の楼門上棟ありがとう／母国での心づかいにアメリカから感謝／世界中からの大震災救援に感謝／ありがとうの大切さを伝えよう／イヤな人もありがとう／免許高齢者講習ありがとう／ありがとうと言われてこちらこそありがとう／空と説く先師の教えありがたや／娘をお願いしますアリガトウ／再来日衷心的感謝／ガン宣告をうけ今を楽しむことにしたガン様ありがとう／感謝力凄い／苦労された戦中戦後の人たちありがとう／ありがとう一日 100 回音頭／……

2

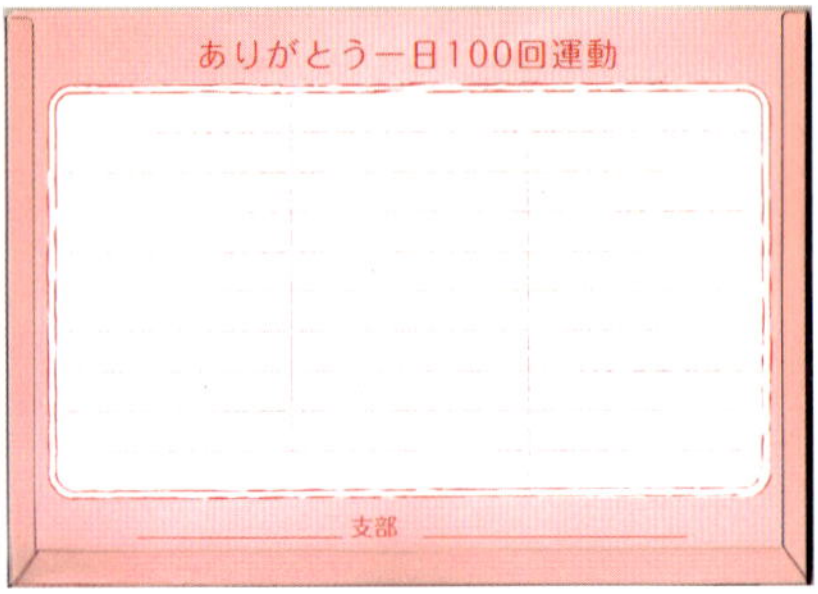

3

2　皆様からよせられた「ありがとう」。

3　「ありがとうスタンド」。

い、しわを取りたい、痩せたい……みんなみんな概念では。太った人、足の短い人、色黒の人、しわの多い人……が美しい国もあり、時代もあった。

三十代さかのぼると、合計五億三六八七万九一二人の血が入っている。どのＤＮＡが濃く現れるかで、人はさまざま。筆者のように、足が遅くて手が速い、色が白くて腹黒い、鼻が低くて背も低い……オジンも生まれるというものだ（笑）。

概念を脱ぎ捨てて、抵抗するのは止めて、楽しくゆったり有意義に生きましょう。


【脱線】そのモンローとケネディー大統領との「お熱い交際」は有名。モンロー御用達シャンパンは「ドン・ペリニヨン」。ケネディー大統領がダラスで暗殺される前夜に飲んだシャンパンも「ドン・ペリニヨン」。オバマ大統領の邸宅はワインが千本貯蔵できるセラー付き。と『クイズワイン王』（葉山孝太郎氏　講談社）に紹介されている。

では、ここでクイズ。ドンペリを造っているのはモエ・エ・シャンドン。仏蘭西国シャンパーニュにある同社地下には何本のワインが貯蔵されているでしょう。見学した際、教えてもらった。正解は本章末に。

つづいてクイズ。ドンペリなどはモエ・エ・シャンドン社の地下貯蔵庫で熟成され、出荷のときを待っている。この地下貯蔵庫の通路の総延長と第一章に登場したアメリカ国防総省の廊下はどちらが長い。これも本章末に正解が。

【また脱線】そのモエ・エ・シャンドンはヘネシーと合併、さらにルイ・ヴィトンと合併し、LVMHとなったのは二十数年前。現在では、プッチ・ブルガリ・ロエベ・ディオール・セリーヌ・ゲラン・ショーメ・デビアス・クリュッグ・ブーブクリコ・ルイナールなど約六十社を傘下に置くコングロマリット。二〇一一年エルメスの買収に乗り出し、両社で攻防が続いている。LVMH株はユーロネクスト市場に上場している。ブランド好きの貴女、商品よりこの株を買ったら？　三分の一ぐらい買えば、すべてが貴女のものですよ（笑）。

【さらに脱線】ドンペリつながりで一話。小渕恵三首相の時、金大中韓国大統領が来日、両首脳は「二十一世紀に向けた新たな日韓パートナーシップ」に署名。天皇陛下主催の宮中晩餐会で供されたのもドン・ペリニヨンだった、と『ワインと外交』（西川恵氏　新潮社）。

【またまた脱線】ドンペリつながりでさらに一話。第二章で紹介した桑山征洋社長の叙勲と魚津市名誉市民の祝賀会が昨日ニューオータニで開催された。出席者四八〇人の乾杯はなんとドンペリ。不景気といわれる中なんと剛毅なことか。なんと気風のいい人もおられるものだ。筆者は今日ウルムチ着。「濃霧で午後の数十便が着陸できず、他の空港へまわった、小島さんは運が強い、何か強い酒を飲んできたのか」と新疆政府外事弁公室のムバラク処長。酒と運とが関係あるとは初耳。

ちなみにこの方「新疆大学で小島奨学金を九二年から四年連続獲得、卒業後は北京で十年仕事、その後オーストラリア留学二年、帰って外事弁公室」と。縁は楽しい。

二、すべてのご縁にありがとう

人生は楽しくゆったり有意義に。

ここまでは「笑って働き食べ飲み出し寝た」の笑って働きをだらだらと書いた。これからは書きもらしたことなどを。

飲む打つ買う　ほどほどに楽しんだ。アルコールはあまり強くない。若いころ、T社とくちゃん、F社ゴトウ社長、T社カツヤ社長らと飲みあるいた。ある時、酔っ払い家にたどり着き、トイレまで行けず、庭で……。その飲み友達も旅立った。

新疆ではパイジュウ（白酒）、六十度を超えるものも。今では無理強いも少なくなったが、暫く前までは宴会といえば乾杯の連続、そのたびに一気飲み。しこたま飲んで、部屋は転がり込みバタンキュー。夜中にトイレへ。終わった時、悲劇は起きた。ふたが倒れてきた。酔っ払っていてとっさの対応できず「下半身」を直撃。

ニヤ調査最盛期のころ、初代学術隊長井ノ口泰淳先生（現浄土宗西山深草派管長・龍谷大学名誉教授・西域文献学の泰斗）のあとを継いで、第二代学術隊長になっていただいたのは田辺昭三先生（故人・京都造形芸術大学教授・学士院賞受賞）。酒好きで有名だった。というより、当時の考古学界は飲めないと一人前ではないと言われていたほどで、皆飲んだ。灼熱の大沙漠で発掘が終わり、夕食後の日中双方の打合せが終わると、いよいよ田辺御大の「講義」が始まる。飲まないと怒られたものだ。

大宴会　時はくだり、二〇〇五年一月、小河墓遺跡。あれほど盛り上がった宴会は無い。同遺跡を初調査したのは中瑞西北科学考察団のベックマン、一九三四年のこと。以来、中国の考古学者がその位置を探し求めたが、果たし得なかった。二〇〇〇年ようやく到達、調査が開始された。規模は大きくないが、重層して埋葬されミイラとなった多数の遺体発掘は並大抵ではない。新疆文物考古研究所の伊弟利斯所長（現名誉所長）を隊長として進められた。彼らの慰問に行くこととなり、新疆文物局の盛春寿局長らと出かけた。盛局長が用意した大量の肉や飲み物などの慰問品を沙漠車で運び込んだ。河こえ沙漠こえたどり着くと数十人がハグして大歓迎！

大量のミイラに経をあげ、遺構を観察し宴会となった。盛局長の慰労挨拶一気乾杯。筆者もへたな中国語で慰労挨拶でまた一気乾杯。伊弟利斯所長の感謝挨拶一気乾杯。町の宴会なら飲むまねですむが、ここはそんなムードはない。全員が一気乾杯。大型テントの中の十人ほどが順々に挨拶乾杯。その繰り返し。同行した中国中央テレビのカメラマンが執拗に撮影。とても放映できないと思うのに。

頭フラフラ。中国では酔っ払うことは、弱みを見せること。飲んでのんで飲みぬく。これも外交。三時間ほどつづいて全員がグロッキー。先にもう寝ると。この一言で彼らも助かったといった顔。これも外交。シュラフにもぐりこむまえにトイレへ。とても一人で歩けない。介添えに抱えられても、仮設トイレまで行けない。やむなくすぐ近くの砂のうえに。バタンキュー。夜中に大声で奇声を発したと後日、言われた。

昨今はワインを少々　加古栄元校長（故人）ら「小島和尚を囲む会」の諸氏と西安ツア

ー。風邪をひき、帰国後もしゃっくり、めまいと絶不調が数カ月。そんななか薬師寺の安田夫人一行を案内してエンデレ遺跡参観。そのころは殆ど食べられず激瘦せ。静養を兼ねて上高地帝国ホテルへ投宿。「食欲がでますよ」とシャンパンを勧められた。営業用推奨かと思ったが、飲んでみた。胃壁がジャブで刺激されているようで、食がすすんだ。それをきっかけにワインを始めた。アロマや味もピンキリ、その歴史や文化背景が面白い。薀蓄好きと同席するのも楽しい。コルトンシャルルマーニやバタールモンラッシェ・シャトームートンロートシルト・シャンベルタン……。そして坊主つながりの同業者ドンペリやクリッグも愛飲。ＤＲＣも度々楽しんだ。甲州ワインや葛巻・カリフォルニア・チリも美味しい。

凝り性ゆえに『プレミアムワイン入門』や『神の雫』・『シャンパン・ブック』なども読んだがよく分からない。気に入りは葉山考太郎氏の『クイズワイン王』（講談社）だ。実に楽しい。活用させていただいている。

【脱線】高価なワインほど落胆が大きく、手ごろなワインほど納得感が多い。工業的ではあっても工業製品ではないワインのなせるわざ。そのワインもストローで飲む昨今。ここでも時代は超変化。

打つ　最初はパチンコ。大学受験に落ち浪人しているころ熱中した。次が競馬。ブロック製造会社に勤めていた頃。十二時のサイレンとともに競馬場に駆け込み、馬券を購入。結構勝った。後に宝石商創業時の資金となった。

ビジネスをしている間は、打つは休止。最近はジャンボ以外にロト6も買っている。自分で番号が選べるところが面白い。大当たりしたことはない。当たった時の使い道は決まっている。そのうちに当たるだろう。宝くじは打つには入らない?

買う　「買う」の経験はない。「出愛にお礼」をしたことはある。創業した会社が軌道にのり、「幻の名車」と呼ばれたトヨタ二〇〇〇GTを乗り回していた時代だから、もう四十年も昔か? 夜中まで働いていたが、時には定時退社しバーで朝礼。今はクラブとか。しばらくいて数店へ。十二時頃最初の店へもどり、お譲さんたちと食事へ。そのあとのことは書くのはよそう。相手のあることだし、妻も生きている。秘すれば花のたともある。離婚寸前となり、土下座して許してもらったとだけ書いておく。ローマではこんなことも。女性のアパートでいつも間に寝てしまい朝になり車でホテルへ送ってもらった。

そのころ、店のマネージャーに「社長、つけがたまっているそうですね」と言われた。そんなことはないはず。いつも個人で現金払い。領収書ももらわなかった。当時カードは普及してなかった。聞けば偽者が名前をかたって数店で飲んでいると。それらの店へ出かけ、払った。筆者の名前を信頼して、つけで飲ませたのだから。店の人は驚いた。

得度したのちは出愛の機会もなくなった。

衣食住　衣。僧侶になって良いことのひとつは、衣服があれこれいらないこと。普段は作務衣に草履。法要など参列時は正式法衣。社長時代のように今日のネクタイは、靴はと考えなくても良い。僧侶は日本に約一〇万人と聞く、殆どの方は普段はスーツ姿。筆者は着ようにも一着もない、社長退任時に全て処分した。約二十年、冬でも素足でとおした。フィンランドへオーロラを見に行った時、面白いことが。各国からの観光客が雪の上を歩く筆者を盛んに撮影。素足が異常に思えたらしい。東京へ転居したら床がフローリング、素足だとべたべたして気持ち悪く、それからは足袋。

食こだわり　坊主が食にこだわっていては話にならないが、旨いものは旨い。不味いものは不味い。

名古屋の「寿し銀」へ三年間毎日、昼と夜通った。「名古屋の寿司なんて、すしは〇〇」と聞こえてきそうだが伊勢湾や三河湾をひかえて良い魚があがる。それに輸送や冷蔵技術の発達で日本中どこでも美味しい鮨が食べられる。銀座で修業した大将は、最近のすしとは一味ちがった本筋をだしてくれる。店が休みの日曜日は大将の家で食べた。異常だ。旨いと不味いはすぐわかった。旨い中にも幅があり、それが分かるのに三年。昨今は銀座「からく」へほぼ毎週、帝国の鮨テナントで修業した江戸前は逸品。その一〇分の一にもならない京都駅の回転すしMへも大学出勤時に。一人で済ませるにはうってつけ。

会席料理　これまた随分と。名古屋時代は「河文」、今は京都「吉兆」など。盛付にこる店がふえているのは時代の流れか。味そのもので勝負して欲しい。和食は日本の宝。フレンチは赤坂見附「トゥールダルジャン」や日本橋「シグネチャー」。ワインを始めてから。料亭とは別の雰囲気が面白い。天麩羅や中華も時々。軽くは「つばめ」や「讃アプローズ」・「磯松」・「シェーネル・ヴォーネン」など。フレンチも立ち食い時代到来、変化は速い。回転フレンチも出来るのでは。

そんな席での楽しみのひとつはお客様。見るとはなしに目にはいってくる人間模様が楽しい。接待。結婚記念。見合い。ファミリー。別れ。秘めた仲。初デート。打合せ。誕生日。一番つまらないのがゴマすり接待。

料理も総合的評価が大切と思う。ロケーションから始まって、インテリア・器・飲物・サービス・客筋・香り・室温・BGMなどすべてが重要。味だけではない。その店の歴史、理念も評価の対象だ。最重要はもてなしの心。

Mなどの格付け本は一切参考にしない。先日もある☆☆☆店へ。何故と疑った。ムーリスの三つ星は納得できるが。

家庭料理の美味しい店をさがしている。絶対条件は禁煙であること。次に小またの切れ上がった未亡人が経営していること（笑）。何方か教えてくださいナ。

縦めし横めし自腹で　コミュニケーションとしての接待の必要性は理解できるが、組織の金でなく自腹でありたい。まして、官官接待なんて論外！

写真止めて　携帯やカメラで撮る人が増殖中。カメラの頃はやんわり断っていた超一流店もお手上げ。リッツ・ロンドンでさえ。せめてフラッシュとシャッター音は止めてちょう～だい。迷惑旋盤（笑）。パソコン変換は面白い。

精進料理　この頭である。「魚は大丈夫ですか、肉は？」と聞かれること何度も。問題ありませんと答えると、内心で「フーン生臭坊主か」と思っている様子ありあり。

「坊主は精進料理を食べるべき」と思い込んでいる方も。肉を食べてなにが悪い。魚を食べてどこが問題だ。菜食主義のどこが立派？　冷静に考えて判断して欲しい。肉や魚を食べなければ悟れるほど仏教は生易しいものですか。

その昔、動くものと動かないものは別に考えられていた。そんな時代に、動物や魚を殺生してはいけない、植物を食べよう、との概念が生まれたようだ。またエネルギーの高い肉類はさけて欲望を抑えようとしたようだ。

現代的にいえば、動物も植物も同じ生物、いずれも尊い。自分が生きるために、それらの命を頂く勝手を許して欲しい、無駄な殺生をさけ、食べ物は大切にします。と考え実践すべきであろう。

「五観の偈」という食作法がある。それにつづき「天地の恵みと人々の労に謝したてまつる。いただきます」と感謝で頂戴する。そして食べ終わって「われ今食を終わり身も心も豊かになりました。誓ってこのご恩に報います。ごちそうさまでした」でおわる。感謝の心こそがポイント。食事ごとに世界中の人々の汗の結晶をいただいているのだから。立派に生長した食物、育てた人、運んだ人、運ぶものを作った人、料理した人……。

食糧自給率四〇％の日本は世界中の人にお世話になっている。と同時に世界中の人々に貢献しているともいえる。

ティーバック　モスバーガーへよく行く。全店禁煙だから。トマトポトフセットがお気に入り。九〇〇円。日経を読んでいると（新聞が置いてあるのも良いではないか）、おばさんが。こういう店には珍しくおじさんやおばさんが働いている。これも良いことだ。

おばさんが「ティーバックはいています。お好みで脱がしてください」と言った。ビックリした。スカートを見てしまった。老人ぼけなのか、期待していたのか、そう聞こえた。「ティーパックはいっています。お好みで出してください」と言ったのだろう。一日中楽しかった（笑）。

【脱線】 銀座四丁目の百貨店での出来事。レストラン街をうろついていたら、ドンペリ〇二年ウォホールバージョンをグラス売り一五〇〇円のPOP。妻の「安い、飲もう」で入りかけると、店長らしき男性が「当店はドレスコードがございまして、スリッパはご遠慮いただいております」と。店内を覗くと、ジーンズなど軽装の人ばかり。妻「これは草履でスリッパではありません」、「当店の決まりでして」、「じゃあ、女性の和服の草履は？」、「女性は結構です」、「草履は日本人男性和服の正装時の履物」とねばってもダメ。笑えるような店もあるものだ（日本・欧米の著名レストランでは何の問題もなし。念のため）。

随所に主となる という。どこにいようと、どんな状況であろうとクヨクヨするな、主人公としてふるまえ、とか。名古屋で生まれ育ち、三重に寄寓し、今は縁により東京に住んでいる。ずーっと人様の家に住まわせてもらっていた。六十数歳になってから、自分名義の家に住んでいる。と言っても、持ち分は妻のほうが圧倒的に多い。

こんなことがあった。不動産取得税の書類が来た。あて先が面白い。「小島聡子様　外一名」だ。筆者はほか一名。妻いわく「額が少ないから外一名が払っておいて」だって。世にいうマンション。正確にはコンドミニアム。マンションとは邸宅をさす。間違った言葉をPR用に使わないでね。三十六階なので「高層階に住む高僧かい？」と深田理恵嬢が冗談。高僧なんて雲の上。さしずめ千階万階に住んでいる人だろう。

東京転居　その東京住まいは突然の話。七年ぐらい前のこと。北京から帰宅したら、妻が「東京へ行くよ」と。その頃、妻は東京担当の常務だったから「いつから出張？」と訊ねた。すると「出張じゃない、引っ越すの」。驚いた。しかし無収入で妻の実家に居候し養われている身、いやそれ以上に新疆での活動費用を援助してもらっている身、反対はできない。「いつ頃？」、「良いところが見つかりしだい！」、「ＯＫ！」。この間、数分。あちこち探している時は面白かった。気立ての良い荒木課長（住友不動産）の営業力に感心して六年ぐらい前に桑名の奥から品川へ。残念なことは毎日のように差し入れてもらっていた田中利幸夫人の手料理が食べられなくなったこと。

陸海空　その家へ遊びに来た杉浦一隆氏（現大村ひであき愛知県知事事務所）が「陸海空全部そろっていますね」と巧いことをいった。左回りに新宿高層ビル群・神宮外苑・渋谷・品川ビル群・東京海洋大学・富士山・横浜・天王洲ビル群・火力発電所・新幹線基地・羽田空港・コンテナ埠頭・ゲートブリッジ・台場のホテルが一望できる。東京湾の向こうには房総半島。隣地の公園（災害時用トイレあり）は数年前まで陸自芝浦分屯地だったとか。

東京モノレール羽田線は敷地内を通っている、乗客の皆さんは「筆者の土地」を無料で通過されることになる（笑）。入居する際、無償貸与同意書にサインした記憶あり。海と運河には大型貨物船・客船・タンカー・高速船・パトロール船・消防艇・実習船・ゴミ回収船・台船・タグボート・漁船・屋形船・プレジャーボート・海上スクーターなどが。時々護衛艦や帆船も。飽きることがない。

羽田は滑走路が四本。Aに着陸しCから離陸とか、Dから離陸しBへ着陸とか、同時に離着陸。夜など五機六機と連なって降りてくる前照灯が美しい。二分間隔ぐらい。

第四台場のとなり大正時代の埋立地に建っている。二〇九〇戸の大型共同住居。

これってサービス？　官僚が公費で出張し、航空運賃のサービスとしてついてくるマイルを家族用に流用していると報道された。また深夜帰宅する際、タクシー運転手から現金などを受け取っていた、とも。知人は腹が立つと怒っていた。怒るのも馬鹿らしい。

それはさておき、このマイル、その人にとってはサービスかもしれないが、そのサービスを受けない人にすれば、その分を負担していることになり割高料金を払っていることになる。そこらでばら撒かれているポイントカードも同様だ。止めてもらいたい。不公平だ。その場でその分サービスしてよ。

ある方が有名ホテルの世界各地の店を駆け巡った印象を書いた本にこんな記事があった。有名企業の社長がそのホテル大阪店に投宿、いつもはサッーとチェックインできるのに、その日に限って、五分かかった。頭へきた。「七時に起こしてほしい。このホテルにはもう二度と来るつもりはない」と内線。翌朝、モーニングコールにつづき「昨晩は本当に申し訳ありませんでした。お客様のお好みの朝食をお部屋の外に用意しましたので、お時間がございましたら、ぜひお召しあがりください」と伝えられた。それで、客の不興はおさまった、といったような内容（井上富紀子氏ほか『〇〇〇……二十の秘密』オータパブリケイションズ　書名のホテル名は迷惑がかかるのを避けるため略す）。評判の良かった大阪店につづき東京店開業が話題になり読んだ。

チェックインに五分かった程度でどうして怒れてくるのか。朝食を差し入れられた程度で何故気分が良くなるのか。人は不思議な感情動物だ。

そのホテルがなぜ一流と評判なのか。体験しないと分からないと思い、そのレストランに三年ほど通った。スタッフが次々と辞めるアメリカ式だった。

社長時代、東京出張時はあるホテルを利用していた。本社となりのホテルにそのホテルの名古屋営業所があり、その所長が気立てのいい方だったから。チェックインの際、「広めの部屋にしておきました」と度々言われた。一泊、それも夜中について、朝イチでアウトするのに。それがサービスを考えているようだが、当人からすれば、余分なお世話というもの。三部屋あっては迷惑としか。その分安くしてくれ！　愛人でも連れ込むなら別だが。しかし多くの人はそれで喜ぶらしい。

料理説明　流行のようだ。食材に触れんばかりのところで指さすのは、サービスでしょうか。せめて三〇cmは離してネ。

【脱線】犬丸一郎氏の『帝国ホテルの流儀』（集英社）につぎのようなくだりがある。

「『お客様、こちらのハウスステーキは、サーロインとフィレを含んだ最上のパートを使用しておりまして、塩は無添加の岩塩を……』、食事を持ってくると、あれこれ説明するウエイターがいます。サービスはお客様に与えるものだから、自分の知っている情報を全部教えれば喜ばれると考えているのでしょう。しかし私からするとサービスを勘違いしているとしか思えません。ホテルのサービスは何から何までお世話しようとすることがいいわけではなく、その良し悪しは『きめの細かさ』と『さりげなさ』のバランスで決まります。」

さすが「伝説のホテル経営者」と納得するばかり。この本、サービス業に携わる方に推奨したい。拙著に登場する販売・飲食・大学・医者・寺院・政治・行政……みんなサービス業。

【また脱線】この本は時間調整で入った駅ナカで立ち読み購入、塩川正十郎事務所に向かい、先生に「定宿のパレスホテルは改築中ですが、今は?」と訊ねると、「帝国」とのお答え。「奇遇ですね、今帝国の本を買いました」と進呈。「犬丸さんは慶応の三年後輩だ」と。その足で十冊購入、銀座の鮨からく主人に「サービスの要諦が書いてある、参考に」と進呈。某ホテルの知人らにも進呈した。帝国出身でリッツ・パリ営業の佐藤氏へは郵送した。礼状に二年休業して全面改装するので、転職しますと書いてあった。ご苦労さま。先月には転職されたホテルへ投宿した。

犬丸ご夫妻はその鮨屋で時々、尊顔を拝する。かねてより「本物の紳士淑女」と畏敬の念を持っていたが、この本を読んで更に「さすが!」と感じた。

名古屋時代、三年間毎日通った「寿し銀」の大将は若い頃、帝国の宴会や犬丸氏宅・

夫人の実家へも出張パーティーに呼ばれたことがあると言っていた。縁はつながっている。

塩川正十郎先生　ここで塩川先生のことを書こう。もっと前に書きたかったが。

前述したように社長時代に社外取締役をお願いしていた故上村晃史上村工業社長から紹介いただだいた。日中友好キジル千仏洞修復保存協力会を設立したころは文部大臣で、自分は表に出られないと、紹介いただだいた中山太郎元大臣と扇千景議員（林寛子・後に参議院議長）には名誉顧問と副会長に就任いただだいた。佛教大学ニヤ遺跡学術研究機構の顧問として、科研費や文科省項目採択などなにかと指導いただだいた。議員会館・文部大臣室・財務大臣室・清和会事務所・大阪自宅・ホテル部屋・東京事務所などへ教えを請いに数十回お伺いした。鈴子夫人の葬儀にも参列させていただだいた。ご馳走にもなった。

財務大臣時代には大阪歴史博物館での「シルクロード・絹と黄金の道展」にもお出かけいただだいた。

政界引退に際して、「塩川正十郎先生ご苦労さま会」を奥村洋文名古屋市議長・安田暎胤薬師寺管主夫妻ら多数の参加をえて開催し、感謝を表した。

総理官邸で小泉純一郎首相や安倍晋三官房長官（現首相）に会わせていただだいたこともある。この本の序をお願いに行った際、楽しい話を聞いた。二年ほど前、脳梗塞で入院され、言葉が少し出にくくなり、退院後、吉川由紀子秘書に「二兆円出してくれ、夕メシ食べてくる」と。さすが元財務大臣、話がデカイ。

4

5

今は回復され元気そのもの。新聞記事や井上圓了書展案内・関西師友会の「いろは論語」など度々贈っていただく。万年筆の味ある便りとともに。昨日も「大暑見舞い」をいただいた。そこに「三尺寝入りの仮眠をとりお元気で」と。「三尺寝入り」、初めて知った。宛名書きは自筆、吉川秘書でなく。塩川先生のお人柄。

この二十六年間のご厚情に深謝するばかり。

国難直面の日本へ「塩爺」の直言を続けて下さい。益々のご健勝を祈念するばかり。

【脱線】 塩川先生と福原隆善佛教大学学長（当時）を賛同者、水谷幸正佛教教育学園理事長（当時）を推薦者として、紫綬褒章の申請をして頂いたことがある。

4 「塩川正十郎先生ご苦労さま会」。塩川先生はこの時「国もプラン・ドゥ・シィのシィつまり点検が大切、主計官に実施させた」と話された。

5 小泉首相にニヤ遺跡調査などを報告。官邸を出るとき、記者たちに取り囲まれ「どのような話？」と迫られた。

塩川先生に「文化財保護研究資金の助成を方々へお願いしているのですが、中々」と話すと、「君の活動は立派だ、幅広い。国の褒章で箔がつけば、民間助成も通りやすい。紫綬褒章を申請するなら賛同者になっても良い」と有り難い話。二〇〇八年一月に佛大より提出した。二月、塩川先生直筆で「官房長のもとで協議中、功績を国際交流面で評価するか、学術研究面か、文化振興面でみるか、即ち外務省、文科省、文化庁の三者で協議する。おって連絡」と。

五月、塩川先生から「大臣は君の国際貢献を高く評価しているが、担当者が考古学会に問い合わせたら、会員でないし、論文も見当たらないとの回答で今回は見送りたい。勲章の対象としては十分なので、その時、申請をと連絡があった」と残念な話。考古学会の会員なんて申請書に一言も書いていないのに。先生からは「君の活動は従来の枠を超えているので中々理解してもらえない。中国政府の推薦状があれば」と続いた。中国政府の推薦状を得るのは、難しいことではないが、外圧を利用したくないので「お手数かけました。ありがとうございました」で、本件は終了した。

【また脱線】右記以外にも副賞賞金（数百万円は大きい）ねらいで、申請し落選した賞が二、三ある。新聞社主催の国際貢献関係の賞など。微々たることしかやっていないので、落選は納得できるが、受賞者に外交官や海外で事業展開の会社経営者が含まれているのは腑に落ちない。だって、彼らは報酬もらっての仕事が国際貢献になっているだけだから。

惜しかったのは開拓者的プロジェクトを対象とした「ローレックス賞」。日本RCCの梶田民雄先輩が文化財保護研究で首のまわらない状況を見かねて教えていただいた。副賞は三万ドル（と記憶）。一次二次と審査を通過し、スイスから最終審査のため、担当者が寓居へ来訪。佛大を希望したが生活ぶりを見たいと名古屋八事の借家へ。四時間審査。通訳は前述の池田昭氏のスタッフにして頂いた。追加資料提出の要求に応じて送った。EMSは合計五〇kgを超えた。好印象で帰国したが、直後に真田康道佛大教授名義申請のニヤ遺跡関連研究の文科省助成が決まったので、生真面目に担当者へ連絡した。国から補助がでるようなら開拓者的プロジェクトでないと判断されたようで、残念の通知がきたのが一九九八年五月。

言いたいことは、個人で世界的文化遺産保護研究の資金を負担するのは大変、喉から手が出るほど金が欲しいということ。なら止めたらと冷静な声（笑）。

昔、鳩にエサやる人はやさしい方　今では環境保護にうとい人。昔、子供に声かける人はやさしい方、今では怪しい人と疑われる。時代は変わっている。

今どきズレておられるのではと気になることなど書いてみようか。世の中が少しでも良くなることを願って。嫌われること承知で。

まずタバコ

- 歩行喫煙ズレ＝人の迷惑を考えてヨ。喫煙者が来ると、迂回する。
- ポイ捨てズレ＝道のゴミの多くはポイ捨てタバコ。汚い。溝に捨てる二重ズレ。

・一言いえば良いと思っているズレ＝言われて断れば角が立つ。
・屋外喫煙場所設置ズレ＝家のゴミを外に掃きだしているのと同じこと。
・喫煙可飲食店ズレ＝健康提供の飲食業で客が減るからとズレ店。欧米は全面禁煙。
・低い仕切りだけの分煙店・仕切りもない分煙店ズレ＝そんな店には絶対行かない。
・製造者責任努力不足ズレ＝癌になるのは怖くない。臭いはたまらん。
・ホタルズレ＝ベランダで吸う人。窓も開けられない。
・臭いズレ＝服にタバコ臭が染み付いている人の近くは大変。
・全車でなく全席禁煙ズレ＝喫煙コーナーから戻った人が隣席だったらお手上げ。
・禁煙室無しホテル・旅館ズレ＝東北支援時もこれには参った。消臭剤で少しは。

つぎはガム

・はき捨てズレ＝道路の汚れの大半は「べったりガム跡」とタバコ吸殻。
・製造者責任努力不足ズレ＝消費者啓蒙を。こびりつかないガムを開発して。
・法規対応不足ズレ＝ガムのポイ捨て禁止表示はまことに小さい。

そして騒音

・新幹線おしゃべりズレ＝日頃の憂さ晴らしにベチャクチャ。井戸端で！
・新幹線小宴会ズレ＝グチ大会はガード下でお願いしま～す。
・新幹線子供しつけ放棄ズレ＝走り回るガキ。泣き喚く赤子。何もしない母親父親。

最後にほか

・本屋カバーズレ＝地球温暖化が大問題になっているのに。

・靴音ズレ＝頭にひびくほどの音は困り者。いくら美女でも音で帳消し。
・香水ズレ＝強すぎる香りは悪臭と同じこと。
・ブランドズレ＝ブランドが歩いているといった人。鏡見て〜。自分探しして。
・筆者ズレ＝自分のことを棚に上げて人を皮肉る筆者こそズレの見本！

そこの信号無視の人　轢かれて死んでも文句いわないでネ　昨今の信号無視はヒドイ。歩行者と自転車。さも自己責任だという顔で堂々と。男も女も。子供をのせた自転車の母親。自転車で逆走する若者。いやバカ者。中央分離柵をまたいで横切るアホ。青信号で横断歩道を渡っているのに突っ込んでくる車。そんなルール無視がルール無視の社会をつくっていることに気づかないのだろうか。いじめ・振り込め詐欺・薬物使用といった犯罪を起こす背景になっていることに気づかないのだろうか。美しくない人たちだ。厳重に取り締まれないものか。ルール無視が社会を悪くしている。注意喚起ポスターもずれているのでは。「おじいちゃん！おばあちゃん！」でなく若者にこそ！

親の顔が見たい　と昔は言った。見たって同じ。そんな子の親はそんな親なのだから。

通販の不思議　放送終了後三十分にかぎり。お一人様○点かぎり。初回限定。感想であり効果・効能を保障するものではありません。只今電話集中しています。希望価格と○○価格。……実に不思議なインチキ的宣伝文句がならぶ。政党のマニフェストのように。

コンサート　チケットに終了時間が書いていない場合が殆ど。○時○○分頃で良いから書くのが当然では？　なぜ開始時間が五分ぐらい遅れるの。歌舞伎は定刻なのが良い。

6　JR新幹線品川駅にて。二〇一二年八月四日

映画製作関係者の名前　最後に延々と続く関係者の名前。しかもでかい字で。止めて欲しい。見る身になって。一分で終わらせて。最近では邦画もアメリカかぶれして。

ゴキブリの言い分　我ら一族は、これだけ薬品会社に協力しているのに、最近、効き目が強くなりすぎた。共存共栄契約書をよく読めと苦情をいおう。いやいや他派にも呼び掛けたほうが。蟻族や雑草族にも働きかけよう。とゴキブリ国会。

豚に真珠　真珠に豚と言って、と豚クン。馬の耳に念仏、雀に鞠、犬に論語、と俺たちを馬鹿にするな、アホな永田町連中よりはまともだぞ。

出すは人生の重大事　このアホな本の副題は「笑って働き食べ飲み出し寝た」。「出し」とは何だ、との質問が出そう。知恵を出す金を出す汗を出す口を出す手を出す、といった意味もあるが、生きていく上に最重要な出し物は排泄物。親が丈夫に生んで育ってくれたおかげで、ずーっと順調。便秘の人の苦しみを知っているだけにありがたい。

いったい何トン出しただろう。ウェブで調べた。一日の尿の平均量は一・五リットル、大便の平均量は二〇〇グラムとか。七十年生きたから小が三八・三トン、大が五・一トン。計四三トン。四トントラック十一台。トイレ様ありがとう。念仏行脚日本縦断中の道路脇や遺跡調査中の沙漠を含めてトイレ様に感謝。快眠快食快便。

それはさておき、女性トイレはいつも行列。もっと増やすべきでは（女子拍手）。

大学という特殊社会　二〇一二年四月、日経新聞が「世界で戦う条件・大学開国」シリーズを組んだ。内向き大学を外向き大学にしないと生き残れない、といったような論調だった。『東洋経済』や『エコノミスト』なども度々特集を組んでいる。

そこで、小僧も一言。教育の重要性を充分に承知したうえでの元経営者からの一言。国家などから補助金をもらい、そのうえ収益にたいする税金も払わなくとも良い特殊経営体。教育機関だからと。文部科学省に護送船団として護られてきた。時代変化から取り残され「ガラパゴス的」とさえ言われている。そんな特殊組織だから会計も特殊。わざと分かりにくくしているのではとかんぐりたくなるほど。ようやく国立が企業会計へ変更になった。私学はこれから。

特殊社会ゆえに働く人の考え方も世間離れ。学生、経営者、研究者、教育者、職員。この五属性で構成されている。正確には構成されるべきである。経営者は殆どいない。多くの大学では教授会で教授から選出される。教授職と経営職は別の能力なのに。研究者と教育者も別の能力。まれに両方をそなえた方がおられるが。大方は一方のみ。いや一方も十分でない人も多い。なのに、自分は立派なことをやっているように錯覚している方が多い。「先生といわれるほどのバカでなし」という言葉があるが、先生といわれる職業の人たち、議員・教師・医師・僧侶……は大方世間離れしている。職員も高度成長時代の甘い補助金体質でそだってきたから甘い人が多い。

成すべきこと。まず、人材の強化。

経営陣の導入。先進教育機関（大学にかぎらず）や他産業からスカウト。そして、有名無実の理事会・評議員会などと称される経営会議を実質的なものとする。

学長選出方法を改善する。経営能力のある人を選べるように。なにも学内に限る必要はない。なにも国内にかぎる必要もない。

教員の流動化が必要。下三分の一に辞めていただき上三分の一を入れる。研究者か教育者かを明確にする。職員も同様三分の一を入れ替える。

教育機関であり、研究機関であり、と同時にサービス産業であることを周知徹底する。更に教授会を見直す。研究と教育を充実するにはどうしたら良いか、それ一本にしぼった教授会にする。現在は経営関与が大きすぎる。

建学精神と監査・広報を強化する。

決算を見直す。補助金を除いた決算も作成してみる。さらには一般企業なみに税金を払ったらどうなるか、そんな決算も作成する。それらの累計も。唖然とするのではないだろうか。「利益」の多くが国家や地方自治体からの補助金であり、本来なら払うべき税金であることが明確となるであろう。

なにも学校経営を批判しているのではない。より良い経営体になるために、そのような決算を組んでみるのも必要といっているだけ。国家財政厳しい中、補助金ゼロとなり、税金徴収という時代が来るかもしれないのだから。

【脱線】国家予算制度にも問題があろう。科学研究費という補助金があるが、チェックはあいまい。不正が度々報道されている。W大バカ教授にいたっては債権購入、お笑いだ。京大教授だったオッサン、研究助成がらみの収賄容疑で逮捕されたとテレビ速報。業者に飲食・買物・家族旅行などの費用を負担させたとか。
バラマキ科研費が問題を生んでいる。本格的項目以外には出す必要はない。教員みずから調達すべきだ。研究者として教育者として、給料をもらっているのだから。基本的にはその中から払うべき。日本の将来を左右するような本格的項目にかぎって集中的に出したほうがよい。

年度末に余った研究助成金は返却できるようにすべきだ。二月、三月になると方々の大学で予算消化のために中身もないシンポジウムやら図書の購入が行われる。年度末の道路工事と同じだ。納税者からしたら怒れてくる。助成金の返却が許されていないからだ。余った助成金は返却するのが筋（繰越しは出来る場合もあるとか）。返却できないのは、余るようでは査定が甘かったといわれるのがイヤだからとか。アホらしい。

以上は仏教学科四年、加行課程二年、ニヤ遺跡学術研究機構代表十八年、客員教授五年、学校法人評議員六年とあれこれご縁をいただいた佛教大学だけのことではない、世界的文化遺産保護研究のチームを組む際、見聞きしてきた多くの大学の共通点。念のため。こんな辛口を書いたから、佛大から追い出されるかも。

東大などが国際化を目指して秋入学の検討を始めた。良いことだ。国際貢献の関係で北京大学や清華大学といった中国の大学のことも多少知っているが、学内競争の激しさと国際化の面では日本の大学は圧倒的に差をつけられている。

感心している私学に芝浦工業大学がある。経営意識が徹底している。学外から人材を導入している。例えば、現理事長・五十嵐久也氏は三井住友建設の元社長、前学長は三菱重工業で常務取締役であった柘植綾夫氏。広報も重視している。筆者は十五年前に、芝工大が新疆工学院（現新疆大学）と辺境遊牧民の生活改善のため小規模分散型発電システム共同研究やムスターグアタ峰（七五四六ｍ）共同登山を実施した際、交渉を手伝い、僅かな寄付をしただけ。なのに今でも毎月のように「学内報」などが送られてくる。そこにはグラフ化した決算や人事異動などが詳細に記載されているといった具合。

七百六十もあるという大学、かなりが二十年、三十年後には無くなっているだろう。

軍資金　佛教大学の客員教授（二〇一一年に五年任期満了で退任）であった頃は、報酬をいただいていた。ありがたいこと。しかし、宿泊費と打合せ会食費で消えた。活動資金には程遠い。これまでの新疆での活動資金はどこから捻出しているのか、「ウン億円」とはどれぐらいかと質問されること幾度となく。笑って答えなかったが、旅立ち目前のここでは書こう。

昔むかしジュエリー専門店創業直後の金繰りに苦しい頃、易者から「貴方は金には困らない」と言われたと前に書いた。金に困って観てもらっているのに、おかしなことを言うと思ったが、たしかにそうとも言える人生だった。で、質問への答え。

社長時代の給料と退職金　創業当初は金繰りも困り、質屋へも通った。給料も微々たるものだったが、軌道にのったのちはそれなりの額を頂戴した。他の役員や社員に多く出すためにはトップがそれなりでないとバランスが取れないこともあり、年収は数千万。手取りの殆どが沙漠へ。たった一人での創業から三十年、退職金は規定にしたがい、億を超えた。ありがたいことだ。それも全部、文化財保護研究と国際貢献に消えた。最盛期は日中双方で約六〇人の部隊が約三週間にわたって野外調査、その費用は莫大。ほかにも保護協力費・報告書・シンポジウムや国際貢献諸活動にも大金が必要。手取りの全てをつぎ込んだ。面白いのは、そうした出金を細かく覚えていないこと。これはスゴイ能力（と自画自賛）。

銀行借入金　それでも足らず、長いこと銀行から借金。UFJ銀行（現三菱東京UFJ）

7

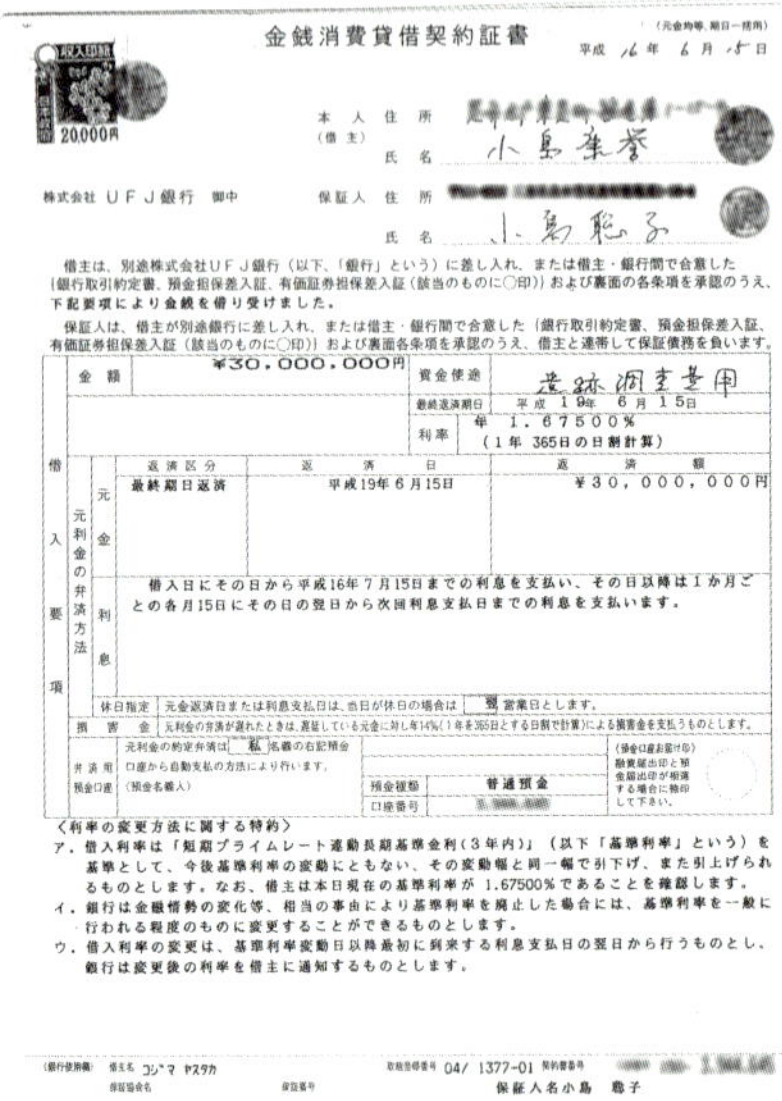

8

7　二兎を追う者は一兎をも得ず、そんな人生で〜す。日刊ゲンダイより

8　UFJ銀行（現東京三菱UFJ）からの借用証書。

名古屋支店長に言われた。「外国の文化財保護研究で借入金を申し込む人はいない。まして、そんな目的で貸せる人はいない。しかも無担保で」と。当時の昼飯は会社近くの公園で、パンとジュース。いつしかホームレスと知り合いになり、彼らから施しをうけるように。卸市場からでる魚など。この話は面白いようで読売新聞にも載った。あるとき昼というのに一升瓶。飲まなくては友情が。口をつけた。腐っていた。「これぐらい飲めないと路上生活はできないよ」といわれた。

株売却益　創業し上場企業に育て上げた「ツルカメコーポレーション」（現Ａｓ－ｍｅエステール）の株式売却益。企業は公器であるとの考えで、社員さんや取引先様などにドン譲ったが、残った分がある。退任後も十年は創業者としての信義で一株も売らなかった。三代目社長が東証へ出る準備で、どうしても売って欲しいと文書で数度要請。社長時代の部下まで動員しての依頼。めんどうなことが嫌いな性格からそれならと応じて売った。その金で長期間あった文化財保護研究軍資金借入れがゼロに。久しぶりのことだった。売却の礼にも来なかった。その後も要請に応じて売った、残りわずかだ。

株式投資　始めたのは前記の銀行借入がゼロになって、金が残り、なお軍資金が必要だったから。そして、上場準備以来お世話になった野村證券への義理から。

始めてから連戦連勝。エエッー、ウッソー、の声が聞こえてきそうなので、銘柄を記せば、三井物産・三井不動産・コマツ・ＤＩＣ・住友商事・三井鉱山など。損をしたことは殆どない。簡単なことだ。値上がりするまで売らないだけ。分かりやすくいえば運が強いだけ。借金大国アメリカの借金バブルがはじけて世界中が大迷惑。日本株も暴落。

つづいてギリシャ・イタリアなどの財政危機で低迷。それからは塩漬け。四原則を決めている。目的を明確にし、余裕資金で、中長期投資、利益が出るまで売らない。目的はもちろん世界的文化財保護研究軍資金稼ぎ。

原則が破られるのは世界の常。昨今は国際貢献に東日本大震災応援が重なり、損して換金。直近では一二年十月ウルムチでのシンポジウムに日本側隊員六人が参加。これまた損失換金し調達した。もともとゼロで出発、すべて稼いだ金、原価ゼロと考えているので、損とも思わない。

【脱線】 このシンポジウム出張中に儲かった運の強さをご笑覧あれ。九～十月は反日デモで日中間荒波。フライト次々とキャンセルされるなど参加予定者へひっきりなしの連絡、そんな最中に「山中伸弥教授のノーベル賞受賞でiPS細胞関連銘柄タカラバイオは如何ですか」と野村證券から電話。諸氏への連絡でそれどころでなく「金が無いから何かを売って、買っておいて」と返事。ウルムチへ出かける前日、ヒョットしたらと勘がはたらき「一〇〇〇円になったら売っておいて」とファックス。一週間後に帰国すると売れていた。驚きウェブで調べると、出発前日の六六五円が急騰し、五日後に一〇一〇円を瞬間的に記録、その日の終値は七六五円。テナお任せ人生で～す。

宝クジ ずいぶん買った。凝り性らしく保管している、計ったら四九㎝。なるほど四苦だ。いまは年数回のジャンボとロト6。是非とも三億と祈っている。小口はボツボツ。これで助かった時も。大物もそのうちに当たるだろう。大晦日には六億当てるぞ〜。なんとか資金調達をと、いくつかの賞に応募するも外れたのは前述したとおり。

アート　美しいもの独創的なものが好きで、古今東西を問わず集めてきた。脈絡のないコレクション。ゾロ目紙幣・現代美術・骨董品・玉・スワロフスキーなどなど。大したものはなくガラクタだが、高額な謝礼が必要なときには役立つ。現金より品物のほうが良い場合もある。倉庫を借りるほど。紙類は温度や湿度に敏感なため。売って活動資金の足しにしたことも。

妻の援助　内助の功というが、筆者の場合はそれどころではない。合計数千万は出してもらっただろう。新疆の人はそれをよく知っている。だから、新疆では妻のほうに人気がある。三回しか行っていないのに。以上が文化財保護研究軍資金の出所。

親から受け継いだ資産はないが、ビジネスで担保にしていた父親の土地と家を売らざるをえなかった。父は狭いアパートで亡くなった。申し訳ないことをした。順調になった後に相当額を母親や兄弟姉妹で分けた。

そんなこんなでジャンボ宝くじ二回分ぐらいが新疆へ。別に気にもしていない。裸で生まれてきて裸で死んでゆくだけ。

持たない　中国の友人が名古屋の寓居訪問。何もないと唖然としていた。しかも隙間風で寒い。帰国後、ほかの人たちに話したようだ。「小島が新疆のために全力をだしたのは本当だ。家へ行ったが何もなかった。風が吹き込む。本当に貧しい。日本に多くの知人がいるが、あんな貧しい家は見たことがない」と。
そんな噂が広まるほど「持たない生活」を楽しんでいる。東京へ転居した今も家具は殆どない。スマホどころか携帯も時計も財布も。
携帯 必要ないから持たない。時間に追われるのはイヤ。よく「メールアドレスを教えて」といわれる。ありませんと答えると、隠しているかのように思われる。連絡は手紙と電話、ファックスで十分。用もないのに携帯やメールで短い人生の貴重な時間をつぶしてたまるか！ 加賀の千代女をお借りすれば「携帯に時間とられて見失い」だ。つるべとられてもらい水なら情緒もあるが、「いまどこにいるの？ 何食べたの？」といったラチもないことで自分を見失っては生んでいただいた意味がない。多くの人が依存症。もっともそれも人生。
時計 外国へ行く時だけ。空港の土産物屋で買った安物。日本でも用件はあるが、いたるところに時計があり困ることはない。先日、ホテルで時間を尋ねた。携帯を取り出したのには驚いた。時間が表示されることも知らない化石人間。
お金 裸でポケットへ入れている。
名刺やカード・ポチ袋 「ポチ袋のビニールカバー」に入れている。当然ポイントカードの類には興味がない。ポイントカードはその会社の社債のようなもの。いっぱいになるころには倒産しているかもしれない。レシートもすぐ破る。その場完結人生だ。
手紙類 その場で処理する。返事はその日のうちに書く。ＤＭ類は開けずに捨てる。スッキリ人生。時々必要な連絡物も廃棄してしまう。ごみ箱をあさってつなぐことも。

新聞　朝刊しか取っていない。チラシは断っている。ゴミになるだけだから。出張時は断る。読むというより見出しを見るだけ。せいぜい五分。記事を読むことはまずない。もっぱら宝くじ当選番号をみる。

テレビ　地上波は殆ど見ない。だってくだらない番組ばかり。あるいは一方的偏向ニュースだから。芸能人のバカ番組ばかりだから。お気に入りは時代劇・ナショジオ・ディスカバリー・フォックスクライム・CNNとBBC。中国のCCTV大富は日本語字幕がでるようになり、勉強にならないのであまり見なくなった。

メディアが真実を伝えていると思っている人はいないと思うが、つい信じてしまっていないだろうか。その多くはビジネスとして自社に有利な発信をしているのだから。ある大手新聞の役員に、生徒が事件を起こすと、どうして校長が謝罪するのか、謝罪すべきは保護者では、と訊ねたことがある。「そのとおり。しかし、家庭の責任を取り上げたら、読者から苦情が殺到し購買が減るので、仕方ない」との答えであった。アホらしい。次々とおこる犯罪。そのかなりの部分が新聞・テレビや雑誌・ゲームなどの影響を受けている。なんとかしてヨ。

鞄ひとつ　海外行きも機内持ち込み鞄一個だけ。荷物をもつのがイヤだから。一人出張が多いし荷物が出てくるのを待つ時間が惜しい。少ないほうが便利だ。パジャマと洗面具・若干の薬ぐらい。着替えも持たない。風呂で身体と一緒に洗えば翌朝には乾いている。沙漠一カ月調査時でさえ鞄ひとつ。いただく土産も現地の方に差し上げてくる。お気持ちだけいただく。持ち帰ってもどなたかに差し上げるのだから同じこと。

持たないなどと言いながら脈絡のないコレクションを持っている矛盾人生！

脈絡のないコレクション　トヨタ二〇〇〇ＧＴ　もう何十年前になるだろうか。真っ赤な左ハンドルを中古で買った。新車以上の値段だった。生産台数は二百数十台だけと聞いた。背が低いので足がクラッチに届かない。かまぼこ板を二枚はりつけた。座席も低く、ハンドルの下から前を見るといった調子だ。排気音がすごい。まるで爆音。近所迷惑なほど。地上スレスレのため、駐車場などで断られたことも度々。とにかく目立った。とにかくもてた。専門店チェーンの経営者にはあまりふさわしくない車だ。金がなくなり二年ほどで売った。驚くことに買った値段以上で売れた（と記憶）。

フランク・ステラ　日本人は有名人とかブランド好み。アートと工芸品の区別もあいまいな国。当人は旅立ったらただ同様になる絵や陶器が何千万、何億で売買されている。世界から隔絶した驚くほどの閉鎖市場。美しいとか上手いとかは、芸術とは別の世界。オリジナリティーが重要だ。

フランク・ステラを何点かコレクションしている。残念ながら大作はない。日本の代表的現代美術ディーラー池田昭氏を通じて知り合い、個展準備のために北京へ案内したこともある。中国側事情で実現しなかったことは残念。人格的にも尊敬している。アルマン・レイスミス・ジェームスブラウン・ケニーシャーフなども。そして、芋銭・松本俊介・浅野弥衛や村上肥出夫らの日本人作品や何招基・謝家道……も。

早く処分しないと「店じまい」に間に合わないので、まず一覧表作成から始めよう。

歴代アメリカ大統領ストーンカメオ彫刻　初代ワシントンから第四十二代クリントン

まで。ドイツの名工・ゲルハルトシュミットの作品。バブルのころは一点三〇万、五〇万したストーンカメオ。いまはどうなのだろう。アメリカ大使館にでも寄付しようか。ブッシュ氏とオバマ氏を追加して。先週ある展示会でブッシュまでの同作品がなんと二億円。売れないことを見越してのビックリ価格だろう。当方は一億で売りま～す。お買い上げ頂いたら、全額を東北被災地へ寄付します。約束しま～す。

関東大震災追善絵葉書　死者一一万人、約二〇〇万人被災という大災害。合掌。その追善絵葉書セット。手刷り木版は風情がある。

ロイヤル・ブラクラ六十年　ブラック&ホワイト社のシングルモルト六十年物。昭和六十一年に昭和天皇在位六十周年とエリザベス女王六十歳を祝い、日本向けに六十本のみ販売された。二〇〇〇人の申込者より抽選。名古屋Kホテルより購入。長期の割賦で。長いこと置いておいた、ただよう香りが素晴らしい。ふさわしい所で貯蔵してもらおうと、先日、東京の某レストランへ進呈。

天皇・皇后両陛下は女王即位六十周年を祝うために今日、日本を出発された。心臓の手術を受けられて日も経っていないのに。ここを書いている日に出発されるとはこれまたありがたいご縁。

【脱線】天皇・皇后両陛下の園遊会に招かれたことがある。宮内庁からの連絡に服装として「男性はモーニングコート、紋付羽織袴、制服または背広」と。社長退任時にワイシャツ・ネクタイ・靴とともに背広も処分していたので、一着も無い。「すいません、書いてあるもの無いのですか?」、「背広も無いのですか?」、「はい」、「何をされているのですか?」、「僧侶で、法衣しか」、「じゃあ、それで結構ですが、出来れば黒はさけてください」。法衣の黒は葬儀のイメージがあるからだろう。小僧は黒のほかは浅黄色の法衣の着用が認められているので、それで出かけた(「出家」した僧侶にも階級があり、衣の色も決まっているのは妙なことと思いませんか?)。浅黄色の法衣で新幹線に乗るのも場違い。青山一丁目の地下鉄のトイレで着替えた。テレビなどに写されるのはイヤで、広い赤坂御用地の端っこの端っこに妻といた。天皇・皇后両陛下が橋を渡ってこられた。

「新疆から来られましたか、遠いところご苦労さま」。これには驚いた。宮内庁が用意した名札の「新疆大学名誉教授」を見られてのお言葉。千組ほど招待される客の名簿はご覧になっておられようが、正面で待つ話題の人(今年ならオリンピック金メダリストなど)でもない私の名札から「新疆」の位置をぱっと理解されるその英知!驚嘆した。

「何を教えておられますか?」。しどろもどろに「経営学と仏教学です」と答えた(実際は時々講演するだけ)。「尽力ください」といって歩き始められた。皇后陛下は軽く目礼され。

最初は一緒だった皇族方も、挨拶しながら回っておられるうちに間隔があく。暫くして皇太子殿下と妃殿下が足を止められ、また同様のお言葉。また驚いた。暫くして弟宮殿下と妃殿下。やはり同様のお言葉。本当に驚くばかり。離れてついていた宮内庁職員「正面の方以外で、こんなに『お声がけ』いだだける方は少ないです」と。

シャトームートンロートシルト一九九三年アメリカバージョン　この珍しさを説明すると長くなるので略。ワイン好きな方にお訊ねを。

一〇〇円札一〇万円束　日本銀行の帯封のまま。業者にいわせるとそれほど珍しいものではないとか。九州には結構残っているとも。

天安門事件鎮圧慰労時計　あれからすでに二十年余。世界を震撼させた事件も風化しつつある。戦車のまえに立ちはだかる一人の男性。鎮圧した人民解放軍将兵に出された慰労記念品。どうしてそんな物が日本に？　天津の骨董街で購入した。

和田玉　玉音放送とか玉座・玉爾・玉石混合とかいう玉である。日本人にはあまり馴染みのない貴石だ。玉と名がつく石は多いが和田玉こそ真の玉。ヒスイと混同されることもあるが別の鉱物。中国では古来より尊ばれ、玉の名品を求めて戦争があったぐらい。「完璧」のいわれにも玉がからんでいる。中華圏ではいまでも人気が高い。北京オリンピックのメダルに玉が採用されたことでもお分かりいただけよう。色により白玉・青玉・紅玉・碧玉・青白玉などの呼び名がある。さすが元宝石商！（笑）。

我が国へも古より伝来し、天台宗の開祖・伝教大師が「直径一寸の素晴らしい玉が十枚あっても国宝ではない。一隅を照らす人こそ国宝である」と残したほど。

その玉が約二トン。当初は三トンほどあったがどんどんプレゼント。中国バブルで玉も例外でなく千倍、万倍になったそうだが、それもはじけたらしい。残念ながら羊脂石はない。あれば今頃大金持ち。

【脱線】武士道ファンとしては玉ゆかりのマストな碑がある。国内最後の戦い箱館戦争に散った旧幕府軍のご遺体（一説では約八〇〇名）は、新政府側により埋葬することを禁じられていた。見かねた侠客柳川熊吉が実行寺住職らと仮埋葬、のちに埋葬しなおし、明治八年、人目をさけるような山中に「碧血碑《へっけつひ》」を建立した（函館戦争ではありません。念のため）。

「碧血」、聞きなれぬ言葉だ。中国周の忠義の人・萇弘《ちょうこう》は君主を諫めるために命を捧げた、三年後にその血が凝って美しい碧玉になったという「碧血丹心」故事から、熱

9

10

11

9　碑の背面には「明治辰巳実有此事　立石山上叺表獻志」との文字。「明治二年この事は実際にあった。山上に石を建て悲しみを表す」と、箱館戦争に触れることをはばかった表現となっている。会津藩主・松平容保公の大正六年建立の墓碑銘も遠慮した文になっているように。撮影：小島聡子

10　遺族子孫や新政府側旧幕府側各隊に扮した人たち、陸自ラッパ手も参列して、五稜郭祭で行われる「碑前祭」はここ「碧血碑」のほか「土方歳三最期の地碑」・「中島三郎助父子最期の地碑」と「箱

血誠忠の士の流す血を碧血という。

戦艦大和一四四分の一モデル　二m近い。妻の父は海軍少尉で大和が沖縄決戦へ出撃するとき技術継承のため下艦させられたと義母から聞いた。そのおかげで妻が生まれた。その義母の旧姓も大和。不思議なご縁。「大和坂」があると納品時に加藤クラフト夫妻。

昭和三十年代年賀状　額面は四円、四六円分切手を貼って出している。珍しいと喜ばれる。チケットショップなどで入手できる。……ということでまっこと変人！

ロッククライミング　競馬、パチンコ、登山、車、すし、夜遊び、ワイン……。とにかく凝り性だ。浪人時代から数年ロッククライミングに情熱をかけた。鈴鹿山脈の御在所岳には藤内壁と称される岩場があり、絶好のトレーニング場。所属していたNGHや日本RCCの仲間たちと毎週のように出かけた。そして、穂高や鹿島槍へ木曽駒へと。夏だけでなく冬も挑戦した。当時は未登の岩壁がまだあった。各クラブはその初登攀争いにしのぎを削った。○○岳初登攀のあとは、○○岳△△ルート初登攀、それが登られると、○○岳△△ルート厳冬期初登攀といった競争で、当時はこの厳冬期初登攀争いやジグザクに登攀していた岩壁をまっすぐに登る直登ルート争いの時代だった。

冬の岩登りともなるとチームを組んで役割分担が必要となる。体力もなく経験も少ない筆者はサブリーダーとして、隊の準備や調整をおおせつかることが多かった。アタック隊に憧れもしたが、それはかなわぬ恋。おかげで組織運営のイロハが身につき、後日の会社経営や沙漠調査での組織運営の貴重な基礎能力をえることができた。

館戦争供養塔」前でも行われる。式文、弔銃、黙禱、供花。

11　新政府側の墓地は一人ひとり墓標があり、市街を一望できる護国神社の一角に。対して函館山の山中にひっそりと建つ「碧血碑」。勝者と敗者の差は歴然。

厳しい先陣争いは遭難を引き起こし、何人かのザイルパートナーを亡くした。数百メートル滑落して助かった先輩も。厳冬期の穂高屏風岩で。仲間たちは日本の岸壁につづきヨーロッパアルプスやヒマラヤへ挑戦していった。創業し時間的余裕もなくなりいつしか岩登りから遠ざかった。

四十数年ぶりに上高地へ出かけた。泣いてビバークした前穂を見上げた。慰霊祭があると聞き、参列させていただいた。「山に祈る塔」で穂高神社の神職により執り行われ、玉串をささげた。その後に菊花をささげ焼香といった神仏混合形式。一〇〇人近い方々だ。司会は数年前まで松本市役所の方だったとか、いまはTホテル支配人。難しい時代になったものだ。前年に亡くなった方の友人が挨拶。儀礼的な弔辞でなく感情のこもった心にひびく挨拶だった。安らかにお眠りを。

三英傑は一人　信長から秀吉へそして家康へと三代によって日本が統一されてからおよそ四百年。日本人の精神構造はこの間に形作られたといえよう。福沢諭吉や夏目漱石もいいけれどどこの三人をお札に採用してもらいたい。三英傑はよく比較されるが、三人は別人ではなく一人ともいえまいか。日本づくりをバトンタッチした三人。そこには憎悪もあったであろうが、心中では尊敬しあっていたことだろう。

村社会　その四百年。日本社会がかたまり思想も固まった。一言でいえば村社会だ。食事注文の際、「じゃあ同じもの」というあれだ。よって、異なる意見を述べるのは勇気がいる日本。異質なものを受け入れにくい社会。異質なものにあこがれる一方で。

士農工商　江戸時代からつづく概念はいまも。これを打破しないと日本社会は真に良くならない。特に士が問題。私たち国民（農工商）が政治家・官僚（士）をしっかり監督することだ。政治家・官僚は国民の公僕との認識をしっかり持ってほしい。悪代官・悪徳役人・悪徳両替商は時代劇のなかだけにして。待望するのは彼らを懲らしめる必殺仕掛け人や鬼の平蔵、はたまた藤枝梅安・暴れん坊将軍・相棒といった人たち。巣くう悪人どもを退治してほしい。農工商と書いたけど、その中でも農と商を下にみる傾向がある。これも改めないと、世界で戦えない。補助金づけが結果的に弱体化に結びついている業種も多い。補助金をもらって喜ぶのは時代遅れでは。

国際化　寓居は二〇〇〇戸を超える大型集合住宅。大正時代の埋立て地に四十二階。五〇〇〇人以上の方が暮らしている。肌や髪・眼の色の違った子供がいっぱい。いわゆるハーフがいっぱい。確実に国際化は進んでいる。

【脱線】六、七年前の新築物件。新婚さんが大挙して入居。ベビーブームで子供がいっぱい。先月こんなことが。「神さまですか、お地蔵さんですか？」と質問。困ったが、幼児をガッカリさせてはと「お地蔵さんです」と応じた（笑）。僧侶にちがいないので、地蔵菩薩にも許していただけるだろう。

死についての異見　長生きは良いこと？　本当にそうだろうか。疑問に思う。健康で社会活動できる状態なら長生きは良いことだろう。植物人間となって長生きしたって、家族も本人も困る。回りも。日本に限らないが高齢化社会で国家財政はどの国もたいへん。

姨捨山的発想が必要では。「長生きで良いですね」、「長生きしたい」という考え方を変える時期がきているのでは。それは「人生五十年」時代の概念ではないだろうか。

長生きは良いことかもしれない。長生きしすぎるのは悪いことでは。私の眉毛は長い。唇にとどくほど伸びるときも。僧侶となって二十余年、自分で剃髪しているから床屋へ行かない。よって眉毛も伸びるまま、それだけのこと。それを見て、「長生きの相ですね」なんて言われると腹が立つ。何の根拠もないことを。百二十五歳まで生きると公言している中国の友人もいる。「百歳間違いない」と一人が言えば、「いや百五十歳」と別の人。嗚呼。早く旅立ちたい。当然、長生き処置は拒絶する。

自死は悪いこと？ 自殺は良くないことと言われている。積極的自殺はどうだろうか。生き方のひとつの方法ではないかとも思う。日本には切腹や自害の伝統もある。筆者も自死を考えている。当然、迷惑をかけない方法で。ここでは書かない。『自死という生き方・覚悟して逝った哲学者』（故須原一秀氏　双葉社）には川端康成などの自死が紹介されている。

葬儀は必要？ 坊主のクセに葬儀は必要ないと思う。だって本来の仏教と葬儀は関係ないもの。派手な葬儀は嫌いだ。昨今、家族葬や直葬がふえ、墓もいらない散骨だという人も出始めた。当然のこと。自身も法律的葬儀はするが社会的葬儀はしない。生前葬儀なら意味があるから派手にやりたいものだ。友人たちに集まってもらい、一夜のみ交わし、新婚旅行ならぬ旅立ち旅行にでるというのは？

死の宣告？ 人生が明確になって良い。最後の一年・最後の一週間・最後の一日。旅立ち計画・エンディングノート。墓・遺産・遺言・葬儀。是非してほしい死の宣告。

格差なんてあって当たり前　小泉さんが退陣するころになって、「格差」問題が言われはじめ、さも政治の責任のように思われている。

自由主義・資本主義の日本で、格差があるのは当たり前のこと。政治家は「格差あって当たり前」と言えないだけのこと。「格差の無い社会なんて、あるの？」と言いたい。社会主義・共産主義を標榜する国々にさえある。

「格差が問題だ」という貴方が問題では。格差があるから競争が生まれ発展がある。一定の格差は必要だ。正当な手段でえられる格差を否定したら社会は成り立たない。

はやぶさ　ご存じ日本の小惑星探査機。イオンエンジンの実証試験を行いながら小惑星イトカワに到達し、その表面を観測し微粒子を採集、二〇一〇年六月に六〇億キロ七年の旅を終え帰還。地球重力圏外にある天体に着陸しサンプル採集は世界初の快挙であった。

映画「はやぶさ遥かなる帰還」を観た。すでに、二十世紀フォックス社の「はやぶさHAYABUSA」を観て涙をながしていたが、新疆文物展の交渉を少しだけお手伝いした東映から届いた招待券に吉岡秀隆氏の名があり出かけた。吉岡さんは東海テレビの番組制作で新疆を案内した人。新疆政府首脳との宴会でウイスキーをグイグイ飲む姿が強く残っている。

主演・渡辺謙は国の研究機関に所属し、吉岡さんは民間企業から参加の役どころ。親方日の丸でない苦悩ぶりを顔や言葉で巧みに演じていた。はやぶさプロジェクトにはＩ

ＨＩやＮＥＣなど多くの大小企業が参画。映画でも山崎努が町工場のガンコ親父を演じていた。日本技術の結集がはやぶさだ。ＩＨＩは先日まで株主だった。金欠になり売った。

仕分け 「はやぶさ……」を観た後、暫く前に見学した宇宙航空研究開発機構（ＪＡＸＡ）の広報センターへ出掛けた。無くなっていた。打ち上げの生中継などを通じて一〇〇万人以上の人たちに宇宙に関するさまざまな情報を提供してきたのに、残念なことだ。何故なくなったか調べた。襟たて大臣・蓮舫氏が二〇〇九年の事業仕分けで、宇宙開発関連予算を削減したため閉鎖されたとか。蓮「それが国民の生活にどのような役に立つのですか？　具体的にお答え下さい」、「イオンエンジンの実用化に向けた検証として……」。蓮「具体的にお答えを」、「不況にあえぐ国民に希望を……」。蓮「仕分け対象とします」。

この人、世界一を目指した「京」のプロジェクトに対しては事業仕分けで、「世界一になる理由は何があるんでしょうか？　二位じゃダメなんでしょうか」と問い詰め話題に。「京」は二〇一一年、見事に世界一となった（二〇一二年六月アメリカ製に抜かれて二位になり、後継機で世界一に再チャレンジ中）。国民の幸せはその国の科学力も関係していることをご存じないようだ。

仕分けが必要なのは貴女では？　京はこうつぶやいたのでは？「国会議員になる理由は何があるんでしょうか？　県会議員じゃダメなんでしょうか」。

ＪＡＸＡ広報センター、長年ご苦労さまでした。そこで見た子供たちの輝く瞳を忘れない。復活を心待ちにしていま～す。

イトカワ　小惑星25143は日本の宇宙開発・ロケット開発の父と呼ばれる糸川英夫博士にちなんでイトカワと命名された。中島飛行機で、旧軍の九七式戦闘機や隼などの設計に関わり、戦後は東大に航空超音速空気力学研究班を組織。ペンシルロケットを開発、ベビー・カッパ・ラムダ・ミュー、おおすみロケットなどの開発に指導的立場で関わった。さらにチェロやバレーにも凝る多彩派、一身二生派。『逆転の発想』は繰返し読んだ。憧れの人だった。

自らの名前がつけられた小惑星に、自らが開発に関係した隼戦闘機と同名の探査機が着陸したことになる。日本人の魂と優れた技術が脈々と継承されているひとつの左証であろう。

【脱線】　糸川氏が活躍したころ、子供たちの間でロケット遊びが流行った。筆者もそのひとり。中学生時分、友人と広場で手作りロケットを飛ばしていた。一〇〇m近く飛ぶ本格派。巡査に交番へ連れて行かれた。「住所！名前！学校！親は！」と叱声。友人が親の名を言ったらすぐ放免された。社会党の県会議員だった。友人はいま医師として活躍している。

隼戦闘機　戦闘機「隼」が登場してからには、旭川出身の名パイロット加藤建夫中佐率いる「加藤隼戦闘隊」（作詞加藤部隊・作曲陸軍軍楽隊）にふれねばならない。その一節に

「干戈交ゆる幾星霜　七度重なる感状のいさおの蔭に涙あり　ああ今は亡き武士の笑って散ったその心」と。武士は勇ましくも悲しい。

命燃えて　武士がそうであるように、人生は短いようで長く、長いようで短い。公武合体を目指し斬首された近藤勇・昭和維新の夢を抱き続け銃殺された西田税・アナーキストとして絞殺された大杉栄・作曲の道を切り開き夭折した滝廉太郎・女子陸上界のパイオニアとして燃え尽きた人見絹枝。人生と格闘しながら、若くして散った彼らのことを書いたことがある。

時代のなかで、必死に生きた五人の女性、海に消えた唐人お吉・悲しきカチューシャ松井須磨子・愛に生きた妖女高橋お伝・獄窓からの旅立ち金子ふみ子・戊辰戦争の華中野竹子も拙いながら書いた。まったく売れなかったが。信じた使命観に人生を燃焼させる尊さを学んだ。この拙著を書くにあたって再読したが、この二十年自分が深化していないことに気付かされた。老残があと何年あるかは仏様まかせ、今を燃やして生きるだけ。

※本章五〇三頁のクイズの正解は一億四〇〇〇万本。但し数年前の話。つづいてのクイズの正解はほぼ同じ。アメリカ国防総省の廊下の総延長は約二八㎞、モエ・エ・シャンドン社の地下貯蔵庫通路の総延長も約二八㎞とか。

エピローグ　さようなら

合掌　アホな男のアホな本を読んでいただきありがとうございました。

多くの方々に長年にわたりご厚情をたまわり深謝いたしております。拙著に登場いただいた諸氏の中には逝去された方も多くおられる。ご冥福を祈ります。

信長に憧れ「人間五十年」と決めていました。六十五になった時、十年以内に死ぬだろう、いや死のうと思いました。あと数年です。旬もすぎ、人生燃えつき店じまい。

車が空を飛ぶ時代（すでにアメリカで販売）となり、まもなく人類は月に住み、異星人がやってくるでしょう。地球号の七〇億乗員はあと五十年ほどで一〇〇億。欲望うずまき、地球はあえいでいます。

プラハの春はアラブの春となり、アジアの春へと駆け足で近づいています。すでに各国でその兆し。我が国も隣国も変革を迫られつつあります。そんな新時代を見たい気もしますが、それは欲というもの。どうせ穂高で、タクラマカンで死にそこなったこの命、思い残すことはありません。

親の願い「健康に生き名誉ある死を」を全うしようと「至誠に悖るなかりしか」、「あれをみよみ山の桜さきにけり真心つくせ人しらずとも」で生きてきたつもり、ただそれだけのこと。親が丈夫に産んでくれて、健康でしたが、名誉ある死とは程遠い半端人生で終わります。何の未練もありません。あとは死ぬだけです。ありがとうございました。

いやいや未練がひとつ。全精力を投入したキジル千仏洞をふくむ「シルクロード」が世界文化遺産に登録（中国国家文物局修正計画では二〇一四年）されるのを見届けたい。

遺言はただひとつ。灰は大和の眠る坊の岬西方とタクラマカン沙漠に撒いて。

三途の川でお待ちします。私たち日中共同隊がダンダンウイリク遺跡で発掘した壁画のひとつに「脱衣婆」が描かれています。オッパイの垂れ下がったお婆さんに手と足を持ち上げられて、人生の功罪を調べられています。あれは私でしょう。功もあれば罪もあることでしょう。それが人間というもの。

三途の川の水はバタール・モンラッシェだとか（そんなことは誰も言っていません）。ル・フレーヴの一九九三年なら良いなあ。コンデションの良いものなら至福です（笑）。

ではさようなら。ありがとうございました。最愛の妻・聡子さんありがとう。これだけ言ってあと十年も生きていたら本当にお笑いですね。

祖国・日本の更なる繁栄と第二の故郷・中国新疆そして世界の人々の幸せを祈ります。

楽しくゆったり有意義に、おすごしくださいませ。ではお先に。

塩川正十郎先生には身に余る「推薦の言葉」をいただき、深謝申しあげます。

テレビ・新聞・雑誌・ウェブから引用させていただきました。御礼申しあげます。

東方出版の今東成人社長やスタッフの皆さんには今回もお世話になりました。変人の変な本、勝手いろいろ言いました。感謝します。三拝

平成二十四年（二〇一二・昭和八十七・皇紀二六七二）十二月

西蓮社康誉正覚

（俗名・小島康誉）

アニメ「特警戦隊サイレンジャー」ではありません（最後の笑）。

（笑）は合計四十一回でした。

あちこちの出先でキーボードをたたきました（勿論一本指打法）、そんな関係で重複や前後があります。

浅学非才で誤りもあろうかと。ご容赦ください。

単著・論文・葉書集・切手セット・CD

新疆紹介の続編　プラス　1991

新疆を紹介　プラス　1988

念仏しながら日本縦断した想いなど　東方出版　2006

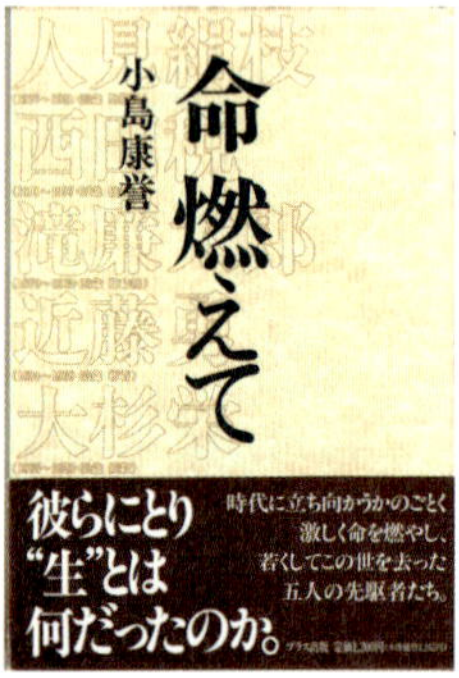

命燃やした五人の生きざま　プラス　1990

念仏日本縦断の中国語版　日本僑報社　2008

命燃やした女性五人の生きざま　プラス　1991

新疆貢献30周年記念活動　アジアドキュメンタリーセンター　2011

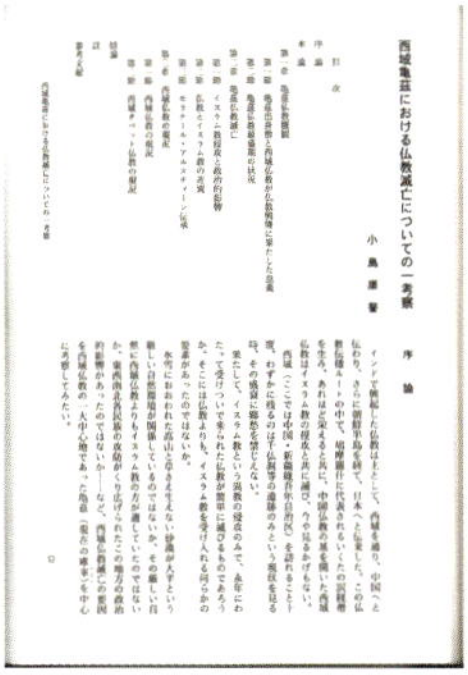

佛教大学卒論　佛教大学　1990

新疆ウイグル自治区成立50周年を祝う切手セット　北京郵票庁　2005

文化財保護研究と国際協力　佛教大学　2011

ありがとう運動絵葉書セット　アイアドプラス　2009

新疆紹介絵葉書セット　プラス　1999

NHKラジオ深夜便　NHK　2005

ニヤ遺跡調査写真集　東方出版　2002

ニヤ調査出土文物展　佛教大学　1997

ニヤ遺跡写真集　民族出版社　1995

ニヤ遺跡調査写真集の中国語版　天津人民美術出版社　2005

ニヤ調査報告第二巻　中村印刷　2000

ニヤ調査報告第一巻　法蔵館　1996

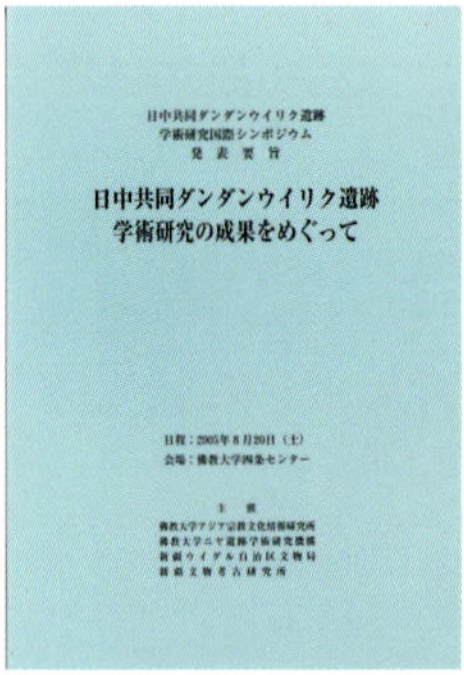

ダンダンウイリク遺跡調査シンポジウム発表要旨　佛教大学　2005

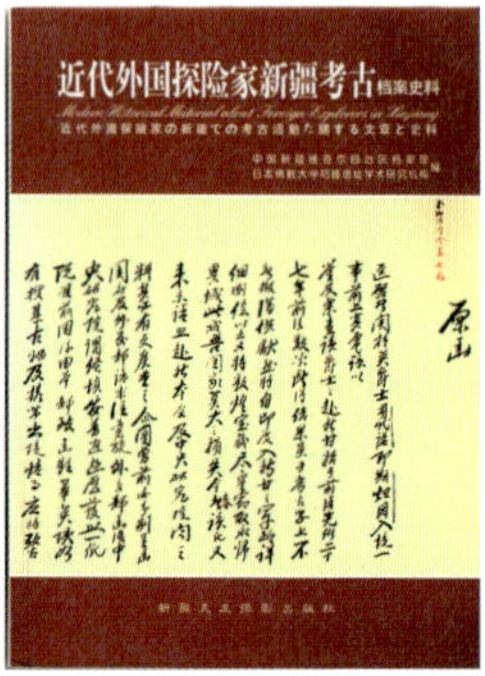

外国探検家の新疆での史料集　新疆美術撮影出版社　2001

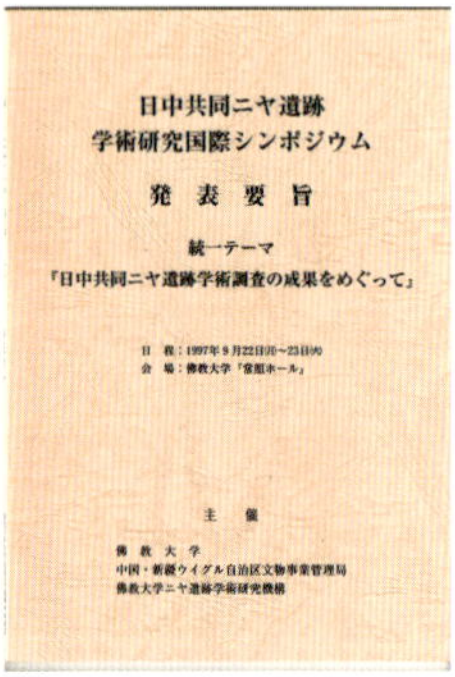

ニヤ調査シンポジウム発表要旨　佛教大学　1997

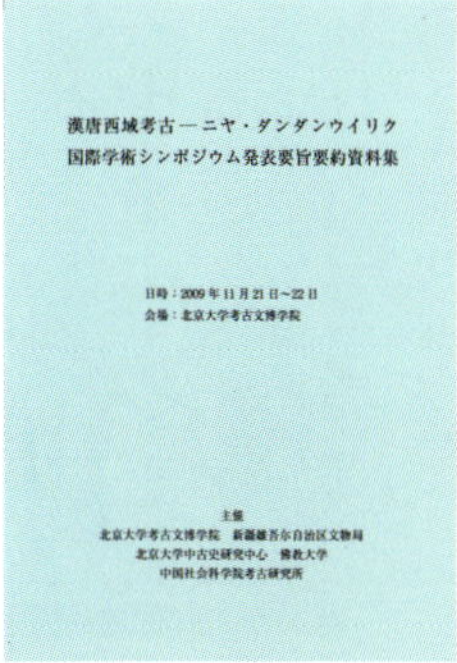

北京大学での国際シンポジウム発表要旨　佛教大学　2009

スタインの第四次新疆探検史料集　新疆美術撮影出版社　2007

中国スウェーデン共同調査の史料集　新疆美術撮影出版社　2006

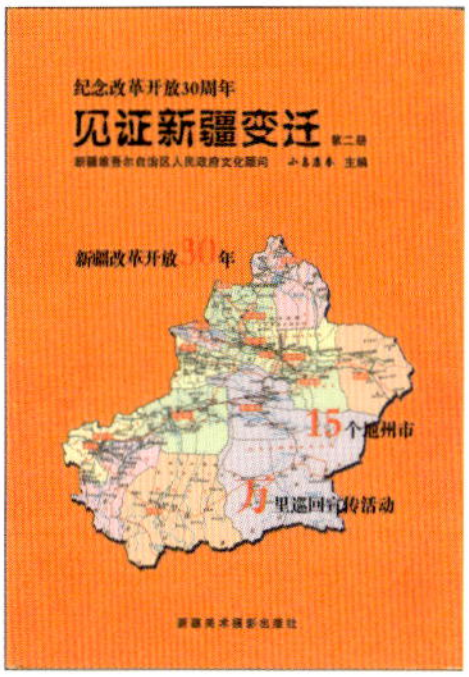

新疆30年間の発展紹介写真集第二巻　新疆美術撮影出版社　2009

新疆30年間の発展紹介写真集　新疆美術撮影出版社　2008

ニヤ調査報告第三巻　真陽社　2007

新疆省設置の史料集　新疆美術撮影出版社　2010

ダンダンウイリク調査報告の中国語版　文物出版社　2009

ダンダンウイリク調査報告　真陽社　2007

講演録・新疆側出版記念誌・CD

新疆貢献30周年記念写真集
新疆美術撮影出版社　2011

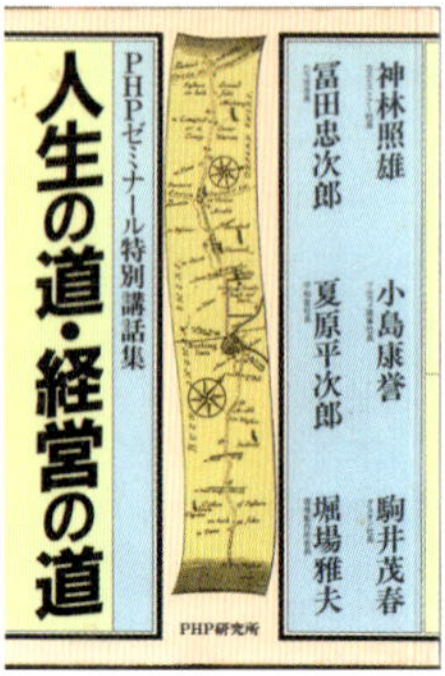

PHP研究所での講演録　PHP研究所　1983

鉄木尓・達瓦買提新疆ウイグル自治区主席の詩集　プラス　1989

歴史文化遺産保護研究活動
新疆文物局　2010

この外国人はなぜ貢献するのかと　新疆人民出版社　1998

鉄木尔主席の詩集　プラス
1990

新疆貢献20周年記念写真集
新疆人民出版社　2001

王恩茂中将の日記（全5巻）
プラス　1996

略々年譜

一九四二（昭和17）	小島秀雄と不二子の三男として名古屋に生まれる	ミッドウエー海戦
一九六〇（昭和35）	六郷小学・内山小学・今池中学をへて向陽高校卒業	日米安保条約反対闘争
一九六四（昭和39）	小野田ブロックをへて百貨店への宝石卸商水渓に勤務	東海道新幹線開通 東京オリンピック開催
一九六六（昭和41）	「宝石の鶴亀」（現As-me エステール）創業	ビートルズ来日
一九六九（昭和44）	高須聡子と結婚	人類初の月面着陸
一九七〇（昭和45）	日本初ともいえるチラシによる拡販で宝石のマス商品化へ質的転換をはかる ツルカメ商事㈱設立	日本万国博覧会開催
一九七二（昭和47）	本格的チェーン化を目指しアメリカ流通業界視察 中国初訪問一部商品の輸入開始	日中国交回復
一九七五（昭和50）	関西へ出店開始	山陽新幹線全通
一九八〇（昭和55）	関東へ出店開始	日本など67カ国がモスクワ五輪ボイコット
一九八二（昭和57）	「ツルカメ社会賞」設立 新疆初訪問買い付け成立せず文化遺産に魅せられる	ＥＴ大ヒット
一九八四（昭和59）	社名を「ツルカメコーポレーション」に変更	グリコ・森永事件
一九八六（昭和61）	「ツルカメスカラシップ」・「新疆大学小島奨学金」設立 キジル千仏洞参観し寄付開始 福祉機材など各種寄付開始	三原山噴火
一九八七（昭和62）	水谷幸正上人を師として得度 「日中友好キジル千仏洞修復保存協力会」設立	ＪＲ発足
一九八八（昭和63）	佛教大学卒業	バブル景気到来

一九八九（昭和64 平成元）	新疆へ代表団派遣開始 「キジル協力会」第一次贈呈 「日中共同ニヤ遺跡学術調査」開始 知恩院で伝宗伝戒道場満行 「キジル協力会」第二次贈呈 新疆広報活動講演写真展など開始 新疆大学名誉教授就任	天安門事件
一九九〇（平成2）	『命燃えて』刊行 「ニヤ調査」第二次 日本新疆間の経済・メディアなど各種仲介開始	東西ドイツ統一 日本人初の宇宙飛行士
一九九一（平成3）	「ニヤ調査」第三次 新疆ウイグル自治区政府文化顧問就任	バブル景気崩壊
一九九二（平成4）	「ニヤ調査」第四次	東海道新幹線「のぞみ」運行開始
一九九三（平成5）	名古屋証券取引所へ株式上場 「ニヤ調査」第五次 新疆よりの訪日代表団招聘開始	ジュリアナ現象
一九九四（平成6）	佛教大学に「ニヤ遺跡学術研究機構」設立し代表に就任 「ニヤ調査」第六次	松本サリン事件
一九九五（平成7）	「ニヤ調査」第七次 「五星出東方利中国」錦発見し中国考古十大新発見に	阪神淡路大震災 地下鉄サリン事件
一九九六（平成8）	創業30周年を機に社長退任 「ニヤ調査」第八次 『ニヤ調査報告書』第一巻・『王恩茂日記』日文版刊行	O-157食中毒事件
一九九七（平成9）	佛教大学で国際シンポジウム開催 「ニヤ調査」第九次	イギリスが香港を中国へ返還

一九九八（平成10）	念仏行脚日本縦断成満 新疆に希望小学校建設開始	インド・パキスタンが核実験
一九九九（平成11）	「シルクロード児童就学育英会」・「新疆小島文化文物優秀賞」設立	東海村核燃料工場で臨界事故
二〇〇〇（平成12）	ウルムチで国際シンポジウム開催 「中国歴史文化遺産保護ネット」設立 『ニヤ調査報告書』第二巻刊行	ロシア原潜沈没
二〇〇一（平成13）	新疆政府「小島康誉氏新疆来訪20周年記念活動」開催 『近代外国探検家新疆考古档案史料』刊行	9・11同時多発テロ
二〇〇二（平成14）	「シルクロード絹と黄金の道展」に発掘文物多数出陳 『ニヤ遺跡の謎』刊行 「日中共同ダンダンウイリク遺跡学術調査」開始	日朝首脳会談
二〇〇三（平成15）	中国歴史博物館での新疆文物展に発掘文物多数出陳	中国でサーズ流行
二〇〇四（平成16）	NHK「新シルクロード」や左記展覧会などのためこの年14回訪中 「ダンダンウイリク調査」第二次	新1万円札など発行
二〇〇五（平成17）	「新シルクロード展」に発掘文物多数出陳 佛教大学で国際シンポジウム開催 「ダンダンウイリク調査」第三次	福知山線脱線事故
二〇〇六（平成18）	佛大客員教授就任（～11年） 『念仏の道ヨチヨチと』・『中瑞西北科学考察档案史料』刊行 「ダンダンウイリク調査」第四次	フセイン元イラク大統領死刑
二〇〇七（平成19）	『ニヤ調査報告書』第三巻・『ダンダンウイリク調査報告書』・『スタイン新疆第四次探検档案史料』刊行	米サブプライム問題で世界経済混乱
二〇〇八（平成20）	『見証新疆変迁』刊行	オバマ氏黒人初のアメリカ大統領に当選
二〇〇九（平成21）	新疆政府と「万里行」活動　『見証新疆変迁』第二巻刊行	民主党政権誕生

二〇一〇（平成22）	北京大学で国際シンポジウム開催 『清代新疆建置档案史料』刊行	尖閣諸島沖で漁船衝突事件
二〇一一（平成23）	東日本大震災微力応援開始 清華大学と写真展	東日本大震災
二〇一二（平成24）	新疆政府「小島康誉氏新疆来訪30周年記念活動」開催 大英図書館での国際カンファレンスで世界的文化遺産保護研究と国際協力について発表	中国で大規模反日デモ 自民・公明両党政権復帰
二〇一？	どこかで燃えつき店じまい	

受賞　日本：二〇〇一　文化庁長官表彰　〇二　外務大臣表彰

中国：一九九五　全人代環境資源委員会栄誉賞　九七　ウルムチ市名誉市民　二〇〇一　文化部文化交流貢献賞

〇三　新疆政府少数民族教育貢献賞　〇四　新疆大学名誉博士　〇九　清華大学公共外交突出貢献賞

一〇　中国人民対外友好協会人民友好使者　一〇　中国文物保護基金会中国文化遺産保護年度傑出人物

小島康誉（こじま やすたか）
浄土宗僧侶、佛教大学ニヤ遺跡学術研究機構代表、中国新疆ウイグル自治区政府顧問。1942年生まれ。佛教大学仏教学科卒業。
24歳で宝石の鶴亀（現As-meエステール）を創業し上場企業に育て上げ、創業30周年を機に社長を退任。45歳で得度。新疆ウイグル自治区を百数十回訪問し、世界的文化財保護研究・人材育成・日中間相互理解促進で多くの活動を実践。
主な編著書に「21世紀へ生き残る企業とは」（『人生の道・経営の道』PHP研究所）、『日中共同ニヤ遺跡学術調査報告書』（全三巻・法蔵館・中村印刷・真陽社）、『シルクロード・ニヤ遺跡の謎』（東方出版）、『日中共同ダンダンウイリク遺跡学術調査報告書』（真陽社）、『念仏の道ヨチヨチと』（東方出版）など。

ありがとう人生燃えつき店じまい

平成25年（2013年）4月15日　初版第1刷発行

著　者――小島康誉
発行者――今東成人
発行所――東方出版㈱
〒543-0062　大阪市天王寺区逢阪2-3-2
Tel. 06-6779-9571　Fax. 06-6779-9573
装　丁――濱崎実幸
組　版――はあどわあく
印刷所――泰和印刷㈱

許可なく転載を禁ず。
落丁・乱丁はおとりかえいたします。

ISBN978-4-86249-216-6 C0036